香江哲学丛书
丛书主编 黄 勇 王庆节

从分析哲学观点看儒家哲学

冯耀明 著

Confucian Philosophy from the Perspective of Analytical Philosophy

中国出版集团
東方出版中心

图书在版编目（CIP）数据

从分析哲学观点看儒家哲学 / 冯耀明著. —上海:
东方出版中心，2023.3
(香江哲学丛书 / 黄勇，王庆节主编)
ISBN 978-7-5473-2152-2

Ⅰ. ①从… Ⅱ. ①冯… Ⅲ. ①儒家—哲学思想—研究
Ⅳ. ①B222.05

中国国家版本馆 CIP 数据核字（2023）第 008799 号

本书中文简体字版由中国出版集团东方出版中心有限公司出版。

从分析哲学观点看儒家哲学

著　　者　冯耀明
丛书策划　刘佩英
策划编辑　刘　旭
责任编辑　黄　驰　刘　叶
装帧设计　周伟伟

出版发行　东方出版中心有限公司
地　　址　上海市仙霞路 345 号
邮政编码　200336
电　　话　021-62417400
印 刷 者　山东韵杰文化科技有限公司

开　　本　890mm × 1240mm　1/32
印　　张　16
字　　数　367 千字
版　　次　2023 年 4 月第 1 版
印　　次　2023 年 4 月第 1 次印刷
定　　价　98.00 元

总　序

"香江哲学书系"主要收入中国香港学者的作品，兼及部分在香港接受博士阶段哲学教育而目前不在香港从事哲学教学和研究的学者的作品，同时也收入与香港邻近并在文化上与香港接近的澳门若干大学哲学学者的著作。

相对于内地的城市来说，香港及澳门哲学群体较小。在由香港政府直接资助的八所大学中，实际上只有香港中文大学、香港大学、香港浸会大学和岭南大学有独立的哲学系；香港科技大学的哲学学科是其人文社会科学学院中人文学部的一个部分，而香港城市大学的哲学学科则在政治学和行政管理系；另外两所大学——香港理工大学和香港教育大学，虽然也有一些从事哲学教学和研究的学者，但大多在通识教育中心等。而且即使这几个独立的哲学系，跟内地一些著名大学的哲学院系动辄六七十、七八十个教员不同，规模普遍较小。香港中文大学的哲学系在全港规模最大，教授职称（包括正教授、副教授和助理教授）的职员也只有十四人，即使加上几位全职的高级讲师，也不到二十个。岭南大学是另一个有十位以上哲学教授的大学，其他几所大学的哲学教授的数量都是个位数。相应地，研究生的规模也不大。还是以规模最大的香港中文大学为例,硕士和博士项目每年招生加起来就是十个人左右,其他学校则要少很多。

当然这并不表示哲学在香港不发达。即使就规模来说,虽然跟内地的大学无法比,但香港各高校的哲学系在国际上看则并不小。即使是在(至少是某种意义上)当今哲学最繁荣的美国,除了少数几个天主教大学外(因其要求全校的每个学生修两门哲学课,因此需要较多的教师教哲学),几乎没有一个大学的哲学系,包括像哈佛、耶鲁、普林斯顿、哥伦比亚等常青藤联盟名校成员,也包括各种哲学排名榜上几乎每年都列全世界前三名的匹兹堡大学、纽约大学和罗格斯(Rutgers)大学,有超过二十位教授、每年招收研究生超过十位的,这说明一个地区哲学的繁荣与否和从事哲学研究与教学的人数多寡没有直接的关系。事实上,在上述的一些大学及其系科的世界排名中,香港各大学哲学系的排名也都不低。在最近三年的QS世界大学学科排名中,香港中文大学哲学系都名列亚洲第一(世界范围内2017年排30名,2018年排34名,2019年排28名)。当然这样的排名具有很大程度的主观性、随意性和多变性,不应过于重视,但至少在一个侧面也反映出某些实际状况,因而也不必完全忽略。

香港哲学的一个显著特点,同其所在的城市一样,即国际化程度比较高。在香港各大学任教的哲学教授大多具有英美和欧洲各大学的博士学位;在哲学教授中有相当一部分是非华人,其中香港大学和岭南大学哲学系的外籍教授人数甚至超过了华人教授,而在华人教授中既有香港本地的,也有来自内地的;另外,世界各地著名的哲学教授也经常来访,特别是担任一些历史悠久且享誉甚高的讲席,如香港中文大学哲学系每个学期或至少每年为期一个月的唐君毅系列讲座,新亚书院一年一度的钱穆讲座、余英时讲座和新亚儒学讲座;在教学语言上,除香港中文大学的教授可以自由选择英文、普通话和粤语外，其他大学除特殊情况外一律用英文授课，这为来自世界各地的非华语学生在香港就读，包括就读哲学提供了方便，但更能体现这种国际化的是香港哲学教授的研究课题与世界哲学界直接接轨。

香港哲学研究的哲学传统主要包括中国哲学、分析哲学和欧陆哲学，其中香港中文大学在这三个领域的研究较为均衡，香港大学和岭南大学以分析哲学为强，香港浸会大学侧重宗教哲学和应用伦理学，而香港科技大学和香港城市大学虽然哲学项目较小，但突出中国哲学，即使很多学者的研究是跨传统的。以中国哲学为例，有钱穆、唐君毅和牟宗三等缔造的新亚儒学传统将中国哲学与世界哲学，特别是西方哲学传统连接了起来，并得到劳思光和刘述先先生的继承和发展。今日的香港应该是世界上（能）用英语从事中国哲学研究的学者最多的一个地区，其中也包括主要从事分析哲学和欧陆哲学的学者对中国哲学的研究。这就决定了香港的中国哲学研究大多具有比较哲学的特质：一方面从西方哲学的角度对中国哲学提出挑战，从而促进中国哲学的发展；而另一方面，则从中国哲学的角度对西方哲学提出问题，从而为西方哲学的发展作出贡献。相应地，香港学者对于分析哲学和欧陆哲学的研究，较之西方学者在这些领域的研究也有其特点和长处，因为他们在讨论西方哲学问题时有西方学者所没有的中国哲学传统可资利用。当然也有相当一部分学者完全是在西方哲学传统中研究西方哲学，但即使在这样的研究方式上，香港哲学界的学者，通过他们在顶级哲学刊物和著名出版社发表与出版的著作，可以与西方世界研究同样问题的学者直接对话、平等讨论。

香港哲学发达的另一个方面体现在其学院化与普及化的结合。很多大学的一些著名的系列哲学讲座，如香港中文大学新亚书院每年举办的钱穆讲座、余英时讲座、新亚儒学讲座都各自安排其中的一次讲座为公众讲座，在香港中央图书馆举行。香港一些大学的哲学教授每年还举办有一定主题的系列公众哲学讲座。在这些场合，往往都是座无虚席，到问答阶段，大家都争相提问或者发表意见。另外，还有一些大学开办自费的哲学硕士课程班，每年都有大量学生报名，这些都说明：香港浓厚的哲学氛围有很强的社会基础。

由于香港哲学家的大多数著作都以英文和一些欧洲语言出版，少量以中文出版的著作大多是在台湾和香港出版，内地学者对香港哲学家的了解较少，本书系即是要弥补这个缺陷。我们希望每年出版三到五本香港学者的哲学著作，细水长流，经过一定的时间，形成一个相当的规模，为促进香港和内地哲学界的对话和交流作出贡献。

王庆节　黄勇

2019 年 2 月

目录

总序 …… i

自序 …… i

导言 …… 1

第一编　先秦儒家哲学思想分析 …… 27

第一章　《论语》中仁与礼关系新诠 …… 29

第二章　孟子与告子的人性论辩 …… 56

第三章　荀子人性论新诠：附《荣辱》篇 23 字衍之纠谬 …… 69

第二编　宋明清儒家哲学思想分析 …… 125

第四章　张载是气一元论者还是理气二元论者？ …… 127

第五章　程伊川心性论新诠 …… 148

第六章　朱熹心性论的重建 …… 165

第七章　王阳明"心外无物"说新诠 …… 191

第八章　王阳明良知学新诠 …………………………………… 216
第九章　经典研究的两个神话：从戴震到章学诚 ……………… 237

第三编　当代新儒学的哲学思想分析 ………………………… 301
第十章　新儒学的三个教条：一个分析哲学的观点 …………… 303
第十一章　本质主义与儒家传统 ………………………………… 327
第十二章　儒家本质与大心主义：敬答杨祖汉先生 …………… 368
第十三章　冯友兰的新理学与超越分析 ………………………… 401
第十四章　形上与形下之间：徐复观与新儒家 ………………… 432
第十五章　当代东亚儒学的主要课题与研究进路 ……………… 469

自　序

在 20 世纪 40 年代末，我生长在香港岛南面的一个小渔村。那时候生活十分简朴且艰难，一般家庭都不太可能给孩子提供有牛奶的早餐，更遑论顾及子女的成长条件。能负担起上学的便给他们上学，不能的便安排他们去做某一行业的学徒。我的家庭虽颇拮据，但庆幸还能于我 8 岁时让我上小学。小学应是我一生最快乐的时候，除了上课，下课后便是我的天下。我不爱学习，讨厌英文课堂，害怕数学计算。但我喜欢游玩，和小朋友一起打球、探险，或独个儿上山、下海，真是其乐无穷，无忧无虑。正因为不爱学习，升中考试的英文和数学的成绩都是零分。庆幸还有一间中学愿意收留我，更庆幸的是：我后来才明白我的游玩生涯正是解决问题的锻炼，也是创造性思考的来源。

初中时我仍旧不爱学习，但学校（务实中学）却强迫学生背书。我也背了很多文言文。上高中（西南中学）后更是背了六十多篇课文，其中包括整篇的《大学》与《中庸》。背书虽然不求甚解，但慢慢培养出一点语感（Linguistic sensibility），对阅读也渐生兴趣。那时候的香港报刊有不少《学生园地》《青年论坛》，吸引了不少爱好写作的中学生和大学生投稿。当时有不少爱好文艺创作的跨校中学生组织起文社来，一时蔚然成风。很偶然，我也尝试写了一些散文、新诗，幸运地被刊登出来，并得到一点稿费，可以用来买些有趣的书。当时我先后也参加了两个文社[晨风文社和号称“六大寇”(其实只有五个成员)的新潮文社]，但兴趣已由文艺转向哲学。主要的原因有两方面：一方面是看了一些港台新儒家的书，包括唐君毅先生的文化哲学和牟宗三先生的道德形上学的论著。20世纪五六十年代的香港被视为文化沙漠，但也是唐君毅先生所谓“花果飘零而灵根自植”的一块土壤。香港新亚书院新儒家的默默耕耘吸引了不少本土知识分子和海外学者的关注、欣赏及追随，他们的论著对我来说，虽是看得似懂非懂，但也深信其不可忽视。另一方面是看了台湾的文星丛刊，特别是殷海光先生的思想与方法的论著。后来我进入大学(台湾师范大学)中文系后常跑到殷先生家里问学，兴趣日渐聚焦在殷先生所引介的分析哲学。当时殷先生已不开课，我偶然往台湾大学哲学系参观，得知有一位法律系毕业的年轻老师林正弘先生开分析哲学的课。我也看过他对十几本西方逻辑书的书评，因而吸引了我到台湾大学哲学系旁听他的课。一门是有关逻辑经验论大师卡尔纳普(Rudolf Carnap)的课，另一门是有关马丁(R. M. Martin)的语意学的课。由是我对分析哲学的兴趣更为浓厚。我在大三那年完成了一本译述卡纳普思想的书(环宇出版社 1970)，而且得到林老师容许我在书中附录他几篇大作，这些对我来说都是极大的鼓励，奠定了以后我的研究方法的取向。于此，我要特别感谢林老师给了我一个分析哲学的良好的基础训练。

大学毕业回港后有幸进入香港中文大学哲学系进修，那时新亚书院已成享誉国际的儒学重镇。除了修读了唐、牟二先生的课外，有幸我能当上徐复观先生两汉思想史研究计划的助理。当时在课堂上我虽然并不完全理解二先生的学说，但亦能体会到其博大精深。徐先生是历史学家，与我的兴趣本来颇有距离。但他的观念史（history of ideas）与胡适一系的强调实证主义或（泛）科学主义的思想史（intellectual history）的治学方法与取向并不相同。在治学方法与取向上，徐先生和威廉·狄尔泰（Wilhelm Dilthey）或以赛亚·伯林（Isaiah Berlin）是近似的，他们都不会忽略历史论据与哲学方析的互补性。对我影响最大的，便是徐先生在研究实践中那种把材料的原有单元（如书札、杂文、语录等）加以拆散；再以各观念、各问题为中心点，重新加以结合，以找出对他所提出的每一观念、每一问题的比较完全的了解；更进一步把各观念、各问题加以排列，求出它们相互间的关联及其所处的层次与方位，因而发现他是由哪一基点或中心点（宗旨）所展开的思想结构（或称为体系）。这种材料的拆散与结合，及在再结合中所作的细心考虑比较，都是很笨的工夫，但却是尽力寻求忠于原典的融贯解释。除了分析哲学的方法外，这种在材料中疏通以求逻辑一致性的治学方法，一直是我研究工作的依据。

和宋明新儒家在面对印度佛教的挑战而引发一场激烈的自我转变的过程一样，当代新儒家在面对西方科技文明的冲击之后，他们也不得不随着中国社会文化翻天覆地的变动而作出重大的自我调整。他们思索的一个核心的问题是：如何将西方文明中的科学、民主及经济发展转化为儒学的新外王，并重新诠释儒家的内圣之学以稳固返本开新的义理规模？这样的思考不仅涉及家国文化的救亡图存的问题，而且也涉及儒学本身能否现代化或适应现代生活的问题，无疑是非常值得大家深入探究的一个时代课题。我们知道：对于这样的一个大课题，委实并不容易找到圆满的解答。就此而言，当代新儒家也不例外。我们虽然承认他们在学术上有不可磨灭的贡献，但在此一中西古今的课题中，他们并没有为我们提供一个完美无瑕的答案。他们的贡献毋宁是在问题的开发方面，让我们在面对新时代的新问题时可以进入前所未有的深度和广度，也引发大家发掘各种可能的新视角和新观点。我这样说不但没有贬低当代新儒家的地位，反而是充分肯定了他们在学术上的重要性。且看柏拉图(Plato)作为西方哲学之父，其重要性可谓不言而喻。但时至今日，我们实在找不到几个柏拉图哲学的追随者。尽管柏拉图以后绝大多数的哲学家都不会同意柏氏的观点，甚或提出过极严厉的批评，可是也很少人会否认自己曾受益于柏氏的教诲，从他的基本问题处引发出自己的路向来。

本书从分析哲学的角度出发，对中国哲学中各学派包括当代新儒学采取批判性的研究，正是基于此一崇敬的态度，并表示对他们努力的一种严正的重视。

本书基本上是过去 40 年来研究的部分成果，大多是应用当代分析哲学的方法来处理中国哲学和比较哲学的问题，而本书更着重逻辑分析和概念分析方法的运用。对我个人来说，只要能够合理解答问题，任何理性的方法都可以运用。不过，对于各种学说之立论，我们当然要求各说所用之概念要清晰，其论据要充分。当我们要检讨某说立论的词义时，当然要借助概念分析的方法来厘清；当我们要检讨某说立论的依据时，逻辑分析的方法更是不可或缺的。除非某说不要立论，否则我们对它的理解与评论都不能缺少上述两种分析的工具。然而，对于不要立论只要体悟的说法，我是不同意的。不要立论只要体悟的说法还得有所说，有所说之所说到底说了些什么呢？分析方法之所以重要，正因为它要我们“说话算数”。中国传统注重实践体证、默识心通，但这些工夫如为有效，必须以工夫论的方式告诉我们如何一步一步地达至体悟。这一步一步的方法分析清楚后，还要告诉我们这方法必达之理据。缺此二项分析、说明，我们无法依循所谓工夫去做工夫。这正是我所深信的一个观点：分析方法虽非充分，乃是必要的研究方法。本书正是以分析哲学观点看中国哲学的一个体现。

本书结集的大部分文章是依据过去40年来的旧作而略做修改。能够把老旧的东西重新展示出来，我要特别感谢香港中文大学哲学系黄勇教授的推荐，使此书得以在东方出版中心出版。此外，对于多年来在学术路途上支持我的同事洪长泰、郑树森、庄锦章和翟志成、杨儒宾、方万全，我要表示由衷的谢意。在香港科技大学退休后来到台湾东海大学客座，在这个美丽的校园里教学与研究，特别得到哲学系同仁的支持，谨此表示深切的感谢。最后，我也要表示对内子顺志的深切谢意和爱意，没有她的激励和忍耐，我的研究将难以寸进。谨以此书献给顺志。

冯耀明

导　言

一、中国哲学及文化的主流

古代中国哲学中以儒、道二家之思想学说至为重要，它们与后来传入的佛家思想形成中国哲学及文化之主流。依冯友兰的说法，由孔子时代至秦灭六国、一统天下期间，有六家或九流十家之说，此乃古代哲学之时期，冯氏称为“子学时代”；由汉武帝、董仲舒独尊儒术，罢黜百家起，至清末康有为言公羊经学，为中古及近代哲学之时期，冯氏称为“经学时代”。冯氏并谓：儒学之兴起，为“子学时代”之开始；儒学之独尊，为“子学时代”之终结。

古代中国哲学百家争鸣，虽时有显学的出现，却无一家独尊之势。例如孔子在世时儒学兴盛，至春秋战国之际则有“不归杨，即归墨”的趋势。战国中期的孟子“拒杨墨”，儒学又得以复兴。战国中后期道家学说兴起，儒、道并为显学。由战国末至秦统一，法家在学术与政治之间皆居主导地位。至于名家及后期墨家虽在战国中后期形成一股名辩的风尚，阴阳家及黄老稷下学派亦在战国后期至秦汉之间甚为流行，然终究只是学术之旁支，始终不能与儒、道、墨、法四家并驾齐驱。诸家各有特色，或为一时之显学，或成一时之风尚，无一家可独尊于世。直至董仲舒上“天人三策”，汉武帝主张以儒术为政、教之定则，百家之学才逐渐隐退与消融。在政治生活上，遂有阳儒阴法的现象出现；在一般文化生活上，乃有儒道互补的情况发生。及至隋唐佛学兴盛之后，儒、道、佛三家便成为中国哲学及文化之主流，其余各家思想若非销声匿迹，也只能在三家之腋下苟延残喘。

作为中国哲学及文化之主流，佛家是外来的，而儒、道二家则孕育自中国之古代。然而，为什么古代哲学中的儒、道二家后来成为中国哲学及文化之主流，而其余各家不能呢？我认为其中的一个主要原因或理由，可能是经过各家学说互相激荡、各家思想互相竞逐之后，儒、道二家重视心性反省与行为实践的思想，较能配合汉以后社会文化的发展以及个人的需要。例如墨家的没落，可反映“义”与“利”及“天道”与“天志”观念之竞逐，其结果是道德性的“义”与非神学化的“天道”成为日后中国哲学及文化的重要观念。名家的没落，可反映（广义的）“德性”优于“知识”，“实践”重于“思辨”的哲学及文化取向。又如法家的隐没，可反映“德”优于“力”（“教化”重于“强权”）的政治文化取向。至于阴阳家及稷下黄老学派，他们的气化宇宙论与原始宗教信仰结合，可产生汉初的“天人感应”的神权哲学；若与哲理化的天道论相结合，则可产生合理的自然哲学。前者在东汉以后的学术文化中日渐没落，只能在术数及民俗的传统中流传下来；后者在天文、医学及农学上有所发展，惟未能得到精英文化的重视。总结来说，儒、道二家重心性反省、重行为实践的思想，得到东汉以后中国知识分子的重视，与后来传入的哲理化的佛教思想成为中国思想之三大主流，在政治伦理生活、文学艺术生活及宗教信仰生活三方面，形成互补的现象。

二、中国哲学的特色

依大部分学者的理解，传统中国哲学的特色，在内容方面有“内圣外王”与“天人合一”的主题，在方法及表达方式方面则是重实践而轻知识，长于暗示而短于论证。

有关传统中国哲学的特色，历来有种种说法。例如金岳霖认为传统中国哲学有四个特点：

> (1) 逻辑和认识的意识不发达：中国哲学缺乏西方的系统严整的著作，其语言简洁而不明晰，它的暗示性几乎无边无涯。
>
> (2) 天人合一：无论把“天”了解为“自然”或“自然的神”，中国哲学这种把主体融入客体，或客体融入主体的思想，强调个人与宇宙不二的状态与和谐的精神，与西方征服自然而强调主客对立的精神是不一样的。
>
> (3) 伦理与政治合一，个人与社会合一：中国哲学中，特别是儒家的思想，把哲学和政治思想交织成一个有机整体，使哲学和伦理不可分；哲学家以内圣外王为理想，哲学与伦理政治有内在的联系。
>
> (4) 哲学家与他的哲学合一：中国哲学家的哲学，要求他身体力行，他本人是实践他的哲学的工具；他须按照自己的哲学信念生活，这是他的哲学的一部分。①

上述四点，简言之，即非思辨性和认知性、天人合一、内圣外王及躬

---

① 参阅金岳霖，《中国哲学》，收入《金岳霖学术论文选》(北京：中国社会科学出版社，1990)：351－362。

行实践之特质。冯友兰也有类似的观点，他认为：

(1) 照中国的传统，圣人(广义)的人格是内圣外王的人格，哲学的任务，就是使人有这种人格。所以中国古代哲学的主要问题是内圣外王之道。由于哲学的主题是内圣外王之道，哲学所追求的主要不是获取知识，而是养成理想的人格。

(2) 中国古代哲学的著作多名言隽语和比喻例证。由于这种表达方式不够明晰，缺乏理论的联系，故中国哲学的语言长于暗示，而拙于系统的推理和论证。①

冯氏在另一本书中又认为：

(3) 中国哲学家不喜为知识而求知识，不以知识问题为哲学中之重要问题，是由于中国哲学迄未显著的个人与宇宙分而为二。在中国人之思想中，迄未显著的有“我”之自觉，故亦未显著将“我”与“非我”分开。此即主客消融、物我为一的精神境界为中国哲学家所追求，而主客对立之知识问题并不受到太大的关注。②

冯氏上述三点，与金氏四点实大同小异。从内容方面说，二氏皆强调中国古代哲学之主题是内圣外王与天人合一；从方法及表达方式方面说，二氏皆以中国古代哲学重实践而轻思辨，长于暗示而拙于论证。

---

① 参阅冯友兰，《中国哲学简史》第一章第二节至第三节，收入《三松堂全集》第六卷(郑州：河南人民出版社，1989)：6－13。

② 参阅冯友兰，《中国哲学史》上册，第一篇，第一章第五节，收入《三松堂全集》第二卷(郑州：河南人民出版社，1988)：10－12。

这些论点多为学术界所接受，但有三点须加辨析：

(1)“内圣外王”指个人的内在修养以圣人或至人为理想人格，以及由此人格修养可在社会、政治上发生效用。其中“圣人”对儒家言，即指理想的道德人格；对道家言，则指理想的得道真人。故此“圣人”二字乃广义之用法，非限于狭义的儒家人格典范言。

“天人合一”表示宇宙与个人之合一。对儒家言，指义理之天(天道或天理)与个人生命之心性相即不二之精神境界；对道家言，则指宇宙与人生皆依顺自然无为之道而得理想之存在，人法天之道或顺应自然即可达逍遥无待之精神境界。故同属“天人合一”，二家在具体内容上实有差别：儒家之境界有道德化成的意义，道家之境界有艺术观照的意味。

(2)冯氏认为中国古代哲学强调主客消融，未显著地将“我”与“非我”分开，此说无甚问题。但他认为中国人之思想中，迄未显著的有“我”的自觉，则颇可商榷。儒家以仁感通物我，贯通天人；道家以道通为一，忘我去执，诚然是要人不要执着经验生活中之自我，而求物我两忘或感应无外的精神境界。儒、道二家要人不要执着经验生活中之自我，并不表示他们对自我缺乏反省。相反地，二家正因为对自我有深刻的反省，才不以经验生活中之自我为真我，而要求在物我两忘或感通无外的精神境界上体认生命。牟宗三认为中国哲学最强调主体性(subjectivity)，其说容或只能用以说明魏晋及宋明的哲学思想，但先秦儒、道二家言及生命或自我的自觉，却不必理解为笛卡儿(Descartes)的“超越自我”(transcendental ego)或德国观念论(唯心论)(German Idealism)的“绝对主体性”(absolute subjectivity)。因此，谓中国古代哲学对“自我”之了解与西方的不同是可以的，但谓中国古代哲学未显著有“我”之自觉则不可。

(3) 不少学者常有一种误解，以为中国古代哲学不重思辨，没有严整的系统，长于暗示而拙于论证，便认为有关的著作只能以艺术式的语言来表达，不能用理论性的语言来诠释和分析；或认为古代中国哲学家只有关联性的思考(correlative thinking)，而无分析性的思考(analytical thinking)。其实并非如此。中国古代哲学的表达形式虽多不是纯理论性的，但这并不表示有关内容没有内在的理路和论说，可供我们加以诠释和分析。

此外，也有不少学者认为中国古代哲学之方法是实践的，而非理论的，多谈修养的方法，而不多谈理论的方法，因而进一步推论中国古代哲学不能用理论的方法来分析，而只能通过个人的修养去体证。我认为这是一极大的误解。他们混淆了修养方法的讨论(工夫论)与修养的具体实践(工夫)之不同，因此不能了解谈论修养的方法仍须有理论的分析。中国哲学重实践，不重知识，并不表示它没有理论。有关实践问题之讨论，仍有理论性的问题，而不只是实践本身的问题。

三、儒学的发展与定位

孔学发展为孟学和荀学，乃一种理性重建的工作。新理论的主要工作，乃引申旧理论的某些关键概念而予以重新厘定，并迎接新问题之挑战而在这些概念的基础上作理论的提炼。把孔子的“仁”一概念加以心性论化乃是孟子的一大杰作；而荀子建基于“伪”一概念之二种用法的思考无疑是补充了孔子对道德如何可能问题的解答。至于宋明道学、理学及心学之出现，则可说是对先秦儒学的一个革命性的转变。表面上后来者虽声称可“谓适而上遂”，可得“先儒之真绪”，实质上乃是另立山头，前后是貌合而神离，血脉早已间断而难通。此中原因，实在由于道德心性论与本体宇宙论的格格不入，难以牵合之故。而宋明以后发展出来的道德形上学，势将演变为“没有道德的道德形上学”（moral metaphysics without morality）此一吊诡现象，（如把孔子的“仁”变改为“生生之仁”）不亦悲乎！我个人认为：如果说孟学是孔学的一大传承，则宋明儒学可说是先秦（孔孟）儒学的一大转折——一个流而离本的转变。

有不少论者认为：两汉儒学是传统儒学之歧出，荡失了先秦（尤其是孔孟）儒学的真绪；至宋明儒学出现，才恢复了儒学的道统，承先以启后。然而，在宋明600年的儒学发展史中，并不是只有一种声音在高唱，而是有许许多多错综复杂的声音夹杂其中。其间先后有各种所谓“道学”“理学”“心学”等不同旗帜的儒学出现，而各种学派之间的内外斗争比诸与儒学外部的斗争更为激烈。因为别尔我异同是分明而易作的，但争正统辨歧出则是暗动而难成的。正因如此，将暗动变成实事，将难成转为易作，便得花更多的力气去作掘井及泉的功夫，务求证明自己是自本而至，他人则是流而离本的。这里所谓“暗动”，乃是指宋明儒学各家各派大多暗中用自己的理论预设来解读先秦的经典，而不是尽量客观地让原典自己“说话”。职是之故，他们各别对正统与歧出之判教工作，其背后的判准是暗地里从各自的理论预设引带过来的，而非客观无可争议者。而事实上，尽管各家自称已得先秦之真血脉，实质上在他们的曲读及误判之下已不能掌握原典之真义。我们可以说，对一些先秦儒学的基本概念来说，如“心”“性”“理”“命”等，各家在他们自己的理论语言中并不能找到准确的翻译或诠释。

为什么会出现这样的“异象”呢？宋明儒家大部分不都是先秦儒家听话的乖孩子吗？我们的怀疑及论断是不是无的放矢呢？我们可以找到充分的外在和内在的证据，并不是无的放矢的。从外缘方面来说，我们如果细心看看宋明儒家在史书上记载的个人资料，当不难发现他们大部分人都是“出入释老二三十年，退而求诸六经”的。至此，我们怎么可以相信：一个练过二三十年武当功法的武林高手，当后来转向练习少林功夫及成为少林传人之后，他的武功连一丁点儿武当成分也没有？同样，我们也不太可能相信：具有这种“出入”及“退求”经历的宋明儒家竟可以在其学说中毫无佛、老的观点痕迹。他们虽然口口声声要严判儒佛，排拒老庄，但他们无论在概念建构上或思考方式上都与佛老兴味相投，难分难舍。从周敦颐的《太极图说》、程明道的《识仁篇》，到朱熹的“理一分殊”说及王阳明的“良知遍现”之旨，都明显可见这些“出入”的鸿爪。我们知道，孔子固然没有一套心性论，而孟子的心性工夫论也未有经过严格形上学的提炼。但宋明儒学则与此不同，他们把先秦儒学的道德心性论本体宇宙论化，从而建立了一套又一套的道德形上学。这样的转变基本上是革命性的，而革命的动力来源，正正是要面对佛、道二家之挑战而在“欲迎还拒”的辩证思考中激发出来的。公平地说，宋明儒学当然仍是儒学，不会是佛、老二家之说。但他们的“内圣外王”或“天人合一”的建构模式却有佛、道二家的印记，这是毋庸置疑的。

大凡经典传统之形成，总会有内敛性和外散性这二向的辩证发展，由之乃形成一具有家族相似性(family resemblance)的多个学派。多个学派中的各支及各人之所以认同于某一经典传统，往往不在于其中有一不变的、共同的核心义理，甚或是具本质主义(essentialism)特质的道统、心法等，而在于家族相似性中聚敛出一些大部分成员都接受的基本概念及基本论旨，亦即某些理论的基型。可是在另一方面，由于后继者对一二基本概念及基本论旨之着重点与引申点在诠释和说明上有或多或少不同的发挥，便在各种可能的理论建构中形成不尽相同的边缘性论旨，以及因应不同时代的历史环境而形成各种因缘性的义理。此即任何经典传统在发展过程中所显示的外散性的一面。只有外散性的扩张，某一经典传统才能推陈出新，有所发展；只有内敛性的回归，传统的成员才能继承血脉，不致流而离本。当某一经典传统渐趋保守僵化之时，便会有开拓性的人物出来，因应历史的因缘，吸收外来的养分，大力做外散性的发展。但它在枝叶繁茂的发展之后，一旦出现内部的紧张或分裂，便会有集大成的人物出来，主张经典判析、位阶判分的判教，务求内敛性的回归。所谓"依了义不依不了义"正是要回归传统，寻求本义的一个形式原则。

把此一形式原则转化为有效诠释的实用原则，必须定出"了义"或"本义"的实质标准。所谓"理论基型"并不是"理论"，它只有一些大多数家族成员都接受的基本概念及基本论旨，却未有定型的理论系统。譬如说，孔子有一些道德概念可被发展成心性论，但他本人却没有成型的心性论。又如孟子有一些有关心性的论旨，但他本人却没有成型的"心性与天道相贯通"的形上学。寻求"了义"或"本义"除了掌握经典传统中的理论基型（包括基本概念与基本论旨）之外，也要确定某一被诠释的经典所包含的理论或可被理论化的论说是否经过诠释后满足一些理性的条件。这些条件包括"内部融贯性""架内指涉的相应性"及"完备性"等，其中"内部融贯性"更是掌握"了义"或判别有效诠释的一个至为重要的必要条件。经由此一判准，我们往往可以判定某一经典被诠释为包含某一理论之说法是否合理，以及是否有理论（的理性）重建及理论（的典范）转移的问题。

四、研究中国哲学的一些流行进路

对当代新儒家和宋明理学家而言，儒学不仅仅是儒学研究，儒家的终极教义是要寻求某种内在智慧和超越真理，这是客观研究和逻辑方法所不能理解的。他们强调，中国哲学（包括儒、道、佛三家）与西方哲学有着本质的不同。他们认为，能理解这种智慧和真理就能进入一个超越的领域，这一领域只能由某种智的直觉（intellectual intuition）或类似神秘经验的体证，并经过长期艰苦的道德实践和心智转化而达至。在此意义下，可以说他们神秘化（mystify）了儒学和中国哲学，他们留给西方哲学家这样的一个印象：儒学和中国哲学不能被理解为一种哲学，因为它们基本上不能通过理性思维来认识。

在我看来，与余英时对当代新儒家标签的“良知的傲慢”（the pride of *liang-zhi*）相比，研究中国思想（包括儒学）的思想史学家和汉学家，如胡适及其追随者，确实有某种“泛历史心态的偏见”（the prejudice of pan-historical mentality）。我们知道，胡适是现代中国五四新文化运动自由派的“教父”，他激烈地批评中国旧有文化，热情地拥抱西方的科学文明。虽然他着迷于科学，但他并未认识到他的“科学”观念比起西方思想家的想法来得更加激进和浪漫。19 世纪末 20 世纪初，虽然西方有一些思想家对人文学持有非常实证主义（positivism）的态度，但大部分人仍然认为人文学与科学之间有着方法论上的界限。然而，胡适对人文学采取了泛科学主义的进路，他对人文学所采取的历史学加语文学的进路（historical cum philological approach），伴随其浓厚的实证主义的心态，把他推进了一条“非哲学化”（de-philosophizing）的死胡同中。不幸的是，在这种倾向或偏见的基础上，胡适及其追随者建立了一个汉学研究的强大潮流;从其泛科学主义的定义上看,他们拒绝了任何其他进路,尤其是哲学的进路,来进行中国思想研究。虽然他们声称自己的进路是智性取向的,建立在客观证据的基础上,并运用科学的方法,可是他们几乎全然不知,证据是有理论负荷的(theory-laden),而哲学分析更是不能被社会历史的解释和语言历史的分析取代的。他们认为,对中国思想的扎实研究不应该是对非经验问题或超越性问题的智性游戏,所有问题都应该放在经验事实的基础上去探究。换言之,唯一有认知意义的研究是在历史脉络中去界定和讨论问题,然后研究其社会政治意义。如果这一点是正确的,所有非历史学的和非语言学的中国思想研究,尤其是那些具有形上学含义的研究,都是无认知意义的;基于同样理由,所有西方形上学的研究,诸如柏拉图的形而上学和康德的超验哲学,也都是无意义的。我认为这种倾向或偏见是由于胡适及其追随者忽视了以下两个问题之间的重要区别:某一思想如何在历史境况下产生和运作与某一思想如何在哲学理论中得到证立和理解。这乃是“causal explanation”与“theoretical justification”的根本区别。他的无知使中国哲学变成了没有哲学的中国思想研究,因之而给中国哲学,尤其是儒学的研究,带来极大的危害。也许我们可以说:一方面,当代新儒家神秘化了哲学(mystify philosophy);可是另一方面,像胡适及其追随者那样的汉学史家却虚无化了哲学(nullify philosophy)。这敌对的双方走向两个极端,却是殊途同归,两者都导致同一的结果:他们给了西方哲学家一种印象,认为儒学和中国思想不能被理解为哲学。

在这两个极端之间,有一种研究中国哲学和儒学的进路可以完全被西方哲学家理解为哲学的进路,这就是冯友兰所采用的进路。冯氏把他的方法明确定义为“逻辑分析”,几乎所有中外学者都同意这一点。显然,冯氏关于中国哲学史的著作在方法论上类似于西方观念史

(history of ideas)领域中的著作,因为,除了历史学的解释,他在书中用了一些概念分析的方法来处理哲学问题。然而,他在别的著作中对宋明理学的分析及对儒学新体系(新理学)的建构看似用了逻辑分析的方法,实际上却不是。例如,他断言:建立其新的儒家形上学的目的是对人类经验进行逻辑分析。在他看来,从经验的前提到形上的结论是有逻辑关联的,例如从前提“有山”到结论“有山之所以为山”或“有山之理”,或从“有方”到“有方之所以为方”或“有方之理”,都有逻辑关联。一般来说,此即以前提“有某物”与结论“有某物之所以为某物”或“有某物之理”之间有一种逻辑关联。以此看似逻辑的关系为基础,他断言,这个“有某物之所以为某物”者乃是一种“理”,一种“共相”(universal),可以被理解为某物之所以存在的形上基础。换言之,我们经验所证实的某山的物理存在预设(presupposes)了山之理这超越存在;没有后者,前者不可能存在。就我所知,几乎所有中国学者及研究中国哲学的西方学者都同意这种看似逻辑分析的方法为逻辑分析,认为这是把西方逻辑方法运用到儒学和中国哲学研究中的成功一例。然而,冯氏的预设(presupposition)并不受非实在论者(non-realists)的欢迎,他们不会承认现象物的存在形而上地建立在某种超越物的基础上。我认为,冯氏所作的并非标准的逻辑分析,而是一种建立在某种超越论证(transcendental argument)之上的形上分析。在此,我们可以得出的结论是,冯氏的进路并不是逻辑的,而是形上的。

胡适和他的追随者抱怨当代新儒家的进路是神秘的和非经验的。但是,当代新儒家回答说,儒学的启悟并不是理性地可认知的,而且其内在智慧和超越真理只能通过长期艰苦的道德实践和精神转化一而自得,从非感性的直觉或超越的体证中达至。然而,他们又认为,理论分析作为初步理解和进入超越领域的方便策略(权说)还是有帮助的。事实上,虽然当代新儒家经常声称其终极关怀不是在理性上为可分析的，但其著作的百分之九十九以上都是理论性的。他们在谈论非感性的直觉和超越的体证时，为了使其谈论有说服力，又不得不援用西方形而上学的概念来分析和解释那些“不可分析的”(unanalyzable)东西。例如，唐君毅自己亦提到用来解释道德主体这种“绝对意识”或“纯粹意识”概念的“超越反省法”，基本上与笛卡儿或康德(Kant)的“超越推述”(transcendental deduction)(即 transcendental argument)是类同的。虽然牟宗三强调良知并不是什么假设的东西，正如冯友兰所声称的那样，而是一个“自我呈现”的实体，牟氏亦只能通过类似于他所说的康德有关“实践必然(需)性”(practical necessity)的“超越推述”，来表示道德如何可能须预设“自我呈现”的实体。正如我在别处所讨论的，牟氏的两种“逆觉体证”(即“超越体证”与“内在体证”)的观念并不能被理解为任何直觉，只能是某种超越推述。其实，牟氏与唐氏求助于非感性的直觉或超越的体证与别的宗教传统求助于第一人称权威的私有经验(the private experience from the first-person authority)并无本质之异，而且他们的理论建构主要也是以“超越论证”为基础。因此，我们可以得出一个结论：他们的儒学和中国哲学研究的进路仍属于西方意义的形上思辨(metaphysical speculation)一类。如果这点是正确的，我们还可以得出另一个结论：虽然冯友兰声称他的方法是逻辑的和概念性的，而牟氏和唐氏强调他们的方法是非分析的和直觉的，其实他们双方都是思辨哲学家，双方的形上理论都未能恰切地用来理解古典儒学和中国哲学。

五、本书的内容与方法

如本书之名所示，这是一本以分析哲学的方法来探究儒家哲学的论著。大多数研究中国哲学的学者认为中国哲学的课题内容与表达方式,特别是儒家哲学的课题内容与表达方式,与西方的极不相同。我大致上同意此说,但我并不同意他们进一步的推论,认为儒学重体证与实践,不可以西方的分析方法来处理儒家哲学的课题。我之所以不同意这种说法,是因为我相信一个常识的观点,即任何学说思想如有所说,有所论,它必须提供论据以支持其论点。要清楚了解其论点,概念分析(conceptual analysis)是必要的;要清楚了解其论据是否足以支持其论点,逻辑分析(logical analysis)是必要的。四十多年来我一直在做这种极少数人愿做或会做的工作,一般的反应是这种工作是不相应的,不能契合或契悟儒家哲学的智慧和真理。但是,从来没有人告诉我哪一点不相应,而他们也没有说清楚他们所了解的智慧和真理之确义,更没有证明为何不可以使用分析的方法来研究中国哲学及儒家哲学。

这本书的工作主要在展示如何以分析哲学的方法来探究儒家哲学的问题。它包括三编:第一编为先秦儒家哲学思想分析,第二编为宋明清儒家哲学思想分析,第三编为当代新儒学的哲学思想分析。

第一编《先秦儒家哲学思想分析》有三章。第一章《论语中仁与礼关系新诠》试图提出一个新的解释。我认为孔子"仁"一概念的心性论化乃是思孟一系的一大发展,至于宋明道学、理学及心学之出现,则可说是仁学进一步形而上学化的剧变。虽然宋明儒家及当代儒者声称可"调适而上遂"、可得"先秦之真绪",然而先秦的血脉传至宋明,已发生了典范的变革,此中原因,实在于孔子的道德思考不必有后儒所理解的思孟之心性论的预设,而心性论亦不必纳入宋明儒家及当代儒者所主张的本体宇宙论之故。20 世纪 70 年代西方分析哲学家赫伯特·芬格莱特(Herbert Fingarette)认为不可以孟子的心性之说来理解孔子在《论语》中的思想。他利用约翰·奥斯汀(John Austin)的语文行为理论

(speech act theory)和吉尔伯特·赖尔(Gilbert Ryle)的逻辑行为主义(logical behaviorism)观点,对孔学提出了一个崭新的解释。他认为西方哲学与佛教传统所强调的心身之分与内外之别的观点,并不适合用来分析孔子在《论语》中的道德思想。并以一般中外学者的主观的心理主义(mentalism)的解读为错误,不能真实掌握孔学的要旨。本文的目的,主要是针对当代新儒家形上的心性天道论的解释与芬格莱特的逻辑行为主义的解释,剖析这两种观点与文本不相应之处,从而将《论语》中的仁与礼的关系纳入意向性(intentionality)及意向行动(intentional action)的框架中来理解,并尝试提出一种异于上述二说的新解释。根据文本的理解,我认为《论语》中的"仁"乃是一个"厚重"的概念,它既非"薄"的概念如"善"(good)或"应该"(ought),也非"厚"的概念,如"勇敢"(brave)或"慷慨"(generous)。它既涉及内在心灵,也涉及外在行为;既涉及规范性的原则,也涉及原则内化的动机结构。这毋宁是一个理论构项(theoretical construct)。[①]

第二章《孟子与告子的人性论辩》旨在通过孟子与告子的论辩,以展示告子的类比推理(analogical reasoning)并不成功,而孟子的反论则在指证告子的类比推理的困境。现时大多数学者认为孟子与告子两方的论辩都用了类比推理,我并不同意此说。因为类比推理不是严格的演绎推理。相对于所喻的较抽象的原有命题言,一个比喻或类比乃是一个更为具体的,对某一论证结构(argument structure)的一个语意解释(semantic interpretation)或一个解释的模型(interpretative model)。

---

① 对芬格莱特更深入的评论和对"仁"一概念更全面的论析,读者如有兴趣,可参阅以下两篇拙文:"Disposition or Imposition? — Remarks on Fingarette's *Lunyu*," *Journal of Chinese Philosophy*, Vol.37, No.2(June 2010): 295 - 311; "*Ren* as a Heavy Concept in the *Analects*," *Journal of Chinese Philosophy*, the 40th Anniversary Festschrift, Vol.41: 1 & 2(Spring 2015): 91 - 113.

若在此一语意解释下表示告子论证之前提为真而结论为假，即已充分证明他的论证不正确(invalid)。但是，若此类比不合告子之论证而合乎孟子之反驳论证，只表示在此一语意解释下不会使孟子反驳论证的前提为真而结论为假，却并不表示孟子的正面论证在所有语意解释下或在所有可能世界(possible worlds)中不会出现前提为真而结论为假的情况。因此，某一类比或比喻合乎孟子的反论，只表示这是孟子用来反驳告子的类比推理的一个反例(counter-example)，而不是表示这是孟子的正面论证的充分证明。

第三章《荀子人性论新诠：附〈荣辱〉篇 23 字衍之纠谬》是一篇翻案文章。传统的诠释多以荀子主张人性本恶，与此相反，本文一方面要论证此一诠释之不确，或至少不全面，另一方面则依照荀子的文本，建构一新的诠释，从而断定他的人性论中实肯定有致善的积极因素。为了达至上述两个目的，我将提出论据证明《荀子》文本中某些重要段落被误释或错置，分析在《正名》篇中"伪"字的两种不同而相关的用法：其一表示人性中的某些潜能，另一表示行为的效果。此外，我将论证王念孙及王先谦等人将《荣辱》篇中 23 字视为衍文之不确，从而为荀子的人性论提供一个较确当和较融贯的新解释。①

第二编《宋明清儒家哲学思想分析》共有六章。第四章《张载是气一元论者还是理气二元论者?》是因应前辈学者历史学家何炳棣教授在 20 世纪 90 年代寄赠有关《西铭》之论著，他来信希望在思想史的角度之外，我可以从分析哲学的角度表达一些观点。此文乃是应何教授的要求而作。有关张载的本体宇宙论(onto-cosmology)，大陆学者多理解

① 如要有较深入的分析，读者可参阅拙著："Two Sense of '*Wei*': A New Interpretation of Xunzi's Theory of Human Nature," *Dao: A Journal of Comparative Philosophy*, Vol. 11, No. 2(June 2012): 187 - 200.

为“气本体论”或“气一元论”，而海外新儒家则多理解为“理本体论”或“理气二元论”。二说似皆各有所据，而实未得张载学说之全。此文旨在对二说略加分析、评论，并尝试提出另一较为合理的解释，以期掌握张载本体宇宙论之实。个人认为：张载之混漫实有思想史上的因素。他为针对佛道二家之蹈空或执有之论，故特强调实然的气化之说以对治之，遂不免有自然主义的倾向。但是，二程当时对张载的批评不可能对他全无影响，即使不一定像其门生吕大临所说的，为二程而“尽弃其学而学焉”，至少也会使他做出若干思想上的调整。此一调整使他不得不徘徊于形上与形下之间，在超越主义与自然主义之间游走。张载明显的思想混漫与其后大多数宋明理学家隐晦的思想混漫其实是建基在同一错误的思考模式之上的。其源头肇始于《老子》和《易传》，经历秦汉杂家化的道论，再经佛家与道教渗入的元素而予以强化，此一思考模式便成为了宋明儒学的一个基调：把本体论（ontology）与宇宙论（cosmology）混在一起，一直发展到当代。这与严分二域之西方哲学传统迥然不同。

第五章《程伊川心性论新诠》旨在厘清程伊川心性论中的一些关键概念。二程兄弟的心性论虽有颇多共通之处，然其各别的理论起点及思想性格却是迥然不同的。就理论起点上说，明道以心、性、理为自一（self-identity），而伊川则以性与理为自一，心与性或心与理只能为合一（unity）而非自一。所谓“自一”，即是以“心”“性”“理”三个概念的意义（sense）尽管不同，而其指涉（reference）则一。换言之，三者不过是对同一项目或元目（entity）的三个不同面相的描述：“理”是指一种道德、存有的形上原则或实体；“性”是指此原则或实体之内在于个体而为个体之本质；“心”则指此原则或本质之不外为一决定精神方向的道德自觉或价值意识。用牟宗三的话说，心、性、理三者自一，正表示道德主体性是黑格尔(Hegel)所说的“即存有即活动”的,不是以性为但理(mere reason)而与心不一,为只存有而不活动者。所谓“合一”,是指此三者之意义既不相同,而其各别的指涉亦不相同,但以三者之意义在某些情况下紧密关连,故可谓之合而为一。如果性与理自一,而心与性或心与理只有二项目间之关联性的关系,则性理自身便只是存有而不活动的。当性理与心之活动关联合一起来时,只是要心之活动(意志或精神方向)完全地依顺性理所规定的理想状态而活动,使心不外于性理而自主其方向而已。然而,有些学者便会怀疑,当心不依循性理而活动时,道德主体性能否确立?而道德行为又是否可能发生呢?有些学者认为,由自一与合一之不同,乃有顿教与渐教之分别。持自一说者,认为此心乃是道德所以可能的根源动力,此可称之为“本心”“良知”或“仁心”。本心一旦呈现,并能扩而充之,以除去气禀之偏与物欲之蔽,则完美的道德人格(圣贤)便可完全地确立。此即明道、象山及阳明所开之顿教。持合一说者,以此一心若为气禀、物欲所蔽障而处于昏昧之状态时,心便不是合乎性理的道心,而是肆于情欲、拘于气质而危疑不定的人心。若要化人心为道心,使心与性理复至合一之境,必须通过外在的格物穷理的积习之功,才可使道德人格挺立起来。此即伊川及朱熹所倡之渐教。然而,二程兄弟的思想分野真的就是一顿、一渐之别吗?本章并不打算要全面地考察二程的异同问题,这里只是尝试从一个新的角度来探讨伊川的心性论,以厘定其“心”非仅有形下的实然的心气之义,而其心与性理之关系也非置于认知格局之下。依此,亦可鉴别出二程兄弟虽有根本相异之处,而关键则不在一顿、一渐之差别。

第六章《朱熹心性论的重建》尝试以朱熹的天道论(本体宇宙论)为例,分析“超越内在”(transcendent immanence)说之理论困难,及“超越(或即超验)内在”(transcendental immanence)新说之滑转,从而揭示其天道论与心性论(及工夫论)之组合并不成功,难以建立一融贯一致的说法。若要使朱熹的心性论(及工夫论)得到纯净之发展,从其天道论中解放出来,便必须要严判“超越”(transcendent)与“超验”(transcendental)之别,及“内在”(immanent)与“内化”(internalized)之异。在“超验而内化”而不是“超越而内在”的角度下,朱熹的“心统性情”说及“格物致知”说都可以被了解为心灵状态之转化问题。由于性、情都不是存有项目,心是唯一的存有项目,故心与性的关系不是内在的,而是内化的,而心与情的关系则为外发的。由于格物(穷理)日益而致知(去蔽)日损,二者相伴而渐顿双行,外内交养,故不可以“泛认知主义”来理解朱熹的工夫理论。①

第七章《王阳明“心外无物”说新诠》探讨的问题是:王阳明此说之提出,乃是针对朱子的“格物致知”说而起。惟历来对此说之解释颇为不一,至今可谓未有善解。以往有不少中外学者以柏克莱(Berkeley)式“主观唯心论”(subjective idealism)视之,亦有以斯宾诺莎(Spinoza)式“泛神论”(pantheism)释之。牟宗三先生则另辟蹊径,以其修改过的康德(Kant)式“新体用说”以理解之:以作为智的直觉(intellectual intuition)的良知为“体”,以作为物自身(things-in-themselves)的真物(有价值意味之物)为“用”。最近有不少具有比较视野的学者(如刘述先老师)借用胡塞尔(Husserl)的“意向性理论”(theory of intentionality)来解说心与物之关系,可谓富有新意。以上四说,我认为“意向性理论”和“泛神论”两种解释都较为可取,但却未尽合适。相对于前者,我认为用普特南(Hilary Putnam)的“内在实在论”(internal

① 拙著对朱熹的“格物致知”和“豁然贯通”说有更深入的论证,读者可以参考:“Theory of Knowledge(I): *Gewu zhizhi*”(chapter 17), *Dao Companion to Zhu Xi's Philosophy*, edited by Kai-chiu Ng and Yong Huang (Springer, 2020).

realism)代之而提出的解释会更为合适；相对于后者，我认为自己花了一年时间构想的，来自道教内丹心性论中的“灵窍说”所提供的解释更为恰当。它不只比“内在实在论”的解释更为周延，也可克服“泛神论”解释的缺点。总体来说，“灵窍说”的新诠除了在理论内部的优异性之外，也有思想外缘的合理性。本章的目的，主要是对王阳明的“心外无物”说之各种解释作出梳理，从而论证“灵窍说”这种新诠的优异性和合理性。

第八章《王阳明良知学新诠》旨在探讨王阳明哲学思想中的“良知”概念及“知行合一”的理念。大多数学者以良知为非经验的知识或认知能力。对其良知说作超越的解释者，则以良知为非感性的直觉或超越的认知能力。而不采超越的进路者，往往以良知为技能或实践之知，类似赖尔的“如何之知”或“技能之知”(how-knowing)，而非“什么之知”或“命题之知”(that-knowing)。个人认为超越的解释需预设一种具有吊诡性和不可言说性的心灵能力，会导致一般神秘主义的哲学困境。实践的解释则明显不能用以说明“良知无知而无不知”及“草木瓦石也有良知”的问题。此外，二说皆不能对“心即理”“性即气”“心外无物”及“知行合一”诸说作出融贯一致的解说。本篇认为这些不同的诠释都是错误的，这不仅是因为诸说不能提供一令人满意的理解，更且因为它们并不是在正确的诠释道路上。要给王阳明的良知说一个融贯而完备的解释，必须摆脱上述这些观点所共有的心灵主义(mentalism)或认知主义(cognitivism)的进路，不管是超越主义或非超越主义的类型。本篇写作的目的，乃是尝试借用当代西方心灵哲学中和认知科学(cognitive science)中的“体现”(realization)和“随伴”(supervenience)二概念以助说明上述概念群中之种种意义和关系。个人依据王阳明文本的证据，论证王阳明以宇宙万物为一具道德意义的大生命机体，其间（太虚中）的性能或精神力量乃是生生不息之仁。由于人乃天地之心，故能建构地体现（constitutively realized）此一生生之性而内存于人心之中，此即所谓良知或灵窍。良知之发用、流行或充塞，借人的心灵活动及身体活动而接触外界，乃使其生生之性或良知因果地体现（causally realized）于外部行为及外界事物之中。至于心与身，及意向性行动与物理性动作之间的关系，皆可以“随伴”一概念说明其间之心与气或性与气之不可化约的等同关系。依照本章所设定的一气、（内外）二域及（现象、潜现象及超现象）三层的架构，我们可以进一步说明“心外无物”“心外无理”及“知行合一”的关系，并归结为王学中的“天成”之义。①

第九章《经典研究的两个神话：从戴震到章学诚》乃在论证思想史研究与哲学研究之互补，并指出余英时思想史研究的缺失。余英时认为：戴震“由训诂而通经以明道”，章学诚则代之以“由校雠而通文史以明道”，二者皆落在“道问学”的模式之内，而分别与宋学之“凿空言理”相抗衡。二者看似殊途同归，同样使经学或经典研究引向余氏所谓“智识主义”（intellectualism）的道路，而扬弃宋学中的“反智主义”（anti-intellectualism）传统。本章的目的在指出：无论是戴震的训诂方法之实质运用，或章学诚的历史方法之具体运作，皆非如余氏所谓“经验的研究”（empirical studies），纯以语言证据和历史事实而作之论断，而无形上的思辨或主观的想象。本章要论证：二者皆被余氏误套在知识化（intellectualization）的赝假论旨（pseudo-thesis）之中，而余氏并不

① 拙著对王阳明的良知、灵窍及天成之说有更深入的论析，读者可以参考：“Wang Yang-ming's Theory of *Liang-zhi*: A New Interpretation of Wang Yang-ming's Philosophy,” *Tsing Hua Journal of Chinese Studies*, Taiwan: Tsing Hua University, Vol.42, No.2(June 2012): 261 - 300.

知此乃欲去哲学化(de-philosophicalization)而去不了的两个神话(two myths)。①

第三编《当代新儒学的哲学思想分析》也有六章。第十章《新儒学的三个教条：一个分析哲学的观点》是一篇对儒学形上学化之解构文章。大部分新儒家(包括宋明儒家与当代新儒家)及儒学研究者都一致相信:“天人合一”乃是新儒家的终极关怀。如果将这种关怀视为仅仅是一种主观信仰,如徐复观教授的观点,这便不会引至客观妥效性(objective validity)的问题来。然而,新儒家毕竟认为他们所探究的不只有主观意义,也关涉到本体论和宇宙论实在的领域。这就是何以儒学之内与之外的学者都经常对其终极关怀之实在性提出客观妥效性的质疑之原因：内部的儒者要证成之;而外部的反对者则欲否证之。明显地,要证成或否证“天人合一”,和证成或否证基督教的“上帝”、佛教的“涅槃”及道家的“道”等,是同样困难的。[这涉及康德所说的“二律背反”(antinomies)的问题。]此章不会直接去质疑这客观妥效性的问题;转而去诘究此一论旨在理论逻辑上和历史根据上的融贯性的问题,并提出此说所隐含的三个不容易被接受的教条(即“普遍良知”的论旨、“吊诡性”的论旨及“不可言说性”的论旨)。②

第十一章《本质主义与儒家传统》一方面就当代西方分析哲学家

---

① 拙著对义理与考据之间的鸿沟问题有更深入的论析,读者可以参考:“A Bridge between Philosophy and Philology: A Methodological Problem of Chinese Classical Studies,” in *Research Methodology of Chinese Logic History*, edited by He Yang and Lee Hsien-chung(Beijing: China Social Sciences Press 2019): 109 - 201.

② 拙著对这三个教条有更深入的论析,读者可以参考:“Three Dogmas of New Confucianism: A Perspective of Analytic Philosophy,” *Two Roads to Wisdom: Chinese and Analytic Philosophical Traditions*, ed. by Bo Mou(Open Court 2001): 245 - 266.

[如普特南和罗蒂(Richard Rorty)]对两种本质主义：形上本质主义(metaphysical essentialism)与文化本质主义(cultural essentialism)之批评作一总结，检讨本质主义的失误；另一方面就儒家传统的当代诠释的定位问题，对若干论者的本质主义倾向的观点加以分析和评论。本章的结论是本质主义如果不是错的，便是不可思议的观点。而作为一个思想文化传统的儒家思想，在两千多年的历史发展中并无一个永恒不变的本质(内容和结构)，而只有基于某种探究观点而形成的家族相似性(family resemblance)。

第十二章《儒家本质与大心主义：敬答杨祖汉先生》旨在论析：自孔孟儒学开始，经历宋明至当代，儒学的发展虽曰有所传承，实质乃一大转折。在儒家的大"家族"中，固可以找到各式各样的"相似性"，但却不太可能发掘出所谓"本质"或"道统"的东西来。本章的目的，主要是与杨祖汉教授讨论牟宗三先生的"儒家之本质"(即"天道性命相贯通"或"天道心性通而为一")一说，进而检讨王阳明及熊十力的"大心(big mind or universal mind)主义"。本篇认为：这种"大心主义"有泛灵论或泛心论(panpsychism)倾向，与孔孟的"人禽之辩"的根本宗趣是有所背离的。

第十三章《冯友兰的新理学与超越分析》旨在区分两种分析的方法：一种是形上的，另一种是逻辑的。李泽厚认为"与熊(十力)、梁(漱溟)的直观的总体把握方式有根本的区别……冯(友兰)以其现代西方哲学方法论和逻辑学的训练，通过严谨的逐步推理，构造出一个纯形式纯逻辑的框架体系。"这样的说法对不对呢？冯友兰从"实际"(经验界)出发，通过他所谓的"形式底释义"，或"逻辑分析的方法"，真能分析出或推论出"纯真际"(超经验界)来吗？如果单凭逻辑分析的方法，就可以从"实际"的殊相(particulars)中分析或推论出"纯真际"的"共相"

(universals)来,唯名论者(nominalists)岂不是应该老早就要向实在论者(realists)俯首称臣,而西方上千年的哲学史上的此一永无休止的争论,岂不是被冯友兰彻底解决了吗?本章的目的,主要是要分析冯友兰在其新理学中所使用的方法,看看他用的是不是"逻辑分析的方法",还是其他方法。其次,本章亦要检讨他在新理学体系中的"不可言说"或"不可思议"的论旨,看看此一形上学论旨能否成立。

第十四章《形上与形下之间:徐复观与新儒家》是一篇检讨当代新儒家内部的思想分歧的文章。本篇认为当代新儒家面对内外的四重紧张性,包括:① 他们与系外反传统的、西化派的自由主义者(如胡适等)之间的紧张性;② 他们与准系内接着讲而非照着讲的新理学主张者(如冯友兰等)之间的紧张性;③ 他们系内两代之间及同代之间的紧张性(如熊与唐、牟、徐之间的分歧及唐、牟、徐之间的矛盾);④ 他们个别思想内部的紧张性(如以宋明思想解读孔、孟儒学之落差,以德国唯心论融通儒、道、佛思想之困障,及一方面强调直觉体证,另一方面却在绝大部分的著作中以形上思辨立说之间的不协)。本章旨在通过徐复观先生与其他当代新儒家(如熊十力、唐君毅及牟宗三)的互动,以突显当代新儒家面对内外的四重紧张关系中之一,即就新儒家内部的紧张性,作为一理论分析的线索,以探究此一思想文化传统的历史处境和思想境况。

第十五章《当代东亚儒学的主要课题与研究进路》探讨当代东亚儒学的主要课题与研究进路,内容包括以下各项:① 当代新儒学的兴起;② 所谓"三期儒学"的理念;③ 当代儒学的课题;④ 儒学与儒学研究的进路;⑤ 韦伯式论旨(Weberian Thesis)与亚洲价值观;⑥ 儒学研究的前景。本章以分析哲学的方法,对古典和当代儒学研究做出一些批评性的讨论,但希望读者不要误以为我不承认上述儒学家和儒学学者的学术文化贡献。我当然认为他们是儒学领域中的重要人物，他们作出了重要贡献，他们提出的问题和解决问题的方式对我们进一步的思考(即哲学思考)都是很有启发性的。这正因为哲学与科学的功能不一样，它的功能在思考某一观点的内涵及根据，论析某一观点与其他观点之意义关连和逻辑关系，从而了解其前设与后果在理性上是否成立及理论上的限制和须付出的代价。这正是维特根斯坦所说的“philosophizing”。就此而言，宋明及当代新儒学在道德形上学的工作无疑是十分重要且富启发性的。

第一编

先秦儒家哲学思想分析

第一章　《论语》中仁与礼关系新诠

孔子"仁"一概念的心性论化乃是思孟一系的一大发展，至于宋明道学、理学及心学之出现，则可说是儒学的剧变。虽然宋明儒家及当代新儒家声称可以"调适而上遂"、可得"先秦之真绪"，然而先秦的血脉传至宋明，已发生了典范的变革。此中原因，实在于孔子的道德思考不必有后儒所理解的思孟之心性论与形上学的预设，而这些心性论与形上学亦不必纳入宋明儒家及当代新儒家所主张的本体宇宙论之故。[①] 如果说孟学是孔学的一大传承或发展，则宋明儒学可说是先秦（孔孟）儒学的一大变革。

除了少数异议者之外，大部分人都会认为孔子的真正继承者是孟子，而荀学乃歧出者，此乃正统的说法。然而，20 世纪 70 年代西方分析哲学家赫伯特·芬格莱特却力排众议，认为不可以孟子的心性之说来理解孔子在《论语》中的思想。他利用约翰·奥斯汀的语文行为理论(speech act theory)和吉尔伯特·赖尔(Gilbert Ryle)的逻辑行为主义

---

① 孔孟不必有后儒的本体宇宙论的主张或预设，乃至为明显的。例如宋明儒的"即心即性即天"的普遍心灵或精神不可能同时是具有自由意志和责任的个体化心灵，以之为相同乃逻辑上自相矛盾的说法。

(logical behaviorism)观点，对孔子学说提出了一个崭新的解释。他认为西方哲学与佛教传统所强调的心身之分与内外之别的观点，并不适合用来分析孔子在《论语》中的道德思想。并以一般中外学者的主观心理主义的解读为错误，不能真实掌握孔子学说的要旨。就以“仁”一概念来说，他认为孟子等人的主观、心理用法只是孔子以后的发展，在《论语》文本中实无此种使用。

本章的目的，主要是针对当代新儒家形上的心性天道论的解释与芬格莱特的逻辑行为主义的解释，剖析这两种观点与文本不相应之处，从而将《论语》中的仁与礼的关系纳入意向性(intentionality)及意向行动(intentional action)的框架中来理解，并尝试提出一种异于上述二说的新解释。

第一节　形上的心性天道论的解释及其困难

宋明新儒学的一大发展乃是以孟子的心性论去诠释孔子学说，再以《易传》《中庸》(及《大学》)的本体宇宙论加上佛老的形上概念思考去解释孔孟的道德哲学。[①] 当代新儒学的一大发展乃是跟从宋明道学、理学及心学的诠释，加上借用德国观念论(German Idealism)的思辨方式来阐示传统儒学，从而将自孔子以来各阶段发展出来的儒学建成一

① 此处所谓佛老的形上概念思考，不是指彼此的“理”的概念之异同，而主要是指来自印度教而转手至佛教的泛神论或泛灵论思考模式，即所谓“既超越又内在”的形上思辨。(道家亦有类似的“既超越又内在”的形上思辨)熊十力及其弟子唐君毅、牟宗三二先生皆以此“月印万川”“海水与波”为“不一不二”之喻说三教之共法。拙作已有详论，故此文未有涉及。参阅冯耀明，《超越内在的迷思：从分析哲学观点看当代新儒学》(香港：香港中文大学出版社，2003)。

系谱，并以"天道性命相贯通"或"天道心性通而为一"的道德形上学命题来界定儒学的本质。[①] 由这种形上的心性天道论来理解孔子学说，似已成为一种主流的说法，在华人哲学界有极大的影响力。

当代新儒家牟宗三先生乃是此一主流的创造者之一，他的说法最为清晰明确。他说：

> 孔子的重点是讲仁，重视讲仁就是开主体，道德意识强就要重视主体。仁是我自己的事情呀，"我欲仁，斯仁至矣"，(《述而》篇)"一日克己复礼，天下归仁焉"。(《颜渊》篇)孔子从那个地方指点仁呢？就从你的心安不安这个地方来指点仁。孔子的学生宰予说三年丧太久了，改为一年行不行呢？孔子就问他："食夫稻，衣夫锦，于女安乎？"(《阳货》篇)宰予说："安。"孔子就说他是不仁。你说"安"就是不仁，那么如果是"不安"，这仁不就显出来了吗？这就是自觉。用现在的话说就是道德的自觉。道德的自觉心当然是主体，你讲道德意识怎么可以不讲主体呢？就是因为道德意识强，所以主体才会首先透露出来。[②]

又说：[③]

> 在理学家中，朱子就把仁看成只是理、道，他不喜欢拿心来说仁。但是孔子明明是从心来说仁，讲仁而不牵涉到心是不可能的。

① "天道性命相贯通"或"天道心性通而为一"的说法涵蕴二元通为一体，但这不合乎当代新儒家所拥护程颢"只心便是天(道)"的"一本"(one root)或"自一"(self-identity)之说。

② 牟宗三，《中国哲学十九讲》(台北：学生书局，1983)：77－78。

③ 牟宗三，《中国哲学十九讲》(台北：学生书局，1983)：79－80。

> 仁是理、是道、也是心。孔子从心之安不安来指点仁就是要人从心这个地方要有"觉",安不安是心觉。仁心没有了,理、道也就没有了。因此仁就不只是理、道,仁也是心。

除了将孔子的仁实化为内在的主体之外,牟先生也顺宋明儒家的思路将之形上化为与超越的天道相即或贯通而为一。[①] 虽然他承认"孔子所说的'天''天命'或'天道'当然是承诗书中的帝、天、天命而来",但他认为这"并不向'人格神'的方向走。孔子虽未说天即是一'形而上的实体'(metaphysical reality),然'天何言哉? 四时行焉,百物生焉。天何言哉'! 实亦未尝不函(涵)蕴此意味。"[②]然而严格言之,这"实亦未尝不函蕴"比"函蕴"弱,而"意味"比"事实"更弱。孔子事实上有没有"形上的实体"之观念,恐怕不能单由此"弱函蕴之意味"来证成。又如牟先生虽然承认"孔子亦未说仁与天合一或为一",但基于仁心之感通无外,及仁与天的"内容的意义"有相同处,所以他认为"合一或为一"之说"亦未始非孔子意之所函或所许。如果天向形上的实体走,不向人格神走,此种合一乃是必然者。此亦是孔门师弟相承,其生命智慧之相呼应,故如此自然说出也"。[③]

然而,即使我们暂时不去质疑"内容的意义"与"外延的意义"之区分是否清晰合理,[按:牟先生此一区分非指"内涵"(intension)与"外延"(extension)。]也暂时接受"所函与所许"这些判准未定而意义不明的笼统说法,孔子的"仁"之"感通无外"是否有本体宇宙论的含义,我们

---

① 牟宗三先生将内在的心性形上化而与超越的天道相即或贯通而为一,他称此为"自一"(self-identity)而非"合一"(unity)。

② 牟宗三,《心体与性体》第一册(台北:正中书局,1968):21-22。

③ 牟宗三,《心体与性体》第一册(台北:正中书局,1968):22-30。

在《论语》中实在找不到任何正面而充分的证据；相反，他的“天”或“天命”却明显是承《诗》《书》的用法而有人格神的意义。至于认为“仁”与“天”的“内容的意义”有相同处，明显地不能从《论语》中找到证据，而只能依《易传》《中庸》以后的诠释来解读。“如果天向形上的实体走”这“如果”并不是孔子思想上的事实，而是某些后继者单方面强调的“生命智慧之相呼应”而已，故“合一”之说固非“必然”，而亦不太容易“自然说出”。

此外，牟先生又承认“孔子未说‘心’字，亦未说‘仁’即吾人之道德本心，然孔子同样亦未说仁是理，是道。心、理、道都是后人讲说时随语意带上去的”。但他认为“实则落实了，仁不能不是心。仁是理，是道，亦是心。孔子由‘不安’指点仁，不安自是心之不安”。“这些字都是自然带上去的，难说非孔子意之所函，亦难说孔子必不许也。”[①]个人认为：从“不安”指点“仁”，足以显示孔子注重道德的内省。然而，道德的内省是否一定需要预设有一个与“超越”的天道与“内在”于人之中的自由而自主的主体心灵“为一”或“合一”，则是不难判定的问题。古今中外人类的道德或宗教的思想与生活中，都有这一类“不安”的感觉，但却不必有这一类“既超越又内在(both transcendent and immanent)的预设”。[②] 虽然这种“既超越又内在的预设”并非孔子所“必不许”的，但

① 牟宗三，《心体与性体》第一册(台北：正中书局，1968)：23－24。

② 余英时以“内向超越”(inward/internal transcendence)取代“内在超越”(immanent transcendence)或“(既)超越(又)内在”之说。[当代新儒家只言“(既)超越(又)内在”之本体宇宙论，未言“(由)内在(而)超越”之内转心性以接通天道的超越或超升之说]余氏说：“‘道’并不存在于任何特定的地方，而且也非言语视听所能及，但总以静修有成的‘心’作为它的居所。这是对于其内向超越格局下‘心’‘道’合一的一种描述与解释。”[参阅余英时，《论天人之际：中国古代思想起源试探》(台北：联经出版公司，2014)：59。]又说：“个人作为俗世的一员怎样才能接触到存有与价值的源头呢？他们的最后答案是：依赖‘心’的媒介作用；‘心’通过修炼便可将‘道’收入‘心’中……在这一基本架构下，个(转下页)

“不难说”这“非孔子意之所函”，而且不是“随语意”所能“自然带上去的”。与孔子思想不生冲突的学说太多太多了，但“融贯”(coherence)是不足以保证“涵蕴”(implication)，更何况这些后加的强解极可能会因为背上本体宇宙论的包袱而使孔子学说丧失其本义与精神。①

我们知道：当西方人在遇到道德抉择时，也常有安不安或忧不忧的内在感觉。有这种感觉却不必假定这是由实体性的心灵或主体发出来。对西方人来说，这可以被想象为上帝的照临或神的召唤，不必设定为主体的呈现。从人有内感经验不可能推出有形上的、超经验的主体，这是明显不过的事实。不只因为从经验依理性思考的方式过渡不到超

(接上页)人如果要接触‘道’，第一步必须内转，向一己的‘心’中求索。但这并不是说‘道’全出于个人之‘心’，事实上，‘道’的源头在‘天’仍是诸子的一个基本预设。”[参阅余英时，《论天人之际：中国古代思想起源试探》(台北：联经出版公司，2014)：205。]余氏此说中对心与气，心与道，心与天及气、道、天之间的关系之说非常混乱。其“内向”与“居所”“合一”“收入”“出于”及“便是”等之关连说法更是扞格不合。例如他说：“但是轴心突破以后，当时新兴的诸学派建构了(也可以说‘发现了’)一个截然不同的‘天’，这是前所未有的一个超越的精神领域，各派都称之为‘道’。由于‘道’的终极源头仍然是‘天’，所以后来董仲舒有‘道之大原出于天’的名言……概括来说，气化宇宙论一方面将天、地、人、万物看作一大生命整体，另一方面则深信这一‘气’的宇宙是在‘道’的涵盖之下……道气合一的超越领域，这便是轴心突破后的‘天’。”[参阅余英时，《论天人之际：中国古代思想起源试探》(台北：联经出版公司，2014)：32-35。]既说“道出于天”，又说“道气合一便是天”，此皆混淆笼统之说。又如他说：“‘道’与‘气’既不相离，则‘气之精’即是‘道’，而‘精舍’也就是‘道舍’，便不待繁言而解了。”[参阅余英时，《论天人之际：中国古代思想起源试探》(台北：联经出版公司，2014)：58-61。]及“从‘气’的角度审视‘心’，则‘心’一方面是清气(或者说精气)构成的，另一方面它同时也是容纳精气的贮所”。[参阅余英时，《论天人之际：中国古代思想起源试探》(台北：联经出版公司，2014)：110。]既说“气之精”即是“道”，又说“‘心’一方面是清气(或者说精气)”，岂非以“道”“心”皆为“精气”？“道”与“气”不相离，岂非表示精气与精气不相离？再者，此说与宋明及当代新儒学的“一本”或“自一”说并不一致；而孔孟亦无余氏所谓“道之大源出于天”之说。

① 中一项困难是引出气质命定论，即以气质而非良知决定成德之可能性。参阅冯耀明，《超越内在的迷思：从分析哲学观点看当代新儒学》(香港：香港中文大学出版社，2003)。

验(transcendental)或超越(transcendent)的领域,而且由于古往今来各种宗教、生命的学问都号称自己独有私有的内感经验可以上通于或指点出各自宗奉的形上本体或超越主体,我们实难以作出判教式的论断,以断定谁的上通之说才是正说。牟先生说:"孔子由'不安'指点仁,不安自是心之不安。"[①]一般而言,我们固也可以说"不安自是心之不安",但此用语却不必有形上的指涉。一若当一个3岁小孩的妈妈不买玩具给他时,他会大喊"不舒服""不高兴"。我们也可说"不安自是心之不安","不快自是心之不快";然而,小孩说到其内心感受时却不必有实体性的指涉,更不必有形上的指涉。由孔子的仁爱或仁德以引申至形上的主体,明显是缺乏文本上的根据。

即使文本上的根据不足,但能否说这样的引申是一个自然而合理的发展呢?由孔子的着重道德实践和道德反省的理性思考过渡到孟子、易庸及宋明理学家的着重形上思辨的理论建构,这自然不是自然的发展。但是不是合理的发展呢?我看也不是。因为孔子从现实生活中作出道德理性的思考,从文化传统中提炼出思考和实践的方向,他不必也不应背上形上的包袱。其实,要证明人内在有一个非经验的主体,和要证明世界之上有一个非经验的上帝,同样困难。这正是康德(Immanuel Kant)所言二律背反(antinomy)的难题。个人认为:要证明这一个非经验的主体是上通于天,而为"天道性命通而为一"的道德形上学实体,不只难上加难,而且更会将孔子的儒学带往极之不同的道路上去。

平实地说,或照牟先生所谓"实则落实"来说,孔子谈道德实践时的确预设人有道德内省的心灵活动,但他并没有提出及界定一个独立于

① 牟宗三,《心体与性体》第一册(台北:正中书局,1968):23。

行为个体之上的"本心"或"心(本)体"概念。有心灵活动可以预设而不必默认有心灵实体;有心灵实体也可以默认而不必默认那实体是"既超越又内在"的,"与天道性命相贯通"的精神实体。孔子不必反对宋明儒家的"道体""性体"及"心体"的概念与观点,但他的思想并不涵蕴这些后起的成分,乃是彰彰明甚的事实。宋明儒学中各家都自以为得到孔孟的真传,体悟及把握到圣学的真髓或本质,其实彼此都在作"创造性的诠释",各判其教,各立其统而已。

再者,牟先生自己亦曾明白地承认:"孔子所说的天比较含有宗教上'人格神'(Personal God)的意味","而孔子的超越遥契,则似乎偏重""人格神"而非"形上的实体"。① 虽然牟先生认为"从理上说",孔子的"天""是形上的实体",但他除了引用后儒及自己的后加解释之外,不能在有关孔子的原典上找到任何这种"从理上说"的论据。文献上的证据即使不是理解古人思想的充分条件,也无疑是必要条件。我们怎么可以接受所谓"存在的相呼应"此一迄今无人说得出详情的标准,而轻易放弃文献上的理据呢? 文献上的证据显示:牟先生的后加解释对于孔孟原义来说,"于客观事实有增减"。

为了说明道德实践必函道德形上学,牟先生很喜欢把孔子在《论语》中的"践仁"与"知天"连在一起,说成是"践仁以知天"。顺此,牟先生和他的后学会认为:"如果'践仁以知天'是合理的说法,则天的意义便不能向人格神方面发展,这是很显然的。"我看并不显然。首先,在孔子以前的典籍中已充分显示出,殷周宗教传统中已有"以德配天","天命靡常,惟德是辅"的思想。既然牟先生承认孔子的"天"是偏重于指人格神,而且牟先生所引用来说明"践仁以知天"的文献上的证据也可解

① 牟宗三,《中国哲学的特质》(台北:学生书局,1994):49。

释成与此一传统的思想协合而不悖，为什么一定要走向“形上的实体”之“天”才是合理的解释呢？再者，孔子的“仁”虽不离道德反省，（无论是东、西方的人，他们所信守的各种德性难道可以不用道德内省吗？）但他说的“不安”明显是在时间中发生的心灵活动，我完全看不出可以由此“指点”出那不在时空中的“超越主体”。［除非借思辨哲学所用的“超越论证”（transcendental argument/deduction）以证之。］孔子在川上感叹的“逝者如斯夫！不舍昼夜”（《阳货》篇）及说的“四时行焉，百物生焉”（《子罕》篇）的自然秩序，为什么要有“形上化”及“道德化”的实体性的解释才算合理呢？由“不安”之感通无外（按：孔子之“不安”是否可如王阳明一样“感通”至“以天地万物为一体”之“无外”也是大有问题的）与宇宙万物之生生不息，就可以合理地说“仁”与“天”有“相同处”吗？如果执着“不息”或“不已”一点便可建立二者之“相同处”，那么“上帝”岂非也有与此“相同处”？如果要找不同处，“仁”不只与“人格天”不一，与“形上天”亦不一。其实，朱子把“心”理解为“气之灵”，也“未尝不是孔子意之所许”的。孔子以心“知”天，此“知”不是更符合朱子之“二本”，而与程明道“只心便是天”之“一本”正相剌谬吗？何以“话不投机”者反可与孔子“存在地相呼应”呢？

我不知道所谓“从不安不忍之仁心的感通无外”是否真的可以“肯定（或证实）此仁心是一形而上的实体性之本心”。新儒家认为这是“由实践而肯定，并不是因理论上的需要而预设”。然而，即使我们勉强承认由此实践可在个人道德意识中肯定或“呈现”此一“实体”，但我们却不可能越俎代庖地通过自己的道德意识去肯定或“呈现”孔子或程明道所可能“体证”得的“实体”。我们要理解孔子或程明道，文献上的根据乃必要的条件。遇到文献上的解释有不协合之处，我们是没有理由单凭自己个人的道德实践去为孔子或程明道的心灵世界作上述的实体性的肯定的。

我们只能将自己在道德体验中得到的作为理解孔子或程明道是否也有类似体验之预设，若文献上的证据足以支持，此预设性的假设便成立，否则便须改弦易辙。即使就个人道德实践言，新儒家也许可以由其仁心之感通无外而达至天地万物一体之境，而我则懵懵然不能有此体悟，那么，他们怎样可以证明自己所体悟的真有此一实体或境界，而我本有之但却放失掉了呢？如果单凭一再强调自己体悟之真实性，以为曾经与上帝契合的基督教徒或以为已与梵天合一的印度教徒，是否也可以用同样的方式来指证我心中本有上帝或本即梵天但却放失掉了呢？诉诸个人的实践体悟乃是个人信仰的问题，恐怕不足以作为客观学术讨论的论据。因此，要从“一己”的实践体悟去肯定或证实有一实体性的道德心是“人人普遍地共同的”，而不视之为一种“理论上的预设”，相信只能有加强“一己”信心之作用，而不能有说服“他人”的功效。

或者当代新儒家会说：“若不预认（按：这是否算是一种“预设”?）人有此随时可呈现的仁心，便不能用启发或指点的方式说。”此一“预认”恐怕大有问题。我们都知道，在西方人的道德和宗教教育中，也很强调要用“启发或指点”，而反对用灌输的方式，但却不必“预认”有一“既超越又内在”的“仁心”或“性体”。而这种“不预认 X”则“不可能有 Y”之论说方式，正是我在另外一些论著中常提到的西方哲学家自觉地使用而中国哲学家不自觉地使用的“超越论证”（transcendental argument）。此乃很有问题的论说方式，此处不赘述了。[①] 孟子的“心”虽与王阳明及熊十力的“草木瓦石也有人的良知”之“心”不相协合，而

① 西方哲学家通常用“transcendental argument”或“transcendental deduction”一词以表示此类论证，此中“transcendental”一词与知识论上的超验（transcendental）和存有论上的超离二词之用法并无关系。［参阅冯耀明，《超越分析与逻辑分析：当代中国哲学研究之方法论问题》《鹅湖月刊》第 229 期（7/1994）：8 - 20。］

大相径庭，但他的“心”似有“预认”某种“超越”或“超验”的含义，而为孔子所未有“预认”者。因此，我会承认前后儒之间有某种“家族相似性”(family resemblance)：同中有异，异中有同。在儒家这个“大家族”中，很多后来者之说都不一定是“原有者之所函”的。①

第二节　逻辑行为主义的解释及其困难

与上述形上的心性天道论的说法迥然不同，20 世纪 70 年代西方分析哲学家芬格莱特利用奥斯汀的语文行为理论和赖尔的逻辑行为主义的观点，对孔子学说提出了一个崭新的解释。他认为西方哲学与佛教传统所强调的心身之分与内外之别的观点，并不适合用来分析孔子在《论语》中的道德思想；并以为一般中外学者的主观心理主义的解读为错误，不能真正掌握孔子学说的要旨。就以“仁”一概念来说，他认为孟子等人的主观、心理用法只是孔子以后的发展，在《论语》文本中实无此种使用。在芬格莱特眼中，孔子的仁与礼之区别，一如目的(aim)与行为(behavior)之关系，“乃是一种(不同)语言和意象上强调之事，两件不同事件并不分离。——因为除了作为在一脉络中的行为的特征(a feature of the behavior in the context)之外，目的(aim)是不能被判定的，而且除了借某一目的来解释之外，行为是不能被理解的”。② 他认为：“仁乃是对公共行事(public act)的个人观点。当我们望着一作为践履的行事(the act as a performance)时，我们看到仁的一面，此践履的

① 预认(recognition in advance)或预设(presupposition)都会导出涵蕴(implication)。牟先生所谓“原有者之所函”之“函”不管表示涵蕴或包函(inclusion)都对孔子学说言是“后加的”而非“原有的”。

② Herbert Fingarette, *Confucius — the Secular as Sacred* (New York: Harper & Row, 1972): 54 - 55.

独特个人特性。[我们借着观察此一践履，而不是借着观看践履者的'内里'(inside)，而看到这。]然而，当我们望着作为一规范种类的行动个例之行事(the act as an instance of a prescribed kind of action)时——作为一特殊的礼仪，或一具体的戏剧或音乐作品——我们看到它的礼的一面。"[①]换言之，"仁"表示具有某种个人倾向性的行为；而"礼"表示具有某种社会约定性的行为。二者乃对同一种行为分就个体面与社会面而作出的不同描述。芬格莱特认为：许多学者很容易会被常用的西方及印度哲学中的心灵用语所误导，尝试把"仁"说成是用来指涉意向、感情、愿望及意志等内心世界的项目。他建议我们切勿将孔子的用语心理学化，不要把"仁"及其相关的"德"等概念与"意志""情绪"及"内在状态"等心理语言在原典中混为一谈，才可能作出正确的解读。

芬格莱特虽然为"仁"一概念提供了一个非心学化的或非主观主义的解释，但与"仁"及"德"相关的一些概念，如"忧""惑"及"安"等，表面看来都有内在、主观的指涉，他又是否能够用语言分析将他所理解的非心理的或非主观的意义揭示出来，并充分地证明那些内在、主观解读的谬误呢？就"忧"一概念来说，虽然西方的翻译者有用心理语词如"sorrow""worry"及"bitterness"等来翻译，但他宁取亚瑟·威利(Arthur Waley)所译的非心理状态语词"trouble"。经过他的用心分析，他认为《论语》中各段文脉中的"忧"都是用来表示针对客观地可观察到的"不稳的""不安的""混乱的"及"恶劣的"处境或条件而产生的"被困反应"(troubled response)。依此，"父母唯其疾之忧"(《为政》篇)是父母针对孩子病痛的可观察条件而产生的被困反应，而不必被想成

① Herbert Fingarette, "Response to Professor Rosemont," in *Philosophy East and West*, Vol.28, No.4(1978): 512-513.

是受困的或不安的“内在”心理状态。故此，他虽然承认各段文字并没有清楚明确地排斥心理的解释，但他却认为不必要有心理的解释才可有确当的理解。[①]

批评者大多强调“仁”在《论语》中比“礼”更为根本，更为重要，而与“仁”有关的（今日看来是）心理语词也只能作主观的解释，而不容作行为倾向性（behavioral disposition）及倾向性行为（disposition to behavior）的因果或条件解释。有些中国学者更指出芬格莱特不认识汉字，因此不了解在“忠”“恕”“忧”“思”“志”“爱”“慈”“悌”“性”“惑”“愠”及“惧”等字之中都有“心”字隐藏其间。这些批评当然不能令芬格莱特信服，他认为这些论据除了乞取论点之外，更有人身攻击之嫌。[②] 然而，他的非心理解释其实并不是无懈可击的，至少有两个困难是难以克服的。一个是有关逻辑行为主义应用到《论语》上的分析和解释在具体文脉上是否适切的问题；另一个问题是孔子作为一个在后设语言中没有主张或根本不懂逻辑行为主义的人，有没有可能在对象语言中使用逻辑行为主义的办法，把一般认为是心理语词的语词用作非心理的或行为倾向性的语词。

就第一个问题来说，我们可以提出几点批评。首先，我们虽然承认礼仪是客观地可被观察的行为事件及程序，但芬格莱特认为与“礼”为一体二面或同一物的两个不同描述的“仁”，实质上在原典中却不太可能毫不遗漏地作这样的化约性的解释。例如“仁者不忧”（《子罕》篇、《宪问》篇）若依芬格莱特表示为仁者依照礼的程序行事便不会有任何

① Herbert Fingarette, *Confucius — the Secular as Sacred* (New York: Harper & Row, 1972): 44 - 45.

② Herbert Fingarette, "Comments on Charles Fu's Discussion on *Confucius: the Secular as Sacred*," in *Philosophy East and West*, Vol. 28, No. 2 (1978): 223 - 224.

被困的行为反应，则“父母唯其疾之忧”这种仁爱的表现也该被理解为父母依循礼的程序行事而对孩子的病况产生被困的行为反应。何以仁者与有仁爱表现的父母有“不忧”与“忧”之异呢？亦即何以其一没有“被困反应”而另一有“被困反应”呢？这一解释明显是不通的，由此亦可见与仁爱表现有关的“忧”一概念不可以一律当作“被困反应”来理解。《论语》中的许多字都可以有多种解释，“忧”字亦不例外。“仁者不忧”中之“不忧”是指“心安理得”的心理状态，而“父母唯其疾之忧”中之“忧”是表示“担忧关切”之情，二者并不矛盾。① 同样地，在“三年之丧”（《阳货》篇）的论辩中，孔子指责宰我“汝安则为之”，正正显示“安”与“不安”的状态并不是客观地、公开地可被观察得到的，亦即不是一种行为倾向性的因果状态或功能状态，而是指主观的心灵状态。如果“安”是指“安于仁”[rest content in *jen* (*ren*)]，②而“安于仁”又与“合乎礼”为一体之二面之描述，则由于“合乎礼”是指客观地可被观察的程序，我们似可推断“安于仁”也该是可被检证的行为状态之描述。然而，这个争辩最后诉诸的归结并不是一种客观地可检证的程序或行为的事实描述，而是“吾不安”但“汝安否”的责问，目的在要求对方诉诸自己主观性的反省，进而作出抉择。换言之，孔子“汝安则为之”的责问，并不是因为宰我不认识有关的客观程序或行为反应，而要求他去面对事实来确立正确的判断。孔子的责问是要求宰我“内自省”（《里仁》篇），若“内省不疚”（《颜渊》篇）便可“安”而“不忧”，否则便“不安”而“忧”。这无疑是主观的反思，而不是客观的察识的问题。“宰我出”之后孔子仍大骂“予

① 前者是非意向性的情感（unintentional feeling），而后者则是意向性的情感（intentional feeling）。

② Herbert Fingarette, *Confucius — the Secular as Sacred* (New York: Harper & Row, 1972): 40.

之不仁也”，可见孔子并没有在客观层面上说服他的学生，而主观层面上的要求，则有待宰我日后的自我反思了。

此外，“人而不仁，如礼何？”（《八佾》篇）与“克己复礼为仁”（《颜渊》篇）固然表示二者有密切关系或互相促成之作用，但却不是如芬格莱特所说的“因为二者仅仅是不同观点底下的同一事物”。① 因为不仅有仁而无礼或有诸德而无礼是可能的，有礼而无仁或有礼而欠缺诸德也是可能的。例如孔子说：“好仁不好学，其蔽也愚；好知不好学，其蔽也荡；好信不好学，其蔽也贼；好直不好学，其蔽也绞；好勇不好学，其蔽也乱；好刚不好学，其蔽也狂。”（《阳货》篇）又说：“恭而无礼则劳，慎而无礼则葸，勇而无礼则乱，直而无礼则绞。”（《泰伯》篇）两段合并而观，可知“好学”的内容是包括“学礼”的。依此，两段文字可被理解为爱好仁德或拥有诸德而不好学（包括学礼）或不合礼，便会产生种种流弊或偏蔽。当然，芬格莱特也许会认为：正正由于有流弊或偏蔽产生，所好及所行的仁或诸德便是不完善的，因而也不算是真正的仁或诸德。然而，此解在另一段文字中却是不能成立的。孔子说：“知及之，仁不能守之；虽得之，必失之。知及之，仁能守之；不庄以莅之，则民不敬。知及之，仁能守之，庄以莅之；动之不以礼，未善也。”（《卫灵公》篇）此处的“知及之”之“知”、“仁能守之”之“仁”及“庄以莅之”之“庄敬”，明显地不会因为“动之不以礼”便使之不成为真正的“知”“仁”及“庄敬”。虽然“动之不以礼”会使所为之政“未善”；但为政者之“知”“仁”及“庄敬”仍然是他们所具有的品德，不因为政之“未善”而有所消失。另一方面，有礼而无仁或诸德之可能，正正是礼之共时性之选取与异时性之因革所预设的。换言之，礼之选取与改革之合理判准不可能在程序性的礼本身，而必须

① Herbert Fingarette, *Confucius — the Secular as Sacred* (New York: Harper & Row, 1972): 48 - 49.

在作为“礼之本”的仁及诸德。

芬格莱特虽然可以将“人而不仁,如礼何?”理解为仁乃构成或促成礼之必要条件,但这种说法却不能合理地说明礼之选取与改革的现象,除非经选取或改革后被舍弃的礼都不算是真正的“礼”。因为,在古今或中外不同的A与B二礼之间,我们选取B而舍弃A,若因为B的程序性的礼仪能体现仁的个人倾向性,则A的程序性的礼仪必定不能体现仁的个人倾向性。依照芬格莱特的标准,仁与礼既然是一体之二面,而“仁”与“礼”是对同一事物的两种不同描述,由于A的程序不能具有“仁”的描述,因此,A的程序也必定不是真正的礼,亦不能以“礼”称谓之。依此,芬格莱特眼中的孔子,只能视周礼为“礼”,而夏礼与殷礼便不能算是真正的“礼”。尤有甚者,周礼是不必改革的,因为改革之后,周礼便无缘无故地由仁与礼为一体二面的情况转变为仁与礼之分裂,而由另一种仁与礼为合一之新制度、新礼仪及新规范所取而代之。如果周礼本来是仁与礼合一的,那便不需任何改革,除非所谓“改革”是任意的。故此,当孔子说:“麻冕,礼也;今也纯,俭,吾从众。拜下,礼也;今拜乎上,泰也。虽违众,吾从下。”(《子罕》篇)他虽然从众而接受今礼,但并没有说麻冕的古礼不是礼;他虽然违众而接受古礼,也没有说拜乎上的今礼不算是礼。由此可见,礼与仁既可分亦可合,才有选取与改革之可能。既然二者可分亦可合,二者便不可能是一体之二面,二者的概念便不可能是指涉不同观点底下的同一事物。

以上的批评是针对芬格莱特有关逻辑行为主义的分析应用到《论语》的具体文脉上是否适切的问题。以下讨论第二个问题,即孔子有没有可能不自觉地依照逻辑行为主义的方式来使用今天一般人称之为“心理语词”的语词。首先,如果逻辑行为主义是错误的理论,我们实在没有任何理由相信孔子会不自觉地依循一种错误理论来使用上述的语词。逻辑行为主义的理论困难已有不少论者作出有说服力的批评，这里不拟详论。要之，约翰·塞尔(John Searle)曾经归纳出多种有力的批评，都是不易响应的。① 此外，希拉里·普特南(Hilary Putnam)设想超级演员和超级刻苦者的例子，指出前者可以在无痛的情况下完美无缺地模仿有痛者的行为，而后者可以在深陷苦痛的情况下显示毫无痛苦的表征。② 这无疑是对以行为判准作为界定心灵事物(状态或事件等)之充分条件[如转向性能试验(Turning test)]此一论旨的一个有力反证。逻辑行为主义者的一大错误，也许正是因为他们不了解行为判准最多只能作为指认心灵事物之必要条件，而误推之为界定之充分条件。又如斯图亚特·汉普舍尔(Stuart Hampshire)和彼得·吉奇(Peter Geach)所指出的，从来没有人能给出一个令人满意的具体分析，可以单单使用行为语词便对心灵语词作出倾向性的分析(dispositional analysis)，亦即将有关的心灵事物的语句化约为相关的倾向性行为或行为倾向性的词句。③ 这是因为有关的潜在的倾向性行为之集合是开放的，因而可能是无限的，所以这样的条件句之前件是无法无所遗漏地形构出来的。④ 再者，齐硕姆(Roderick Chisholm)也指出，透过行为来分析信念，必须引入意欲；反之，透过行为去分析意欲，也必须涉及

---

① John Searle, *The Rediscovery of the Mind* (Cambridge: MIT Press, 1992): 34-35, 53.

② Hilary Putnam, "Brains and Behavior," in *Mind, Language and Reality — Philosophical Papers*, Volume 2 (Cambridge: Cambridge University Press, 1975): 332-341.

③ Stuart Hampshire, "Critical Notice of Ryle, *The Concept of Mind*," in *Mind*, LIX, 234(1950): 237-255 and Peter Geach, *Mental Acts* (London: Routledge and Kegan Paul, 1957).

④ Hollibert Phillips, *Vicissitudes of the I — An Introduction to the Philosophy of Mind* (New Jersey: Prentice Hall, 1995): 63-64 and Todd Moody, *Philosophy and Artificial Intelligence* (New Jersey: Prentice Hall, 1993): 42.

信念。这里便有循环性的问题。[①] 如果我们接受唐纳德·戴维森(Donald Davidson)有关心灵事物之整体论(holism of the mental)的观点,便得承认人的行为并不是单一信念或单一意欲之函数,而是整个信念和意欲网络之函数。[②] 因此,有关心理语句在经过行为主义的化约之后是不可能没有其他心灵语词残留其间的。此外,大卫·刘易斯(David Lewis)认为在日常经验中,我们承认痛的感觉可以是某些行为的导因,同样地,信念和意欲也都可以被理解为行为的导因。但逻辑行为主义者把有关的痛感、信念及意欲都化约为倾向性行为(dispositional behavior)或行为倾向性(Disposition to behavior)之后,则原先的心灵事物的因果力便不复存在了。[③] 我认为与上述四点批评或多或少相关的,而且是更为根本的,是牵涉诠释(interpretation)的问题。事实上,任何逻辑行为主义者通过行为语词来建立有关心灵语词之化约的倾向性的条件句(dispositional conditional),其中的化约语句固然不大可能不涉及潜在的、无限多的行为,更且不可能不含有非物理的或非身体的动作之描述。换言之,任何逻辑行为主义者的化约语句都不可避免涉及有意向性的行为,亦即经过意向解释的行为。正如珍妮·泰奇曼(Jenny Teichman)所说:"当一行为的描述无需解释时,那通常是因为该描述自身正背负着心灵主义的字词。"其实,"行为是透过心灵状态去分析的,而非反其道而行。有关心灵状态的命题又如何

---

① Roderick Chisholm, *Perceiving: A Philosophical Study* (Ithaca, New York: Cornell University Press, 1957).

② Simon Blackburn, *Oxford Dictionary of Philosophy* (Oxford: Oxford University Press, 1996): 40.

③ David Lewis, "An Argument for the Identity Theory," in *Journal of Philosophy*, Vol.63, No.2(1966): 17 - 25.

能够化约为有关行为的命题呢?"[①]依此,如果以上各点已足以证明逻辑行为主义的分析是行不通的,那么我们又有什么理由相信孔子会不自觉地依循这种分析的结果来使用"心""志""忧""安""愤""悱""惑""思"及"欲"等词呢?

为了论证上的需要,即使勉强承认逻辑行为主义是正确的,我们认为孔子仍然是不可能不自觉地依循此种分析的结果来使用今天所谓"心理语词"的语词。换言之,即使事实上对任何人或生命机体而言,"主观世界"或"内在世界"根本不存在,所有含有心理语词的句子都必须化约为有关行为倾向性或倾向性行为的句子,我们认为孔子也不大可能正确地使用这些"伪装的心理语词"。首先。孔子使用的这些语词,明显不是物理的、生理的或行为性的描述,而是类似于今天常识用法的"心灵描述"的语词。但是,如果孔子之前及当时没有指涉内在领域的"心灵描述",孔子当该直接使用行为性的描述,而不该使用这些似有心灵、内界指向的语词。即使这些语词并非真有心灵、内界的指向,而是当作有关倾向性行为或行为倾向性的缩写或逻辑构造,我们也必须预设孔子及其同时代的人已经过一系列极繁复的归纳及分类的人工程序,把各种行为之不同的倾向性找出来,然后再用一些类似今天所谓"心理语词"的语词来称谓这些归纳及分类后的结果,当作是一种缩写或逻辑构造。然而,这种预设可能吗?孔子有可能弃简就繁地使用这些语词吗?无论就历史证据及语言发展的角度来看,我们都没有理由相信孔子不用直接的及自然的心灵指向的语词,而要用间接的及极人工化的语言缩写或逻辑构造来表达他的思想。再者,由于这些所谓"缩写"并不是只含有有关身体动作、物理行为或生理过程的语词,而是包

---

① Jenny Teichman, *Philosophy and the Mind* (London: Basil Blackwell, 1988): 59.

含有有关意向性的行为或行动的语词，再加上归纳分类的活动本身也是意向性的而非物理性的，因此，这些所谓“缩写”都不可避免地包含有解释的成分。换言之，孔子即使有所谓“缩写”，也不可能是只含有物理、生理或行为性的描述，他不可能避免非物理的或意向性的描述。

其次，我们若考察一下孔子之前及同时的古籍，当可发现其中已有指向内界的心灵概念，孔子又焉能例外呢？在《易经》井卦九三爻辞有“为我心恻”，艮卦九三爻辞有“厉熏心”，益卦上九爻辞有“立心勿恒”等，都不似以“心”指涉模式化的行为倾向，而似表示一些可以被引发或转化的心灵状态。《诗经》中的“我心伤悲”“我心则降”或“我心则说”（《召南·草虫》）也许勉强可作行为倾向性的解释，但“我心匪鉴”“我心匪石”或“我心匪席”（《邶风·柏舟》）则明显有实体性而非倾向性的指涉。其他如“实获我心”（《邶风·绿衣》）、“莫慰母心”（《邶风·凯风》）、“中心养养”（《邶风·二子乘舟》）、“中心好之”（《唐风·有杕之杜》）、“乱我心曲”（《秦风·小戎》）、“中心喜之”（《小雅·彤弓》）、“中心藏之”（《小雅·隰桑》）等，都有内在性的或实体性的指涉。因此，这种内在的东西或状态不能客观地被观察、描述，只能够比拟地说：“心之忧矣，如或结之”（《小雅·正月》）或“我心忧伤，惄焉如捣”（《小雅·小弁》），这非客观的东西或状态有时更使人作出感叹：“我心伤悲，莫知我哀!”（《小雅·采薇》）或作出主观的猜想：“他人有心，予忖度之。”（《小雅·巧言》）这样的“心”明显只能作主观的解释。在《尚书》方面，尽管暂时不理《虞夏书·大禹谟》中的“人心”与“道心”之说的解释，《商书·仲虺之诰》中的“以义制事，以礼制心”，明显以心为被制的对象。《商书·汤诰》的“惟简在上帝之心”，也明确表示简则、考察之能力在上帝之心。《商书·盘庚中》的“恐人倚乃身，迂乃心”，《周书·天逸》的“不宽绰以心……是丛于厥身”及《周书·康王之诰》的“虽尔身在外，乃心罔不在王室”,都是以心、身对待,甚至是内、外对待来论说的。与孔子时期稍后的《左传》的“心”字之主观性用法更是不胜枚举。其中有两个最明显的例子,一个是郑子产(《左传·昭公七年》)及宋大夫乐祁(《左传·昭公二十五年》)认为属于“心之精爽”的“魂魄”是可以在人身死后“冯(凭)依于人”的,可见这种精神性的东西可以在不同的物质躯体间转依。另一个例子是周乐官伶州鸠认为“和声入于耳而藏于心,心亿则乐”(《左传·昭公二十一年》)。可见“心”是指一个与外在的“耳”有别的内在机能,不可能作外在的、非实体的解释。

总括而言,孔子以前及同时的“心灵”概念既然都有内在、主观的意涵,有实体性的用法,我们不可能相信孔子在没有对前人的概念作过一番批判之后,竟可以做一个不自觉的逻辑行为主义者来使用倾向性的“伪装心灵”概念。因此,我们不可能相信孔子所说的“七十而从心所欲不逾矩”(《论语·为政》),“回也,其心三月不违仁”(《论语·雍也》),“饱食终日,无所用心”,“简帝在心”(《论语·尧曰》)及“天下之民归心焉”(同上)等,没有主观、内在的指向。孟子说:“孔子曰:‘操则存,舍则亡,出入无时,莫知其乡。’惟心之谓与?”(《孟子·告子上》)这种主观性概念的引述相信有一定的可靠性,并非孟子刻意附会孔子的。

总结以上的论析,我们认为芬格莱特将孔子在《论语》中的有关概念作非心理或非主观的解释是不能成立的。然而,我们却不能因此便推断孔子已有或涵蕴着孟子一样的心性论。换言之,孔子的心灵概念及德性概念虽不可以非心理化,但却可以非心性论化。孔子使用的心灵概念及德性概念的确涉及一个内省的、主观的领域,但此一领域与任何常识的观点都是吻合的,却不必预设一个形而上的、心性论化的解释,例如笛卡儿的“超越自我”(transcendental ego/self)或孟子的“先天良知”,更甚是“心即天”的形上本体。孔子只是常识地碰触主观的领域，而孟子则把孔子那些未界定清晰的常识性的心灵概念予以心性论化，所以孟子才是真正心性理论的开发者。孔子虽强调来自内在道德反省的动力可以使人依照一使个体生命里外如一（忠）及推己及人（恕）的原则，并可以发为行动，从而作出道德行为的实践及确立理想的社会政治秩序；但这心灵动力是否可以进一步作心性论和心灵哲学的理论加工，似乎并不是孔子的兴趣所在。

第三节　意向性及意向行动的解释及其合理性

芬格莱特认为音乐之美只是体现在音乐作品之中，并不在音乐作者或表演者之（心）中。他以此作为比喻或模型，以说明孔子所言仁之作用是不能离开礼的行动的。① 与此相反，我认为道德行动乃是戴维森所描述的意向行动或塞尔所描述的建制性的事实（institutional fact），与行动有关的美、善、意向、意义或精神可被理解为一种相关性的性质（relational property），这种性质是来自道德行为者，经由与他生活在同一世界里共享语言和传统的其他参与者之互动而形成。换言之，这种性质是导因于行为者的内在力量，包括他的道德意向、意欲及信念（intention, desire and belief）。虽然芬格莱特主张行为的力量必须发自行事者，而且这力量与行动在语言或概念上是有区别的，但他更强调

① 芬格莱特认为："我们听一片段音乐而听到的美，乃是在音乐中听到的美[a *beauty* that we hear *in the music* (my italics)]，并非在这艺术家或我们自身中之某一内在领域。"因此，基于此一 model，他主张："仁是某一'公共'而非'内在'的事物（something "public" and not "inner"）。"[参阅 Hilbert Fingarette, "Response to Professor Rosemont," in *Philosophy East and West*, Vol. 28, No. 4(1978): 512。]

二者事实上是不分离的。因此,他以仁作为体现在(礼的)行动中的神奇力量,而非内在于行事者或行为者之中。然而,这种内在于行动的力量不可能是使行动发生的因果力。使行动发生的因果力必须在行动之外,在行动发生之前,也就是说,在行动发生之前内在于行事者而能使行动发生的一种心灵力量。我认为对于孔子而言,这种心灵力量可以泛称为"德(力)",而他心目中最重要的一种德(力)乃是仁。一般而言,我们不可能对行动之往返活动的发生有一合理的说明,也不可能充分说明行动之被理解为美、善,为有意向、意义或精神等之根据及根源何在,除非在行动及任何被理解为体现在行动中的东西(美、善、意向、意义或精神等)之外有一因果动力。我认为这种因果动力可被理解为我们意志的决定之能力,它是由我们相关的意向、意欲及信念等构成的。

塞尔指出:"在简单情况下,如(作出行动的)仅有的理由是一些信念和意欲,我们可以说,对一些信念和意欲的反省,以其不同的适应指向(directions of fit),会引出一个决定,亦即构成一个先在的意向(prior intention)。此意向具有向上的适应指向(即作出行动以满足意向要求的条件),而且具有向下的因果指向(direction of causation)。此意向具有一(使此意向自身得以实现之)满足条件(condition of satisfaction),即它使一行动产生。此行动包含两个组成部分:行动中的意向(intention-in-action)和身体动作(bodily movement)。而行动中的意向有其满足条件,即它使此身体动作产生。"①依此,上述因果串之成立,必须发源于人由内在省思或思虑而建立起来的心灵力量。孔子也强调人的内省,他说:"君子不忧不惧。""内省不疚,夫何忧何惧?"(《颜渊》篇)又说:

---

① John Searle, *Rationality in Action* (Cambridge: MIT Press, 2001): 48 - 49.

"仁者不忧。"(《子罕》篇、《宪问》篇)可见仁者或有德的君子之所以具有"不忧不惧"的精神气质或心灵力量,是因为他们经过内在的反省而确立使任何行动皆不违于道的意向。这一意向包含有对忠(对己对人里外如一之心德)恕(推己及人义以方外之心量)之道的信念和有依此意向以行事的意欲。我认为孔子所言的"内省"及"内自讼"可被理解为一种道德的思虑,它是一种构成道德决定的心灵力量及活动,由之可生发出道德行动来。换言之,孔子在日常生活中及在礼仪践履中所论述的道德行动,乃是一种意向行动。如果在此行动中有可被视为神奇力量的东西,它必然是生发或导引自作出此行动之行为者,亦即来自此行为者的心灵能力或心理力量。如果我的观点正确,则芬格莱特所谓"二(概念上)区分事件之不(存有上)分离"必定是错的,而他所说的"除非作为在一脉络中的行为特征,目的(指向或决定)是不能被确定的"。也是不能被证立的,至于他所强调的"借着观察在其可观察脉络中的行事,我们看到此一在礼中的所有(指向、目的或关心)"更是无根之谈。①

实际上,我们不可能像芬格莱特所想的,直接从外在的或公共的空间中的行为确认得仁的意义、作用或精神。当他断言"We detect all this *in* the performance"时,②他所说的"detection"或"observation"只不过是维特根斯坦所言的"seeing as",而非物理的观察。依此,芬格莱特所谓与公共面的礼不可分离的为同一行事的个人面的仁,只能经由"seeing as"的过程而被确认,必须通过针对行为者的内在状态作出

---

① Herbert Fingarette, *Confucius — the Secular as Sacred* (New York: Harper & Row, 1972): 53-54.

② Herbert Fingarette, *Confucius — the Secular as Sacred* (New York: Harper & Row, 1972): 53.

诠释，而不能仅依可观察的行事得到确认。换言之，没有一些心灵概念或一些指涉行为者的内在状态的非心灵概念，我们是不可能对某一行事的个人面之德性提供任何"seeing as"的诠释的。

某人把 **x** 视为 **y** 之事件并不是纯物理的赤裸事实，它必定是由至少一个智性个体创造出来的事实。假如仁可以被视为从践履礼的物理活动或身体动作中看到的东西，依照塞尔的说法，这乃是建制性的事实。① 某行为在孔子时之所以可被视为"仁在其中矣"，那是因为当时大多数人都认识到这是规范性的社会事实，亦即他们有集体的共见，把此行为动作算作"仁在其中"的行动，好比把一张纸算作一美元。此"seeing as"的事件具有角色功能，它是经由大多数人的普遍接受或共同意见所加进或赋予的。虽然建制性的事实不是单靠某一行事者的个别意向性构成，它要借大多数人的集体意向性所加进或赋予的角色功能才做出来，但属于此事实的个别例子的发生及其功能的赋予，必须借相关作为者的(心灵)能力而产生。或用戴维森的话来表示："在概念上，行动本身属于心灵的领域，因为一件(物理)行为之算作一行动，仅在某一描述之下它是意向性的，因而可被解说为为了一个理由(诸如信念、意欲及意向)而做出来。"②塞尔正确地指出："看到此点的重要之处是，一些(作为性)功能绝非内存于任何现象的物理中，而是由其外的有意识的观察者和使用者所赋予的。简言之，功能绝非内在而总是相对于观察者而存在的，而相对于观察者的性质总是由相关的那些使用者、观察者等的内存心灵现象所创造出来的。和所有心灵现象

① John Searle, *The Construction of Social Reality* (New York: The Free Press, 1995): 31-57.

② Donald Davidson, *Subjective, Intersubjective, Objective* (Oxford: Clarendon Press, Oxford University Press, 2001): 126.

一样，那些心灵现象是在存有论上说是主观的；而那些相对于观察者的性质则传承着存有论的主观性。”①依此，如果把“在礼行中看到有仁德”理解为“将礼之物理动作算作仁在其中的行动”，则芬格莱特所谓其中的神奇力量或意义，只不过是由至少一个有意识的作为者所赋予的角色功能而已。那功能作为一种相对于参与者、观察者或使用者的性质是具有或塑造有存有论的主观性的，而此主观性则是由某一作为者的主观能力所生发出来的。在此一脉络上言，我们可以说：没有作为者的主观力量，仁是不可能获得的。

礼仪之所以发生规范作用，不是如芬格莱特所认为的仅因有被接受的约定或全面的尊重，而主要在于有意识的作为者赋予这些外部动作以角色功能。在此，功能的赋予默认有礼仪动作之外的心灵力量。礼仪当作是一体现者其本身是无能为力的，一若未经人们有意识地集体授权的一张纸是不可能在商场当作货币来购物的。换言之，没有发自人们内在心灵能力的某种原初意向性，便没有体现在礼仪行动中的导出意向性，即是说，没有东西可以体现在体现者中（nothing realized in the realizer）。

基于以上有关意向行动的分析，我认为孔子所说的仁乃是发自人的内在心灵活动而能使一种道德行动作出来的道德动力或性能。就其为性言，它是一种德性，一种由心灵通往外部动作的相关性的性质；就其为能言，它是一种德力，一种由心灵促成外部动作的因果动力。故仁可被理解为一种德性力量。这种德性力量的形成，首先经过人的内省或内自讼，由认识对己对人的恰当关系中，建立某种原则性的信念，包括里外如一之忠（包括忠诚、忠信）的一贯性原则和推己及人之恕的

① John Searle, *The Construction of Social Reality* (New York: The Free Press, 1995): 12－13, 14.

可普遍化原则，从而立定志向，一方面要于（忠恕之）道有所不违，另一方面要确立弘毅之愿力，进而能近取譬，力行以巩固由此心志以通达至外部行为之功能。至此，人便可转化为仁者，亦即具有“我欲仁，斯仁至矣”及“先难而后获”的德性及德行。

第二章　孟子与告子的人性论辩

第一节　正　　文

在《孟子·告子》上、下篇中，孟子与告子对人性的问题有十分激烈的论辩。孟子主张性善而告子则主张性无善无不善之说。在双方的论辩中，用了不少模拟推理，而不是严格的演绎推理。因此要评判两家谁是谁非，许多学者都有不同的意见。例如劳思光的《新编中国哲学史》（台北：三民书局，2001）较认同孟子之说，任继愈主编的《中国哲学发展史（先秦）》（北京：人民出版社，1983）则较接受告子之说，而批评孟子之说为先验唯心论，缺乏客观根据。

然而，任书之批评是否恰当？以下即就这些批评提出若干问题讨论，从而较深刻地分析二者论辩之理据，以助修读者加以分析。兹条分缕析如下：

(1.1) 告子说："性犹杞柳也，义犹桮棬也；以人性为仁义，犹以杞柳为桮棬。"

告子用杞柳可以编织成桮棬（杯盘等器皿），比喻人性与仁义的关系，证明仁义等德性是后天人为加工的成果，并非人性所本有。

(1.2) 孟子说："子能顺杞柳之性而以为桮棬乎？将戕贼杞柳而后以为桮棬也？如将戕贼杞柳而以为桮棬，则亦将戕贼人以为仁义与？"

(1.3) 任书说："告子用杞柳可以加工成为桮棬形容人的善性是后天养成的，并非说人性的形成和用杞柳编造桮棬那样，因此不存在什么戕贼人性的问题。孟子则硬把编织杞柳说成'戕贼'，而诬人性后天形成的说法是戕贼人性，这是偷换了辩论的命题。"（任书，第 328 页）

(1.4) 我们认为：任书误解孟子与告子的论题，且对孟子之批评并不公平。原因是：告子既以"性犹杞柳"，"人性之无分于善、不善"，故"善"一词只用以形容行为及品德，而不用来形容性；任书认为告子以"人的善性是后天养成的"，明显误解了告子的意思。告子是认为善行及善德（即仁义）是后天形成的，并非说人之性是后天养成的。告子说"生之谓性"，可见他是主张人生下来即具有的禀性是人之性；不过这种性无善恶之分，善、恶只就后天养成的行为及品德说的。再者，孟子之说其实是怀疑告子之比喻是否恰当，故问他："你是能够顺着杞柳柔韧之性才编成桮棬呢？还是不必顺其柔韧之性而加以折损之后才造出来呢？"此即暗示：如果比喻恰当，应是用前者的情况作比喻，而非后者。若依前者，即使肯定后天的努力加工（一若"扩而充之"的工夫论的说法），却不能否认杞柳之本质是成就桮棬之基本条件（一若"四端"为"四德"完成之根据）。若换上松柏而非杞柳，桮棬便造不出来，可见桮棬之成就，须预设杞柳有可顺而成之之性。因此，孟子表示：要折损杞柳而造出来的桮棬，是真正的桮棬吗？正如不顺人之本性，可以有真正的仁义吗？孟子于此并无偷换论题。

(2.1) 告子说："性犹湍水也，决诸东方则东流，决诸西方则西流。人性之无分于善不善也，犹水之无分于东西也。"
告子用流水因形势而变化的例子比喻同一人性因后天的不同环境因素而有不同的表现。

(2.2) 孟子说："水信无分于东西，无分于上下乎？人性之善也，犹水之就下也。人无有不善，水无有不下。今夫水，搏而跃之，可以过颡；激而行之，可使在山。是岂水之性哉？其势则然也。人之可使为不善，其性亦犹是也。"

(2.3) 任书说："孟子以水无有不下来证明人无有不善，他谬误之处，是以真证假，因为水无有不下是真的，而人无有不善则是假的，因为实际上并非所有人都是善的，人是有善恶之分的，善即相对于恶而言，没有恶那来的善。他以无有不善否定善性是后天养成，犯了虚假前提的错误。他说水之性就下，而去搏而跃之，激而行之也可以扬至高处，说明水往高处流不是水之本性，而是形势造成的(其势则然)，人性亦然。他的这一论证恰好说明形势可以改变水性和人性，既然承认恶是由环境造成的，恶与善是对立同一范畴，而又认为善是天生的不依赖环境而先验地存在，岂不是逻辑上的自相矛盾?"(任书，第328—329页)

(2.4) 我们认为：任书又再次误解二人之论题，并对孟子之批评极不公允。原因是：任书不了解"人性之善"(下文谓"人无有不善，水无有不下"中之前句应为"人性无有不善"之意，因上文以“人性”与“水”对比，跟着这两句亦应为“人性”与“水”之对比，只是修辞上把“性”字省略了。一若“恻隐之心，仁之端也”，有时被省略为“恻隐之心，仁也”。）与“人之可使为善（或不善）”之区分。前者是就道德之来源或根据说“善”（或“不善”），后者是就道德之行为或表现（注意“可使为不善”中之“为”字）说“善”（或“不善”），二者并不等同。有些学者称前者为不与“恶”对之“至善”，而称后者为相对于“恶”之“善”。总之，孟子既承认，后天若不作“扩而充之”之努力，即使有“善端”也未必有“善德”，可见他是要说“人性无有不善”，而非“人无有不善”。任书说孟子“以无有不善否定善性是后天养成”的，一方面误解了孟子、告子二人皆不以性为后天养成，另一方面则不了解孟子是主张“人性无有不善”，而非主张“实际上人无有不善”。（孟子说的“人无有不善”除了接上文之“人性”与“水”对比之外，他既认为“无恻隐之心，非人也”，可见他此句亦可被解释为“具恻隐之心之人无有不向善”，此与日后“为不善”，并不冲突。）再者，任书说孟子以“水往高处流不是水之本性，而是形势造成的（其势则然），人性亦然”，实解错了孟子“人之可使为不善，其性亦犹是也”的意思。孟子这些话真的表示“恰好说明形势可以改变水性和人性”吗？其实孟子说“其性亦犹是”不等于“其性亦然”。后者表示“人可因形势而为不善之行，其性亦是不善（亦是如此）”；但前者则表示“人可因形势而为不善之行，其性亦仍不变（亦如其所是）”。上文明明说形势虽使水不就下而往高处，但“是岂水之性哉？”这显然反对改变方向是“水之性”，而只承认是“势则然”而已。孟子既认为水之流向改变不表示水之性改变，他又怎会承认人之走向不善之方向去做事会表示人之性改变？说孟子自相矛盾，委实是冤枉！其实，孟子指出告子之“东西”比喻不当，而以“上下”比喻，则仍可符合性善之说。

(3.1) 告子说：“生之谓性。”

(3.2) 孟子说：“生之谓性，犹白之谓白与？”

告子说：“然。”

孟子说：“白羽之白犹白雪之白，白雪之白犹白玉之白与？”

告子说：“然。”

孟子说：“然则犬之性犹牛之性，牛之性犹人之性与？”

(3.3) 任书说：“告子把食、色看成性，是就人的自然生理而言的，他还说：‘生之谓性’，即是这个意思，他是把人的自然的生理的属性与人的社会道德的属性加以区分，这样区分的结果，证明了人的自然生理的过程是不包括道德属性的。孟子坚决加以反对，他说：‘然则犬之性犹牛之性，牛之性犹人之性与？’孟子这里混淆人的生理与道德的区别，强说‘生之谓性’就是混同犬之性、牛之性和人之性，这也是偷换命题强词夺理的。”(任书，第 329 页)

(3.4) 我们认为：孟子反对“生之谓性”，但不一定反对“性为生而有者”。陈大齐在《孟子待解录》一书中认为孟子虽承认“四端”为“我固有之”；但“固有”不等于“与生俱来”。所以他认为孟子说“及其长也”，才“无不知敬其兄”，正表示“敬长”虽固有所知，却非与生俱来，而是后起的。(陈书，第 7 页)陈说并不完全合理。因为“爱亲”及“敬长”就善行言，非即善之本性，而是发自善之本性的善行。因此，某一善行发自善之本性当然是后起的，但善之本性仍可以是与生俱来的。其实，严格而言，孟子并没有考究人性是否与生俱来的问题，他只主张"内在""本有""固有"或"非外铄"，即人性非外在所塑造，乃内在所本有。此"本有"或"固有"是表示道德行为及品德之发生必须先预设善之本性。此即"理论上先有"，而不一定是"时间上先有"之义。从一方面来说，如果孟子承认性是与生俱来的，但由于与生俱来的除了人禽之别的本性之外，还有人禽无别的食、色之性；因此，孟子虽不反对"性为生而有者"，却一定反对"生之谓性"。从另一方面来说，如果孟子不承认性是与生俱来的，只承认善行在理论上必须预设善之本性，他当然也反对"生之谓性"。由于孟子以"性"表人禽之别的本质，所以他不同意将犬、牛之性当作人之性。他说："然则犬之性犹牛之性，牛之性犹人之性与?"正是以疑问方式反对人禽之性无别。任书指摘孟子"混淆人的生理与道德的区别，强说'生之谓性'就是混同犬之性、牛之性和人之性，这也是偷换命题强词夺理"，无疑是误解孟子之意。孟子强调告子的"生之谓性"带来的逻辑后果是"人禽之性无别"，乃是依告子之"性"的概念分析出来的道理，哪里混淆了人的生理与道德之性呢？孟子指出，羽、雪及玉之白是事物自然而有的客观性质，若"生之谓性"是指这类客观性质而言，则犬、牛及人之性便同样是这类不能作本质分别的客观性质。由于犬、牛之性实与人之性有别，故孟子用归谬法反证"生之谓性"不成立。[即"生之谓性"涵蕴"人禽之性无别"，但由于"人禽之性有别"，故结论是"生之谓性"不成立。其逻辑论证的形式是："$(P\rightarrow Q), \sim Q \vdash \sim P$"逻辑上叫作"逆断离律"(modus tollens)。]由是可见，孟子之言极合逻辑，怎可说他

“偷换命题，强词夺理”？

(4.1) 告子说：“彼长而我长之，非有长于我也；犹彼白而我白之，从其白于外也，故谓之外也。”

由于长者年纪大才受到我的敬重，敬重的观念不是脱离客观长者而由主观自发产生的。犹如客观事物是白的，我才认为它是白的，白的观念也是由客观引起的。因此，告子认为即使“仁”之爱心是“内”的、主观的，但“义”的观念是“外”的，是由外界(客观)对象引起的。

(4.2) 孟子说：“异于白马之白也，无以异于白人之白也；不识长马之长也，无以异于长人之长与？且谓长者义乎？长之者义乎？”

(4.3) 任书说：“孟子以白马之白与白人之白相同，长马之长与长人之长相同，而人得到的感受却不相同，如马的老与人的老相同，而人敬人之老者并不敬马之老者，以此证明义的观念完全在于主观，与外界事物无关。其实孟子这种说法，恰好又证明了观念是由客观事物引起的。因为有了客观对象之间的区别，人们才会产生不同的感受和在行动上对它的反应。”(任书，第329—330页)

(4.4) 我们认为：一若“老吾老以及人之老”(《孟子·梁惠王上》)，其中第一个“老”字作动词，表“敬爱”“敬重”(老人)之意，第二、第三个“老”字表示老人，是名词。此处告子之“彼长而我长之”，其中第一“长”指长者(名词)，第二“长”指“敬爱”“敬重”(长者)(动词)。同样，孟子之“长马之长”和“长人之长”中首两个“长”是动词，后两个“长”是名词；而“长者”表示“年长者”，“长之者”表示“敬爱”“敬重”(长者)。依此，孟子是认为“以马之白为白”和“以人之白为白”，由于纯就客观的白性质而言,故可说两种白的观念并无区别,但难道我们不能认识到“敬重马之年长”的真正意思,以为与“敬重人之年长”没有分别吗?你(告子)认为“年长者(客观特性)为义”呢?还是以“敬重(长者)为义”呢?这里孟子明显表示“敬重”(长者)之为“义”是一种发自内在的主观价值性,而非一种像白那样的客观性质。“白”的观念和判断来自对外在对象的客观性质之认识,但“敬重之义”的观念则是表示内在的主观价值性。“马之年长”与“人之年长”无别,何以“敬重马之年长”与“敬重人之年长”有别呢?(按:“有别”可指不敬重前者而敬重后者;或对前者之敬重是工具性,而对后者之敬重是道德性。)这正好表示敬重并非来自马或人之年长的客观性质,而是来自人内在的道德责任。任书认为孟子以“长马之长与长人之长相同”,无疑是错误的解释。因为孟子原文明明说:“……无以异于……与?”正表示二者“有异”,怎可说“相同”?视为“相同”,是由于任书误以“长马”和“长人”中之“长”为形容词,表示“年长的马”和“年长的人”。但一如我们上述对“老”字的分析,这“长”字应是动词,表示“敬重”之意。“年长”是事物本身的生理特征,是外在的,但“敬重”来自主观的责任,是内发的。因此,孟子说二者“不同”,而非“相同”。见年长之人而生敬重之心,当然是主客互动的结果。然而,孟子主张的“仁义内在”之旨,主要是说敬重之义的理分或责任并非外在的客观性质,而是内在的主观德性。“马之年长”与“人之年长”类同,何以“敬重”有别?此正表示“义内”而非“义外”也。由此可见,任书批评孟子的证明反而得到相反的结果,极不合理,也极不公允!

由上述对四种模拟推理之分析，可证任书之说之非，亦可证告子之非；但是否就证明了孟子之说之是呢？是又不然。因为此类模拟推理不是严格的演绎推理。一个比喻或模拟是一个语意解释（semantic interpretation）或一个解释的模型（interpretative model），若在此一语意解释下表示告子论证之前提真而结论假，即已充分证明他的论证不对确（invalid）。但是，若此模拟不合告子之论证而合乎孟子之论证，只表示在此一语意解释下不会使孟子论证的前提真而结论假，却并不表示孟子的论证在所有语意解释（或可能世界）下皆不会出现前提真而结论假之情况。因此，某一模拟或比喻合乎孟子的论证，只表示这不是一个反例，却不表示这是充分的证明。

第二节　补论：逻辑分析

（A）告子的"杞柳"之喻不能构成对确论证：

告子的论证：

Mab[仁义(a)是由人性 (b)人为加工而成(M)]

一若：

Mcd[桮棬(c)是由杞柳 (d)人为加工而成(M)]

因为，基于归纳，可以找到很多类似的个例：

Mfg

Mhi

……

……

由此可以概推：

(1) (∀x)(∀y)Mxy

(2) (Mcd→～Gd)[如桮棬(c)是由杞柳(d)人为加工而成(M)，则杞柳(d)非本善(或非有原本的价值)]

(3) ∴ ～Gb[人性(b)非本善(或非有原本的价值)]

但孟子认为：

仁义与人性的关系不是Mab[仁义(a)是由人性(b)人为加工而成(M)]，而是Dab[仁义(a)是由人性(b)自然发展而成(D)](即以直养而无害地扩而充之)。而且告子也没有足够的类似个例作为归纳基础以支持(∀x)(∀y)(Mxy→～Gy)，故(∀x)(∀y)(Mxy→～Gy)不成立。反之，(∃x)(∃y)(Dxy&Gy)[有某x是自然发展而成某y而且y是本善的(或有原本的价值)]成立。

孟子认为：由人性发展出仁义并非人为改造而成，而是自然发展而成。故他说"直养"和"扩充"。如Mab应以Dab取代，则告子的模拟论证便失败。

(B) 告子的"湍水"之喻不能构成对确论证：告子的论证：

Nb[水性(b)是中性：无分于东西(N)]

一若：

Na[人性(a)是中性：无分于善不善(N)]

因为，基于归纳，可以找到很多类似的个例：

Nc

Nd

……

……

由此可以概推：

(∀x)Nx[所有类似的事物的性质都是中性(N)]

但孟子认为：

这个论证是不对确的(invalid)，因为告子没有足够的类似个例作为归纳基础以支持(∀x)Nx。事实上，水的关键性质不是无分于东西[N(neutral)：It is either going down to East or West]，而是有分于上下[F(Falling down)：It has to go down]。如果Fb成立，则Nb不成立。孟子认为正确的模拟是Fa与Fb，而不是Na与Nb。因此，(∃x)Fx(有些事物的性质是有分于上下的)是事实。由于，(∃x)Fx→(∃x)～Nx，因而告子的模拟论证不能成立的。

(C) 告子的"生之谓性"之说不能构成对确论证：

告子的论证：

(0) $(x^b = x^i)$(生之谓性之性＝食色之性)

(Definition: inborn nature = inclinations and instincts)

(N: 道德上中性)

[1]	1. Nx^i(or Nx^b)[食色之性是中性(无善无恶)]	(假定)
[2]	2. $(x^h = x^i)$(人性＝食色之性)	(假定)
[1,2]	3. Nx^h(人性是中性)	(代换规则)

孟子的反驳:

[4]	4. $(x^a = x^i)$[禽兽(犬牛)之性＝食色之性]	(假定)
[2,4]	5. $[(x^h = x^i) \& (x^a = x^i)] \rightarrow (x^h = x^a)$ {[(人性＝食色之性)&(禽兽之性＝食色之性)]→(人性＝禽兽之性)}	(传递性)
[2,4]	6. $(x^h = x^a)$[人性＝禽兽之性]	(断离律)
[7]	7. $\sim(x^h = x^a)$[人性≠禽兽之性]	(事实)
[2,4,7]	8. $(x^h = x^a) \& \sim(x^h = x^a)$	(合取)
[4,7]	9. $\sim(x^h = x^i)$[人性≠食色之性]	(归谬法)

依此,孟子拒绝接受人性＝食色之性(2),因为他认为接受(2)会导至矛盾(8)。因此,告子不能基于前提(2)而有效地推出人性是中性之结论(3)。换言之,如果人性≠食色之性,便不能由人性＝食色之性有效地推论出人性是中性。

(D) 告子的"义外"之说不能构成对确论证:

告子认为：仁，内也，非外也；义(a)，外(E：external)也，非内也。即 Ea(义是外在的)。

告子的论证：

彼长(b)而我长之，非有长于我也(～Ib)(I：internal)；犹彼白(c)而我白之，从其白于外也(Ec)(E：external)，故谓之外也。即
Eb［长者(的性质)是外在的］
一若：
Ec［白物(的性质)是外在的］

告子认为：Ea 一若 Eb 和 Ec。因为，基于归纳，便可以概推(generalize)所有类似的事物都是外在的。即($\forall$ x)Ex。

但孟子反驳：告子并没有论据去证明 a(moral righteousness)与 b(oldness)或 c(whiteness)类似，故不能证明 Ea 与 Eb 或 Ec 类似。因此，Ea(义外)是不能成立的。反之，Ia(义内)才是正确的说法。此外，“长之”一词是歧义的(ambiguous)。它可以表示为：① 以之为长者(外)，也可以表示为：② 敬长(内)。若为后者，则敬长当是主要发出内在的心灵力量，而非如“白之”一样，主要是基于外在观察到的特性而作出反应。此处孟子或许是以告子混淆了内在的(可反思而不可观察的)道德性质与外在的(只可观察的)物理性质，因而建立错误的推理。

第三章　荀子人性论新诠：附《荣辱》篇23字衍之纠谬

第一节　对荀子"性"一概念之初步理解

学者一般大都同意：荀子所言之"性"乃直承上古"生之谓性"的说法，而与孟子建基于"四端"之心及"人禽之辨"的规定而言之"性"有所不同。荀子说："人之性恶，其善者伪也。今人之性，生而有好利焉，顺是，故争夺生而辞让亡焉。生而有耳目之欲，有好声色焉，顺是，故淫乱生而礼义文理亡焉。"（《性恶》）针对这一段话，劳思光先生认为："荀子连用'生而有'以释'性'，显见其所谓'性'，乃指人生而具有之本能。但此种本能原是人与其他动物所同具而程度或异之性质，决非人之本质（Essence）；故在开端之处，荀子立论即与孟子之说根本分离。荀子所言之'性'，并非孟子所言之'性'也。"①此乃不争之论。

荀子除了对"性"这一概念予以一般性的论述外，亦时有以具体例子加以说明。例如除了说"凡性者，天之就也，不可学，不可事"（《性

① 劳思光，《新编中国哲学史》（台北：三民书局，1981）：333。

恶》)及“性也者,吾所不能为也,然而可化也”(《儒效》)之外,更以“目明而耳聪”的本能及“饥而欲饱,寒而欲暖,劳而欲休”(《性恶》)的情性作为实例。这些与生俱来的本能和需要,或笼统地称之为“情性”的东西,正是《正名》篇上所概括的“生之所以然者谓之性”之“性”。当此本有的情性于接引外在的对象时而生自然的反应,如产生“目好色,耳好声,口好味,心好利,骨体肤理好愉佚”的现象,那便可说“是皆生于人之情性者也,感而自然,不待事而后生之者也”(《性恶》)。也就是《正名》篇上另一个“性”字之所指:“性之和所生,精合感应,不事而自然谓之性。”简言之,第一个(未及物的)(或 unintentional)“性”字的用法是指人所生而有的“本始材朴”的性能(《礼论》),包括人的本能及生理上的基本需要;而第二个(已及物的)(或 intentional)“性”字的意义乃表示此性能在接物时“感物而动”所生之自然反应,包括由本能及生理需要而衍发出来的各种生理和心理欲望。

无论前者(未及物的性)或后者(已及物的性),都明显与非自然而有的或非自然而成的人为事功有所不同。人为事功是“可学而能而成之在人者”,只可“谓之伪”,不可“谓之性”。这是《性恶》篇所说的“感而不能然,必且待事而后然者,谓之生于伪”。对荀子来说,人性与物性都是“天之就”,都可以说是属于“不为而成”的“天职”(《天论》)。所谓“天职”,即是天的功能,是“成于天”的,“在人者”为“人性”,“在物者”为“物性”。荀子所谓“成之在人者”,明显与“成于天”而“在人者”不同,此乃是人为的“积伪”,既不是与生俱来的,也不是内在本有的。

由孟子“性命对扬”之反照,以及荀子自己由“性伪之分”之显示,可见荀子的“性”概念与告子的“生之谓性”之“性”并无本质的区别。这是我们扣紧文本所得的一个初步理解。

第二节　荀子论恶的根源

依上述初步理解的"性"之二义及"性伪之分",似可用以说明荀子人性论中"恶究从何来"和"善如何可能"这两大问题。就前一问题言,通常的理解是,认为荀子以恶的根源在于性,甚或以性之本身可定为恶者。例如冯友兰即曾主张:"荀子谓人之性恶,乃谓人性中本无善端。非但无善端,且有恶端。"[①]又如任继愈等亦认为:"荀子所谓'恶',是指'饥而欲饱,寒而欲暖,劳而欲休'和'目好色,耳好声,口好味,心好利,骨体肤理好愉佚'大部分指人的生理和生活需求。"[②]然而,此类说法是否真能说明荀子人性论中恶之来源的问题,抑或昧于荀子为针对孟子而策略性地言"性恶",而其实义并非如此呢?

要解答此一问题,我们认为必须先了解荀子对"恶"的概念的基本用法,及其所谓"性"与"恶"之关系为何。就"恶"的概念之用法而言,荀子的确曾以"恶"来形容"人之性",似可予人以性之本身为恶之印象。但若将荀子所谓"人之性恶"理解为策略性用语,特别是依照他对"善""恶"二元性的定义,则荀子似乎又不太可能直以人性之本身为恶者。他在《性恶》篇上说:"所谓善者,正理平治也;所谓恶者,偏险悖乱也。是善恶之分也。"这无疑是以人类行为的后果(治或乱)来界定善恶的二元性,有很浓厚的后效论(consequentialism)色彩;而非以性情、动机本身为善或恶,亦即荀子所持者并不是动机论(motivationalism)的观点,亦不太可能以人性本身为恶。

就"性"与"恶"之关系而言,虽然荀子一再强调那生而有的性、情或

① 冯友兰,《中国哲学史》上册(北京:中华书局,1984):358。
② 任继愈等编,《中国哲学发展史(先秦)》(北京:人民出版社,1983):707。

欲可引致“争夺生而辞让亡”，“残贼生而忠信亡”及“淫乱生而礼义文理亡”（《性恶》），或是引致“争”“乱”“穷”（《礼论》），但他亦明言其条件在“顺是”，或在“纵”而“无度（量分界）”。若人们能有所节制，将其需求纳入礼义规范之中，则情欲尽可满足，而不会产生恶果。既然由情性所发之欲望与善恶无必然之关系，故荀子并不赞成宋钘（荣子）所主张的“情欲寡”，而提出一己的“养欲”之说。他说：“礼起于何也？曰：人生而有欲，欲而不得，则不能无求；求而无度量分界，则不能不争，争则乱，乱则穷。先王恶其乱也，故制礼义以分之，以养人之欲，给人之求，使欲必不穷乎物，物必不屈于欲，两者相持而长，是礼之所起也。故礼者养也。”（《礼论》）依此，唐端正先生指出：“可见荀子并不认为自然情欲是恶的。因为礼在荀子的系统中是善的，如果说善的礼，目的在长养供给人的恶性，便很荒谬了。”[①]由于《正名》篇论及情欲之满足的问题时更为积极正面，唐先生进一步指出：“荀子认为求欲望满足之道，‘进则近尽，退则节求’，自然情欲虽然有时还是当加以节制，但节制的理由，只是由于‘所求不得’，并不是因为自然情欲本身是恶的才加以节制。”[②]依此，可知荀子并非真以性情、欲望本身为恶者，只是随顺之或放纵之而不加引导或节制，才会产生恶的后果（争、乱、穷）。所谓“欲过之而动不及，心止之也。心之所可中理，则欲虽多，奚伤于治？欲不及而动过之，心使之也。心之所可失理，则欲虽寡，奚止于乱？故治乱在于心之所可，亡于情之所欲”（《正名》）。好一句“亡于情之所欲”，正显示治乱之后果（善或恶）“不在于”情欲之多寡，二者并无必然关系。荀子既有“养欲”（《礼论》）或“养其天情”（《天论》）之说，自不可能以其所养者为恶端或恶的根源。（有论者谓：即使情欲本身非恶，但由之而引致恶果，情欲

---

① 唐端正，《先秦诸子论丛》（台北：东大图书公司，1981）：185。
② 唐端正，《先秦诸子论丛》（台北：东大图书公司，1981）：186。

仍是恶的根源。但这些论者不察：这些引致恶果的情欲实由“心使之也”。那么，真正恶的根源岂非在心？依此，比喻来说，杀人的真凶不在刀，而在操刀之人也。）

荀子所言之恶，乃是由于客观世界的资源有限，而人的主观欲求则无限，若无礼义规范以导引欲望及公平分配，那便很容易产生争、乱、穷之恶果。恶果之来源在于此一供求关系不平衡之上，而非归因于人性中欲求之本身。

第三节　荀子论善之可能

孟子虽言“四端”为人所本有，但必须有“扩而充之”的工夫，才能成就“四（善）德”（仁、义、礼、智），此似亦强调后天努力之重要性，而将“四端”之心视为只是定立善之方向的定仪，其本身并非为善者。然而，此定向之说与孟子的本质之说并不配合。孟子所论的心性与行为之间的关系一方面是类似种子与其开发成果之间的生长过程，另一方面是表示为表里之间的隐显作用。这“我固有之也”而“非外铄我也”的心性显然不只是善的方向之定仪，而且是开发善的成果之本质。作为善的本质之心性的善固不与恶对，其流衍发展至行为领域中才有善恶之二元性可言。这是因为在行为领域中才有气质之杂及外物之诱的问题，也才有程明道所谓水流之清浊的问题。

相对于孟子来说，荀子似乎既不以成善的方向归诸心性，亦不以人有为善的本质。然而，他所说的善（正理平治）如何可能呢？顺着他的“性伪之分”，此问题似不难解答。即以善之可能全归于后天人为的努力，特别是归因于圣王的积伪之功。荀子以“礼义法度”为“圣人之所生”；一般人若能“以圣王为师”，“师法”圣王之所生，个人便可以成善，社会便可以致治。这个过程的合理性在于荀子所谓“化性起伪”之功。他认为“圣人积思虑，习伪故”，从而“起礼义，制法度”，便可以用来矫饰人之情性而正之，可以扰化人之情性而导之。最后的结果便是“使皆出于治，合于道者也”(《性恶》)。由是观之，对荀子来说，善之可能似乎完全倚靠后天人为的努力，特别是圣王权威的作用，而与人生而有的情性或质性并无积极的关系。

路德斌先生发表了一篇讨论荀子人性论的文章，我认为这是近年我见过的在这方面最有见地、最有突破性的杰作。路先生对荀子原文有非常深入的探讨和非常合理的解读，使人大开眼界。他基于充分的论据而指出：“我们切不可把‘伪’仅仅理解成为一个单纯的工具性的行为或过程，实际上，‘伪’同时也是一种能力，一种根于人自身且以‘义’‘辨’为基础并趋向于‘善’的能力。对荀子来说，‘伪’而成‘善’的过程，实是一个合‘外(仁义法正之理)内(义辨之能)’为一道的过程。”①为了说明这个一向被忽略的“内”，他提出荀子所强调的“人之所以为人”的“辨”(《非相》)与“义”(《王制》)乃是“别异定分”的“知性”和“知所当为”的“德性”，概括言之，正是荀子所说的“伪”。② 路先生认为一般人以“性由内发，伪本外生”的主张是错误的，是建基于对荀子原文的一些误读。他指出的误读之处有三，分别是：③

误读一：将荀子的“性固无礼义”误读为“人固无礼义”。

---

① 路德斌，《荀子人性论之形上学义蕴：荀、孟人性论关系之我见》，《中国哲学史》(2003 年第 4 期)：39－40。

② 路德斌，《荀子人性论之形上学义蕴：荀、孟人性论关系之我见》，《中国哲学史》(2003 年第 4 期)：36。

③ 路德斌，《荀子人性论之形上学义蕴：荀、孟人性论关系之我见》，《中国哲学史》(2003 年第 4 期)：38－39。

误读二：将荀子的“人之生固小人”误读为“人生来就是小人”。

误读三：把圣人和常人对置起来，从而将“凡礼义者，是生于圣人之伪，非故生于人之性也”误读为：创新礼义的能力只属于少数所谓的“圣人”，而与常人无关，礼义对绝大多数人而言是一种缺乏内在根据的外在的东西。

就误读的第一项而言，路先生认为“荀子所谓‘性’即孟子所言之‘小体’，因此，‘性固无礼义’是孟荀都能同意的。同样，‘苟无之中，必求于外’(《性恶》)之‘外’，当然也只是指‘性’之外，或‘小体’之外，而不是指‘人’之外”①。路先生此说隐然以“人之中有礼义”(尽管“性之中无礼义”)，因为生成礼义之伪乃内在于人之中者。既然荀子以“礼义生于圣人之伪”，此礼义当该是伪之成果，不可能是内在于人能之中的。若“有”或“无”指“内在地有”或“内在地无”，路先生这里的说法颇难成立。当然，若此处不是论及“礼义”而单指“义”，也许我们可以根据荀子在《王制》篇提出“人之所以为人”在于“人有气有生有知，亦且有义”之说，其中“有义”若不作成果义解而作能力义解，以会通《性恶》篇所谓涂之人“皆有可以知仁义法正之质，皆有可以能仁义法正之具”，则“有义”似可解为“内在地有义”。基于以上考虑，我认为路先生隐然肯定的“人之中有礼义”不宜解释为“人的能力中有礼义”，只能理解为“人有能力生出礼义”。换言之，此“有”非指“内具地有”，而是指“生成”或“来源”上之“有”。依此解读，我们仍然可以说礼义之生成并非全靠外力或外在因素，而与内在意义的“伪”仍可以构成相互融贯的关系，即以此生成

① 路德斌，《荀子人性论之形上学义蕴：荀、孟人性论关系之我见》，《中国哲学史》(2003年第4期)：38。

之内在动力在于伪。

就误读的第二项而言，荀子所言“人之生”即“人之性”，此处似特指《荣辱》篇所谓“今是人之口腹，安知礼义？安知辞让？安知廉耻隅积？”之“耳目口腹”之“体”，亦即“小体”。路先生认为荀子此处所谓“小人”实指孟子“从其小体为小人”之义，[①]委实于理可通。依此，人之性虽为小体，却不排斥人有知礼义及生礼义之能力的可能性。此外，“人之生固小人”若读成“人生来就是小人”，既不合乎“小人”概念所预设的“后天积习”之义，亦与“涂之人皆可以为禹”的说法不太协合。因此，我认为路先生对第二项误读的指控也是成立的。

至于路先生提出的第三项误读，我只能部分同意，若干地方则有所保留。他认为既然“涂之人可以为禹(圣人)”，且“凡礼义者，是生于圣人之伪”，故可逻辑地推论出“凡礼义者，是生于人之伪”。[②] 但我认为：若结论中的“人”即“涂之人”或全称的“人”，此推论恐怕不能成立。即使我可以同意他所说的“人之所以能‘伪’，正在于人‘皆有可以知仁义法正之质，皆有可以能仁义法正之具’，而这个‘可以知仁义法正之质’和‘可以能仁义法正之具’不是别的，其实也即是荀子所发现之作为‘人之所以为人者’的‘辨’和‘义’”[③]，亦即我们可以承认人人皆有此“可以知”之“质”和“可以能”之“具”，但也不能保证“人人能生礼义”或“礼义生于(全称的)人之伪”。这是因为荀子有“可以为”和“能为”之区分。他说：“圣可积而致，然而皆不可积，何也？曰：可以而不可使也。故小

---

① 路德斌，《荀子人性论之形上学义蕴：荀、孟人性论关系之我见》，《中国哲学史》(2003年第4期)：39。

② 路德斌，《荀子人性论之形上学义蕴：荀、孟人性论关系之我见》，《中国哲学史》(2003年第4期)：39。

③ 路德斌，《荀子人性论之形上学义蕴：荀、孟人性论关系之我见》，《中国哲学史》(2003年第4期)：39。

人可以为君子，而不肯为君子；君子可以为小人，而不肯为小人。小人君子者，未尝不可以相为也，然而不相为者，可以而不可使也。故涂之人可以为禹，则然；涂之人能为禹，未必然也。虽不能为禹，无害可以为禹。……然则可以为，未必能也；虽不能，无害可以为。然则能不能之与可不可，其不同远矣，其不可以相为明矣。”（《性恶》）荀子此处所谓“可以为”乃指一种潜能（potentiality or potential capacity），而“能为”则指一种实能或能力（actual ability）。潜能是发自内在的，是本具的，但由潜能转化为实能，则需加上外力，积习而成。涂之人有可以成为圣人之潜能，而未必有能成为圣人之实能，正因为圣人“所以异而过众者，伪也”（《性恶》）。“异而过”表示程度上超过的差异，并非本质上有无的差异。故众人虽可成圣而不必能成圣，正在于“伪”是由内而外之能，既包括人人同具的“可以为”[包括“可以知”（认知能力）和“可以能”（实践能力）]的内在潜能，亦包括借助外力以锻炼之，从而转化为外显的能力。而后者所显示的内外交修之功则并非人人能做到。

由于荀子认为“可学而能可事而成之在人者，谓之伪”（《性恶》），涂之人自可以由积伪以生礼义，只是未必能成而已，或很难成就而已。就此而言，若把“伪”的其中一种意义理解为“可以知”和“可以能”的潜能（“能伪”），加上后天由“积习”而成功效之第二种意义的“伪”（“积伪”），即被理解为“能知”和“能行”的实能及其所成之事功，由此“伪”之二义或可说明何以人人皆可生礼义而独以圣人能生礼义，及可说明善如何可能的问题。

第四节　“伪”的两种意义

我虽然颇为同意路德斌先生所说的“荀子所谓‘性’其实即是孟子

所谓'命'"(当然,"命"的外延比"性"为广,亦包括"莫之为而为之"或"莫之致而致之"的客观机遇的偶然性),却不太认同他所说的"荀子所谓的'伪'实质上(即从其形而上之本义上说)才是孟子所谓的'性'"。[1] 这是因为孟子以"四端"界定人之"本性",乃是指一种道德自觉及实践的能力,是一种有待开发的(待扩充的)实能,而非仅为一种潜能。因此,就天纵之圣而言,可以说"尧舜性(生)之",亦即其实能不待开发已完全具足(生而有),可以"不思而得""不勉而中"的。即使一般人必须经后天努力才可成圣成贤,也要"勿忘""勿助"以"直养"之。这和荀子所强调的由"积伪"以使"可以为"转化为"能为"之内外交养的工夫,是有明显不同的。荀子的"可以知"之"质"和"可以能"之"具"(或君子小人同具的"材性知能"或"知虑材性")是必须经由后天"积靡"才能转化为实能的;相反地,孟子的良知、良能本所具足,扩充只是去(气禀、物欲之)蔽以收(心)复(性),实能由隐而显,而非仅为潜能。孟子说:"人之所不学而能者,其良能也;所不虑而知者,其良知也。孩提之童无不知爱其亲者,及其长也,无不知敬其兄也。"(《尽心上》)这是一种非生理性的道德本能,是不需经过思虑而有的,故孟子以"孺子将入于井"所引起的"前思虑的自动反应"说明此一本能。但荀子的"伪"之其中一义若被理解为致善的内在能力,也只能是一种"思虑性的能力",所以他说"性不知礼义,故思虑而求知之也"(《性恶》)。虽然荀子肯定主观上"心可以知道"(《解蔽》),"心之所可"会"中理"(《正名》),而且客观上有"仁义法正之可知可能之理"(《性恶》),然此"大理"乃"体常而尽变"之"道"(《解蔽》),是权衡现实轻重而取得的"古今之正权"(《正名》),心只能知之及取之而非本具之。此知之及取之之能必须经由权衡轻重的学习过

---

① 路德斌,《荀子人性论之形上学义蕴:荀、孟人性论关系之我见》,《中国哲学史》(2003 年第 4 期):37。

程中（或“积伪”的过程中）才能转化为致善之实能，这“外加”而后成之能与孟子的“内发”而本具之能是不同的。

在1992年为香港公开大学撰写的一套《中国古代哲学思想》（四册）的教材中，我曾指出荀子的《正名》篇中为“性”“伪”“知”“能”各各提出两个界说。[①] 在本章第一节中，我已提及“性”的两种定义：“生之所以然者，谓之性”，是指未接物前的生理本能及需要；而“性之和所生，精合感应，不事而自然，谓之性”，则指接引外物后由上述的本能或需要而直自然引发出来的各种心理欲望。以荀子的具体例子来说，“目明而耳聪”“饥而欲饱”等是与生俱来的基本能力（instinct）、需要（need）或情性（endowed mental power），而“目好色，耳好声，口好味……”则是由此基本能力、需要或情性于接引外物（见外物之色）后而生出的心理欲望（desire）。故他说后者“是皆生于人之情性者也”（《性恶》），亦即生于前者。《性恶》篇形容后者为“感而自然，不待事而后生之者也”，正正是《正名》篇对“性”的第二个定义：“性之和所生，精合感应，不事而自然，谓之性。”简言之，前者乃指自然本有潜能，后者则指由自然本潜能于接物后而生之自然反应。前者是就内在能力或需要言，后者则更涉及外在因素而衍生的外在反应或表现。

同样地，“伪”在《正名》篇亦有二义。荀子所谓“心虑而能为之动，谓之伪。虑积焉能习焉而后成，谓之伪”。相对于后一种“后成”之“伪”，前一种“伪”明显是“先有”的。前者明显意指人内在的心灵活动的能力，一种以思虑抉择为主要活动的能力。上文我说荀子的这一种“伪”与孟子的“前思虑的”道德心能及自动反应不同，正在于这是“思虑

① 冯耀明，《中国古代哲学思想》第一册，单元五（香港公开大学，1992）：5－9。

性的”。后一种“伪”则指思虑后经过积习过程而形成的思虑抉择的成果及人为事功，这也就是《性恶》篇一再强调的“性伪之分”中的那种“伪”。很可惜，历来大家都只注意到荀子言“性伪之分”的那种“伪”，而不注意“伪”作为能力而非事功的另一种用法。当然，荀子以“礼义积伪”模拟为陶人所生之瓦埴、工人所造的器木，这完全就成果（result）看伪，而非就能力看伪，就难免使人误会他一皆以“伪”为外在的东西。这对于说明“善如何可能”的问题，当会误导大家只往外在因素的方向去考考。

除了“性”“伪”皆可就（内在）能力与（外在）表现两方面理解其意义之外，“知”“能”二词在《正名》篇中实亦有此类似的二分。荀子说：“所以知之在人者，谓之知。知有所合，谓之智。所以能之在人者，谓之能。能有所合，谓之能。”依此“在人者”与“成之在人者”之区分，可知其“所以知之”之知性和“所以能之”之能力都是“不可学不可事而在人者”，当指人内在本有的知能，亦应属人之性的一部分，不过荀子似有意或无意地不直称之为“性”。而“知有所合”乃指这种知性于接应外物后与之相配合，由之而产生的各种知识（智）。同样的，“能有所合”乃指上述的能力于接引外物后与之相应合，由之而产生的各种事功（能）。综言之，“知”“能”之二义和“性”“伪”之二义一样，都涉及潜能（无论是生理本能、思虑心能、知性之能或才性之能）与表现（无论是心理自然反应、思虑成果、知识或事功）两方面。单就“伪”一概念而言，若我们接受此二义之说，那便不难依之以说明荀子学说中“善如何可能”的问题。依我的看法，第一义的“伪”不只是人的一种内在之能，而且也是一种人所生而有之性。以下两节，我们将提出进一步的论据以分别说明这“伪”之“内在性”和“本有性”的问题。

第五节　“伪”之“内在性”的问题

郭店《老子》简甲组1、2号，抄有相当于今本《老子》第19章的文字。今本的“绝仁弃义，民复孝慈”，简文作“绝X（上“为”下“心”）弃Y（上“虍”中“且”下“心”），民复季子”。裘锡圭先生在审校时按语云：“简文此句似当释为‘绝X（伪）弃Y（诈）’。”裘先生后来写了一篇自我纠正的文章，提出大量证据，显示《郭店楚简》中各篇多处有以“X”与“Y”对举并列，更引《庄子》及《荀子》文，以证“X”为“伪”“Y”为“虑”，皆为郭店《老子》所指之各种“背自然”的作为和思虑。①

庞朴先生对于《郭店楚简》中那么多从“心”的字出现特加关注，对于上述“X”（上“为”下“心”或左“心”右“为”）与“Y”（上“虍”中“且”下“心”）这两个从“心”的字的意义及二者并列的现象更有深入的分析。他说：荀子《正名》篇上所说的“‘心虑而能为之动谓之伪’句中的‘伪’字，本来大概写作‘X’，至少也是理解为X，即心中的有以为；否则便无从与下一句的见诸行为的伪字相区别。只是由于后来X字消失了，钞书者不识X为何物，遂以伪代之；一如我们现在释读楚简《老子甲》篇的‘绝X’为‘绝伪’那样。另外，荀子所界定的X和虑的演化关系，与《性自命出》所排列的次序有所不同，而且二者与《老子甲》篇所设想的社会效应，更是大异；这些，并无损于我们认定X字和虑字，认定它们在表示两种心态，自不待言”②。庞先生的立论无疑是十分具说服力

① 裘锡圭，《纠正我在郭店〈老子〉简释读中的一个错误：关于“绝伪弃诈”》，《郭店楚简国际学术研讨：会论文集》，武汉大学中国文化研究院编（武汉：湖北人民出版社，2000）：25，28－29。

② 庞朴，《郢燕书说：郭店楚简中山三器心旁文字试说》，《郭店楚简国际学术研讨会论文集》，武汉大学中国文化研究院编（武汉：湖北人民出版社，2000）：39。

的。依据裘、庞二先生之论，我们有理由相信："伪"与"虑"向来是一对相关的词语，都是用以表示人所具有的两种(或相关的)内在心灵动力或心态；而荀子在《正名》篇上所说的第一义的"伪"，原来当为"[X]"(上"为"下"心"或左"心"右"为")，正正是指人所内具的一种心灵能力或心态，而与第二义的"伪"字所表示的人为事功相关而有所区别。

若上述分析不误，我们便可以断定：荀子认为作为致善的主要因素的"积伪"，除了后天的"积习"之功外，亦当包括人所内具的"心[X]"之能。换言之，荀子虽强调"外在的伪"，其实"外在的伪"之所以可能亦须预设人有"内在的[X]"，否则徒言外加之功而无内在之能，功亦不可致矣！

第六节　"伪"之"本有性"的问题(附《荣辱》篇23字衍之纠谬)

荀子所言"心虑而能为之动"的"伪"(即"[X]")，似乎不只是内在于人心的，而且也是人所本有的。此所谓"本有"，即指其非后天培养而成者，而是先天内具的。"伪"作为一种"心虑"之能，当包括心知思虑的成分；作为一种"能为之动"之力，当亦包括由此心知思虑而开展的实践动力的成分。就前者言，此或即是《性恶》篇所说的"可以知仁义法正之质"之"知"，而与"禽兽有知而无义"的感觉性之"知"大不相同。就后者言，此或即是《性恶》篇所说的"可以能仁义法正之具"之"能"，亦即不只可以辨分而知义，而且可以成积而行义的潜在能力。对荀子来说，这两种"知""能"对禹和涂之人是一同的，当然不会是经由后天学习得来的，因而它们当该是任何人所生而有的两种知能。

荀子也曾直接或间接地肯定这两种知能是人所生而有的。例如他说："人生而有知"，"心生而有知"(《解蔽》)。我们知道，凡说"性"之处，荀子皆言“生而有”或“生之所以然者”，可见上述所谓“心知”也是人之“性”的一部分。荀子虽在《性恶》篇一再强调性为情性与欲望，但这可能只是他为了对付孟子性善论而作出的策略，他实未否定人性中仍有非情性、非欲望的成分。所以他在《解蔽》篇仍可说：“凡以知，人之性也。”换言之，这种“心知”部分之“X”也该是先天而本有的。

至于荀子的“X”中所包含的“心能”部分，我认为也是先天而本有的。关于此点，我在1992年为香港公开大学撰写的《中国古代哲学思想》一书中已提过一项重要的证据，[①]此即在《荣辱》篇上一段一向被人忽略及误解的文字：

> 凡人有所一同：
>
> 饥而欲食，寒而欲暖，劳而欲息，好利而恶害，是人之所生而有也，是无待而然者也，是禹桀之所同也。
>
> 目辨白黑美恶，耳辨音声清浊，口辨酸咸甘苦，鼻辨芬芳腥臊，骨体肤理辨寒暑疾养，是又人之所常生而有也，是无待而然者也，是禹桀之所同也。
>
> 可以为尧禹，可以为桀跖，可以为工匠，可以为农贾，在埶注错习俗之所积耳，是又人之所生而有也，是无待而然者也，是禹桀之所同也。

此段最后23字被王先谦据王念孙判定为“涉上文而衍”[②]，且无提供充

---

① 冯耀明，《中国古代哲学思想》第一册，单元五（香港公开大学，1992）：9。

② 王先谦，《荀子集解》（北京：中华书局，1988）：63。王氏引“王念孙曰：‘案此二十三字，涉上文而衍’”。又云：“下文‘为尧禹则常安荣，为桀跖则常危辱’云云，与上文‘在注错习俗之所积’句紧相承接，若加此23字，则隔断上下语脉，故知为衍文。”并以“在埶注错习俗之所积”中之“埶”字为衍文，皆大错。

分理据而删去此 23 字，及删去“在埶注错习俗之所积耳”中之“埶”。对此，后之研究者亦全无异议，一律因循，此真可谓对荀学理解的一大错误，至今仍未得翻案。他们认为删去此 23 字加 1 字，即删去“生而有”“无待而然”及“禹桀之所同”所涵之“性所本具”之义，上文便可与下文“为尧禹则常安荣，为桀、跖则常危辱；为尧禹则常愉佚，为工匠农贾则常烦劳。然而人力为此而寡为彼，何也？曰：陋也。”所涵之“后修为之”之义相通，其实大谬不然。若论者以为尧禹、桀跖、工匠、农贾之异在后天积伪之果，故各各并无“一同”之理，更不可将“注错习俗之所积”视为“人之所生而有也，是无待而然者也”的人之本性，此不免是先入为主之见。

我认为此段正正是用以说明人之本性中有致善成积之能，是先天而内具者。首先，我认为“在埶注错习俗之所积”之中“埶”字不可以被视为衍文，如王先谦之所为。此“埶”若当作“艺”或“势”，文句便不可通；这毋宁是“执”字之误抄。我们知道，先秦文献中此二字常有“形近混用”的情况出现。[①] 若上述段落中的“埶”确定为“执”之误，则原文便可通解。所谓“在执注错习俗之所积”，即以“注错习俗之所积”之“积伪”成果来自“执取”之能，亦即由意志抉择而付诸实践之能动性。此能力即《成相》篇上所谓“君子执之心如结”之定于壹的决意之能。这种能力当然是“人所生而有”的，是“无待而然”的，也是“禹桀之所同”的。此段文字之上一段言“材性知能，君子小人一也”，其所指实亦包括此种“执取”之能。

此一解释虽或融贯，但有没有更充分的证据以支持此一翻案呢？我的回答是：我们可以找到更明显确实的证据以证明删去此 23 字所

---

① 李零，《郭店楚简校读记》增订本（北京：北京大学出版社，2002）：194。李氏文中亦提及此二字之混用，在王引之《经义述闻》“形讹”条中已有所涉及。

带来的后果是陷荀子于自相矛盾，不删去之则于义理更为顺畅。此一证据乃见于《性恶》篇中一段备受重视但部分内容却毫不起眼的文字：

> 夫工匠农贾，未尝不可以相为事也，然而未尝能相为事也。用此观之，然而可以为，未必能也；虽不能，无害可以为。然则能不能之与可不可，其不同远矣，其不可以相为明矣。

此段文字备受重视，因为荀子在这里提出一个重要的观点，即“能不能”与“可不可”之区分。依此区分，荀子得以说明涂之人虽与禹同样有“可以知仁义法正之质”，同样有“可以能仁义法正之具”这两种先天而内在的知能，因而涂之人亦可以为禹；但由于涂之人不能积伪以至全之尽之，故终不能为禹。在此段落中可谓毫不起眼的乃所举的“工匠农贾”之例。依此义，工匠农贾之间亦有同具的知能而可以相为事，但由于各有所偏而未能成积，故未必能相为事。此亦有“可以为”之潜能而未必有“能为”（或“能使”）之实能的另一例。由此可见，《荣辱》篇中所说的“可以为”尧禹、桀跖、工匠、农贾，乃指可以执取决意而为，从而可以成积的一种潜能，当然没有禹、桀之间的区别，也没有工匠、农贾之间的差别，这是人人同具而先天本有的知能，故可说“人之所生而有也，是无待而然者也，是禹桀之所同也”。若不作此解，而依“双王论调”以此 23 字加 1 字为衍文，则须将“可以为”尧禹、桀跖、工匠、农贾归因于后天积习，则由于后天积习各各不同，“涂之人可以为禹”的“可以为”固不成立，“工匠农贾”之“可以相为事”的“可以为”亦不成立。如是，此段自身不但自我否定，更且与《性恶》篇建基于“可以相为事”而未必“能相为事”之义理大相径庭。此 23 字绝不可删也！

总结言之，我们认为荀子所言之第一义的“伪”（即“X”）包含有

“(可以)知”与“(可以)能”两部分，是人所先天本有者，并为致善成圣的内在因素。若配合以外在因素，在内外交修的情况下，便可以有积伪的成果，进而隆礼义、起法度，此即第二义之“伪”也。

第七节 结　论

荀子《性恶》篇言“性”侧重指人生而有之本能及需要，意在反驳孟子权威性的性善之说，自有其策略性的考虑。从后世的观点看，可知荀子所言之“性”与孟子所言之“性”实非同一概念。此外，荀子主“性恶”也只是依字面意义而立之说，若深一层分析，可知其实非真以性之本身为恶，而是以顺情性，纵欲望而不加节制，以致争、乱、穷为恶。荀子主张以礼养欲，不以欲之多寡定善恶，显示他并不是一个性本恶论者，而是一个善恶的后效论者。

顺荀子所言“善如何可能”之解说，我们认为他的“伪”概念可有二义，值得进一步探索。在此，路德赋先生的文章作了一个非常深入的分析，给我们很大的启发。我个人认为荀子所言“伪”之第一义与《郭店老子》的“X”类似，所指乃心虑之能动性。若细言之，此可包括“可以知仁义法正之质”和“可以能仁义法正之具”两种知能。这都是人人所同具而本有者，换言之，亦即可包含在荀子所言“性”一概念的外延之中。①

第八节 续篇一：敬答邓小虎先生

文成后请教在英国牛津大学做哲学研究的荀子专家邓小虎先生，

① 文成后获得邓小虎和梁家荣两位先生的宝贵意见和批评，引发我对有关问题作进一步更深入的思考。以下三篇续论乃响应两位先生的问题所作的一个总结。

他阅后提出了一些尖锐而富启发性的问题和质疑，大有助于进一步的思考和讨论。他的质疑大致上有四点，兹一一简述及回应如下：

（1）邓先生认为"'注错习俗之所积'与'无待而然者'不相容"。理由是前者乃荀子所说的"可学而能、可事而成之在人者"的"伪"，而后者则是"不可学、不可事"的"性"。他强调"荀子已经反复说明'伪'不同于'性'，而且性伪的区分也是荀子理论的核心思想，如果接受《荣辱》篇这23字（非为衍文），将会使荀子陷于不一致。"针对我的观点，他觉得"有必要区分几个不同的命题：第一，致善成积的能力是'无待而然'的；第二，致善成积的能力是'人所生而有'的；第三，致善成积的能力是人所皆有，'禹桀之所同'；第四，致善成积的能力属于'性'"。他认为，"荀子会否认第一、第四但承认第三；至于第二点是否见容于荀子，就视乎我们怎样理解'生而有'"。依照我的理解，如果"伪"指的不仅仅是积伪的成果，同时可以指积伪的能力，那么荀子即使肯定凡人皆有积伪的能力，即承认这是"禹桀之所同"的，邓先生认为荀子也不一定承认这是"人所生而有"的，更不可能接受这是"无待而然"的或属于"性"。按照他的理解，荀子这种"伪"是必须通过"事"或"行为"才能展现的能力，是一种"目的性的行为"，不可能具有如我所理解的"先天本有"之义。

我对（1）的回应是：荀子在《正名》篇中所谓"心虑而能为之动，谓之伪。虑积焉能习焉而后成，谓之伪"，其中二"伪"字若可被理解为具有二义，则相对于后者之为"后成"，我认为前者不是"后成"的。理由之一是此一"心虑而能为之动"所表示的乃是在尚未有"虑积焉能习焉"之前的一种心灵动力，不可能被理解为必须通过"事"或"行为"才能展现的能力。"后成"之"伪"也许可作此一赖尔式的逻辑行为主义的解释，而这种尚未有"后成"之"伪"则较适宜解释为一种思虑抉择之潜能。

理由之二是在《正名》篇中"性""伪""知""能"各有两个界说，四者的第一个界说都只涉及未接物(亦即尚未落在事或行为层面上)的能力,而第二个界说则是涉及外在因素的。故荀子说前一种能力是"在人者",而由这前一种能力形成的后一种成果或事功则大多是"成之在人者"(由性之本能而成者则是"不为而成"或"不事而自然")。我认为这尚未"成之在人者"的"在人者"很难不被理解为人所本有而内具的潜能或潜质,即荀子所谓"君子小人一也"的"材性知能"或"知虑材性"。因为"成之在人者"的"在"字必须解作"在于"(by)之意,而"在人者"的"在"字则似不太可能不表示为"内在"(in)之义。我在正文中以"能伪"表示"伪"之第一义,以"积伪"表示"伪"之第二义,意在显示潜能或潜质与实能或事功之区分。必须通过事或行为的"积伪"固不可能是这里所说的"在人者",而尚未"虑积焉能习焉"的"能伪"则不可能是"成之在人者",虽然这是"成之在人者"的"积伪"所依之内在动力。我在正文认为"能伪"作为一种思虑抉择的能力可包括心知思虑和实践动力两部分,都是人心本所内具的。荀子说"人生而有知","心生而有知",又说"所以知之在人者"及"凡以知(或可以知),人之性",这"可以知"的"人之性"固包括"可以知仁义法正之质";而荀子说"材性知能,君子小人一也"及"所以能之在人者",这"可以能"的"在人者"当亦包括"可以能仁义法正之具"。这些"可以为尧禹桀跖","可以为工匠农贾","可以知仁义法正之质"及"可以能仁义法正之具"而"在人者"的"可以为"和"可以知""可以能"正是"不可学""不可事"的,可学、可事的是成为或成就尧禹桀跖、工匠农贾或仁义法正之事或理。如果把"能伪"一概念关连到此一"可以为"和"可以知""可以能"的概念群来了解是合理的,这种致善成积的潜能或潜质便不仅可被理解为"禹桀之所同",也当该是"无待而然的","人所生而有的",及属于人之"性"。

(2) 邓先生认为我将《性恶》篇的"夫工匠农贾,未尝不可以相为事也……”一段与《荣辱》篇的“可以为尧禹，可以为桀跖，可以为工匠，可以为农贾……”一段关联起来，意图证明我们应该将“可以为尧禹”理解为一种“禹桀之所同”的能力。可是“‘可以为’不一定是关于能力的概念，而可以是关于可能性的模态概念。我们应该区分‘可以为尧禹’所依据的能力以及‘可以为尧禹’所指涉的可能性”。他觉得，我所引那一段文字，“荀子的主要用意在于指出可能性不同于实然状况，即从凡人皆有‘可以知仁义法正之质’和‘可以能仁义法正之具’只能推出‘可以为尧禹’这种可能性，而不是事实上成为尧禹。如是，‘可以为尧禹’作为一种可能性，也就和其是否‘是又人之所生而有也，是无待而然者也，是禹桀之所同也’不相干。而‘在埶注错习俗之所积耳’所指的就是注错习俗使这众多可能性实现为某一实然状况”。

我对(2)的回应是：无论是《性恶》篇或《荣辱》篇中的“可以为”或“可以知”“可以能”都该被了解为一种有关潜能或潜质的概念，而非有关可能性的模态概念，不管是逻辑的可能性(没有违反逻辑规律的可能性)或物理的可能性(没有违反物理规律的可能性)。理由是：《荣辱》篇中的四个“可以为”是与其前文的“故孰察小人之知能，是以知其有余，可以为君子之所为也”中的“可以为”一脉相承的。对荀子来说，此处不是指一种可能性，而是表示小人“不知其(即贤于人的君子)与己无以异”的一种“材性知能”，实质上这种“知能”对他来说是“有余”的。如果仅仅是一种可能性，小人也不可能不知与己无以异的；他之所以不知，正因为这是潜而未发的能力，这潜在的东西是“君子小人一也”的。

其次，《性恶》篇上的“可以为君子”及“工匠农贾”之“可以相为事”是接着“涂之人皆可以为禹”及“其可以知(仁义法正)之质，可以能(仁义法正)之具，其在涂之人明矣”而说的。这“可以知仁义法正之质”并不是指对仁义法正之质的认知之可能性(此句解于语法不通!)，而是指可以或能够对仁义法正有所认知之(固有)潜质或潜能;同样地,“可以能仁义法正之具”也不是指对仁义法正之具的实践之可能性(此句解于文义更是明显不通!),而是指可以或能够对仁义法正作出实践之(主观)条件或资具。若此关键二处一概作可能性的模态概念来理解,“质”“具”二字在解释上便难有着落。荀子在此段举“足可以遍行天下,然而未尝有遍行天下者也”,也明显不是指一种足行的逻辑可能性或物理可能性。即使我们勉强承认“可以为”表示一种可能性,这也与《荣辱》篇下文的“在(埶)注错习俗之所积耳”不能通读。因为一种逻辑的可能性或物理的可能性并不需要注错习俗之所积才成立的。当然,也许我们可以将这里的“注错习俗”理解为使众多可能实现为某一实然状况之因素;但如此一来,原文便不该说“可以为 A,可以为 B,可以为 C,可以为 D,在(埶)注错习俗之所积耳”,而应说“虽可以为 A,可以为 B,可以为 C,可以为 D,而能为 A(或 B 或 C 或 D)者,在(埶)注错习俗之所积耳”。

此外,这“在涂之人”的“可以知之质”和“可以能之具”除了不可能解作可能性的模态概念外,也不可能被理解为实能或外显的能力。因为这种“质”“具”正是《正名》篇上所说的“所以知之在人者”和“所以能之在人者”的“在(涂之)人者”,而不是“成之在人者”。换言之,“可以为”作为一种潜质或潜能并不等于“能为”或“能事”这种实能,前者必须通过内外交修的过程才能转化为后者。“在(涂之)人者”是“能伪”,而“成之在人者”则是“积伪”。

(3) 邓先生同意“心虑而能为之动谓之伪”不同于“虑积焉、能习焉而后成谓之伪”,但却不认为这是潜能和实能之间的差别。他觉得我的此一对扬或区分有些误导,“因为真正和潜能对扬的应该是实然;‘潜能’也有歧义,它可以指潜在的可能性或者潜在的能力(这两种当然相关，却不相同)”。再者，他认为我对《正名》篇上“伪”之二义所作的分析混淆了三种区分：有时我的区分是有关凡人皆有“可以知”“可以能”的潜在能力，和此种能力通过修养、“积习”而成为一种为善的能力或德性；不过，在另一些地方，我又指出“伪”的两种意义是能力和事功的区别，或者是潜能和表现的区别。他认为我似乎将这三种区别视为等同，他却觉得大有分别。因为“潜在能力得到表现，不一定就是理想、合乎标准的能力；而能力和由能力建立的事功也有很大区别”。他觉得，“当荀子说‘心虑而能为之动谓之伪’时，他明显不是指一种潜能，而是一种已经得到表现的能力，纵或这种能力未如理想”。他的看法是，“第一义的‘伪’就是我以上提到的‘事’的能力，这种能力是人人皆有的，并且是人之为人的核心活动。可是第一义的‘伪’不一定是正确、致善的，因此小人可以有‘注错之过’——小人、桀跖也有第一义的‘伪’，也可以‘注错积伪’，不过因为他们走错了方向，所以不能成就第二义的‘伪’——养欲养情，群居和一的礼义。就第一义的‘伪’而言，能力和表现是互相构成的，因此严格而言，谈不上‘先天内具’，因为没有不化为外在表现的内在潜能，也没有先天和后天的分野”。

我对(3)的回应是：首先略作澄清的是，我对“潜能”和“实能”之区分只是根据常识的用法而作分别，无意以其一作为另一之对立概念来看。“potentiality”一字虽有多解，其中一解当亦包括“能力”之义[各版《牛津英语词典》(*Oxford English Dictionary*)都有如是解释]。邓先生正确指出了我对“伪”一概念之区分有混淆不清之处，此处或可补充说明。在正文中我说“潜能是发自内在的，是本具的，但由潜能转化为实能，则须加上外力由积习而成……故众人虽可成圣而不必能成圣，正在于‘伪’是由内而外之能，既包括人人同具的‘可以为’的内在潜能，亦包括借助外力以锻炼之，从而转化为外显的能力”。这段话主要在表示内具之能与外显之能的区别与关系。至于这种外显之能与其所显示或成就的事功之间的关系为何，是否内外分离，是否互相构成，或是否如赖尔的观点，以前者为由后者而界定的行为之倾向性的概念(dispositional term)，[①]我是注意到的，但却有意不去理会此一问题。原因是我觉得荀子使用这些概念只是依常识用法，不一定会觉识到此一问题；其次是此一问题对“伪”之二分的基本论旨影响不大，也许不必牵扯进去。当我提及“伪”之第二义时，我的确将之涵盖“能”与“功”两方面，故在正文中我亦用“实能及其事功”一词。具体的用例是荀子所说的“生于伪”与“起伪”二词。前一“伪”当指人为的能生之力，后一“伪”当指被生起之行为事功。相对于此“人为的能力”与“人成的事功”(我统称之为“积伪”并归属于“伪”之第二义)，“伪”之第一义乃是“天生的能力”或“内具的潜能”(我称之为“能伪”)，是人人同具而异于禽兽所禀赋的。

至于就(内在)“能力”与(外在)“表现”之区别以解释“伪”之二义，主要是扣紧上述“在人者”与“成之在人者”之区分而说的，我无意以“成之在人者”之“表现”只包括人为的能力。因为我明显认为这种实能与潜能不同，它必须是“外显”的，而且是见之于“事功”的。如是，(内在)“能力”与(外在)“表现”之区别和“潜能”与“实能”及其所成之“事功”之区分应是相容的。其次要澄清的是，我所说的“潜能”也是“致善成积之能”，并非只有“实能”才是，虽然前者并未经过外在因素的锻炼而体现于外显的事功之中。至于把“(能)伪”作为一种“德性”乃路德斌先生的说法，并非我的用语。当然，若“德性”二字不作道德之义解，而作质性之义解，我是同意将这种潜能视为一种德性的。

---

① Gilbert Ryle, *The Concept of Mind* (London: Hutchinson, 1949).

邓先生认为小人、桀跖也有第一义的"伪"，也可以"注错积伪"，不过因为他们走错了方向，所以不能成就第二义的"伪"——养欲养情，群居和一的礼义。我并不同意这样的理解，因为荀子说"人积耨耕而为农夫，积斲削而为工匠，积反货而为商贾，积礼义而为君子……居楚而楚，居越而越，居夏而夏，是非天性也，积靡使然也"(《儒效》)，其中各种"积而为"都是指"积靡"或"积伪"之各种实能及事功，并不限于以礼义为第二义的"伪"所涉及的对象。换言之，第二义的"伪"也不一定是正确的，是否正确必须经过思虑外在(及内在)的因素而权衡轻重以执取所可中理者之过程。若能通过内外交修以知"道"，而能执取"古今之正权"，便能起礼义而制法度。荀子说："故孰察小人之知能，足以知其有余，可以为君子之所为也。譬之越人安越，楚人安楚，君子安雅，是非知能材性然也，是注错习俗之节异也。"(《荣辱》)此"非知能材性然也"和上述的"非天性也"除了表示"可以为君子之所为"这种"可以为"的"知能"是"天性"，也表示各种"积 X 为 Y"与"居 A 而 A"或"B 人安 B"之异正在于第二义之"伪"的各种不同的表现，而不在于第一义之"伪"之因素。因为这"可以为君子之所为"的"知虑材性"对贤(于)人(的君子)和小人来说是"无以异"的；"有以异"的则在"成之在人者"之"积伪"或"积靡"，亦即第二义而非第一义之"伪"。如果邓先生同意第一义之"伪"是"禹桀之所同"的，则君子与小人及工匠农贾各有不同的"积""居"或"安"似不可能不属于第二义之"伪"。如是，第二义之"伪"当不只限于"注错之当"的礼义，也该包括"注错之过"的表现及其他种种不同的"注错之积"。

(4) 邓先生认为由于他将"性"与"伪"之别理解为主要是"发生"和"行为"的区别，故对于善恶的起源也有不同的看法。依照他的看法，"善恶是我们对于行为、事态的评价，这种评价式活动当然不可能'生而所以然'，而必然出于'事而后然'的'伪'。从这个角度看，'性'是中立的，本身没有善恶可言。可是，另一方面，‘伪’的目的是为了致善，是为了‘化性起伪’以使欲、物相持而长，人们可以群居和一，是为了‘性伪合’以成就‘文理隆盛’。没有‘伪’施加作用的‘性’，只是‘生之所以然’‘不事而自然’，没有秩序可言，也谈不上致善，并由此是恶的——独立于‘伪’的‘性’对于致善工作只有破坏，因为在荀子看来，‘性’本身是不具备天然和谐的。所以，对于荀子来说，恶并不仅仅体现在行为的后果上，而可以同时体现在人的个性上——不知礼义的性，只能是恶的，也就是荀子所说的‘人无礼义则乱，不知礼义则悖’(《性恶》)。也由于此，‘人之生固小人’的确应该理解为‘人生来就是小人’，因为没有经过礼义陶冶的‘性’只能表现为小人之性。固然，君子和小人都是注错积伪的成果，可是由于‘性不知礼义’，当‘性’体现在能力义的‘伪’上时，就是缺乏礼义的行为，所以我们总是先小人而后才可能成为君子。这也可以是‘顺是’的另一个意义，即顺由自然情性表现为行为，就只能是恶的。所以，恶不仅仅来源于供求不平衡，而同时由于人的自然情性本身缺乏秩序——如果没有礼义，即使世界的物质无限丰富，荀子仍然会认为人的行为是恶，因为善的条件不仅仅是欲求的满足，而是欲求以某一种形式得到满足，即通过礼义得到满足”。

我对(4)的回应是：我同意邓先生说“没有‘伪’施加作用的‘性’只是‘生之所以然’‘不事而自然’，没有秩序可言，也谈不上致善”；但我并不同意说“由此是恶的——独立于‘伪’的‘性’对于致善工作只有破坏，因为在荀子看来，‘性’本身是不具备天然和谐的”。理由之一是，荀子所界定的“善”“恶”概念一如第二节所述都是就行为后果说的(所谓善者，正理平治也；所谓恶者，偏险悖乱也。是善恶之分也)。若以“性”本身不具备天然和谐而界定之为“恶”，这固然可以这样说，但这无疑只是引申的说法，并非荀子之原义。理由之二是，一如上述，荀子所说的“人生而有知”“心生而有知”“所以知之在人者”及“凡以知(或可以知),人之性”,这“可以知”(包括“可以知仁义法正之质”)正表示这是“人之性”。而荀子一方面说“材性知能,君子小人一也”及“所以能之在人者”(包括“可以能仁义法正之具”);另一方面又说各种“积靡”或“积伪”并“非知能材性然也”或“非天性也”,也显示这“可以能”是人的“天性”。若荀子所言之“性”不限于“情性欲望”,亦包括“知能材性”,则以“性”为“恶”之发挥性的说法即使并不算错,也须对“性”之外延加以收缩才能言之成理。

此外,荀子言“先王恶其乱”,是针对“欲而不得,则不能无求”及“求而无度量分界,则不能不争”所引起的“争”“乱”“穷”之现象。荀子心目中的先王并不厌恶人生而有的欲,故一方面不以宋子的“情欲寡”为是,另一方面又以“心之所可中理”之欲虽多而不伤于治。他说“治乱在于心之所可(中理),亡于情之所欲”之“亡”即“无”之意,即以治乱“不在于”情欲之多寡,而在于心之所可中理。至于“人之生固小人”若直解为“人生来就是小人”,而不依路德斌先生的说法以“小体”解“小人”,则“小人注错之过也”便成空话或假话。换言之,若人果真是生来就是小人,他在未有任何注错之前,不管这注错是当或是过,也注定是小人。因此,以“注错之过”来界定“小人”便成废话。荀子言“性不知礼义”,原因在于“情欲之性”并非认知功能之“性”,固不可能知礼义;而“知能之性”也只是“可以知”和“可以能”的潜能或潜质,必须经内外交养后才能转化为“能知”和“能使”的实能,然后才能知礼义和行礼义。

第九节　续篇二:再答邓小虎先生

我就邓小虎先生上述四点质疑而作出答复之后,他再次给予指教,提出一些更为深入的问题和批评，使我得以对有关问题作更进一步的反思，谨此表示由衷的谢意。邓先生和我的分歧显示了对荀子人性论的诠释可以从不同角度去思考，而且各有理据，此或可引发出更深入的问题以供大家作开放而客观的讨论。于此，我也许不一定可以说服邓先生接受我的观点，但对有关问题的思考作进一步的澄清，相信是必要的。

(1) 针对“伪”之第一义的问题，邓先生提出了四点，分别是有关第一义的“伪”非指潜能而是行为，第一义的“伪”非指未接物的能力，第一义的“伪”之所指非“在人者”，及“可以知仁义法正之质”和“可以能仁义法正之具”是保证某种可能性的自然能力而不是第一义的“伪”。兹一一分论如下：

> (1.1) 邓先生认为：“第一义的‘伪’固然不是‘后成’的，可是此‘后成’只是指‘成就’‘成功’‘达成’之意，说第一义的‘伪’不是‘后成’不表示其是潜能。相反，‘虑积焉能习焉’表示在‘积’‘习’之前就已有‘虑’‘能’，也就是‘心虑而能为之动’中的‘虑’‘能’。如果此‘虑’此‘能’只是潜能，如何能够‘积’‘习’？而且，‘心虑而能为之动’很难不理解为心已在虑，能已在动；‘虑’是‘情然而心为之择’，明显荀子不是在谈一种潜能，而是某一类行为。”

我对(1.1)的回应是：“情然而心为之择”是就“情之为如此而心为之择”这“心为之择”的心之功能性来说明“虑”(心之择)，不一定表示具体的思虑已成。荀子说：“血气筋力则有衰，若夫智虑取舍则无衰。”(《正论》)“其知虑足以决疑。”(《君道》)“能思索谓之能虑”(《大略》)及小人的“知虑材性”无以异于君子(《荣辱》)，似皆就思虑抉择的能力言，而非指已作成的有具体对象、内容的心灵活动。至于“心虑而能为之动”，则是就“心为之择而能为之动”这“心为之动”的心之发动性来说明第一义的“伪”(心之动)。无论是“心之择”或“心之动”都是“心之为”。依照常识的观点，我们可以说人人皆有证明数学定理的潜能，但只有经过严格的训练(积习)之后，某些人才能造出证明。这里所说的潜能当然不是无思无能的，但其为有思有能却不是指见诸事为的能力。此外，邓先生质疑说：“如果此‘虑’此‘能’只是潜能，如何能够‘积’‘习’?”但我认为一般人所用的“潜能”之常识概念已预设了以训练或积习作为其转化为“实能”之条件。而“如何能够积习”的问题，当涉及外力或外在因素。我在此文第三节末言“内外交修”之义，正与此点相应。

> (1.2) 邓先生认为：“即使我同意‘性’‘知’‘能’的第一界说都是指能力，也不能就此推断‘心虑而能为之动’就必然指未接物的能力。荀子同时有‘正利而为谓之事，正义而为谓之行’，‘事’‘行’就不是能力和表现的对扬。实际上，我觉得‘所以然’‘所以知’‘所以能’更恰当的是指‘根据/基础’，只是在‘知’‘能’是一种能力，在‘生’方面就不一定指能力，只是生命成为如此，或生命生长为如此的根据。”

我对(1.2)的回应是：在《正名》篇上的“散名之在人者”中之各名，只有“性”“伪”“知”“能”分别是一词二义的，“情”“虑”“事”“行”则分别是一词一义的，故不宜以后四名没有就能力与表现作区分，作为前四名也没有或不一定有这种对扬的论据。事实上，第一义的“性”作为“天之就”，“生之所以然者”，无疑是人所“生而有”或“在人者”，而非“待事而后然”者；第二义的“性”乃是经过“精合感应”之后，“不待事而后生之者也”。相对于第二义的“性”之为有所“合”和有所“应”而“后生”，第一义的"性"无疑是人所固有而未有所"合"和未有所"应"的。同样地,"知""能"二词亦有此类似之二分。依荀子之说,第一义的"知""能"都是"在人者",而第二义的"知""能"都是"有所合"者。既然"性""知""能"都分别有"在人者"与"有所合"者之区分,而"有所合"的"性""知""能"都是后成者,则"伪"之一词二义当亦可有此类似的区分。依荀子的说法,第二义的"伪"是经过"积""习"而"后成"者,而第一义的"伪"明显是未经过"积""习"的。我们将"心(虑而能)为之动"之"伪"理解为未经过"积""习"的,"先在"的(亦即非"后成"的)"心之动力",似乎是顺理成章的。《荣辱》篇中说的"君子小人一也"之"材性知能"或"知虑材性",不是也可包括这些非"后成"或未"见诸事为"的,"在人者"的性能吗?相对于这些"凡人有所一同"的性能,"后生"的情性、欲望(第二义的"性"),"后成"的知识(第二义的"知"),"后成"的技能(第二义的"能"),以及"后成"的积伪(第二义的"伪"),不正因为其为"见诸事为"而牵涉后天因素,以致其所成或表现会因人而异?实能(事为)及其表现(事功)可因人而异,故不可以说"君子小人一也";但潜能未"见诸事为",故可以说这是"凡人有所一同",而无禹、桀之异也。

我认为荀子说"生之所以然者谓之性"的"所以然"指的是生之所以如此(而非如彼)之质性或性能,当然可以包括与生俱来的能力。目之能视和耳之能听的能力固属荀子狭义的"性";而上述各种"材性知能"或"知虑材性"之能力无疑也在荀子广义的"性"的范围之内。再者,若我们承认后者可包括"所以知"和"所以能"的"知""能",我认为它们也当该属于"生之所以然者"。我同意邓先生所谓"在'生'方面就不一定指能力"的说法,一如我在正文第一节开头和第四节中间曾提及狭义的"性"除了包括本能之外,也包括需要。可是,我认为这并不足以反对《正名》篇上两个"性"概念有能力与表现或"在人"与"后成"之区分。

(1.3) 邓先生认为:“虽然在‘知’‘能’这两方面荀子用了‘之在人者’,在提到‘伪’的第一义时他并无如此说,以荀子在《正名》的严谨,如果他真的认为第一义的‘伪’也是‘之在人者’,他一定会说出来。你仅仅是假设第一义的‘伪’是‘能伪’,并且是‘在人者’。”

我对(1.3)的回应是:既然第一义的“知”“能”为“在人者”,第二义的“知”“能”皆涉及“有所合”之外在因素而成者,荀子又以第二义的“伪”为经“积”“习”而“后成”者,当可推知第一义的“伪”也类似第一义的“知”“能”而为“在人者”。若然我们不顺此“在人者”与“后成”者之区分来了解,而反对以第一义的“伪”为“在人者”,则我们会问:何以荀子不两言“伪”之二义皆为“后成”者,而只明言第二义为“后成”?就此而言,我认为以“性”“伪”“知”“能”各别之二义皆就“在人者”与“后成”者之区分来了解,比不对称关系的理解较为合理。再者,邓先生既承认第一义的“伪”是“人人皆有”的,这恐怕不可能是“所学而能,所事而成者”,因为经过学与事的必会因人而异。又由于它不是自然本能,可见它也不太可能是外显的能力,因为非本能的外显能力必须经过学与事。依此,我认为很难不把第一义的“伪”理解为“在人者”,将之理解为与第二义的“伪”一样为“后成”似乎不太合理。

(1.4) 邓先生认为:“即使我们承认‘在人者’的‘知’‘能’就是荀子所指的‘可以知仁义法正之质’及‘可以能仁义法正之具’(这一点并不是自明的,因为‘知’‘能’固然必是此‘质’此‘具’的一部分,却不一定是唯一的因素),是否就能推导出此‘知’此‘能’是‘不可学’‘不可事’呢?荀子固然说‘人生而有知’,可是此‘生而有’的‘知’并不等于是‘知仁义法正’的‘知’。后者是‘能知’,前者则是

‘可以知’。你或许认为‘可以知’作为一种潜能是‘不可学’‘不可事’的。我不是很肯定‘潜能’这个概念对于荀子有多大的益处。我仍然倾向于认为‘可以知’‘可以能’是一种可能性；固然这种可能性要预设一种能力，可是这种能力不需要是潜能(详见之后的讨论)。我们或许可以对比一下荀子所言‘性’的‘不可学’‘不可事’是怎样一回事。荀子用的例子是‘目明而耳聪’；他说‘今人之性，目可以见，耳可以听’(《性恶》)，我们是不是也要说‘可以见’‘可以听’也是一种潜能，有待接于物之后产生‘目好色’‘耳好声’的欲望？可是欲望并不同于实能的‘见’和‘听’。另外，对于荀子来说，作为实能的‘见’(‘目明’)和‘听’(‘耳聪’)也是‘不可学’‘不可事’的。因此，荀子想对扬的是‘不可学’‘不可事’并属于‘性’的自然能力，和‘可学而能’‘可事而成’并属‘伪’的化育能力。从‘可学而能’我们可以肯定至少有些‘能’是‘可学’的。‘所以能之在人者谓之能’的‘能’可以泛指人的各种能力，可以包括‘不可学’的‘能’，也包括可学的‘能’。退一步说，即使承认‘可以知仁义法正之质’及‘可以能仁义法正之具’的‘质’和‘具’是潜能，也不表示此‘质’此‘具’就是第一义的‘伪’。就我所知，没有任何直接的文本证据可以支持这一点。相反，当荀子说‘材性知能，君子小人一也’时，他对扬的是‘所以求之之道则异矣’，也就是他接着所说的‘注错习俗之节异也’。明显，他认为‘注错习俗’是‘伪’，‘材性知能’只属‘性’。”(当然，我们也要解决“知虑材性”……“与己无以异也”的问题。我倾向认为，“虑”在此是字误。理由一是“知虑”作这种用法，此是孤例。其他“知虑”的用例都没有本性、固有的意思。理由二是前后上下都作“知能材性”。另外，一个有启发性的句子是“故有知非以虑是，则谓之攫”(《解蔽》)；从这句看来，“虑”是“知”的运用，而不是与“知”同类的能力。）

我对(1.4)的回应是：我在正文和上次的响应都没有说过“(所以知/能之)在人者”的“知”“能”就是荀子所说的“可以知仁义法正之质”及“可以能仁义法正之具”，我只说过前者当包括后者[见正文第七节末及上次回应的第一点]。依此，“可以知方之所以为方之质”和“可以能依方之所以为方而(制)成方之具”等等，也可包括在这些“知”“能”的范围之内。我上次在响应(1)中已明言“所以知之在人者”之“知”是扣紧“凡以知(或可以知)，人之性”之“知”而说的，那是不会受到邓先生所谓“是否就能推导出此‘知’此‘能’是否‘不可学’‘不可事’”之质疑。再者，由于荀子反对以“涂之人固无可以知仁义法正之质，而固无可以能仁义法正之具”，他是间接承认涂之人“固有”此“质”此“具”，而直接以此“质”此“具”为“在涂之人”的，因而是没有君子小人之别，而为禹桀之所同的。由于“可学”“可事”的会因人而异，此“质”此“具”无疑是“不可学”“不可事”的。依此，若我们勉强接受邓先生上述所谓“一部分”之说，那岂非以那“不可学”“不可事”的此“质”此“具”之整体具有“可学”“可事”的“知”“能”之部分？所以，我并不认为邓先生以“所以能之在人者”之“能”可包括“可学的能”之说法是可证立的。

依照“能不能”与“可不可”之区分，荀子不太可能以“可以知”“可以能”及“可以为”为实能，除非这是“无能的实能”；依照“可以知”作为“人之性”之观点，他也不太可能以“可以知”“可以能”及“可以为”为可能性，除非荀子主张“这些在人者或人之性是一种可能性”而已。由于“可以知”“可以能”及“可以为”是不必能成事的或未成事的，我们不但不宜视之为实能，亦不宜视之为如目之能见、耳之能听之本能。因此，如果诸“可以 X”既不宜被理解为实能或本能，也不宜归结为一种可能性，则较理想的解释当该是潜能。此外，我们在《荀子》书中也可找到不少例子以证明"可以"二字可解作类似英文的"can""is able to"或"is capable of"而不是"is possible"。例如"心不可以不知道"(《解蔽》)，"人不可以守，出不可以战"(《王制》《强国》)，"不剥脱，不砥厉，则不可以断绳"(《强国》)及"以可以知人之性，求可以知物之理"(《解蔽》)中诸"可以/不可以 X"和《诗经・小雅・鹤鸣》中的"它山之石，可以为错"或《孟子・梁惠王上》中的"五亩之宅，树之以桑，五十者可以衣帛矣"一样，都表示一种"能力"而非"可能性"。依上述各例，可知此种"能力"主要或大多表示一种未经实现的能力："心不可以不知道"而"仍未知道"；"人不可以守"而"仍未失守"；"它山之石，可以为错"而"尚待攻错"。

我在正文第一节中曾对荀子"性"一概念作初步分析，我指出：他是以"目明而耳聪"的本能和"饥而欲饱"等情性作为实例以说明第一义的"性"，这些乃是人"与生俱来的本能和需要"。于此，我是承认荀子对"性"的用法可包括本能在内的，而本能并非潜能。我在回应(1)中也说过：相对于"成之在人者"或"后成"之"伪"，"由性之本能而成者则是'不为而成'或'不事而自然'的"。也就是说，二者有"人为"与"天成"之别。然而，我在正文也有疏忽不确之处，此即在此数语之后，我将所有"在人者"皆概称为"潜能或潜质"，而忽略了耳目的"本能"并非"潜能"一点。我在正文第四节末也错误地将"知""能""性""伪"四者之第一义概括为"潜能"，而忽略了性之所具可有"本能"。我虽已觉识到天生本能是"不事而自然"与人为实能是"为而后成"之分别，但仍不免有混淆之处。邓先生于此指出"见"与"听"皆为"不可学""不可事"之实能，正可显示我的说法有疏漏之处。我虽然感谢邓先生的纠正，但并不完全认同由此可推论：与属于"性"的"自然能力"相对，"伪"乃是"可学而能""可事而成"的"化育能力"。因为我认为此一相对只能就第二义的

"伪"言,仍未足以证明第一义的"伪"也对应地为"可学而能""可事而成"的。

邓先生认为荀子以"注错习俗"为"伪","材性知能"为"性",我是同意的。但我不同意这是相反的证据,足以证明上述的"质""具"不可能属于第一义的"伪"。因为这属于广义的"性"之"质""具"正可被理解为一种非"后成"的第一义的"伪",以与那作为"注错习俗"的第二义的"伪"区别开来。我们可以找到不少间接的证据以支持此说。其一是《正名》篇上"伪"之二义的相对用法与"知""能""性"之二义的相对用法是一致的。其二是第一义的"伪"涉及"虑"(知虑思索之性)和"能"(发动实践之能)之性能,与《性恶》篇上有关"可以知之质"和"可以能之具"的"知""能"之说是相配合的。第一义的"伪"所表示的由虑而能的"心之动",正可与"可以知""可以能"所表示的"可以为"相协合,二者皆可合理地归结为"心之为"("X"),而与"能为"及其"事为"所显示的"人之为"("伪")分别开来。其三是《荣辱》篇上的基于"可以为(禹)"而言"执(注错习俗之)所积"的"执"之能,可被理解为"知虑取舍"之能,从而可与第一义的"伪"之为"心之为"之义会通而不隔。其四是《郭店楚简》中"X"字之出现之证据,当可依庞朴之说,以荀子的"伪"之第一种用法为"X",表示"心中的有以为",而与第二种用法之为"见诸行为的'伪'字相区别"。除此之外,更重要的是基于《荣辱》篇中 23 字不可删之铁证,我认为此当可反证使其上下文得以融通说明的最有可能的"place holder" 应是第一义的"伪"。

有关"知"和"虑"的问题,我认为此二词之连用在先秦文献中是屡见不鲜的,不必强定主次先后。虽然邓先生举了一个例子以证"虑"乃"知"之运用,而非与"知"为同类的能力,但即使就《荀子》一书而言,也不是没有反例的。例如《君子》篇上言天子"不虑而知"一语,似表示一般人须“虑而知”，及预设“知”乃“虑”之运用。此外，既然荀子明言“知虑材性”为君子小人所同具者，其他地方也有“知虑取舍则无衰”“其知虑足以决疑”及“能思索谓之能虑”等，皆可就人所具之能力言，似不可视“知虑材性”之用法为孤例，并以其“虑”为误植之字。

(2) 针对“可以为”或“可以能”应被理解为一种有关潜能或潜质的概念还是有关可能性的模态概念之讨论，邓先生也提出四点。兹一一分论如下：

> (2.1) 邓先生认为：你忽略了我已经指出“我们应该区分‘可以为尧禹’所依据的能力以及‘可以为尧禹’所指涉的可能性”。当荀子说“材性知能，君子小人一也”，他当然是说在自然能力上，君子小人没有分别；并且正正因为君子小人都有相同的能力，他们才同样有“可以为尧禹”的可能性。当荀子提出人“皆有可以知仁义法正之质”及“皆有可以能仁义法正之具”，他的确是说人有共同的质具，此“质”此“具”当然不是可能性。可是他指出此“质”此“具”是为了回答“涂之人可以为禹”这个问题；我看不出为什么“可以为禹”不应该被理解为可能性。

我对(2.1)的回应是：我认为此一区分无助于“可能性”的说法，因为不管是“逻辑的可能性”或“物理的可能性”，都不必预设“实能”的概念。即使我们勉强接受此说，也得承认此“质”此“具”作为一种人人同具的自然能力之实能并不足以使人人能成为尧禹，虽然这可以保证人人有成为尧禹之可能性。除了这种“无能的实能”之外，第一义的“伪”作为一种人人同具的人为的、非自然的实能由于被邓先生理解为“不一定正确、致善的”，所以它也不足以使人人能成为尧禹，此不免沦为“弱能的实能”。此外,如果第二义的“伪”不仅表示一种事功,它也表示一种能力(邓先生没有明言此亦为能力,但“积伪”之事功必经或必涵能力之运用,而荀子言“注错”“积靡”及“生于伪”皆涵能力运用之义),无论依照邓先生在下述(3)理解的中立意义,或依照他在第一次讨论时理解为礼义的原初想法,皆会引出难以解决的问题。若依中立意义理解,“积伪”之所成可中理可不中理,此实能对致善实无必然的保证,不免为“偶能的实能”。若依原初想法理解为必可中理而能成礼义之实能,此固可保证化性起伪而生礼义,甚至能使人积而为圣,但却引出诸实能有何关系的问题。其中至重要的一项是:我们若接受此中理之“伪”为第二义的“伪”,与未积习之第一义的“伪”相对的已积习的“积靡”“注错习俗”及“工人之伪”等虽不一定中理,也是“伪”之一种,《正名》篇岂非漏了第三义的“伪”。即使不理会此点,荀子何以在必可中理的“必能的实能”之外,尚要提及上述各种与“知”“能”概念都有关系的“无能的实能”“弱能的实能”及“偶能的实能”呢?照邓先生的说法,这四种都是实能,它们之间又有何关系呢?无论如何,我认为这种建基于与“知”“能”有关的“四种实能”之说既不符合荀子之文本,亦不为“奥卡姆剃刀”(Occam's Razor)所容忍。

(2.2)邓先生认为:“我们争论的起源在于《荣辱》中‘可以为尧、禹,可以为桀、跖,可以为工匠,可以为农贾’是否‘是又人之所生而有也,是无待而然者也,是禹、桀之所同也’。我的解读是,当荀子说‘可以为尧、禹,可以为桀、跖,可以为工匠,可以为农贾’,他谈的是人有成为此各种状态的可能性,而实际上那一个可能性被实现,就在于‘注错习俗之所积尔’;也就是,荀子省略了‘为尧禹或为桀跖,为工匠或为农贾’。你的解读是,‘可以为尧、禹……’是潜能，并且就是‘执注错习俗’的‘执取’能力，这种潜能是‘人之所生而有’，是‘无待而然’。可是，如果荀子谈的一直都是潜能，他为什么要提‘在……所积尔’？纵使依照你的解读，‘在……所积尔’仍然和下面的‘是又人之所生而有也，是无待而然者也，是禹、桀之所同也’不调和。要符合你的解读，应该是‘执注错习俗之能’，而不该谈到‘所积’。”

我对(2.2)的回应是：邓先生的“可能性被实现”的说法若成立，他必须把他所设想的“为尧禹或为桀跖，为工匠或为农贾”之省略补加上去。此外，《荣辱》篇中23字及其前之“执”字所表示的明显与此一说法相悖，故必须被视为衍文而删去。换言之，前者属“加字为训”，后者属“减字为训”。而邓先生要通读此段，满足此一假想，他必须动用清儒训诂大家们所一致反对的“加减字为训”之双重禁忌。这恐怕并非这些清儒大家所能同意。我认为荀子既有“可以为”和“能为”之区分，他不太可能省略了“(能)为尧禹或为桀跖，(能)为工匠或为农贾”的各种实现之描述，而径言其实现之条件为“在(执)注错习俗之所积”。再者，我所说的“执取之能”是就“在执‘注错习俗之所积’”言，而非就“在‘执注错习俗之’所积”言，自可与下文23字之所说协合。若强行删去“执”字，由于“在注错习俗之所积”明显与这23字所表示的相悖，故我们便不得不视此23字为衍文。其实《性恶》篇由“可以知之质”和“可以能之具”而说明的“可以为”是扣紧上文“材性知能，君子小人一也”和“涂之人可以为禹”说的，因此，《荣辱》篇上诸“可以为”也该与人人同具的“知”“能”有关。此诸“可以为”一方面与上文两种“凡人有所一同”的性能相连贯，一方面又与下文23字所表示的广义的“性”之意义相配合，上下通贯而无阻，委实不必凿山开渠而做“加减字为训”之大手术。

(2.3) 邓先生认为:“为了支持你对《荣辱》的解读,你提出了《性恶》中关于‘可不可’和‘能不能’的区分。你指出,‘夫工匠农贾,未尝不可以相为事也’说明‘工匠农贾之间亦有同具的知能’。荀子当然会承认这一点,这也就是他所说的‘材性知能,君子小人一也’。可是,为什么这一点可以支持你对于《荣辱》的解读呢?你认为不将‘可以为’解作潜能,就要将‘可以为’归因于积伪,从而令荀子陷于自相矛盾。一如我反复强调,‘可以为’固然要预设人人皆有的‘质’‘具’,只是一方面此‘质’此‘具’不是伪之第一义,另一方面‘可以为’表示的是可能性,积伪成就的是‘能为禹’。”

我对(2.3)的回应是:为什么不将“可以为”解作潜能,就要将“可以为”归因于积伪,从而令荀子陷于自相矛盾呢?因为若不如此解,并依一般理解将“在执注错习俗之所积”中的“执”字及将23字删去,并以诸种“可以为”皆“在注错习俗之所积”,这不是将前者归因于后者吗?而“注错习俗之所积”乃成能之积,其所成者乃诸种“能为”。既然以“能不能”与“可不可”有所区别,又以属于“可不可”范畴的诸种“可以为”归因于属于“能不能”范畴的诸种“能为”所依据的“注错习俗之所积”,这不会构成矛盾吗?更何况将“可以为”解作“可能性”以贯通上下文,必须在上述的删减之外,补加上邓先生的所谓省略语句,才能读通。这会比我的不用加减字为训的解释更为合理吗?

(2.4) 邓先生认为:“一如‘目明’‘耳聪’的例子所显示,‘在人者’不一定就是潜能而不可能是实能或外显的能力。因此,‘可以知仁义法正之质’及‘可以能仁义法正之具’也可以指人外显的‘知’‘能’,而此种‘知’‘能’可用于‘知仁义法正’‘能仁义法正’。”

我对(2.4)的回应是：我同意"'在人者'不一定就是潜能而不可能是实能或外显的能力"这一说法；而"目明""耳聪"之例正可显示我对"潜能"与"本能"的分别有所混淆。但是，"可以知仁义法正之质"和"可以能仁义法正之具"是人人所"固有"的，是"在涂之人"的，因而是不会因人而异的。可是在另一方面，"可以知仁义法正之质"和"可以能仁义法正之具"并非本能意义的实能，因为"可以知"是未必"能知"的，"可以为"是未必"能为"的；它们也不是非本能的外显的实能，因为非本能的外显的实能会因人而异，不可能为"禹桀之所同"的。至于谓"此种'知''能'可用于'知仁义法正''能仁义法正'"，则颇有问题。因为后二者是属于"能为"的实能，若"可以知仁义法正之质"和"可以能仁义法正之具"也是一种实能，此虽可保证"可以知""可以为"而不保证"能知""能为"，则所谓"此种'知''能'可用于'知仁义法正''能仁义法正'"一说，岂非以一种非"能知"的实能可用于另一种"能知"的实能？相对而言，前者可说是"无能的实能"，后者乃"有能的实能"。前者如何能"用于"后者，及此种"非能知的实能"何以能为"实"，皆不易得以说明。

(3) 有关第二义的"伪"是否只能是中理的事功的问题，邓先生提出两种说法。并分别讨论如下：

> (3.1) 邓先生认为："我觉得我们应该区分'积靡'和'积伪'。在上次的论述中我也忽视了两者的分别。'积靡'应该是广义的累积的意思。'靡'历来无善解……不过，'靡'的确切意思对我的立场影响不大。我只是要指出，人通过'注错'或'积靡'或成为君子，或成为小人，或成为工匠，或成为农贾。另一方面，'积伪'应该就是'伪'之'积'。问题是，此'伪'为何'伪'？荀子似乎认为'积伪'只适用于中理之'伪'之积，因为'积伪'一词只在《性恶》出现，并且

与‘礼义’同用——‘礼义积伪’。”

我对(3.1)的回应是：对于“积靡”和“积伪”是否有所区别，我是有所保留的。我认为此一区分在原典上缺乏明显证据的支持。我认为二者的分别主要在修辞上。例如荀子说：“积土成山……积水成渊……积善成德，而神明自得，圣心备焉”(《劝学》)之“积”，“积土而为山，积水而为海……涂之人百姓积善而全尽谓之圣人”之“积”，“故圣人也者，人之所积也。人积耨耕而为农夫，积斫削而为工匠，积反货而为商贾，积礼义而为君子”之“积”(《儒效》)，及“积其凶，全其恶”(《正论》)之“积”，皆有积累或积习之义，所积无分于为礼义、圣人或非礼义、圣人的。荀子说“伪”除了“圣人之伪”外，也有“工人之伪”，可见“伪”并不专指圣人所生之礼义。就《性恶》篇上的“伪”言，所谓“可学而能，可事而成之在人者，谓之伪”，固可包括任何经学习、实践的人为事功，而不限于礼义。同样，《正名》篇上第二义的“伪”界定为“虑积焉能习焉而后成”，也非限于以“圣人之伪”为所指。若“积”与“伪”分别言之皆不特指礼义，何以合而言之一定指礼义呢？此实不可解也。我看不出《儒效》篇由“隆积”和“注错习俗，所以化性也”而言“积礼义而为君子”和《性恶》篇由“积思虑，习伪故”和“化性起伪”而言“生礼义而起法度”在实质意义上有多大分别。我认为“积”与“伪”无论分言或合说，只有在上下文有正面意义内容的约束之下，才表示正面之事。一若我们在鼓励他人做好事的前提下说“累积经验”“积极学习”，其所指当然是正面的；在偷窃集团中大贼教导小偷“努力”，依上下文的约束，其所指之为负面乃不言而喻的。

(3.2) 邓先生认为：“‘积伪’毫无疑问属于第二义的‘伪’，‘积靡’又如何呢？这视乎我们怎样理解‘虑积焉能习焉而后成’中的

‘成’字。如果我们将‘成’理解为‘成就’‘成果’‘成功’等正面的意义，则似乎第二义的‘伪’只能是中理的事功，即只能是‘积伪’。可是，如果将‘成’理解为‘成为’‘形成’等中立的意义，则第二义的‘伪’也可以包括‘积靡’‘习俗’。我之前采取了第一种理解；第二种理解的优点则在于呼应‘虑积焉’的‘积’和‘能习焉’的‘习’，并且能更清晰地区分成积后的伪和未成积的‘虑’和‘能’。不过无论采取那种理解，都无碍于我的主旨，即第一义的‘伪’不是潜能，而是已得到表现和呈现的实能。一如我之前所指出，我们很难不把‘为之择’的‘虑’和‘为之动’的‘能’理解为行为。”

我对(3.2)的回应是：若依邓先生原初第一种理解，第二义的“伪”指中理的事功，这便不免使《正名》篇中“伪”之二义有所遗漏，不能包括“工人之伪”或“积靡”。若依邓先生第二种理解，将“工人之伪”与“圣人之伪”皆纳入第二义的“伪”中，或将他所界定的“积靡”与“积伪”皆包括于第二义的“伪”中，则三种实能的关系仍是有欠说明的。一如上述，由于这三种实能(即包括第一义的“伪”、第二义的“伪”被理解为“礼义积伪”及第二义的“伪”被理解为包含中理的“礼义积伪”与不一定中理的“积靡”)与第四种实能的“可以知仁义法正之质”和“可以能仁义法正之具”都与“知”“能”或“虑”“能”有关，而第一义的“伪”可经积习而成第二义的“伪”，此“质”此“具”亦可被积极运用于思虑行动而成第二义的“伪”，二者殊能(一为非自然的外显能力而另一为自然的外显能力)而竟可达至同功，其理安在？如果“积靡”与“积伪”之异不仅在中理不中理的客观事实上，也在于两种实能有本质上的不同(即不是积习程度上的不同)，则其不同之判准在哪里呢？这四种实能相关而不同之说既无文本上的根据，亦不合简单性的原则，似非荀子之所言或所信也。

(4) 有关荀子是否主张“性本恶”的问题,邓先生提出三点意见。兹一一分论如后:

> (4.1) 邓先生认为:将“人之生固小人”理解为“人生来就是小人”和“小人注错之过也”并无冲突。你似乎将“小人注错之过也”理解为“小人”是“注错之过”的结果;部分的原因,可能是因为荀子紧接着谈到小人也可为君子,“譬之越人安越,楚人安楚,君子安雅,是非知能材性然也,是注错习俗之节异也。”可是,荀子只是指出“君子”是“注错习俗”的结果,却没有说“小人”也是。“注错”一般理解为“措置”,即安放自己的行为,也就是荀子所说的“求之之道”。人如果不“谨注错”,就会有“注错之过”,就始终是小人而无法成为君子。因此,“小人注错之过也”只是说“小人”“求之”以错的方法,并没有“因为‘注错之过’成为‘小人’”的意思。整本荀子,从来只说“君子”是“积”的成果,而不说“小人”也是“积”的后果。唯一有类似含义的,是《性恶》的“身且加于刑戮而不自知者,靡使然也”,可是这也只是荀子在《荣辱》所说的“人之生固小人,又以遇乱世、得乱俗,是以小重小也。”

我对(4.1)的回应是:邓先生认为《荣辱》篇上“注错之过”一语应理解为小人之所为,而非作为小人之成因。但这似乎并不合乎原文的文义。因为原文上文说小人不知君子和自己的“知虑材性”之天性“无以异”,接着说“则君子注错之当,而小人注错之过也”,这明显表示君子与小人之别的成因不在天性,而在后天的注错。下文“是非知能材性然也,是注错习俗之节异也”,亦与此点相呼应。再者,《性恶》篇上的“纵性情,安恣睢而违礼义者为小人”及“君子可以为小人而不肯为小人”,

皆是以小人之成在后天因素。此外,邓先生既承认“人通过‘注错’或‘积靡’或成为君子,或成为小人,或成为工匠,或成为农贾”[上述第(3)项],似亦不免以注错为小人之成因,而非以人生而为小人也。

> (4.2) 邓先生认为:“‘人之生固小人’的确切意义应该参考上下文。‘无师无法则唯利之见尔’和‘人无师无法,则其心正其口腹也’是重要的句子。结合这两句来看,‘人之生固小人’不仅仅指人生来的‘情性欲望’不足为善,还同时指人的‘心’被自然欲望控制,‘唯利之见’,无睹于义,也因此‘心之所可’‘不中理’,行为‘偏险悖乱’。这也该是‘顺是’‘从人之性’‘顺人之情’的正确解读。因此,虽然广义的‘性’除了‘情性欲望’之外还有‘知能材性’,可是正正因为‘知能材性’被‘情性欲望’主宰而被用于‘注错之过’,独立于‘伪’的‘性’——即‘无师无法’的‘性’——是恶的。当荀子指出人只有‘化性起伪’才可能成为君子,才可能为善时,他要强调的是人不能被自然情性控制,而必须以心为主宰,当‘情然’时能为之慎择,并通过‘谨注错,慎习俗,大积靡’以成君子。”

“我并不认为当荀子在《性恶》为善恶下定义时,他只是针对行为后果。当他说‘今诚以人之性固正理平治邪? ……故古者圣人以人之性恶,以为偏险而不正,悖乱而不治……’,他明显是直接评价‘性’而不是说‘性’引致‘正理平治’或‘偏险悖乱’。我们或可批评荀子没有足够的理据指‘性’本身‘偏险悖乱’,却不能说荀子认为只有行为后果才有善恶可言。而且,依据我以上的分析,荀子的确有理由指‘性’本身‘偏险悖乱’——‘性’的要素‘情欲’有自然的倾向蒙蔽‘心’的思虑,使其‘唯利之见’,‘所可’不中理。虽然荀子在《正名》强调‘故治乱在于心之所可,亡于情之所欲’，不过这只是指出情欲所求并非不当，只是当其求‘无度量分界’时就会乱穷。可是‘性’本身恰恰‘无度量分界’，当其主导‘心’时，‘心之所可’必然不中理。换一个方式来说，情欲的内容是中性的，可是情欲有内在驱动力，如果没有‘心’主动的思虑，就会推动‘心’作出不中理的‘可’。这也就是荀子所说的‘以所欲以为可得而求之，情之所必不免也；以为可而道之，知所必出也。’如果‘知’没有恰当的思虑，就免不了‘顺’情之求以为可，而无法真正发挥‘道之’的功能。”

我对(4.2)的回应是：邓先生对情欲的内在驱动力之说相当深入，也言之有理。但若据之以证人性本恶或恶根于人性，恐怕不一定成立。我就荀子主张的“治乱亡于情之所欲”及其反对宋子的“情欲寡”之说以说明荀子非直以性之本身为恶，与邓先生以情欲无度量分界来说明其不足为善，彼此之出发点自是不同。我要考虑的主要不在荀子为反对孟子性善说之策略性的观点，而在其立论之融贯性的问题。首先，就邓先生所引《性恶》篇一段以证荀子对“性”作直接的(善恶)评价言，我有不同意见。因为此段引文(“故古者圣人以人之性恶，以为偏险而不正，悖乱而不治……”)之后，紧接着“故为之立君上之势以临之，明礼义以化之，起法正以治之，重刑罚以禁之，便天下皆出于治，合于善也。是圣王之治而礼义之化也。今当试去君上之势，无礼义之化，去法正之治，无刑罚之禁，倚而观天下民人之相与也，若是，则夫强者害弱而夺之，众者暴寡而哗之，天下悖乱而相亡，不待顷矣”一段，可证上文所谓“以为偏险而不正，悖乱而不治”乃是扣紧下文“若是，则……”所表示的行为后果而言的。

其次，荀子以《礼论》篇由“孰知夫礼义文理之所以养情也”，归结为“人一之于礼义，则两得之矣；一之于情性，则两丧之矣”。此一基于“性伪合”的“两得”之说，似不太可能以其中“一得”为恶。荀子虽认同纵欲会致乱，但他也指出禁欲一样会致乱。所以他说："今子宋子以是之情为欲寡而不欲多也，然则先王以人之所不欲者赏，而以人之所欲者罚邪？乱莫大焉。"（《正论》）既然欲多欲寡都有可能致乱，我们又怎能以人"所必不免"的情欲本身为恶之根源呢？若此论成立，我们除了可以说：欲之纵可生乱，故欲须负责；似乎亦可以说：欲之灭亦可生乱，故欲亦须负责。这无疑是可怪之论！荀子明言"治乱亡于情之所欲"，正正是要去除此一可怪之论。他强调"度量分界"，除了为对治纵欲，亦要对治禁欲。在"纵"与"禁"之间，荀子提倡"养欲"，主张"两得"，实非以情欲本身为恶之罪咎所在也。

再者，一如欲一样，荀子认为乐也是"人情之所必不免"的。他在《乐论》篇中云："人不能不乐，乐则不能无形，形而不为道，则不能无乱。先王恶其乱也，故制《雅》《颂》之声以道之，使其声足以乐而不流……"这和《礼论》篇中针对欲所说的"先王恶其乱也，故制礼义以分之，以养人之欲，给人之求，使欲必不穷乎物，物不屈于欲，两者相持而长"一段，无疑是建立在同一论证方式之上的。若我们由后者以推断情欲为恶的根源，我们亦须由前者以推断形之于音乐的快乐之情也是恶的根源。尤有甚者，当荀子说"凡用血气、志意、知虑，由礼则治通，不由礼则悖乱提僈；食饮、衣服、居处、动静，由礼则和节，不由礼则触陷生疾；容貌、态度、进退、趋行，由礼则雅，不由礼则夷固僻违庸众而野"（《修身》），我们是否可以由之而推断：若无礼以定度量分界，以上包括血气、志意、知虑之运用的11项事情都须为致乱的恶果负责呢？

(4.3) 邓先生认为："我理解为什么当面对'善如何可能'这个问题时，一个自然反应就是为荀子指出可以'致善成圣'且内在本有的潜能。可是，我觉得荀子不提出'性'具有'致善成圣'的潜能，不但不是其缺点，反而包含了对于道德伦理的洞见。依我之见，荀子并不认为道德判断、道德行为是异于其他日常判断、行为的特殊类别，从而他也不认为道德判断和行为依赖于一种独特的‘致善成积之能’——有别于孟子，荀子并不认为我们需要内在的道德‘种子’才可能发展出道德行为。道德判断及行动只是一般思虑行为的延续，而并不是自成一类。人能够思虑并为之行动，这一点是无可疑议的，我们并不需要另外假设一种‘道德潜能’；道德判断及行动只是以一般能力作道德方面的运用。如果荀子被问及‘善如何可能’，他的回答就是‘化性起伪’的结果。如果再被进一步追问，‘化性起伪’如何可能，他会说人皆有‘可以知仁义法正之质’‘可以能仁义法正之具’。此‘质’此‘具’固然是广义的‘性’的一部分，可是在其为‘性’时，它们只呈现为自然能力，譬如‘知’痛‘知’痒，‘能’行‘能’走。唯有当这些自然能力被‘心’积极运用于思虑行动时，它们才构成‘伪’，即‘学而能’‘事而成’。譬如我们天生能控制自己的肢体，这是‘性’；可是要以某种方式指挥肢体以达成特定行为如游泳，就必须经过‘学’和‘事’，这是‘伪’。”

我对(4.3)的回应是：邓先生认为荀子以“道德判断及行动只是一般思虑行为的延续，而并不是自成一类”，我基本上同意此一观点。我在正文第四节中间曾将荀子与孟子二人的人性论对比，指出荀子的作为致善之能的“能伪”是“思虑性的”。在第六节首段亦明言这包括心知思虑和实践致动两种成分。在第一次响应时我也曾指出“能伪”作为“德性”不能依路德斌先生的说法理解为道德之义，而只能解作质性之义。就致善之能非为纯道德意义的能力一点而言，我和邓先生的意见应是一致的。至于邓先生所谓属于广义的“性”之此“质”此“具”被“心”

积极运用于思虑行动而构成“伪”之说，我是不能认同的。因为此一被邓先生理解为自然能力的此“质”此“具”本具“知”“能”的成分，这本有“知”“能”的运用，又如何能再次被积极运用于思虑行动中呢？这思虑行动之运用不就是“知”“能”的运用吗？真有两次运用吗？如真有两次运用，其分别何在？只是“积极”的程度分别，还是“化无能为必能”之本质之异呢？其实邓先生的说法不单只有这两种实能之间的转化问题，也涉及上述“四种实能”之间有何关系的问题。在这一点上，由于我采用“奥卡姆剃刀”，因此与邓先生的意见并不一致。

第十节　续篇三：敬答梁家荣先生

文成后我请教了对儒学极有研究心得、现在德国做哲学研究的梁家荣先生，他和邓小虎先生一样，给了我许多宝贵的意见和具有启发性的批评。梁先生提出四点见解，除了第一点外，其余三点都是与我所见不同的。兹对此三点一一回应如下：

(1) 梁先生认为：“你指出，通常的解释认为荀子以‘恶的根源在于性，甚或以性之本身可定为恶’。这是你所反对的解释。你是认为(i)‘荀子并非真以性情、欲望本身为恶者，只是随顺之或放纵之而不加引导或节制，才会产生恶的后果（争、乱、穷）’，并以为(ii)‘荀子所言之恶，乃是由于客观世界的资源有限，而人的主观欲求则无限，若无礼义规范以导引欲望及公平分配，那便很容易产生争、乱、穷之恶果。恶果之来源在于此一供求关系之不平衡之上，而非归因于人性中欲求之本身。’”

“先就(ii)来说，依我的理解，荀子似乎并未认识到‘客观世界的资源有限’，这点我在博士论文里曾作讨论如下：

荀子认为墨子忧天下财用之不足，遂主张‘节用’，乃是‘私忧过计’。荀子说：‘墨子之言昭昭然为天下忧不足。夫不足非天下之公患也，特墨子之私忧过计也。今是土之生五谷也，人善治之，则亩数盆，一岁而再获之。然后瓜桃枣李一本数以盆鼓，然后荤菜百疏以泽量，然后六畜禽兽一而剸车，鼋、鼍、鱼、鳖、鳅、鳣以时别，一而成群，然后飞鸟、凫、雁若烟海，然后昆虫万物生其间，可以相食养者，不可胜数也。夫天地之生万物也，固有余足以食人矣。麻葛茧丝鸟兽之羽毛齿革也，固有余足以衣人矣。夫有余不足，非天下之公患也，特墨子之私忧过计也。’(《荀子·富国》)我们现在知道，墨子的忧虑可能是‘私忧’，但却绝非太过，他的计算才是对的，而荀子那个‘固有余足以食人’的世界，则只不过是一个‘乌托邦’(Utopia)。地球有限的资源，是远不足以喂饱一代一代以几何级数增加的生物的。……荀子并未觉察到，他的‘礼论’所必须预设的世界，与他的‘固有余’的乌托邦，乃是不能两立的。《荀子·礼论》云：‘礼起于何也？曰：人生而有欲，欲而不得，则不能无求。求而无度量分界，则不能不争；争则乱，乱则穷。先王恶其乱也，故制礼义以分之，以养人之欲，给人之求。使欲必不穷于物，物必不屈于欲。两者相持而长，是礼之所起也。’设使‘天下之生万物’真是‘固有余’的，则人们何以会‘欲而不得’呢？设使天下真的‘足以食人’‘足以衣人’，则人们又何以会‘不能不争’呢？当一切财用都是只有余而无不足的时候，一切就变得是唾手可得，则人们还何以会甘冒风险去争夺之呢？人们还何以要求人我之分，要求‘度量分界’呢？而既然无需‘度量分界’，则‘礼义’亦就无用武之地了。正如休谟所言，‘礼义’(justice)在固有余的乌托邦里，是毫无一点用处的。”

我对(1)的回应是：梁先生引《富国》篇一段，认为荀子既主张“天地之生万物”“固有余足以食人”等，从而批评墨子之“节用”为“私忧过计”，一方面可显示他“似乎并未认识到‘客观世界的资源有限’”，另一方面亦可显示他所信的只不过是一个“固有余的乌托邦”而已。我的看法稍有不同。我认为“固有余”的观点非但不会和“资源有限”的想法相悖，而且荀子对前者的说法是在预设后者的前提下提出来的。证据在《王制》篇上可以找到。他说：“草木荣华滋硕之时，则斧斤不入山，不夭其生，不绝其长也。鼋鼍鱼鳖鳅鳣孕别之时，罔罟毒药不入泽，不夭其生，不绝其长也。春耕夏耘，秋收冬藏，四者不失时，故五谷不绝而百姓有余食也。洿池渊沼川泽，谨其时禁，故鱼鳖优多而百姓有余用也。斩伐养长不失其时，故山林不童而百姓有余材也。”此可见荀子所谓“有余”皆是以人类善用自然界的资源而得其保育为前提的。若不加保育，资源还是会枯竭而不足用的。换言之，他不但不会否认，而且必须预认“资源有限”的前提，才可作出其“有余”的论调。此外，他在《富国》篇中提出“节用裕民”和“节流开源”及在《天论》篇中提出“强本节用”的思想，亦皆预认客观世界的资源并非无穷也。

其次，我也不太认同梁先生所谓“荀子并未觉察到，他的‘礼论’所必须预设的世界，与他的‘固有余’的乌托邦，乃是不能两立的”。除了上述一点可证“固有余足以食人”等说法是建基于保育的前提下，故荀子所预设的世界并非乌托邦外，另一更重要的理由是“礼之生”不在于资源不能供足客观“需求”的“供求平衡”问题，而在于资源不能满足主观“欲求”的“供求平衡”问题。据我的了解，梁先生由“足以食人”“足以衣人”而言“有余而无不足”的供求关系，只能就人类客观的“生活需求”言；但我说的“供求关系之不平衡”，无疑是因应该段上文“人的主观欲求则无限”一语而说的。事实上，荀子在《荣辱》和《王制》两篇都提到的“物不能澹”(scarcity of goods)之义，都是就有限的客观资源不能满足无限的主观欲求而发的。依此，即使人们的“客观需求”得到满足，即所谓“衣食足”，但人们若一任其“主观欲求”之纵，那就很难“知荣辱”，而“争、乱、穷”之恶果恐怕就更难避免了。

(2) 梁先生认为：“再说(i)。以荀子是‘善恶后效论者’而言，我们固可说荀子并非主张性本身是恶的。因为性本身并非一件行为，而是一些东西的‘性质’。但是，荀子无疑也表明，人顺其性而为，则将会导致恶行。荀子在《性恶》中说：‘今人之性，生而有好利焉，顺是，故争夺生而辞让亡焉；生而有疾恶焉，顺是，故残贼生而忠信亡焉；生而有耳目之欲，有好声色焉，顺是，故淫乱生而礼义文理亡焉。然则从人之性，顺人之情，必出于争夺，合于犯分乱理，而归于暴。’无可否认是以为‘顺性’则‘恶生’。由此而言，你引述冯友兰谓：‘荀子谓人之性恶，乃谓人性中本无善端。非但无善端，且有恶端。’单就其中‘性有恶端’来说，我认为也许并无不当。因为冯友兰并非说性本身便是恶，而只是说性有‘恶端’。所谓‘恶端’，固不等于‘恶本身’。从后效论来说，‘恶行’才可谓是恶本身。但荀子既以为顺性则恶行生，则似乎也可说性是有‘恶端’的。恶从恶端生也。而再进一步地引申，则笼统来说，似乎也可说‘性是恶的’。你在与邓小虎的第四点中，也指出了这个‘引申的说法’，我也同意这‘并非荀子之原义’。”

我对(2)的回应是：梁先生认为“性为恶端”不等于“性本身为恶”，并认同冯友兰以“恶端”来理解荀子的性恶之说。于此二点，我同意前者，但不同意后者。因为一如孟子的“四端”之“端”，它指的是善行开发的根苗、种子，是成就善行的必要条件。若无此端，所期待的行为后果是不可能出现的。同样地，荀子的情欲之“性”若被理解为“恶端”，则情欲之性就必须被视为恶行发生的必要条件，否则“端”不成义。但正如我在第二次响应邓小虎先生的(4.2)项中指出，荀子不仅认为纵欲会致乱生恶，禁欲亦如是。荀子言“治乱”“亡于情之所欲”，正正含有情欲之性非为乱之恶果产生的必要条件一义。其次，即使勉强承认“恶端”之说，但由于《乐论》篇中所谓形之于音乐的快乐之情若无《雅》《颂》以道之，或《修身》篇中所谓“血气、志意、知虑”之运用若不由礼，亦会致乱生恶，基于同一论证方式，我们也得将形之于音乐的快乐之情及所运用的血气、志意、知虑视为恶的根源。如果此说成立，基于同一论证方式，我们可由纵容刀枪之使用可生恶果，以证刀枪或其使用为罪恶之根；或可由金钱之挥霍可生罪咎，以证金钱或其使用为万恶之源。

(3) 梁先生认为：“‘性有恶端’或无不当，但人性又是否‘本无善端，只有恶端’呢？你在与邓小虎的第四点讨论里，指出了上述‘性恶’的引申说法后，跟着说：‘若荀子所言之性不限于情性欲望，亦包括知能材性，则以性为恶之发挥性的说法即使并不算错，也须对性之外延加以收缩才能言之成理。’[续篇一之回应(4)]依我理解，到底荀子所谓‘性’的外延有多大，正是你的论文要处理的主要问题。你的第二个论旨似乎便在于论证：‘第一义的伪不只是人的一种内在之能，而且也是一种人所生而有之性。’(正文第四节末)换言之，你以为第一义的‘伪’也在荀子所谓‘性’的外延之内。”

“依我来看，这个说法的困难似乎相当大。因为荀子的性论的重心就在‘性伪之分’。而荀子之反对孟子，也正在于荀子以为孟子‘是不及知人之性，而不察乎人之性伪之分者也。’似乎荀子所谓的‘性’，正是指你所谓的‘外延加以收缩’的‘性’。而你尝试把上述第一义的‘伪’也包括在‘性’的外延之内的解释，则似乎并不十分合于荀子言‘性伪之分’时所谓‘性’之原义。因为依你的解释，‘性’在荀子便不止有二义，而是有三义，即包括你所说的‘性’之两义，与及‘伪’的第一义。但荀子说‘性伪之分’或说‘顺是，故争夺生而辞让亡焉’时，却不可能是把第一义的‘伪’也包括在内的。故此我以为，若把第一义的‘伪’也包括在荀子所谓‘性’之内，却是把荀子所谓‘性’的外延解释得太广了。”

“我尝试在你的解释的基础上，提出另一个解释。不过这是我的初步看法，希望你可以反驳及批评。我认为荀子的‘性伪之分’之关键，或许不在是否‘生而有’，而是在是否‘学而能’。首先，你论证谓‘荀子所言“心虑而能为之动”的“伪”，似乎不只是内在于人心的，而且也是人所本有的。此所谓“本有”，即指其非后天培养而成者，而是先天内具的。’（正文第六节首）这是我可以同意的。然而，虽然我同意这个意义的‘伪’是‘生而有的’，但我却不认为这可归诸荀子所言‘性’的含义之内。理由是当荀子言‘性伪之分’时，他界定何谓‘性’的标准，也许不在‘生而有’，而在‘学而能’。分别在于，这个意义的‘伪’，虽然也是先天‘生而有’的，但是如果人后天‘不学’的话，则这些‘生有的’性质，都只是‘有’却‘不能行’的，永远成不了第二义的‘伪’。而依这个区分，荀子所谓‘性’，就不单是‘生而有’，而且是‘不学而能行’的，如《性恶》谓：‘今人之性，目可以见，耳可以听；夫可以见之明不离目，可以听之聪不离耳，目明而耳聪，不可学明矣。’换言之，从第一义的‘性’到第二义的‘性’，中间是不需学习过程的。相反来说，人的某些能力也‘生而有’的，但后天不学则不能发挥出来变成行动，这在荀子便叫‘伪’，而不叫‘性’。例如，学说话。人出生便可以目视耳听，却不是即可以说话的。但学说话虽是‘伪’，却无碍我们都说话是人天生而有的能力。例如，乔姆斯基(Chomsky)等人便认为人有与生俱来的(innate)言语能力。但如果不学习的话，却没有人会讲‘话’(language)，而只会发出‘声音’(voice)。若解释是对的，则你以为‘我们知道，凡说性之处，荀子皆言生而有或生之所以然者，可见上述所谓心知也是人之性的一部分’（正文第六节首），便是不充分的推论了。”

“依上述的解释，则荀子所谓‘性’，便不是人所天生具有的所有能力，而只是‘不学而能’的能力，而需要后天学习的能力，他则称为‘伪’而不叫‘性’。我以为，纵使这不是荀子对‘性’的一般理解，也当是他作‘性伪之分’时对‘性’所作的理解。否则便与他‘顺性则乱’的主张自相矛盾了。而他与孟子之间对‘性’的争论，也变得界线不明了。至于你认为‘荀子所言之第一义的伪包含有知与能两部分，是人所先天本有者，并为致善成圣的内在因素。若配合以外在因素，在内外交修的情况下，便可以有积伪的成果，进而隆礼义、起法度，此即第二义之伪也。’（正文第六节末）这是我可以同意的。所不同者，只是我以为我们不可因为第一义的‘伪’也是天生的，便以为荀子也将之视为‘性’，或‘可包含在荀子所言性一概念的外延之中’。”

我对(3)的回应是：就《性恶》和《礼论》二篇所说的“性伪之分”而言，我认为所谓“伪”只相当于《正名》篇中第二义的“伪”（即“积伪”）之用法，而不能概括第一义的“伪”（即“能伪”）。由于第一义的“伪”可被理解为一种潜能，故有可能依荀子“生而有”“无待而然”及“禹桀之所同”之义而将之理解为包括在广义的“性”的外延之中。问题是荀子是否在“情欲之性”和“本能之性”（即狭义之“性”）之外另有广义之“性”的用法。我认为此点是有明显证据支持的。最直接的证据是《解蔽》篇上所明言的“凡/可以知，人之性”及“人/心生而有知”。这明显是以“人之性”或人所“生而有”的不限于“情欲”或“本能”，亦可包括“可以知”（的能力）。间接的证据是他一方面在《儒效》篇认为“积 X 而为 Y，积 W 而为 Z”等，或“居 A 而 A，居 B 而 B”等，“是非天性也，积靡使然也”；另一方面又在《荣辱》篇主张“A 人安 A，B 人安 B”等，“是非知能材性然也，是注错习俗之节异也”。由此二说加以对比、沟通，可知他所说的“知能材性”与“天性”都是属于同一范畴，与后天的“积靡”“注错”是对立的。依此，我认为这些属于“天性”的“知能材性”当不属于“情欲之性”,而在其外者。若我们进一步考察第一义的“伪”,当可发现它是含具“知虑”和“动能”的“心之动”,而这些“知”“能”很可能就是《正名》篇上所说的“所以知之在人者”之“知”和“所以能之在人者”之“能”。它们都是“在人者”而非“有所合”的,亦即不是“后成”的。这些“知”“能”也和《性恶》篇上所言的“可以知仁义法正之质”和“可以能仁义法正之具”这两种“知”“能”一样,都是“在涂之人”的(亦即“在人者”),而不是人所“固无”的(亦即为人所“固有”的)。这些“在人者”而为“君子小人一也”的“知”“能”是不可能经由学而致和事而能的,这不是“人之性”是什么?

若我们再考察《荣辱》篇上有关“凡人有所一同”的“三重奏”,当可发现荀子的“性”实有广义的用法:

① 饥而欲食等(情欲之性);

② 目辨白黑美恶等(本能之性);

③ 可以为尧禹等(潜能之性)。

荀子认为此三项俱可说“是(又)人之所生而有也,是无待而然者也,是禹桀之所同也”。然而,我们若依王念孙和王先谦的“双王论调”,强行由其先入之见而将其中 23 字及其后“在埶注错习俗之所积耳”中之“埶”字删去,将此“三重奏”改为“二重奏”,表面似可通读,其实大谬不然。因为第(3)项中的“可以为尧禹”等并非“(能)为尧禹”等:后者虽可以说是“在注错习俗之所积耳”,但前者却万万不可如此说。《性恶》篇上已明言“能不能”与“可不可”之异:“可不可”的问题是关乎“君子小人一也”的“知能材性”或“可以知仁义法正之质”和“可以能仁义法正之具”,而“能不能”则是与“注错习俗之所积”有关的。因此,若依双王删去 23 字及“埶”字,便会陷荀子于“不义”。如果我们不欲冒“加减字为训"之大忌,我认为我们应该保留文本之原样,然后试行解读。依照我的想法,能使"三重奏"得以顺利解读的"place holder"乃是第一义的"伪":它所表示的能力正是这23字所描述的"人之性"及"执"字所形容的"执取之能"。此解读除了可使文义贯通外,亦可说明其中一个环环相扣的问题,即"可不可"的问题涉及"可以知仁义法正之质"和"可以能仁义法正之具"中的"知""能",第一义的"伪"也涉及心为之动的"知虑""动能";前者的"知""能"不是"能不能"问题所涉及的"后成"之能力,而后者的"知虑""动能"也与第二义的"伪"之"后成"迥然不同。第三重奏所奏的"可以为尧禹"等曲正正是与"可不可"有关的非"后成"之能,而此非"后成"之能不可能是"情欲之性",不可能是"本能之性",唯一剩下的可能似乎就是与"在人者"而非"后成"的"知""能"有关的能力,即第一义的"伪"。基于以上各点,我并不同意梁先生所说的"把荀子所谓'性'的外延解释得太广了",因为荀子的文本上的证据直接或间接支持他有广义的用法。

至于梁先生所说的"这个意义的'伪'虽然也是先天'生而有'的,但是如果人后天'不学'的话,则这些'生(而)有的'性质都只是'有'却'不能行'的,永远成不了第二义的'伪'",并以乔姆斯基对语言习得的说法为支持其说的例子,我不只完全赞同,并认为这与我将第一义的"伪"视为"潜能"的说法若合符节。我一直认为:第一义的"伪"不是先天的自然本能,也不是后天的人为实能,它要转化为后天的人为实能(即第二义的"伪"),必须经过"内外交修"的过程。没有经过此一过程,它就正如梁先生所说的"只是'有'却'不能行'",只能是一种潜能("心之为"的"能伪")而不是一种实能("人之为"的"积伪")。依此,在这一点上,我认为梁先生和我的观点也许是表异而实同的。

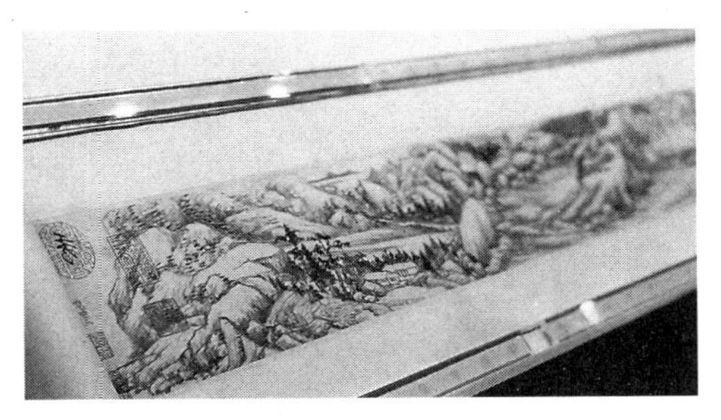

第二编

宋明清儒家哲学思想分析

第四章　张载是气一元论者还是理气二元论者？

有关张载的本体宇宙论，大陆学者多理解为"气本体论"或"气一元论"，而海外新儒家则多理解为"理本体论"或"理气二元论"。二说似皆各有所据，而实未得张载学说之全。以下分别对二说略加分析、评论，并尝试提出另一较为合理的解释，以期掌握张载本体宇宙论（onto-cosmology）之实。

第一节　"气一元论"的论据

将张载的本体宇宙论定性为"气本体论"，我认为并不恰当。因为可聚可散的气乃现象界的东西或成分，而非宇宙万物背后的本体（noumenon or original substance）或形上实体（metaphysical substance or reality）。张载虽也使用"本体"一词，但这主要是用来表示"本然状态"（original state）或"本来体段"（original figure），而非"形上实体"。相对来说，称张载的学说为"气一元论"似乎较佳。有关"气一元论"的论据，大概可归纳为四点，即"一气二态"说、"清浊转化"说、"水冰凝释"之喻，及对治佛、老二家之说。

有关"一气二态"之说，主要有以下几条值得注意的论点：

(1) 太虚无形，气之本体，其聚其散，变化之客形尔。[1]

(2) 气之为物，散入无形，适得吾体；聚为有象，不失吾常。太虚不能无气，气不能不聚而为万物，万物不能不散而为太虚。循是出入，是皆不得已而然也。[2]

(3) 知虚空即气，则有无、隐显、神化、性命通一无二。[3]

(4) 气本之虚则湛一无形，感而生则聚而有象。[4]

(5) 太虚者，气之体。气有阴阳，屈伸相感之无穷，故神之应也无穷；其散无数，故神之应也无数。虽无穷，其实湛然；虽无数，其实一而已。阴阳之气，散则万殊，人莫知其一也；合则混然，人不见其殊也。形聚为物，形溃反原。反原者，其游魂为变与！[5]

(6) 气聚则离明得施而有形，气不聚则离明不得施而无形。方其聚也，安得不谓之有(客)？方其散也，安得遽谓之无？[6]

综合以上六条之所说，张载似以气之聚散可有二态之循环交变。所谓“太虚无形”似表示气于未聚散时之本然状态，即“气之本体”。聚为有象之物，及散而物化，只是“变化之客形”，已非气之原初状态。气之由聚而散，以至散入无形，乃是“形聚为物，形溃反原”的过程，亦即“散而为太虚”之“不得已而然”的过程。此一由无形而有形，又由有形而无形之出入变化，并不是无中生有及有归于无。因为不管如何变化，气之常体恒在不失，此乃“有无混一之常”。由于“气能一有无”，故此

① 张载，《张载集》(北京：中华书局，1978)：7。
② 张载，《张载集》(北京：中华书局，1978)：7。
③ 张载，《张载集》(北京：中华书局，1978)：8。
④ 张载，《张载集》(北京：中华书局，1978)：10。
⑤ 张载，《张载集》(北京：中华书局，1978)：66，184。
⑥ 张载，《张载集》(北京：中华书局，1978)：10，182。

“无”非“一无所有”，而是“气本之虚”的原初状态者。太虚无形与物有形象相对而言，二者的关系可以表示为“幽明”或“隐显”。为“幽”为“隐”，乃指气之散而为太虚或虚空之本然状态；为“明”为“显”，乃指气之聚为万物之客形。依此，宇宙生化的过程不过是此“一气二态”的“幽明”之变化，“气一元论”之说当可成立。

至于“清浊转化”之说，以下五项值得注意：

(7) 散殊而可象为气，清通而不可象为神。①

(8) 气块然太虚，升降飞扬，未尝止息。……浮而上者阳之清，降而下者阴之浊。②

(9) 太虚为清，清则无碍，无碍故神；反清为浊，浊则碍，碍则形。③

(10) 凡气清则通，昏则壅，清极则神。④

(11) 两体者，虚实也，动静也，聚散也，清浊也，其究一而已。⑤

张载认为气之一物可有两种体现方式，即所谓“虚实”“动静”“聚散”及“清浊”等“两体”或“二端”。以“清浊”而言，由清虚之神转化为浊碍之形，张载并不认为这是二物之生成关系，而是一物之二态的转化。既然阴阳属气，清浊亦当就气言，而清浊之转化或反清为浊的过程便只能理解为一气二态之转，而不可能表示二物之变，因此，张载有关清浊二端的关系之说法亦有助于“气一元论”的诠释。

张载的“水冰凝释”之喻更是“一气二态”的具体说明。他说：

---

① 张载，《张载集》(北京：中华书局，1978)：7。
② 张载，《张载集》(北京：中华书局，1978)：10，244。
③ 张载，《张载集》(北京：中华书局，1978)：9。
④ 张载，《张载集》(北京：中华书局，1978)：9，201。
⑤ 张载，《张载集》(北京：中华书局，1978)：9，233。

(12) 气之聚散于太虚，犹冰凝释于水。知太虚即气，则无无。[①]

(13) 海水凝则冰，浮则沤，然冰之才，沤之性，其存其亡，海不得而与焉。推是足以究死生之说。[②]

如果源自太虚之气的聚散过程犹如水与冰的凝释关系，或如海水之凝为冰、浮则沤的关系，则"一气二态"或"一物二性"之说当可成立，而对张载的本体宇宙论作"气一元论"的诠释亦属恰切。

至于张载对佛老二家"有无"之说的批评，可进一步印证上述"气一元论"的诠释。他说：

(14) 彼语寂灭者往而不反，徇生执有者物而不化，二者虽有间矣，以言乎失道则均焉。[③]

(15) 若谓虚能生气，则虚无穷，气有限，体用殊绝，入老氏"有生于无"自然之论，不识有无混一之常。若谓万象为太虚中所见之物，则物与虚不相资，形自形，性自性，形性、天人不相待而有，陷于浮屠以山河大地为见病之说。此道不明，正由懵者略知体虚空为性，不知本天道为用，反以人见之小因缘天地。明有不尽，则诬世界乾坤为幻化。幽明不能举其要，遂躐等妄意而然。不悟一阴一阳范围天地、通乎昼夜、三极大中之矩，遂使儒、佛、老、庄混然一涂。语天道性命者，不罔于恍惚梦幻，则定以"有生于无"，为穷高极微之论。入德之途，不知

① 张载，《张载集》(北京：中华书局，1978)：10，200。
② 张载，《张载集》(北京：中华书局，1978)：19。
③ 张载，《张载集》(北京：中华书局，1978)：7。

择术而求，多见其蔽于诐而陷于淫矣。[①]

张载批评“徇生执有者物而不化”，乃是针对道家及道教的“长生”之说。他批评“虚能生气”或“有生于无”，则是针对老子“天地万物生于有，有生于无”及“道生一，一生二，二生三，三生万物”之说。前说之谬乃在肯定有物可恒存而不受气化所影响，而后说之误则在以虚无之道体可有生化之作用。由于“天行何尝有息?”亦即由太虚至万物之气化的往反过程是不会停息的，且是“不得已而然”的，故张载不可能接受“物而不化”的观点。又由于“太虚不能无气”，“天惟运动一气”，“物虽是实，本自虚来”，及“天地从虚中来”，可见他反对“虚能生气”，主要因为他的“虚”是“即气”的，而道家的“虚”乃是“不识有无混一之常”之虚空性的道体。至于佛家言“寂灭”，以一切法皆空，故万物不过刹那生灭之幻象，可谓“往而不反”。佛家所言之空性并不能作为存在物所以生成的根据，故可谓“物与虚不相资”，“形与性不相待”。要与佛、道二家之“虚”区别开来，张载强调他的“虚”乃是“至虚之实”，是“本天道为用”的，亦即是不离气化者。此即所谓“神，天德；化，天道。德，其体；道，其用。一于气而已”[②]。由此可见，张载的“太虚”或“虚空”不可能被理解为道家的虚无性的道体，或佛家的虚空性的法性。而唯一有助于析别的合理解释，便是以“太虚”或“虚空”为“气之本然状态”，而非“气之外的另一实体”。

第二节　“理气二元论”的论据

以“理气二元论”或“理本体论”来解释张载的本体宇宙论，也是言

---

① 张载，《张载集》(北京：中华书局，1978)：10。

② 张载，《张载集》(北京：中华书局，1978)：15。

之有据的。其论据可分四方面言之，分别是“虚与神之性为气所固有”之说、“神待形然后着”之说、“神一天下之动”之说，及“长在不死”或“无动摇”之说。兹分别论析如次。

张载认为与物不同的道可有不同的称谓：“语其推行故曰‘道’，语其不测故曰‘神’，语其生生故曰‘易’，其实一物，指事（而）异名尔。”[①]此外，他又说“理义即是天道也”[②]，“天道即性也”[③]，并以“神”“虚”及“理”为“天德”[④]，可知他使用的“道”“理”“性”“易”“虚”及“神”等词乃是就不同面相来指涉同一事物。这一系列的名词都似有“超越体性”（transcendental or transcendent property）而非“物质属性”（material or physical attribute）的含义，而似不太可能只作“气之本然状态”来理解。最明显的证据是张载以“虚与神之性为气所固有”之说。他说：“气之性本虚而神，则神与性乃气所固有，此鬼神所以体物而不可遗也。”[⑤]既然“虚与神之性为气所固有”，“虚与神之性”便不可能是“气”之本身。所谓“至之谓神，以其伸也；反之为鬼，以其归也”[⑥]。此虚与神之性以或伸或归、或往或反之方式体现于万物之中，似乎是一种超越体性。

要进一步证明此“气所固有”之“性”不是一般“物质属性”，而是“超越体性”或“形上实体”，可从张载对形与神之关系的说法入手。他说：“凡天地法象，皆神化之糟粕尔。”[⑦]“万物形色，神之糟粕。”[⑧]相对于“糟

① 张载，《张载集》（北京：中华书局，1978）：65－66，184。
② 张载，《张载集》（北京：中华书局，1978）：234。
③ 张载，《张载集》（北京：中华书局，1978）：234。
④ 张载，《张载集》（北京：中华书局，1978）：15，131，269。
⑤ 张载，《张载集》（北京：中华书局，1978）：63，323。
⑥ 张载，《张载集》（北京：中华书局，1978）：7，19。
⑦ 张载，《张载集》（北京：中华书局，1978）：19。
⑧ 张载，《张载集》（北京：中华书局，1978）：9。

粕"之"物"而言,"神"的存有地位(ontological status)当更重要,神之存在当更为真实。不过,虚与神是湛一无形、合一不测及莫知其乡的,所谓"神无方"而"易无体",故必须体现于物中,才能得其征验。因此,张载说:"太虚无体,则无以验其迁动于外也。"[①]"凡言神,亦必待形然后着。不得形,神何以见?"[②]依此,他明显以无方所、形体限制之神、虚或易等必须借有方所、形体之物(如星体)以征验之、显现之。如是,"虚与神之性"不可能没有"超越体性"的含义。

此外,张载心目中的虚与神之性不仅是事物背后的德性,更且是一大动力。他说:"天下之动,神鼓之也。"[③]"惟神为能变化,以其一天下之动也。人能知变化之道,其必知神之为也。"[④]就是人身之成,也是由于天神之功,故曰:"成吾身者,天之神也。不知以性成身,而自谓由身发智,贪天功为己力,吾不知其知也。"[⑤]此处"因身发智"正表示物质躯体内在的属性,而"以性成身"与之对比,明显表示物质躯体之外(其上或其后)的动力。张载说:"太虚者,天之实也。万物取足于太虚,人亦出于太虚。太虚者,心之实也。"[⑥]可见天地万物及人要"出于太虚",必先"取足于太虚"。取之若有不足,即动力不够,便无法生化出来。张载一方面说"天地以虚为德",另一方面又说"虚者,天地之祖,天地从虚中来"[⑦],明显以虚与神既为天地万物之性,亦为天地万物之祖。此一"祖"字正正表示一种先在的动力,而不可能是气之一态。

对张载来说,有形之物可因气之聚散而有成有毁,有生有灭,但虚

---

① 张载,《张载集》(北京:中华书局,1978):11。
② 张载,《张载集》(北京:中华书局,1978):208-209。
③ 张载,《张载集》(北京:中华书局,1978):16,205。
④ 张载,《张载集》(北京:中华书局,1978):18,197。
⑤ 张载,《张载集》(北京:中华书局,1978):25。
⑥ 张载,《张载集》(北京:中华书局,1978):324。
⑦ 张载,《张载集》(北京:中华书局,1978):326。

与神之性则是“长在不死”“无动摇”者。他说：“道德性命是长在不死之物也。己身则死，此则常在。”[①]又说：“天地之道无非以至虚为实。……凡有形之物即易坏，惟太虚无动摇，故为至实。”[②]既然有形之物皆易坏，而虚与神之性或道德性命之物不因有形之物的毁坏而消亡或动摇，将这种虚德或神性理解为具有超越或形上意义的实体，无疑是顺理成章的。总结来说，张载以气、物为有聚散、生灭相者，而虚、神为常在、至实者，则以“理气二元论”或“理本体论”来解释他的本体宇宙论，亦是相当合理的。

第三节　程朱的评论

程朱对张载学说之批评乃是众所周知的，但鲜有人注意其中若干批评的要点，对理解张载学说实有重要的启发意义。

二程虽盛赞《西铭》，对《正蒙》其余各篇却甚有意见。例如：“形而上者谓之道，形而下者谓之器。若如或者以清、虚、一、大为天道，则乃以器言，而非道也。”[③]“子厚以清、虚、一、大名天道，是以器言，非形而上者。”[④]“（横渠）立清、虚、一、大为万物之原，恐未安。须兼清浊虚实乃可言神。道体物不遗，不应有方所。”[⑤]按张载以清通而不可象之“神”与湛一无形之“虚”形容天道，乃明显不过者；至其言“一”与“大”，也许是根据张载所谓“神无方，易无体，大且一而已尔”[⑥]之说。牟宗三先生对二

① 张载，《张载集》(北京：中华书局，1978)：273。
② 张载，《张载集》(北京：中华书局，1978)：325。
③ 二程，《二程集》第一册(北京：中华书局，1981)：118。
④ 二程，《二程集》第四册(北京：中华书局，1981)：1174。
⑤ 二程，《二程集》第一册(北京：中华书局，1981)：21。
⑥ 张载，《张载集》(北京：中华书局，1978)：15。

程的批评不以为然，他说："横渠诚有滞辞，然其实意却并不是以太虚神体为器（气），为形而下者。直谓其'以器言'，非是。又据横渠'兼体不累以存神'之义说，横渠正是'兼清浊虚实'以言神者，神并非是单独属于清也，亦非是以神为清气之质性，以气说神也。明道于此，未能尽其实。此种误会亦由于横渠简别不精而然。"[①]从"道则兼体而无累"言，道或（虚与神之）性当不限于阳之清，而亦兼阴之浊，牟先生对二程的反驳似不无道理。但张载既以"太虚为清，清则无碍，无碍故神；反清为浊，浊则碍，碍则形"[②]，又认为"凡气清则通，昏则壅，清极则神"[③]，似乎又不太可能不把虚与神之性归属于清而绝于浊。依此，清、浊既就气言，清虚之神亦当就气言，因而是形而下者。个人认为牟先生对二程的反驳并非没有道理，不过二程对张载学说之批评也不是无的放矢的。因此，说横渠"简别不精"是对的，说明道之说纯属"误会"则颇欠公允。

牟先生认为朱熹对张载学说的理解更差，直是"全不相应"[④]。然而，个人认为朱熹的批评比二程的更为鞭辟入里，实有助于揭示张载本体宇宙论中的真实困境，而非全不相应。朱熹的评语可列示如下：

(16) 横渠辟释氏轮回之说，然其说聚散屈伸处。其弊却是大轮回。盖释氏是个个各自轮回，横渠是一发和了，依旧一大轮回。[⑤]

(17) 横渠说道，止于形器中拣个好底说耳。谓清为道，则浊之中果非道乎？"客感客形"与"无感无形"未免有两截之病，圣人不

---

① 牟宗三，《心体与性体》第一册（台北：正中书局，1989）：419。
② 张载，《张载集》（北京：中华书局，1978）：9。
③ 张载，《张载集》（北京：中华书局，1978）：9，201。
④ 牟宗三，《心体与性体》第一册（台北：正中书局，1989）：432。
⑤ 朱子，《朱子语类》卷 99（北京：中华书局，1986）：2537。

如此说，如曰“形而上者谓之道”，又曰“一阴一阳之谓道”。[1]

(18) 横渠“清、虚、一、大”却是偏。他后来又要兼清浊虚实言，然皆是形而下，盖此理则清浊虚实皆在其中。[2]

(19) 问：“横渠‘清、虚、一、大’恐入空去否?”曰：“也不是入空，他都向一边了。这道德本平正，清也有是理，浊也有是理，虚也有是理，实也有是理，皆此之所为也。他说成这一边有，那一边无，要将这一边去管那一边。”[3]

(20) 问：“横渠有‘清、虚、一、大’之说，又要兼清浊虚实。”曰：“渠初云‘清、虚、一、大’，为伊川诘难，乃云‘清兼浊，虚兼实，一兼二，大兼小’。渠本要说形而上，反成形而下，最是于此处不分明。如(参两)云：以参为阳，两为阴，阳有太极，阴无太极。他要强索精思，必得于己，而其差如此。”又问：“横渠云：‘太虚即气’，乃是指理为虚，似非形而下。”曰：“纵指理为虚，亦如何夹气作一处?”[4]

朱熹所谓“一大轮回”，正是针对张载的“形聚为物，形溃反原”，由太虚至万物之间的气化之出入过程。此一由太虚至万物，复由万物反至太虚之过程，乃是一种变化的循环，朱熹概括之为“一大轮回”，实不为过。至于朱熹反对以“清、虚、一、大”言“道”言“理”，主要因为他认为“清浊虚实”等皆是就气之二端言，皆属形而下者。凡落在气化现象层面上说的，朱熹都否定有关概念具有“超越实体”或“形上本体”的含义。

---

① 朱子，《朱子语类》卷 99(北京：中华书局，1986)：2533。
② 朱子，《朱子语类》卷 99(北京：中华书局，1986)：2539。
③ 朱子，《朱子语类》卷 99(北京：中华书局，1986)：2539。
④ 朱子，《朱子语类》卷 99(北京：中华书局，1986)：2538。

张载一方面以“清浊”“虚实”“动静”“聚散”等言气之二端，即气之二种状态或活动，另一方面又以清通之神或湛一之虚为道、理或性，而两种“清”“虚”又似无分别，故朱熹评“横渠说道，止于形器中拣个好底说耳”，即于形器层面上的“清浊”“虚实”等之中拣个好的“清”“虚”来说道，实亦公允。况且张载以清、虚的太虚之神一边为理，浊碍成形一边则不是理，既然虚、神之理是“充塞无间”的，也体现在浊碍成形之物中，这岂非“要将这一边去管那一边?”朱熹反对以清的一边去管浊的一边，正因为他认为“清浊虚实”等皆就气言，而天理乃是遍在的，体物而不遗的，可体现于气的任何状态或活动中，因此，作为气之一态的清与虚是不可能被视为天理的。依照朱熹的看法，即使张载后来主张“清、虚、一、大”是“兼清浊虚实”言的，但由于前后之“清”“虚”实无差异，尽管他本意可能以前者为形而上者，却不免说成形而下者。朱熹以上的批评不只显示张载之说“简别不精”，似乎更可说是“思想混淆”。然而，此一混淆之产生也许不是偶然的，而朱熹的批评正可以引导我们去寻找一个合理的解释。

第四节　宇宙生化论与形上本体论之混漫

顺着程朱的思路，我们可以找到更多的证据来证明张载的本体宇宙论有“混淆”或“混漫”之处。由上述的分析可知，太虚之神若作为气之本然状态及反原之所在，是不可能同时又作为万物背后之体性或德性的，更不可能具有形上本体或超越实体的含义。除非“清”“虚”等词可有二义，否则此一混漫将使张载的学说陷入无法自拔的理论困境之中。

事实上，张载的“清”“虚”等词之用法并无二义，只是他在迁就气化与体性二种不同的角色时不自觉地引出互相刺谬的种种说法来。例如他对“湛一”或“湛然”之表述便有不协之处。他一方面说:“气本之虚,则湛一无形,感而生则聚而有象。”[①]明显以湛一之虚本身是无形无象的,可是在另一方面又说:“苟健、顺、动、止、浩然、湛然之得言,皆可名之象尔。然则象若非气,指何为象？时若非象,指何为时?”[②]及“若以耳目所及求理,则安得尽！如言寂然、湛然亦须有此象。有气方有象,虽未形,不害象在其中”。[③] 则又以寂然、湛然之虚为有象有气者。视湛一之虚为无形无象,自可与“超越体性”之说相配合,但视之为有象有气,便明显与超越或形上的解释背道而驰。

其次,张载对于“寂然之静”与“湛然之虚”的说法也有混淆不清之处。例如他一方面说太虚之“至静无感,性之渊源”;[④]另一方面又说“无所不感者,虚也”。[⑤] 再者,依他的“一物两体”说,他主张以虚实、清浊、动静及聚散等为气之二端或两体;可是在另一方面,他却认为:“至虚之实,实而不固;至静之动,动而不穷。实而不固,则一而散;动而不穷,故往且来。”[⑥]“静者善之本,虚者静之本。静犹对动,虚则至一。”[⑦]及“天行何尝有息？正以静,有何期程？此动是静中之动,静中之动,动而不穷,又有甚首尾起灭？自有天地以来以迄于今,盖为静而动。”[⑧]似乎又在二端或两体之外或之上,另立一“至虚”“至静”或“至一”之体或本,以为天行、物化之所依的体性。依气之二端或

① 张载,《张载集》(北京:中华书局,1978):10。
② 张载,《张载集》(北京:中华书局,1978):16,219。
③ 张载,《张载集》(北京:中华书局,1978):231。
④ 张载,《张载集》(北京:中华书局,1978):7。
⑤ 张载,《张载集》(北京:中华书局,1978):63。
⑥ 张载,《张载集》(北京:中华书局,1978):64。
⑦ 张载,《张载集》(北京:中华书局,1978):325。
⑧ 张载,《张载集》(北京:中华书局,1978):113。

两体之说，虚与实对，静与动反，二端不可能兼容，只能一阴一阳地起伏往反，必须在一“首尾起灭”的“期程”中发生。亦即必须肯定有生灭相、时空相，才能说明二端在气化或物化过程中之辩证的相续关系和作用。然而，若依其“至虚”“至静”或“至一”之说，上述的对待关系便消失了。此时的虚不与实对，故可说“至虚之实”；静亦不与动反，故可说“静中之动”。这种“至虚”“至静”或“至一”的东西是贯彻在一切活动之中的，其本身当然不可能有“首尾起灭”的“期程”，亦即不可能有生灭相、时空相的。如是，此“至虚”“至静”或“至一”者似有超越实体或形上本体的含义，明显与二端或两体之中的“虚”“静”不同。但是，张载既以此至虚、至静之太虚为气化或物化之出入、往返过程中的起点与终点，并据此以评定佛家“往而不反”与道家“物而不化”二说之不当，则此至虚、至静之太虚又似乎不太可能不是二端或两体之一，似乎不太可能是另有超越体性的含义。

最后，张载的“一物两体”与“形而上”的说法也是大有问题的。他一方面说“一物两体，气也”①及“气能一有无”②；另一方面又说“一物而两体，其太极之谓与！”③及“有无虚实通为一物者，性也”④。这似乎混淆了形而下的气与形而上的太极之分际。无怪乎他有时会说：“阴阳，气也，而谓之天。”⑤及在“阴阳者，天之气也”下自注云“亦可谓道”等，这不是把形而下的气与形而上的天或道搅混了吗？事实上，张载所谓“形而上者”也没有程朱“超越体性”的含义，而只就“无形迹”者言。例

---

① 张载，《张载集》(北京：中华书局，1978)：10。
② 张载，《张载集》(北京：中华书局，1978)：207。
③ 张载，《张载集》(北京：中华书局，1978)：48，231。
④ 张载，《张载集》(北京：中华书局，1978)：63。
⑤ 张载，《张载集》(北京：中华书局，1978)：48。

如他说："运于无形之谓道，形而下者不足以言之。"[①]"形而上者是无形体者，故形而上者谓之道也；形而下者是有形体者，故形而下者谓之器。无形迹者即道也，如大德敦化也；有形迹者即器也，见于事实即礼义是也。"[②]"凡不形以上者，皆谓之道，惟是有无相接与形不形处知之为难。"[③]可见他是以"无形迹"来界定"形而上"的。但是，由于"气聚则离明得施而有形，气不聚则离明不得施而无形。方其聚也，安得不谓之有？方其散也，安得遽谓之无？"[④]可知"无形"只是"气不聚"以至"离明不得施"的后果，并非预设"超越的体性"。张载又认为："形而上者，得意斯得名，得名斯得象；不得名，非得象者也。故语道至于不能象，则名言亡矣。"[⑤]"凡可状，皆有也；凡有，皆象也；凡象，皆气也。"[⑥]及"形而上者，得辞斯得象，但于不形中得以措辞者，已是得象可状也。"[⑦]凡此皆明显以"形而上者"为"于不形中得象可状"也。既然可状之象皆属气，此岂非以形而上者属气？即使属气之"形而上者"是至为清通、虚灵的，对程朱理学来说，仍不免是形而下者。

张载的思想混漫其实可以从他的一段语录中充分反映出来。他说："天地以虚为德，至善者虚也。虚者天地之祖，天地从虚中来。"[⑧]这段话看似无大问题，其实正可透示出张载思想混漫的原因，更可以引领我们认识到绝大多数宋明理学家或多或少都触犯的一个共同毛病，此即宇宙论（宇宙生化论或宇宙本根论）与本体论（存有论或形上学）混而

① 张载，《张载集》（北京：中华书局，1978）：207。
② 张载，《张载集》（北京：中华书局，1978）：207。
③ 张载，《张载集》（北京：中华书局，1978）：207。
④ 张载，《张载集》（北京：中华书局，1978）：8，182。
⑤ 张载，《张载集》（北京：中华书局，1978）：15。
⑥ 张载，《张载集》（北京：中华书局，1978）：63，323。
⑦ 张载，《张载集》（北京：中华书局，1978）：231。
⑧ 张载，《张载集》（北京：中华书局，1978）：326。

为一的病痛。我们知道，哲学上的宇宙论乃是探究宇宙万物生成变化之要素、根源或第一因等问题的学问，这必然涉及事物生成变化的过程，必须落在一个时空系列上来理解。但本体论则是探讨存在物之所以存在所必须预设的非经验性的条件，或现象背后的本质或本体的学问，这样的本质或本体并不涉及具体事物的发生过程，不会受到时空条件的限制。倘若这种本质或本体是独立于经验世界而自存者，具有超越的性格，那便不可能具有生灭相和时空性的。因此，对于一种具有超越性格的形上本体论来说，有关的本体或实体概念是逻辑地不可能用作宇宙生化论中有关生化项目的概念。换言之，超越时空而不生不灭的本体或实体不可能同时又是在时空中有生灭变化的本根元素。以张载来说，他把有时空性的宇宙气化论与超越时空的形上本体论混而为一，可谓格格不入。所谓"本体宇宙论"，就此一意义区分而言，乃是一种不通的说法。因为凡在生化过程中的，便不是本体；凡是本体的，便不在生化过程中。张载一方面以虚为天地之德（性）或体（性），另一方面又以之为天地之祖，以天地万物从虚中来，二说可谓南辕北辙，不相协合。因为同一"虚"概念不可能既表示形上本体论的德性或体性，又表示宇宙生化论的生化起点。前者是没有"首尾起灭"的"期程"的，但后者却不可能不落在生化的过程上来理解。

个人认为，张载为针对佛道二家蹈空游虚之论，乃强调实然的气化层面以对治之，遂不免有气化自然主义的倾向。但是，二程当时提出的批评不可能对他没有影响。伊川虽否认吕大临所谓"尽弃其学而学焉"之说，实质上受二程的影响而使张载有所徘徊于形上与形下之间乃不可避免者。其实，这种宇宙论与本体论的混漫，其来有自，并非张载独有的问题。至少从《老子》和《易传》开始，便已开启此一混漫之风。《老子》一方面言"道生之"，另一方面言"德畜之"；《易传》一方面"太极生两仪”，另一方面言“体物而不遗”，两者都有以同一概念用作宇宙生化起点和遍在的体性或德性二义。然而，此二义于此是不能兼容的。张载的“太虚”虽被程朱斥为形而下者，但他们自家所谓形而上的“天理”又何尝不被他们理解为生两仪四象的太极，为生化过程的起点？程朱与张载，实五十步与百步之间矣！张载的“太虚之气”便于说明其宇宙生化论，却难以融入其形上本体论。相反，程朱的“太极之理”便于说明其形上本体论，却难以配合其宇宙生化论。无论张载与程朱，都希望建立一套综合宇宙生化论与形上本体论而成为“本体宇宙论”的学说，可惜他们都并不成功，而且是不可能成功的，理由是二者逻辑不可协合之故。张载明显的思想混漫与其他宋明理学家隐晦的思想混漫其实是建基在同一错误的思考模式之上的。

第五节　余　　论

前辈学者何炳棣教授近日（20 世纪 90 年代）寄赠有关《孙子兵法》与《西铭》之论著，给予后学极大之启发。他希望我可以从分析哲学的观点表示一些意见，但由于个人对《孙子兵法》向乏研究，更为学养所限，故不敢对有关问题置喙。至于张载《西铭》则略有涉猎，为表学术追求之真心，乃不避浅陋，略陈己见，以就教于何教授。

何教授在其大作中表示：“极大多数当代新儒家及其倾慕者都坚持以发扬儒家思想中所谓的‘积极功能’为前提，忽视或避免讨论儒家思想中种种‘负面’的作用。因此，他们对儒家思想内涵往往过分‘净化’，以致对儒家思想体系中的基本特征不免有诠释失当，甚或根本错误。”①我

① 何炳棣，《儒家宗法模式的宇宙本体论：从张载的〈西铭〉谈起》，《哲学研究》(1998 年 12 期)：64。

想问题的关键也许在于这些学者未能把儒家思想放在社会、历史发展的脉络中来考察，以致浮在抽象、玄远的哲学层面上做“净化”的工作。个人相信：任何人类的哲学思考虽不一定是社会、历史现实的十足反映，但其思考模式总或多或少地受到相关的社会、文化条件的限制或影响，不可能是完全地超离历史的。何教授从中国历史发展的动脉中找出“宗法模式”的理念，以诠释及分析张载《西铭》的窗口所透示出来的一系列的儒家本体宇宙论的基本特征，可谓切中肯綮，对避免过分“净化”的诠释有重要的启发作用。

诚如何炳棣教授大著所言，“《西铭》所构绘的本体宇宙论不可能是基于博爱和泛平等的理念，无疑是宗法模式的”。[①]《西铭》中的“民胞物与”之“爱”，虽放在“天人一体”的架构下陈示，仍明显与墨氏的“兼爱”、基督的“博爱”不同，更非惠施的“泛爱”，而是有亲疏厚薄之别、主从等级之异的“爱”，或可谓之“推爱”（推己及人之爱）。此种“爱”的理念非张载所独有，而为大多数宋明理学家所共持，其来源更可远溯自《易传》“天尊地卑”与“乾健坤顺”之说。此说虽以自然与人生一体的宇宙秩序的图式表示，但无疑是根植于中国古代社会的宗法土壤之上而形成的思考模式。虽然如此，基于维特根斯坦等哲学家所说的“原因”与“理由”之区分，我们仍可讨论这种发源于尊卑、主从、亲疏、厚薄的宗法意识之“推爱”是否合理，是否比“兼爱”“博爱”及“泛爱”的理念为优胜。个人认为，这种“推爱”或先秦儒家由“仁民而爱物”而言的“仁爱”若过分强调尊卑、主从的意识，失却多元关系的平衡，当会产生流弊。但是，“推爱”或“仁爱”所强调的差别若是基于“应然含蕴能够”的原则，一如程伊川所谓“凡人所不能为者，圣人弗为”，由此而形成的亲疏厚薄

① 何炳棣，《儒家宗法模式的宇宙本体论：从张载的〈西铭〉谈起》，《哲学研究》（1998年12期）：67。

之别,乃王阳明所谓“自然之条理”。肯定此自然之条理,即肯定人世间并不圆满,人世间的道德秩序也只能是条件性的。此或孔子“义命分立”的原则。就西方伦理学而言,几无不预认此一原则。相反,“兼爱”之说强调以兼易别,理想虽高而不认清人世间的命限,其说固不可行。至于基督的“博爱”实非任何有限生命所能为,只有那个具有牺牲本钱的无限生命——耶稣——才能做得到。所谓“泛爱”更不必说,这只不过是“天地万物一体化”的主观境界,一种人心的美学投射,从来不能落实!

正如劳思光教授尝言,中国古代学术思想有“封闭部分”和“开放部分”,受时代限制的封闭部分多不可取,但开放部分往往具有现代的意义,可供现代人参考。个人认为,张载作为儒学的一个重要思想家,其思想也有类似的两部分。他接受“宗子法”,承认“天尊地卑”及“君尊而臣民卑”,固有其时代的限制,此即何炳棣教授所说“宗法基因”的思考模式之囚困所致。但是,自然与人间之大小高下之不齐毕竟是一事实,制度上强调主从、健顺的配合以达不齐间的和谐,而不注意在此不齐的基础上设计机制以保障小者、下者之平等机会,无疑是不合理的。相对来说,道德上强调“能近取譬”之方,从有限生命、能力的角度去展开由近及远,由亲而疏的道德关系,仍然是切实可取的观念。因此,由尊卑之分而形成的“主从宰制”的意识是封闭的观念,而由亲疏之别而形成的“推己及人”的意识则是开放的观念。

张载虽和董仲舒一样,接受“天尊地卑”的观念,但二人立说的动机似仍略有不同之处。董仲舒认为“王道之三纲,可求于天”(《春秋繁露·基义》),更把“善皆归于君,恶皆归于臣”,并以“恶之属,尽为阴;善之属,尽为阳”(《春秋繁露·王道通三》)。此皆以人格神之天与具权势之君为至尊,无疑是以“势”立论,而非以“道”立论。相对而言,张载则仍维系儒家“道高于势”之传统，故云：“朝廷以道学、政术为二事，此正自古之可忧者。”[①]“大都君相以父母天下为王道，不能推父母之心于百姓，谓之王道可乎？”[②]他和孟子一样，相信天意即民意，认为“大抵天道不可得而见，惟占之于民意，人所悦则天必悦之，所恶则天必恶之，只为人心至公也，至众也”[③]。“天无心，心都在人心……故曰天曰帝者，皆民之情然也。”[④]由此可见张载仍以道高于势也。他虽受“宗法基因”的影响，承认《易传》的“天尊地卑”说，但他亦强调“高以下为基”。[⑤] 并以“乾于天为阳，于地为刚，于人为仁；坤于天为阴，于地为柔，于人为义”[⑥]。可见他的宇宙图式是以天、地、人三才各有乾坤之性，且非以阴为恶而阳为善，明显与董仲舒的宇宙图式有所歧异。当然，张载之说仍以乾健为“主”，坤顺为“从”，这种“主从意识”与“宗法基因”不无关系。从今天的角度看，我们当然不会接受“唯主从关系”的宇宙图式，现代社会的运作程序往往是在多元关系中进行的，除了“主从”外，也会有“互补”“合作”“互为主从”及“平行不涉”等多元关系。

至于以父母“称”天地，张载乃着意于天地孕育万物而模拟之，而非实然的描述，故云：“《订顽》之作，只为学者而言，是所以订顽。天地更分甚父母？只欲学者心于天道，若语道则不须如是言。”[⑦]然而，“乾父”“坤母”虽非实称而为模拟，毕竟仍有“宗法基因”的痕迹。尚幸他的“宗法基因”的毒素较少，故仍能坚持先秦儒家“道高于势”的理念，以得道为圣者为主，而非以得势为君者为主。他和孟子一样，相信“天下乃天

---

① 张载，《张载集》(北京：中华书局，1978)：349。
② 张载，《张载集》(北京：中华书局，1978)：349。
③ 张载，《张载集》(北京：中华书局，1978)：256。
④ 张载，《张载集》(北京：中华书局，1978)：256。
⑤ 张载，《张载集》(北京：中华书局，1978)：177。
⑥ 张载，《张载集》(北京：中华书局，1978)：225。
⑦ 张载，《张载集》(北京：中华书局，1978)：313。

下人之天下”，可是这种“民贵”或“民本”的理念只要求君主格其心以为民，却无客观机制来限制君权及使政权之产生合理化。由此可见“民本”本质上与“民主”是绝不相同的。此外，传统儒家多主性善之说，忽略了人性的负面因素，以致偏重以道德修养来变化气质，而忽视由社会建制以均权导欲。当然，“性善”与“民本”的理念皆可与“民主”兼容，但却无助于“权力限制”的理念及机制之建立。个人相信非形上学化的儒学可提供丰富的精神生活的资源，但对政治、经济的发展只居于边缘的地位，毕竟无能为力也。

总结而言，何炳棣教授以“宗法基因”一理论构项（theoretical construct）来分析说明中国古代哲学思想（特别是儒家思想）的思考模式背后的历史潜根，实对以后中国思想史和哲学史的研究有重要的启发意义。何教授从中国文化起源到宋明儒学发展一系列有关“人本主义”及“宗法基因”之分析论文，一方面避免了以社会历史条件决定思想文化走向的历史（命定）主义的观点，另一方面又批判了所谓超越社会历史实践而蹈空的绝对主义的教条。今天已很少人接受历史主义的观点，但绝对主义的教条仍然有一定的吸引力。20世纪70年代，我在大学读书刚接触中国古代哲学思想时，对于所谓“天道”的永恒性格便略有怀疑：为什么“天道”一定是“一阴一阳”的？为什么一定是“乾健坤顺”的？为什么一定是“阳主阴从”的？为什么一定会“物极必反”的？为什么一定要“时中”或“守中”的？当时作为一个“望道便惊天地宽”的哲学探究的“初哥”，虽有疑虑却不敢明说，并常以自己资质不逮而将疑虑抑压。但后来读到卡尔·波普尔（Karl Popper）有关“可否证性”（falsifiability）的论著，才洞悉这永恒信念的破灭。形上学家以天道永恒，乃“自天而降”，“不为尧存，不为桀亡”者。但我们认为这“飞机”不可能不从“地面”起飞，自天而降的“凌空”之说只是神话。换言之，历代儒、道二家所言“天道”都是从中国古代特有的“地面”上出现的，这便是古代中国人由具体的社会历史实践引发出来的。

何教授自 1990 年第二次退休之后，才开始做中国古代思想史的研究。他深觉形上学家之研究多为美化、净化之作，而忽略社会、历史实践的因素，故未得思想史之实，亦未能恰当衡量有关思想的正负面价值。何教授从这历史学家重实践的角度出发，提出两千年来“宗法基因”不但影响中国思想家的思考模式，而且防阻儒家政治理想的实现，其说可谓切中肯綮。① 这不单可以把“凌空”的神话解消，而且可以引导我们了解种种抽象观念的限制及流弊，其启发意义至为重大。当然，于中国古代学术思想的“封闭部分”之外，如何发掘其“开放部分”，仍然是值得我们努力的一个方向。

① 关于“宗法基因”一概念可参考何炳棣，《华夏人本主义文化：渊源、特征及意义》，《二十一世纪》(1996 年 2 月号)：99 和(1996 年 4 月号)：99－100。

第五章　程伊川心性论新诠

前　　言

二程兄弟的心性论虽有颇多共通之处，然其各别的理论起点及思想性格却是迥然不同的。就理论起点上说，明道以心、性、理为自一(self-identity)，而伊川则以性与理为自一，心与性或心与理只能为合一(unity)而非自一。所谓“自一”，即是以“心”“性”“理”三个概念的意义(sense)尽管不同，而其指涉(reference)则一。① 换言之，三者不过是对同一元目(entity)的三个不同面相的描述：“理”是指一种道德、存有的形上原则或实体；“性”是指此原则或实体之内在于个体而为个体之本质；“心”则指此原则或本质之不外为一决定精神方向的道德自觉或价值意识。用牟宗三教授的话说，心、性、理三者自一，正表示道德主体性(moral subjectivity)是即存有即活动的，不是以性为但

① 意义(Sinn)与指涉(Bedeutung)之区分是由戈特洛布·弗雷格(Gottlob Frege)在其经典的论文[“Uber Sinn and Bedeutung” (On Sense and Reference), *Zeitschrift für Philosophie und philosophische Kritik*, vol. 100(1892): 25－50]中首先提出，以后罗素、卡尔普纳及奎因(W. V. Quine)等人均顺此区分而发展其各自的语义学理论。

理(mere reason)而与心不一,而为只存有而不活动者。[①] 所谓“合一”,是指此三者之意义既不相同,而其各别的指涉亦不相同,但以三者之意义在某些情况下紧密关联,故可谓之合而为一。如果性与理自一,而心与性或心与理只有二元目间之关联性的关系,则性理自身便只是存有而不活动的。当性理与心之活动关联起来时,只是要心之活动(意志或精神方向)完全地依顺性理所规定的理想状态而活动,使心不外于性理而自主其方向而已。然而,有些学者便会怀疑,当心不依循性理而活动时,道德主体性能否确立?而道德行为又是否可能发生呢?

有些学者认为,由自一与合一之不同,乃有顿教与渐教之分别。持自一说者,认为此心乃是道德所以可能的根源动力,此可称之为“本心”“良知”或“仁心”。本心一旦呈现,并能扩而充之,以除去气禀之偏与物欲之蔽,则完美的道德人格(圣贤)便可完全确立。此即明道、象山及阳明所开之顿教。持合一说者,以此一心若为气禀、物欲所蔽障而处于昏昧之状态时,心便不是合乎性理的道心,而是肆于情欲、拘于气质而危疑不定的人心。若要化人心为道心,使心与性理复至合一之境,必须透过外在的格物穷理的积习之功,才可使道德人格挺立起来。此即伊川及朱熹所倡之渐教的道路。

然而,二程兄弟的思想分野真的就是一顿、一渐之别吗?笔者并不打算要全面考察二程的异同问题,这里只是尝试从一个新的角度来探讨伊川的心性论,从而鉴别出二者虽有根本相异之处,而关键则不在一顿、一渐之差别。

---

① 牟宗三,《心体与性体》第一册(台北:正中书局,1989):综论部。

第一节　伊川的"心"是否指形下的实然的心气？

伊川主张"性即理"之自一义，历来学者都不置疑。但他以心与性或心与理为可合一而非本自一之论，大家亦无多争议。惟其所言之"心"是否指形下的实然的心气？他是否把心与性理之关系置放在主客或能所对待的认知格局之下？而其学又是否为渐而非顿？这便可有不同的理解。本节先回答第一个问题，以下即对伊川的"心"字的用法稍加分析。

伊川以恻隐之心等四端为情，[①]以赤子之心为已发，[②]则此一用法之"心"自是指情、意、欲及思虑等具体发生的心灵活动言。但伊川之"心"尚有另一用法。他说：

> 心也、性也、天也，非有异也。[③]
>
> 心具天德。[④]
>
> 理与心一，而人不能会之为一。[⑤]

---

① 程颢、程颐，《二程集》(北京：中华书局，1981)：168，182，433(伊川语)；105(未注明谁语，但下注"四端不言信"等字，则属伊川之思想。例如《遗书》卷十五，伊川语一，《二程集》168，《遗书》卷十八，伊川语四，《二程集》184，《遗书》卷二十二上，伊川语十，《二程集》315 都谈及此一问题。

② 程颢、程颐，《二程集》(北京：中华书局，1981)：202，607。

③ 程颢、程颐，《二程集》(北京：中华书局，1981)：78，321。《宋元学案·伊川学案》列有此条。

④ 程颢、程颐，《二程集》(北京：中华书局，1981)：78。《宋元学案·伊川学案》列有此条。

⑤ 程颢、程颐，《二程集》(北京：中华书局，1981)：76。未注明谁语。惟明道主张心理自一，伊川主张心理合一，故此条应属伊川的主张。

心与道，浑然一也。①

心即性也。②

情之未发，乃其本心。③

并以“孟子言心性天只是一理”，④皆非以心为具体发用、发生的心灵活动。为分别这两种用法，伊川有时不如第一种用法以“心”之名，而赋予他名。例如：

又问：“凡运用处是心否？”曰：“是意也。”问：“意是心之所发否？”曰：“有心而后有意。”问：“孟子言心出入无时，如何？”曰：“心本无出入，孟子只是据操舍言之。”又问：“人有逐物是心之逐否？”曰：“心则无出入矣，逐物是欲。”⑤

心本善，发于思虑则有善有不善。若既发，即可谓之情，不可谓之心。⑥

放心，谓心本善；而流于不善，是放也。⑦

喜怒哀乐未发，何尝不善？⑧

---

① 程颢、程颐，《二程集》(北京：中华书局，1981)：276。

② 程颢、程颐，《二程集》(北京：中华书局，1981)：204。

③ 程颢、程颐，《二程集》(北京：中华书局，1981)：152。晁昭德《读书志》以为此即朱子所辨蓝田吕氏讲堂之初本或改本。就义理内部言，此条与伊川和吕大临论“中”之观点一致。且在《遗书》卷十八，伊川语四，《二程集》213一段中，伊川与苏季明讨论“执其两端”之问题，苏提及伊川“注以为‘过不及之两端’”，此意正在《中庸解》中，故此条可视为伊川语。

④ 程颢、程颐，《二程集》(北京：中华书局，1981)：296。

⑤ 程颢、程颐，《二程集》(北京：中华书局，1981)：297。

⑥ 程颢、程颐，《二程集》(北京：中华书局，1981)：204。

⑦ 程颢、程颐，《二程集》(北京：中华书局，1981)：208。

⑧ 程颢、程颐，《二程集》(北京：中华书局，1981)：292。

> 心一也，有指体而言者，寂然不动是也；有指用而言者，感而遂通天下之故是也。①

由此可知："心"字除了指情、意、欲及思虑等具体发生的心灵活动之外，亦可指与道、理、性浑然为一的心灵状态或精神境界，此即本来合理、循性、具天德而通于道的道德自觉的心能。伊川虽未明言情、意、欲及思虑等心灵现象与才、气之关系，也没有说明这些现象属于形而上或形而下者；②却也肯定这些现象为已发的，必须落在现象界的具体发生的经验上来了解。③ 伊川以本性即是理，当然不属于气；而本心由于是"无形体"的，④而且是未发的，故亦含具有不属于气而似为形而上者。此外，由于"气有善有不善"，⑤"才则有善与不善"，而"性则无不善"⑥及"心本善"，⑦可知伊川的未发义的心不可能是形而下的实然的心气。因为此未发义的心若为形而下的实然的心气，它也该是"有善有不善的"，何以伊川又肯定"心本善"呢？并以此与道浑然为一之心为道心、良心呢？⑧ 由此反证，我们势难接受以伊川的未发义的心一定是属于

---

① 程颢、程颐，《二程集》(北京：中华书局，1981)：609，1183。

② 伊川以"人心不能不交感万物，亦难为使之不思虑"(《二程集》：168－169)，"(喜怒)非出于外，感于外而发于中"(《二程集》：204)，"人之所以不知善者，气昏而塞之耳"(《二程集》：274)，及"阳气发处，却是情也"(《二程集》：184)等，似乎都表示人之具体发生的心灵活动及状态与气禀或外物有若干关系，但却没有进一步表示这些活动及状态是否属于气及为形而下者。

③ 参阅注3、4及12。另外伊川又以"既思即是已发"，下注云："思与喜怒哀乐一般。"(《二程集》：200)。

④ 伊川认为"此("舍则亡"一语)只是说心无形体……"(《二程集》：207－208)，而以"有形总是气，无形只是(一作有)道"(《二程集》：83)及"有形皆器也，无形惟道"(《二程集》：1178)，似以本心不属于气，而为形而上者。

⑤ 程颢、程颐，《二程集》(北京：中华书局，1981)：274。

⑥ 程颢、程颐，《二程集》(北京：中华书局，1981)：274。

⑦ 程颢、程颐，《二程集》(北京：中华书局，1981)：204，208。

⑧ 程颢、程颐，《二程集》(北京：中华书局，1981)：276。

气,一定是形而下的断言。[①]

然而,何以伊川的"心"字有此两种用法:一指形而上的心之能体,或超越经验现象或发生过程之本然状态的心灵;一指形而下的心之发用,或具体发生的作为一种经验现象之心灵活动或状态呢?如果我们了解本质意义(或根源意义)与发生意义(或发现意义)的区分,则不难理解伊川的用法。譬如说,以朱熹的理气关系来说,理之发生意义是在气之中,即不能离气而发现到理;但理之根源意义则在气之上、气之先,即其形上的存有地位不是由形下之气而得证立的。依此,所谓"理在气中"和"理在气先"就不一定为互相矛盾的句子,正因为前者以理内在于气,是就宇宙论的发生意义说;后者以理超越于气,是就存有论的根源意义说。类似地,当心作为价值意识或道德自觉未发之根源,或作为一种道德自觉的心灵状态所以能朗现之能体言,它是形而上的。但当心作为已发的心灵活动或状态言,那些能循性理的或发自本心的,便是四端之情、欲善之意;至于那些不能循性理的或发自本心的,便是发不中节而为过或不及的情、意、欲或思虑。无论如何,这些都是在经验、现象

---

① 若以"F" 表示"气","G" 表示"有善有不善"(或"有形"),"H" 表示"本善"(或"无形"),"I" 表示"心",则此论证亦可表述如下:(结论:未发的心不属于气。)

[1]	1. $(\forall x)(Fx\rightarrow Gx)$	Premise
[2]	2. $(\forall x)(Gx\rightarrow \sim Hx)$	Premise
[3]	3. $(\forall x)(Ix\rightarrow Hx)$	Premise
[1]	4. $(Fa\rightarrow Ga)$	1, UE(Universal Elimination)
[2]	5. $(Ga\rightarrow \sim Ha)$	2, UE(Universal Elimination)
[6]	6. Fa	Assumption
[1,6]	7. Ga	4,6, MP(Modus Ponens)
[1,2,6]	8. $\sim Ha$	5,7, MP(Modus Ponens)
[3]	9. $(Ia\rightarrow Ha)$	3, UE(Universal Elimination)
[1,2,3,6]	10. $\sim Ia$	8,9, MT(Modus Tollens)
[1,2,3]	11. $(Fa\rightarrow \sim Ia)$	6,10, RCP(Rule of Conditional Proof)
[1,2,3]	12. $(\forall x)(Fx\rightarrow \sim Ix)$	11, UG(Universal Generalization)
[1,2,3]	13. $(\forall x)(Ix\rightarrow \sim Fx)$	12, Definition

界中具体发生的心灵活动，而伊川亦不承认有任何具体的心灵活动不是在经验、现象界发生的。他反对人"求中"，反对"思于未发之前"，[①]正因为未发之中只是一个在中的状态，即以心之能体为一合于理、循于性及通于道的本然状态，若思求之，必落在经验、现象界之中，不可能得形上的未发之中。换言之，"未发之中"是指一种不偏不倚的精神状态，要使此状态得以保全，并由隐而显，用"得中"或"求中"都是不太适当的，"养中"才是恰当的用语。保全状态是操存的问题，不是求索的问题。若说"求得"，便是对已发而中节之情说，所得者只是气之和而已。故说：

> 若言存养于喜怒哀乐未发之时，则可；若言求中于喜怒哀乐未发之前，则不可。[②]

为什么说"圣人之心，如镜，如止水"[③]呢？因为此与众人无异的天地之心，即本心，好比是未现为清、浊，未决于东、西的水，是一种"湛然平静"的本然状态。此心或在中的状态不可以直接思求得，故不言"静而见天地之心"，而谓"动而见天地之心"，[④]此语之上文以"知觉"为"动"，可知此"见"乃是就呈现于知觉或发露于知觉上说。因此，因其情乃可以逆觉本心、本性，[⑤]故云：

---

① 程颢、程颐，《二程集》(北京：中华书局，1981)：200。
② 程颢、程颐，《二程集》(北京：中华书局，1981)：200。
③ 程颢、程颐，《二程集》(北京：中华书局，1981)：202。
④ 程颢、程颐，《二程集》(北京：中华书局，1981)：201。
⑤ 程颐之说乃是一种"超越论证"(transcendental argument)或"超越推述"(transcendental deduction)。所谓逆觉或反觉者乃是基于经验事实而推证出非经验的或超越的对象。这正是"Kantian transcendental argument"，并非"sound argument"。"因其恻隐之心，知其有仁"之论证结构如下： (转下页)

因其恻隐之心，知其有仁。①

综上所言，可知伊川的未发之心与性在根源意义上是形而上的，虽

(接上页)(1) 人人皆有恻隐之心。

(2) 恻隐之心预设(presupposes)仁(生生)之理。(from phenomena to transcendent: moral experience presupposes innate moral capacity as realization of *sheng-sheng*.)

(3) 因此，仁(生生)之理是存在的。

其他不足以证其所证的“超越论证”如：

(A) 笛卡儿(René Descartes)的超越论证：我思故我在。

① 我思。

② 我思预设(presupposes)我(存)在。

③ 故：我(The transcendental ego = soul)(存)在。

(B) 康德(Immanuel Kant)的超越论证：经验知识如何可能?

① There is empirical knowledge.

② Empirical knowledge presupposes *a priori* concepts (categories).(经验知识默认先验概念/范畴)

③ So, there is *a priori* concepts(categories).

[但经验主义者认为：范畴由经验对象或经验事件归纳(induction)和抽象(abstraction)得来，并非先验。]

(C) 神学证明：神是存在的。

① 宇宙万物是存在的。

②a 一切存在的宇宙万物都是有秩序的(事物)(如钟表)。

②b 一切有秩序的(事物)都需要有(presupposes)它们的秩序创造者(如钟表匠)。

③a 因此，一切存在的宇宙万物必需有它们的秩序创造者。

③b 因此，神[作为(一切存在的宇宙万物的)秩序创造者]是存在的。

(D_1) 冯友兰的超越论证：有物必有则/理(一般例证)。

① 有某物存在。[empirical existence: particular(object)殊相]

② 有某物之存在预设(presupposes)有某物(之所以为某物)之理。

③ 因此，有某物(之所以为某物)之理。(non-empirical or transcendent existence: universal 共相)

(D_2) 冯友兰的超越论证：有山必有山之理(个别例证)。

① 有某山存在。

② 有某山存在预设有某山(之所以为某山)之理。

③ 因此，有某山(之所以为某山)之理。

这些“超越论证”不足以证其所证，是因为逻辑上不能从只有经验内容的前提推论出有非经验或超绝内容的结论。

① 程颢、程颐，《二程集》(北京：中华书局，1981)：168。

由恻隐之情而反觉其有，却不落在已发的经验、气化界中去求得。但已发的情、意、欲及思虑等心灵活动或状态，就其发生意义言，都是在经验、气化界中具体发生的，自与未发之本心居于不同之存有层级。

第二节 伊川的心与性理之关系是否置于认知格局之下？

伊川这种寂然不动的本心虽与明道、象山及阳明的心、性、理自一之心体也许并不一样，它可能只是一个合于理、循于性或通于道的心能，或即是一种能定、能止、能使物各付物或物来而顺应的心灵状态或精神境界；但它仍然是属于形而上的元目，并不是形而下的心气。若此说不误，则有关第二个问题(即伊川是否把心与性理之关系置放在能所或主客对待的认知格局之下)的解答，便不难找到。

伊川说“心本善”，即指心本来是合性理而处于在中的状态，或性理本来是存主于心中而不为外所动，故此心是良心、道心，为道德自觉开发之根源动力。伊川虽把心与性理析而为二，但二者的关系乃是具存或驻住的关系，并不是主客或能所对待的认知关系。心具天德，或性理内存于心，是表示(心)能具性而为一性能，不是以心去认知一个性理。前者是以性为能之驻住状态，后者是以性为能认知所对。性虽为能之驻住状态，若因气昏而塞之，便不能“性其情”，反而“情其性”，[①]亦即失性而陷溺其心。若要收其(放)心，复其(本)性，便需由操存、直养之内在工夫以使心回复至诚敬之状态，并由格物、穷理之外在工夫以助本心自己去推扩其所发之知(道德自觉)。此种合内外的工夫，主要并不是

① 程颢、程颐，《二程集》(北京：中华书局，1981)：316，577。

一种认知的活动，而是一种意志的向上，扩拓而使自我转化的心灵活动。

不过，伊川有一段话颇易使人误以其致知为认知活动而把德性之知当作一种知识。他说：

> 知者吾之所固有，然不致，则不能得之。而致知必有道，故曰：致知在格物。①

若以“知”字指固有的认知能力，“致”字指推致此认知能力之认知活动，则“得之”便是指得到此认知活动之成果，亦即获得知识。此解在语法上颇有问题。依整段文脉，“致”之受词是承上之“知”，“得之”的受词“之”也是承上之“知”，三者应是同一意义的。若以三者俱为能知（the knower）或俱为认知活动（knowing），固不可通，俱为所知（the known or knowledge）亦不成其义。其实，伊川此处之“知”当指道德自觉的心灵状态言，是一个心性论而非知识论的概念。人之本心是本来处于合理状态的，循此性理、顺此本心而发之道德自觉（知）②不是外来的，故说“吾之所固有”。但此道德自觉往往由于气禀之偏及物欲之蔽而昏塞不明，故须推致、扩拓之功，亦即由涵养、操存及随穷理而至于物之致知工夫，才能使之全幅朗现，亦即使意志向上的扩拓活动得以完成。

伊川认为涵养须用敬，而进学的致知工夫亦须有敬贯于其中。③ 此即后来朱熹“敬贯动静”一说之所本，而敬遂成为一超越（第二

① 程颢、程颐，《二程集》（北京：中华书局，1981）：316。

② 四端之情是道德自觉（知）之萌芽，若能由推致工夫而扩充之（致知），便是道德自觉之全幅朗现（知至）。

③ 伊川云：“入道莫如敬，未有致知而不在敬者。”《二程集》（北京：中华书局，1981）：66。谢显道记忆平白语，标明为伊川语。

序)的工夫。此处有一问题,如果致知是一种认知活动,是否必要有一敬的工夫贯于其中呢?伊川的诚、敬是一种主一无适,整齐严肃的内敛工夫。[①] 他说:

> 主于内则外不入,敬便心虚故也。[②]
>
> 主一,则即不之东,又不之西,如是则只是中。即不之此,又不之彼,如是则只是内。存此,则自然天理明。[③]
>
> 一者无他,只是整齐严肃,则心便一。一则自是无非僻之奸。此意但涵养久,则天理自然明。[④]
>
> 敬以直内,有主于内则虚,自然无非僻之心。[⑤]
>
> 有主则虚,虚谓邪不能入。无主则实,实谓物来夺之。[⑥]

可知敬乃是意志凝聚的心灵活动,目的在使心处于虚一自主的在中状态,不为外诱。这与注意力集中的问题是不相干的。认知活动也许要有集中的注意力以助成之,却不必要涵养——不为外诱而虚——自主的心灵状态。二程共许的"定""止""无我""两忘""正心""持志""不动心""不累心""不系于心""不役于心""不役其知""物各付物""以物待物""物来则知起""物来而顺应"及"万物皆备于我"等观念,都是环绕敬守此心而说的形容语。这些形容语所汇成的以敬为中心的观念网,不但不足以作为认知活动的必要条件,而且成为认知活动之一大障碍。假如"致知"

---

① 明道则以诚为无间断,不容已之道德心灵状态。
② 程颢、程颐,《二程集》(北京:中华书局,1981):154。
③ 程颢、程颐,《二程集》(北京:中华书局,1981):149。
④ 程颢、程颐,《二程集》(北京:中华书局,1981):150。
⑤ 程颢、程颐,《二程集》(北京:中华书局,1981):149。
⑥ 程颢、程颐,《二程集》(北京:中华书局,1981):169。

被视为一种在不良外物所诱动的条件下进行的认知活动，试问我们又如何能积极地界定这种所谓的“认知活动”呢？

伊川的“格物”是至于物的意思，“穷理”是究极物之所以然。“穷”指极言，故伊川常以“穷极”连言。“穷”是就深度说，不是就广度说。伊川认为不可“只穷一物”“须是遍求”，[①]但又非“须尽穷了天地万物之理”。[②] 此中“遍求”之“遍”及“尽穷”之“尽”才是指广度言，单“穷”一字无疑只是就深度言。至于物而究极其理是要上溯至物之上的形上之理，例如至于洒扫应对而究极其所以然或形上之理。所以要究极其形上之理，最终目的是要澈知那物上的各别之理不外吾心所具之天理。因之，格物穷理必须切己，必须要反求诸己。因为，若不反躬以使穷理活动摄之于己，则外面的穷理与内部的致知便不相配合，很容易变成“只务观物理，汎然正如游骑无所归”。[③] 所以，“兵阵须先立定家计，然后以游骑旋，旋量力分外面与敌人合，此便是合内外之道。若游骑太远，则却归不得”[④]。格物穷理是极至事物之上的殊别意义之理，即理之殊相，这种外在工夫可能包含有认知的意义；但致知作为一种与格物有密切关联而又不同的工夫，它是贯通诸理相而觉悟诸理相不外吾心之所具驻的一种内在工夫，乃是一种道德自觉、自信或承当之心灵活动，并无认知的意义。随伴格物穷理而致知，以至于知至之境，便是深造以“自得”。格物穷理不必遍求尽穷，“但理会得多，相次自然豁然有

① 程颢、程颐，《二程集》(北京：中华书局，1981)：247。
② 程颢、程颐，《二程集》(北京：中华书局，1981)：43。《宋元学案·伊川学案》列有此条。
③ 程颢、程颐，《二程集》(北京：中华书局，1981)：100。《宋元学案·伊川学案》列有此条。
④ 程颢、程颐，《二程集》(北京：中华书局，1981)：100。此条未注明谁语，惟与伊川他处观点相合，可视为伊川语。

觉处”，[1]“积习既多，然后脱然自有贯通处”，[2]“若到后来达理了，虽亿万亦可通”，[3]“须是集众理，然后脱然自有悟处。然于物上理会也得，不理会也得”。[4] 所谓“豁然有觉处”“脱然自有贯通处”“后来达理了”“自然见去”及“脱然自有悟处”，都是指道德自觉之顿然开朗的精神境界。一旦开朗了，亦即知已至而有所自得，便不必去一一穷索，“于物上理会也得，不理会也得”了。所谓“达理”，即是“达天理”。伊川以“知天命是达天理”，[5]又以“致中和则是达天理”，[6]可知自觉本然固有之性（天命之谓性），或推致在中之本心而发并中节之情（致中和），便是至乎天理，亦即回复己与理为一、心具天德的原初境界。要复至此原初境界，必须在敬守此心的超越工夫贯注底下，致知与随伴之格物穷理的工夫要同时展开，亦即内外并进，而顿渐双行。合内外之道，须有诚敬贯于其中。伊川一方面说：

> 但立诚意去格物，其迟速却在人明暗也。明者格物速，暗者格物迟。[7]

另一方面又说：

> 知既至，自然意诚。[8]

---

① 程颢、程颐，《二程集》（北京：中华书局，1981）：181。
② 程颢、程颐，《二程集》（北京：中华书局，1981）：188。
③ 程颢、程颐，《二程集》（北京：中华书局，1981）：247。
④ 程颢、程颐，《二程集》（北京：中华书局，1981）：175。
⑤ 程颢、程颐，《二程集》（北京：中华书局，1981）：1761。
⑥ 程颢、程颐，《二程集》（北京：中华书局，1981）：160。
⑦ 程颢、程颐，《二程集》（北京：中华书局，1981）：277。
⑧ 程颢、程颐，《二程集》（北京：中华书局，1981）：365。此条下注“正叔”二字，示为伊川语。

可知一于本心所之意（即诚意）一方面在格物之初便须确立，以之作为使穷理不流于逐外而能反求诸己之先在条件；另一方面又须在知既至之后才得以完成。换言之，一于本心的诚敬工夫贯注于格物与致知之起点至终点，为内外并进、顿渐双行所以可能的超越根据。

伊川所谓“致知”之“知”乃是指德性之知，而非闻见之知。他说：

> 闻见之知非德性之知。物交物，则知之非内也。今之所谓博物多能者是也。德性之知不假见闻。①

可见德性之知乃是知之在内，不是“物交物”之主客对待方式的认知活动所成就者。他说：

> 此心即与天地无异，不可小了他，不可（一作若或）将心滞在知识上，故反以心为小。（时本注云，横渠云：心御见闻，不弘于性。）②

可知不将心滞在知识上，不限于见闻之知，才是德性之知。此外，他又说：

> 致知在所养，养知莫过于寡欲二字。③

---

① 程颢、程颐，《二程集》（北京：中华书局，1981）：317。
② 程颢、程颐，《二程集》（北京：中华书局，1981）：22。此条开始有“正叔言”三字，示为伊川语。
③ 程颢、程颐，《二程集》（北京：中华书局，1981）：365。此条下注“正叔”二字，示为伊川语。

养心莫善于寡欲。①

寡欲则心自诚。②

则致知与养心或养知俱为意志扩拓之活动，而寡欲乃为此扩拓活动是否成功之判准。若能寡欲，即不为外物所诱动而能使心纳于诚敬的状态之中；诚敬贯于其中，扩拓活动始有所成。此种以诚敬贯于其中的意志扩拓活动所成就之知，乃是道德自觉之由迷失而复朗悟的一种心灵状态，不是任何意义的知识。知识有因忘记而需回忆的问题，有积累性的问题，但心灵状态并无这些问题，而只有操存、扩拓的问题。赖尔曾指出，良知性或德性之获取，并不宜以任何“知识”的卷标加于其上。这里有“学习”的问题，却没有“忘记”的问题。③ 此外，他也反对以良知性或德性之获得为“knowing that” 或“knowing how”。④ 总之，良知性或德性并不是任何知识对象。

本所固有之知没有因忘记而需回忆的问题，因为这是一种真知、深知，不是一般的常知、浅知。伊川所谓“常知”“浅知”是指闻见之知或知

---

① 程颢、程颐，《二程集》(北京：中华书局，1981)：18。此条虽未注明谁语，惟只是引孟子语，伊川自当同意。另《二程集》145。

② 程颢、程颐，《二程集》(北京：中华书局，1981)：18。此条虽未注明谁语，惟所论与二程兄弟皆合，可视为二人所共许者。

③ Gilbert Ryle, “Can Virtue be Taught?” in R. F. Dearden, P. H. Hirst and R. S. Peters (eds.), *Education and the Development of Reason* (London: Routledge and Kegan Paul, 1972): 444-445.

④ 余英时与杜维明二位教授曾借用赖尔在 *The Concept of Mind* (London: Hutchinson, 1949)一书中所提出的这一区分，以说明儒家的知行问题及德性之知的问题；然而赖尔本人是反对借用此区分来说明“德性”和“良知性”等概念的。有关问题可参阅冯耀明，《“致知”概念之分析：试论朱熹、王阳明致知论之要旨》一文(新加坡东亚哲学研究所专刊五，1986)。有关余、杜二氏之借用，可参阅余氏，《历史与思想》(台北：联经出版社，1976)：140；杜氏，《魏晋玄学中的体验思想：试论王弼“圣人体无”观念的哲学意义》一文，收入《燕园论学集：汤用彤先生九十年诞辰纪念》(北京：北京大学出版社，1984)：203。

而不必行之知；他的“真知”“深知”乃是由实践、躬行所至之知，知而必能行者。[①] 伊川认为：

知之者，在彼而我知之也。好之者，虽笃而未能有之。至于乐之，则为己之所有。[②]

人非不知，终不肯为者，只是知之浅，信之未笃。[③]

夫内之得有浅深，外之来有轻重。内重则可以胜外之轻，得深则可以见诱之小。[④]

人既能(一作有)知见，岂有不能行？[⑤]

及“知及之，仁不能守之”，此言中人以下也。若夫真知，未有不能行者。[⑥]

由是可知，“真知”“深知”是指自得之知、必行之知，“乐循理”而非“知循理”之知。[⑦] 伊川指出：

孔子教人，“不愤不启，不悱不发”。盖不待愤悱而发，则知之不固；待愤悱而后发，则沛然矣。[⑧]

---

① 程颢、程颐，《二程集》(北京：中华书局，1981)：16，164。

② 程颢、程颐，《二程集》(北京：中华书局，1981)：361。此条下注有“正叔”二字，示为伊川语。

③ 程颢、程颐，《二程集》(北京：中华书局，1981)：305。

④ 程颢、程颐，《二程集》(北京：中华书局，1981)：95。此条未注明谁语，惟与二程兄弟所论皆合，可视为二人所共许者。

⑤ 程颢、程颐，《二程集》(北京：中华书局，1981)：181。此条下注有“伊川”二字，示为伊川语。

⑥ 程颢、程颐，《二程集》(北京：中华书局，1981)：388。此条下注有“伊川”二字，示为伊川语。

⑦ 程颢、程颐，《二程集》(北京：中华书局，1981)：186。

⑧ 程颢、程颐，《二程集》(北京：中华书局，1981)：208。

待愤悱而后发之知，乃是一种不安、不忍、不容已之道德自觉；扩拓此道德自觉而至沛然内自足之境地，便有道德的承当（moral commitment）。试想，伊川所描述的这种“真知”“深知”可以叫作“知识”吗？如可以，这将是一种怎样的“知识”呢？徒说“道德知识”不同于一般“知识”，只是多说了“道德”二字，并未能真对这种所谓“知识”有所界定。

第三节　伊川之学是否有渐而无顿？

如果伊川的“本心”概念不是指形而下的实然的心气，而且其“致知”不是借一种认知活动，其心与性理之关系也就不是一种能知与所知之间的认知关系。如是，则第三个问题（即伊川的内圣之学是否只是渐教而无顿悟成分之问题）便不难解答。

如果我们因为伊川强调致知的内在工夫与格物的外在工夫不可分离，且又似格物须渐次地去穷格，因而以伊川之学为渐的一面而否定伊川的“致知”有“顿悟”的含义，并进而不分清格物与致知二工夫之异，而以致知亦为积累性的认知活动，笔者便不敢苟同。伊川和朱熹一样，由于针对佛教（尤其是禅宗）之空疏，以及针对象山之学之过于高远而不免蹈空，故特注重内外双修、顿渐并进之工夫。因此，若谓伊川之学为有渐，则可，若以伊川之学为只有渐而无顿，则是难以成立的。

第六章　朱熹心性论的重建

前　言

对于先秦儒学及宋明理学来说，"天道""天理"或"太极"等概念，无疑是至关重要的概念。有不少学者把天道、天理或太极理解为一种形上实有或超越实体；把这些形上元目与器、气、人、物或事等形下元目之关系，了解为既超越又内在的（both transcendent and immanent）关系。["超越"（transcendent）与"超验"（transcendental）之意义有别：前者是本体论概念，后者是知识论概念。]典型的例子是牟宗三教授的说法，他说：①

天道高高在上，有超越的意义。天道贯注于人身之时，又内在于人而为人的性，这时天道又是内在的（immanent）。因此，我们可以康德喜用的字眼，说天道一方面是超越的（transcendent），另一方面又是内在的（immanent 与 transcendent 是相反字）。天道

① 牟宗三，《中国哲学的特质》（台北：兰台书局，1973）：20。

既超越又内在，此时可谓兼具宗教与道德的意味，宗教重超越义，而道德重内在义。

不过，牟教授认为“超越内在”之说须有所简别，对先秦儒家如孟子来说，便只能承认天命流行之体与人有超越内在的关系，而不能内在于人以外的其他物中而为其性。至程明道才“根据《中庸》《易传》之‘道体（诚体、神体）创生地、超越地普妙万物而为其体’之义，复进一步，依圆教义，而谓万物‘皆完此理’，复谓每一个体皆是‘万物皆备于我’，‘都自这里出去’，此即表示此道德创生的实体既创生地、超越地为万物之体，复内在地而为其性”。[①] 而“朱子顺《中庸》《易传》言道体义，自亦承认道体普万物而为其体之义，但却把《中庸》《易传》所说之作为道德创生的实体之道体、诚体、神体理解为只是理……由存在之然推证其所以然之理以为其性，此为其性的所以然之理即是那为其体的理，超越地（但非创生地）为其体与内在地为其性两者完全同一化”。[②] 无论如何，儒学内部虽有各家不同之说，但各家在论及上述的形上元目与形下元目的关系时，似乎都用得上“既超越又内在”的说法。此说在学术上几已成为定论。

西方学者郝大维与安东哲在他们合著的 *Thinking Through Confucius* 一书中，认为孔子思想中排除了任何超越实有或原则(transcendent being or principle)的存在，而只有一种内在的宇宙秩序(immanental cosmos)的观念，因此，任何“超越论”都是孔学的曲解。[③] 此说是否成立，当然仍有待商榷。至于宋明儒学，尤其是朱熹的学说中，

---

① 牟宗三，《心体与性体》，第 3 册（台北：正中书局，1969）：494。

② 牟宗三，《心体与性体》，第 3 册（台北：正中书局，1969）：495。

③ David Hall and Roger Ames, *Thinking Through Confucius* (Albany: State University of New York Press 1987): 12 - 13. 他们对牟宗三与杜维明的批评，见第 204—205 页。

是否可以用“超越实体”或“形上实有”的概念来分析“天道”“天理”或“太极”等概念，又是否可以用“超越内在”一说来理解其中形上元目与形下元目的关系，则是本章所关切的主要问题。本章的研究，即以朱熹的学说为例，一方面揭示朱熹有承认超越实体及“超越内在说”之倾向，另一方面则指出此一倾向将带给朱熹整体学说一理论危机，而不能自圆其说。最后，为克服此一理论危机，本章尝试在朱熹学说中找出一些合理的部分，使其心性论从天道论中解放出来，结予一重新的诠释和定位。

第一节　“超越内在说”的倾向

有不少学者认为，朱熹的“理生气”及“理先于气”之说明显表示理对气之“超越性”，而其“理在气中”及“理不离气”之说则无疑表示理对气之“内在性”。此说不无道理，至少表面看来，朱熹的理与气的关系、道与器的关系及太极与阴阳的关系，都似乎是“既超越又内在”的。较明显的证据有以下几条：

> 太极便是一，到得生两仪，这太极便在两仪中；生四象时，这太极便在四象中；生八卦时，这太极便在八卦中。(《朱子语类》，卷 27)①
>
> 太极生阴阳，理生气也；阴阳既生，则太极在其中，理复在气之内也。(《元公周先生濂溪集》，上卷 2)
>
> 若论其生则俱生，太极依旧在阴阳里。但言这次序，须有这实理方始有阴阳，其理则一。虽然，自见在事物而观之，则阴阳函太

① 以下《朱子语类》引文皆自(北京：中华书局，1986)之版本。

极；推其本，则太极生阴阳。(《朱子语类》，卷 75)

既说"A 生 B"，A 与 B 自是两个不同的元目(entities)，而 A 似乎是在 B 之外或之上的，亦即 A 是超越 B 的，否则难言其间之"生成关系"。既说"A 在 B 中"或"B 包含 A"，A 似乎是内在于 B 中的，二者并不相离。依陈来的考证，[①]最后一条是林学履在朱熹 70 岁一年记录的，可说是他晚年的定论。这一条特别说到"自见在事物而观之"与"推其本"两种不同的观点，也就是"但在物上看，则二物(理与气)浑沦不可分开各在一处"与"若在理上看，则虽未有物，而已有物之理"(《朱子文集》，卷 46，《答刘叔文》)的两种观点。从见在事物的观点看，形上者是内在于形下者的；但从理之本源的观点看，形上者毕竟又是超越形下者的。朱熹在这里的说法，似乎是一种"既超越又内在"的说法。

这种说法虽然并不算错，却只能算是其中一种主要的解释。事实上，这些材料也可以作"内在而非超越"的解释。我认为，朱熹有关这个问题的材料基本上是中立的，可以容许这两种不同的解释。譬如朱熹说：

才说太极，便带着阴阳；才说性，便带着气。不带着阴阳与气，太极与性那里收附。(《朱子语类》，卷 94)

某前日说只从阴阳处看，则所谓太极者，便只在阴阳里；所谓阴阳者，便是在太极里。而今人说阴阳上面别有一个无形无影底物是太极，非也。(《朱子语类》，卷 95)

太极非是别为一物，既阴阳而在阴阳，即五行而在五行，即万物而在万物。(《朱子语类》，卷 94)

---

① 陈来，《朱熹哲学研究》(北京：中国社会科学出版社，1987)：28。

> 然理又非别为一物，即存乎是气之中，无是气，则是理亦无挂搭处。（《朱子语类》，卷 1）
>
> 有此器则有此理，有此理则有此器，未尝相离，却不是于形器之外，别有所谓理。（《朱子语类》，卷 95）
>
> 太极乃在阴阳之中，而非在阴阳之外也。（《朱子文集·答程可久》，卷 37）
>
> 五行阴阳，阴阳太极，则非太极之后，别生二五，而二五之上，先有太极也。（《朱子文集·答杨予直》，卷 45）

从这些材料可知，朱熹不仅主张太极不离阴阳，理在气中，或道即于器，他更认为在形下的东西之外或之上，并没有空悬或孤离的形上的东西。依此，朱熹又似乎认为形上者内在而非超越于形下者。

从朱熹的文献中，可知他深受《易传·系辞》中“易有太极，是生两仪”及周敦颐《太极图说》中“太极动而生阳，静而生阴”之说的影响，有极浓厚的本体宇宙论的兴趣。因此，当他讨论天道、天理或太极的问题时，都好像把它们当作形上实有或超越实体来了解。例如他说：“万一山河大地都陷了，毕竟理却在这里。”（《朱子语类》，卷 1）“有是理后生是气。”（同上）“未有天地之先，毕竟是先有此理。”（同上）及“若论道之常存，却又初非人所能予。只是此个，自是古今常在不灭之物。”（《朱子文集》，卷 36，《答陈同甫六》）都极可能作“超越的解释”。不过，“常存”“不灭”或“却在这里”，都不是不可以理解为形上者内在于形下者而又不因某些形气之消散而归于无，而恒可内在于其他形气之中。

有关“生”之问题，也可如牟宗三教授那样，视“理生气不是从理中生出气来，只是依傍这理而气始有合度之生化”。① 则理仍非超离于气

---

① 牟宗三，《心体与性体》，第 3 册（台北：正中书局，1969）：507。

之外而生其气的。至于“先后”之问题，朱熹也曾一再强调并非“时间的先后”。例如他说：“要之也先有理。只不可说今日有是理，明日却有是气。也须有先后。”(《朱子语类》，卷3)“有理而后有气，虽是一时都有，毕竟以理为主。”(同上)“二者有则皆有。”(《朱子语类》，卷94)除了不是“时间的先后”，他有时也表示“理与气本无先后之可言”(《朱子语类》，卷1)“而今知得他合下是先有理后有气耶？后有理先有气耶？皆不可得而推究。”(同上)即使“以意度之”，“推上去”或“推其所以来”，需承认理先于气，但一如冯友兰所说，这是“逻辑的先后”，亦即理论之预设而已。依此，形上者虽内在于形下者，却不一定是超离于形下者而为一超越实体。①

基于以上的考虑，我认为单凭“理生气”及“理先于气”之说，并不足以证明朱熹的天理、天道或太极有超越性，是一种超越实体。但是，朱熹的“理一分殊”及“性即理”之说，却必须默认有这种超越实体，其说始有意义。“理一分殊”的具体说法是：“万物各具一理，万理同出一原。”(《朱子语类》，卷18)“理一分殊，合天地万物而言，只是一个理。及在人，则又各自有一个理。”(《朱子语类》，卷1)这是说，从本原处说，亦即从理之未杂于形气上说，“只是一个理”，但从万殊的人物上说，“则又各自有一个理”，而后者乃源出于前者，故谓“万理同出一原”。此说若成立，便必须预设有未杂于形气之“一理”与已杂于形气之“万理”二层，然后才可说“万理”同出于“一理”。此二层之分，其实可以用“天理”与“性(理)”二概念之分别来表示。朱熹认为：“性是就人物上说。”(《朱子语类》，卷28)“性者，人所受之天理。”(《朱子语类》，卷5)“人生而静以上，即是人物未生时，只可谓之理，说性未得。”(《朱子语类》，卷95)“须是

① 冯友兰，《三松堂全集》(郑州：河南人民出版社，1989)：323。

个气质,方说得个性字。若人生而静以上,只说得个天道,下性字不得。"(同上)"性已兼理气。"(《朱子语类》,卷94)"人生而静,是未发时,以上即是人物未生之时,不可谓性。才谓之性,便是人生以后,此理堕在形气之中,不全是性之本体矣。"(《朱子文集》,卷61,《答严时亨》)"未有形气,浑然天理,未有降付,故只谓是理;已有形气,是理降而在人,具于形气之中,方谓之性。"(《朱子语类》,卷95)由上述所引各段可知,"性"是指人物已生之后,已涉形气之理,不全是性所本之体,即不全是未堕在形气之中的天理,故朱熹有"偏全"及"分殊"之说;"天理"则是指"未有形气""未有降付""人生而静以上"之时的一理浑然之天道。此分别是彰彰明甚的,似乎可以表示天理或天道是超越于已涉形气之人物之上的。

然而,天理或天道是否也内于已涉形气之人物之中呢?朱熹虽然认为天理"只是一个理",万殊的人物"又各自有一个理",但他并不是以"一理"与"万理"为不同者。他说"万物皆有此理"(《朱子语类》,卷16)中的"此理",正表示同一个理。所以他说:"言万个是一个,一个是万个,盖体统是一太极,然又一物各具一太极。"(《朱子语类》,卷94)"天下之理万殊,然其归则一而已矣,不容有二、三也。"(《朱子文集·答余正甫》,卷63)"浑然太极之全体,无不各具于一物之中。"(《太极图说注》)这似乎是要表示一与万无别,浑然太极之全体虽为超越之一理,而亦内具于万物之中。然而,这个作为万理本原之超越的一理,虽可说"万物分之以为体"(《朱子语类》,卷94,及《通书解》),却不可以是"割成片去"(同上)之整体与部分的关系。朱熹的学生曾有此疑而请教老师说:"《理性命》章注云:自其本而之末,则一理之实而万物分之以为体,故万物各有一太极,如此则是太极有分裂乎?"朱熹回答说:"本只是一太极,而万物各有禀受,又自各全具一太极尔。如月在天,只一而已,及散在江湖，则随处而见，不可谓月已分也。"(同上)由本之只是一太极，至末之禀受而"全具"一太极，可知一理与万理的关系不是整体与部分的关系，而一理与万殊之物的关系毋宁是既超越又内在的关系。

朱熹承程颐之说言"性即理"，其实也需预设天理与万殊之物有既超越又内在的关系。譬如他说："性只是理，万理之总名。此理亦只是天地间公共之理，禀得来便为我所有。"(《朱子语类》，卷117)"性只是理，以其在人所禀，故谓之性。"(《朱子文集·答陈卫道》)"吾之性即天地之理。"(《朱子语类》，卷98)"性与气皆出于天，性只是理。"(《朱子语类》，卷59)"天地间只是一个道理，性便是理。"(《朱子语类》，卷4)"性即理也。天以阴阳五行化生万物，气以成形，而理亦赋焉，犹命令也。于是人物之生，因各得其所赋之理，以为健顺五常之德，所谓性也。"(《中庸章句》，第1章)"性者，人物之所以禀受乎天地。……自其理而言之，则天以是理命乎人物谓之命，而人物受是于天谓之性。"(《朱子文集·答郑子上》，卷56)这似乎是说，天理赋之于人物，或人物禀受此天理，便是性。性与理本质上并无区别，所分别的只是存有地位之不同。天理的存有地位是超越而外在于具体的人物之上的，而性的存有地位则是内在而不离于具体的人物之中的。但由于"性即理"，天赋予而人物禀受而成其性的还是"此天理"，"天地间只是一个道理"，并非有另外一个理，所以"性"与"理"虽表示同一东西有不同的存有地位，却正好表示此同一东西是既超越而又内在于具体人物之中的。

朱熹的"理一分殊"及"性即理"说不仅预设天理既超越又内在于万殊的人物之中，而且也默认天理为一超越实体或形上实有。当朱熹说天理"降付"于人物或"堕"在形气之中，及以天理"赋"之于人物或人物"禀受"之以为其性，此天理便不太可能只是一个超验的原理(transcendental principle)而不是一个超越实体(transcendent substance)。原理或原则可以为人物所遵从或信持，却不能内在于人物之中。即使我们有时说人可以把原则“内化”了，但“内化”(internalized)只有心性论或心理学的意义，而没有“内在”(immanent)的存有论或本体论的意义。如果理和气一样，都是人物得以生成之存有论的元目，则理尽管可被理解为一种原理或原则，但在其根本的意义上，它主要还是一种实体或存有的元目，而不仅仅是一种原理或原则。

第二节　“超越内在说”的困难

朱熹虽然有“超越内在说”之倾向，但却未能自圆其说。存有论地说，如果我们不采取神秘主义的观点，便很难说一个东西是既超越(外在)而又内在(不离)于另一个东西的。表面上看，天理如果是一个实体，当它未杂形气，未有降付之时，自可以被理解为超越而外在于形气及人物之外或之上的；当它杂于形气，降付于人物之中而成其性时，又可以被理解为内在而不离于形气及人物之中的。但严格言之，此说是有困难的。因为超越者与内在者虽有关联，却不是同一个东西。即使朱熹所谓“性即理”或“万理原出于一理”表示性理与天理无别，或万理与一理无异，那也只是表示属于同一样型(type)的不同个例(tokens)，并不表示就是同一个东西。此即“qualitative identity”与“numerical identity”之分别。① 譬如有两个苹果完全一模一样，我把一个放在冰箱里，一个摆在桌子上，然后说：“苹果既在冰箱之外又在冰箱之内。”当然不表示同一个苹果既在冰箱之外又在冰箱之内，而只表示属于同一样型的两个苹果之所在不同。事实上，朱熹并不能把“性即理”或“万理

---

① John Hospers, *An Introduction to Philosophical Analysis*, 3rd ed. (Englewood Cliffs: Prentice Hall 1988): 261.

同出于一理”解释为“同一个理”，而只能理解为“同一样型的理”。虽然朱熹经常说“此理”“一理”及“万个是一个，一个是万个”，似乎是当作同一东西来理解，但究其实只是同一样型的东西而已。朱熹的“天上下雨”及“排数器水”“只是一般水”之喻（《朱子语类》，卷 18），“万川印月”之喻（同上，卷 18，卷 94）、“一隙之光”之喻（同上，卷 94），及“一粟生百粟”之喻（同上）都只表示不同个例属同一样型而已。

正如钱穆教授说：“理是上一截，性是下一截。若作如此分别，则伊川‘性即理也’一语应有问题，而明道‘（才说性时）便已不是性’一语亦嫌未当。故朱子说之曰：‘不全是性之本体，性之本体则是理，但非可谓性即是理。’”[①]只要承认有未涉形气之天理与涉于形气之性理的分别，性与其所本之体（即天理）虽属同一样型，却非同一东西。钱先生说性之所本是理，但“性即是理”却不可说，无疑是非常恰当的。朱熹自己也说：“是虽其分之殊，而其理则未尝不同。但以其分之殊，则其理之在是者不能不异。”（《朱子文集》，卷 59，《答余方叔》）“未尝不同”的只是“理”之本身，而“理之在是者”就“不能不异”了。“理”之本身当然不等同于“性”，但“理之在是者”无疑就是“性”。因此，在人物之分殊上，其中所在之理（即性）可以是各各不同的。既然各各不同，超越的天理与内在的性理虽有关联，毕竟不是同一个东西，甚至在内容上亦可能有所不同。朱熹以犬牛与人比较，他说：“有生虽同，然形气既异，则其生而有得乎天之理亦异。”（《朱子文集·答程正思十六》，卷 50）各各人物禀得的天理有异，自是与那浑一的天理不是同一东西。更准确的说法是：“论万物之一源，则理同而气异；观万物之异体，则气犹相近而理绝不同也。”（《朱子文集·答黄商伯四》，卷 46）由“一源”说“理同”，此“理”当是

① 钱穆，《朱子论性》，《朱子新学案》，上册（成都：巴蜀书社，1986）：309。

源头处的“天理”自身；由“异体”说“理绝不同”，此“理”当是在人物之中的“性理”。此亦显示天理与性理虽本末相关，而性理与天理实非等同一物。

根据以上的分析，由于超越而外在（于人物）的天理与内在而不离（于人物）的性理相关而不等同，故“既超越又内在”之说是难以成立的。①

第三节　“超越内在新说”的问题

如果“超越”不是指一个东西外在或超离于另一个东西之外或之上，而采取另外一个意思，是否仍可以建立一种新的“超越内在说”呢？牟宗三教授虽然没有声称他建立一种新说，但当他以“既超越又内在”来说明儒学中的“天命流行之体”时，他的确是在另一意义上建立其说的。牟教授认为：“吾人依中国的传统，把这神学仍还原于超越的存有论，此是依超越的、道德的无限智心而建立者，此名曰无执的存有论，亦曰道德的形上学。此中无限智心不被对象化、个体化而为人格神，但只是一超越的、普遍的道德本体（赅括天地万物而言者）而可由人或一切理性存有而体现者。此无限智心之为超越的与人格神之为超越的不

① 朱熹有时又借“天地之性”“天命之性”或“本然之性”与“气质之性”的区分，来表示前者为未杂气质之性，“专指理言”，与“理与气杂而言之”的后者不同（《朱子文集》，卷58，《答郑子上十四》），由此似可说“本然之性”即是“天理”，而有助于“超越内在说”之成立。但由于他也得承认“本然之性与气质之性亦非判然两物”（《朱子文集·答方伯谟三》，卷44），“天命之谓性，是专言理，虽气亦包在其中，然说理意较多”（《朱子语类》，卷62），也许他是把本然之性当作气质之性之理想状态或极限情况。如是，尽管“本然之性”可被理解为杂得至清之气的性，而未至理想状态或极限情况的“气质之性”是指杂有清浊不等之气的性，也难以断言“性即理”一命题，因此，“超越内在说”还是难以成立的。

同，此后者是只超越而不内在的，但前者之为超越是既超越而又内在。分解地言之，它有绝对普遍性，越在每一人每一物之上，而又非感性经验所能及，故为超越的；但它又为一切人物之体，故又为内在的。（有人以为既超越而又内在是矛盾，是凿枘不相入，此不足与语。）"[①]表面看来，这似乎和一般"超越内在"的概念无别，其实并不相同。牟教授的"超越"概念"分解地言之，它有绝对普遍性，越在每一人每一物之上，而又非感性经验所能及"，似乎与康德"超验"（transcendental）的意思较为接近，而与存有论上一般用来形容柏拉图"理型"为"超越"或"超离"（transcendent）的典型用法不同。这样说有没有误解牟先生的意思呢？似乎没有。例如他说："儒家经典中代表主体的观念比如孔子讲仁，仁就是代表主体。仁也可以说是'理'、是'道'。假如把仁看成是理、道，那么仁也可以看成是客观的东西。但是客观的东西并不就是客体，并不一定表示是外在的东西。我们说仁可以是客观的东西，这是从理、道的普遍性来规定的。说它是客观的和说它是外在的对象是不一样的。我们说仁是个理、是个道，那它就是客观的。它之所以为客观，就是因为它是理、道的关系，因为理、道是客观的。理、道为什么是客观的呢？用康德的话来说，就是因为它有普遍性和必然性这两个特性。而且康德讲普遍性和必然性都是由主体发。十二范畴不是就有普遍性和必然性吗？它是从主体发的，它也不是外在的对象呀。我们说客观就是这个意思。"[②]牟先生经常认为客观说的道体、理体显天命流行之体的超越性，主观地说的仁体、心体显其主体性或内在性。依此，他的"超越"无疑就是"客观"的意思。根据上两段引文亦可知，二者他都以"普遍性"及"必然性"来界定；而以"非感性经验所能及"与康德十二个"先验"

---

① 牟宗三，《圆善论》（台北：学生书局，1985）：340。
② 牟宗三，《中国哲学十九讲》（台北：学生书局，1983 年）：79。

(a priori)范畴来说明，也就是“超验”而非“超越”的意思。因此，我们有理由相信，虽然牟先生一再强调儒家的天道、天理有“形上实体”的意思，但他在这里无疑已从“超越实体”的概念不知不觉地移转为“超验的概念或原理”的概念上去。

我们还有一个证据，可以说明这种滑转的情况。牟先生说：“充其极而最纯净的理神论，不但‘神’字无多大意义，即‘上帝’一词亦不必是一个体的存有。康德明言吾人可否认有神论者有上帝之信仰。此即是充其极而最纯净的理神论，即理极论。程明道云：‘《诗》《书》中凡有一个主宰底意思皆言帝，有一个包含遍覆底意思则言天。’又言：‘言天之自然者谓之天道，言天之赋于万物者谓之天命。’又言：‘上天之载无声无臭。其体则谓之易，其理则谓之道，其用则谓之神，其命于人则谓之性。’凡此俱无个体存有义，帝只是一主宰义，即根源存有或最高原因义，这只是一形式的超越概念，并无特殊的规定——规定其须是一物(一个物体)，更何况规定其为一人格神。朱子之太极亦然。这是纯净的理神论。”①正如奎因所言“No entity without identity”，②没有个体的认同与分别，便难以承认那是存有的项目，不管那是具体的个体或抽象的个体物，物理的东西还是形上的东西。牟先生既承认“天道”“天理”及“太极”等是“形式的超越概念”，便和最纯净的理神论一样，并不表示个体的存有。牟先生虽然仍可坚持“超验”之说，却不能坚持天道、天理或太极为形上实体或超越实体之说，而只能承认它们是有普遍性及必然性的先验概念或原理而已。再者，对于概念或原理言，我们虽可以心

---

① 牟宗三，《圆善论》(台北：学生书局，1985)：253。

② W. V. Quine, *Ontological Relativity and Other Essays* (New York: Columbia University Press 1969): 23; *Theories and Things* (Cambridge, MA: Belknap Press of Harvard University Press 1981): 107.

理学地说“内化”或“内具”，却不能存有论地说“内在”。因此，牟先生所建立的“超越内在新说”，也有难以克服的困难，似乎并不是理解传统儒学、宋明理学，以及朱熹学说的恰当说法。

第四节　心性论的解放

牟先生的说法虽使“超越实体”之说滑转为“超验概念或原理”之说，但却有助于心性论及工夫论从本体宇宙论中解放出来。没有天道论的心性论，一若没有《易传》《中庸》的《孟子》之学，也许才是儒学最纯净而坚实的内容。从《易传》《中庸》发展下来的，夹杂有若干道家、道教及佛家的思想概念，而在北宋初奠立规模的天道论，从今天的哲学观点看，实有极大的理论困难。朱熹作为北宋道理之学的集大成者，其思想学说无疑有极浓厚的本体宇宙论倾向，而不免使其心性学说负背沉重的包袱，不能得到纯净的发展。对朱熹来说，其天道论与心性论之组合是不成功的，时有相互冲突之处出现。朱熹有时为了保护天道论的尊严，便会强调“超越实体”一面的说法；但有时为了维护心性论的纯净，他又会强调“超验原理”一面的说法。如果我们放弃他的天道论的尊严，只就其心性论的纯净一面来加以探讨，未尝不可以给其心性学说以一种新的解释，从而摆脱其天道论的纠缠。

在朱熹的学说中，强化“超验原理”而弱化“超越实体”之倾向无疑是时有出现的。例如他说：“要之，理之一字，不可以有无论。”(《朱子文集・答杨志仁》，卷 58)似乎是要表示：“理”一字所表示的，并不是可以用“有”或“无”来论述的客观对象。由于理非存有论的项目，而只是一种原则或原理，故不涉及存在之有、无问题，而只涉及则律之成立与否的问题。我们不能说：未有宇宙万物之前，已有万有引力定律存有。

这种说法是没有意义的。因为如果没有某些事物及事件存在，有关某些事物及事件的规律或原理就根本提不出来。我们也不能说：未有自然数的存在或约定之先，已有自然数的定律（如“2＋2＝4”）存在。这也是没有意义的说法。因为，原则或原理尽管可以是由语言之规约而为分析地真或超验地成立，其本身却并无存在的问题。原则或原理不是存有的单位，而是组织或理解存有的单位之单位。依此，当朱熹说上述的话时，似乎是否定理为一存有的单位。他的“无体之体”（《朱子语类》，卷 36）及“体用无定所”（同上，卷 6、卷 32）之说，都似乎削弱了以“体”为“实体”的说法。他说：“体是这个道理，用是他用处。……江西人说个虚空底体，涉事物便唤做用。”（同上，卷 6）“人只是合当做底是体，人做处便是用。”（同上）其中之“体”都是就“道理”或“合当”言，似表示原则或原理而非指个体之实体。他又说：“道只是当行之道。”（同上，卷 34）“问：……道不是有一个物事闪闪烁烁在那里，固是如此。但所谓操则存，舍则亡，毕竟也须有个物事。曰：操存只是教你收敛，教那心莫胡思乱量，几曾捉定有一个物事在里。”（同上，卷 23）“皆是见得理如此，不成是有一块物事光辉辉地在那里。”（同上）“不要说得似有一个物事样。道是个公共底道理，不成真个有一个物事在那里，被我见得。”（同上，卷 31）“所谓道，只是如日用底道理。恁地是，恁地不是，事事理会得个是处，便是道也。近时释氏便有个忽然见道底说话。道又不是一件甚物，可扑得入手。”（同上）此以“道理”“是处”说“道”，而不容理解为个体事物，对“性”一概念来说，亦如是。朱熹说：“性只是合如此底，只是理，非有个物事。”（同上，卷 5）“性不是有一个物事在里面唤做性，只是理所当然者便是性，只是人合当如此做底便是性。”（同上，卷 6）可见“性”也可被了解为人心所信持的原则或原理，而不是个体的东西。朱熹反对“禅家道赤肉团上自有一个无位真人模样”（同上，卷 113）似乎也与其心性学说要淡化“超越实体”之旨相配合的。

如果一般说的“道”“理”或“太极”，与落在人物之上的“性”是指一种原则或原理，这会是一种怎样的原则或原理呢？朱熹有时称这种原则或原理为“所当然之则”与“所以然之故”，从他的例说中可知这是包括自然规律与道德规范两方面的。朱熹虽混而不分，但其自然规律似乎也是规范化了的，并非纯粹的客观描述的规律。他说：“气虽是理之所生，然既生出，则理管他不得。如这理寓于气了，日用间运用都由这个气。”(《朱子语类》，卷 66)依此，理虽寓于人物的心、身之气中，理只有规范的作用，而没有规律的作用，因此才有意志抉择的问题。换言之，朱熹的理不是“决定论的”(deterministic)原则或规律，而是导引人生的理想准则。由此，“天命之性”中之“命”便不是“命定的”，而是类似康德“定然命令”(categorical imperative)中之“命”，只表示一种无条件的道德责任及道德规范之要求。朱熹把天道论淡化，其心性论及工夫论才较易从“决定论”或“命定论”中摆脱出来，从“既超越又内在”之说的困境中解放出来。其“心统性情”“未发已发”及“人心道心”的心性之说，以及其“格物致知”的工夫之论，都可以从新视野给予新的诠释和理解。

第五节　“心统性情”说

在新视野下，我们不再把天道、天理或太极当作超越实体，亦即不视之为一存有一元目，而只视之为超验的原则或原理。依此新的视野，“理在人心”或“得之于天而具于心”之性也不是一内在于心的存有元目，而是一内具或内化于心中的原则或原理。一如我们在上述第一节所论，“内化”与“内在”是不同的概念，前者是心理学的概念，后者是存有论的概念。我们说性是天理内具或内化于心，意即以性为人心所信持之超验的原则或原理，并成为人的行为（朱熹叫“知觉运用”）之理据。依照这种解释，心是存有元目，而性与情都不是存有项目。朱熹有两个比喻颇能表示这个意思，他说：“如以镜子为心，其光之照见物处便是情，其所以能光者是性。因甚把木板子来却照不见，为他原没这光底道理。”（《朱子语类》，卷 95）以镜喻心，镜为一存有元目，心亦应为一存有元目。以能光、能照见之理喻性，俱表示一种性能或原理，并非指存有元目。以光之照见物处喻情，俱表示一种功能或活动，也不是指存有元目。又说：“心，譬如水也；性，水之理也。性所以立乎水之静，情所以行乎水之动，欲则水之流而至于滥也，才者水之气力，所以能流者。”（同上，卷 5）以水喻心，亦有存有元目之意含；以静、动等性质形容性、情等，则似以性、情等为心之属性、活动及状态，而无存有之承诺（ontological commitment），如果心是存有元目，而性与情不是存有元目，“心统性情”便可能是说及心这一存有元目兼具的两种心灵内容（mental content）或统贯的两种心灵状态或活动。

朱熹所谓“心”，实包含两种意思或用法：一指“气之灵”或“气之精爽”，亦即一种存有元目；另一则指心“寂然不动”时具理（即于性）而未发的心灵状态及心“感而遂通”时发用于情而已发的心灵状态。前者是一种“mental entity”，后者是两种“mental states”。朱熹说：“心者，人之知觉，主于身而应事物者也。”（《朱子文集》，卷 65，《大禹谟注文》）“心者，人之神明，所以具众理而应万事者也。”（《孟子集注 · 尽心》）及以心为“能觉者气之灵也”（《朱子语类》，卷 5）可知他的“心”可能表示为一种能体，是主于身而能知觉，具众理而应万事的一种存有元目。至于他说：“心包性情，自其动者言之，虽谓之情亦可也。”（同上，卷 53）“恻隐、羞恶、辞逊、是非是情，然又说道恻隐之心、羞恶之心、是非之心，这是情,亦与心通说。"(同上,卷 98)这表示"情"亦可谓之"心",二者通说,则此通说之"心"自与"心包性情"之"心"不同义。"心包性情"之"心"当指作为存有元目之能体,而通说之"心"则指此能体发用为情意、思虑之心灵状态。朱熹顺程伊川说"心一也,有指体而言者,有指用而言者"(同上,卷 95)。其中"指体"之"心"可有二解:一指"心之体";一表"心体"或"心之本体"。当朱熹说前者时,他是以心之未发的内容为"心之体",亦即以心本来具有的性理为"心之体"。但当他认为才"所发不善""固非心之本体,然亦是出于心"(同上,卷 5)。"说不善非是心亦不得,却是心之本体本无不善"(同上)。并以"心之本体无不仁"(同上,卷 95)。他所说的便是后者,亦即指心之本然状态。此"心之本体"或"心体"不是指一心灵实体,而是指心未发动时寂然不动而具性理之本然状态。朱熹有一段话说得更清楚,他说:"心体固本静,然亦不能不动。其用固本善,然亦能流入于不善。其动而流于不善者,固不可谓心体之本然,然亦不可不谓之心也。"(《朱子文集·答游诚之》,卷 45)上述"心之本体"即此"心体之本然",俱表心灵之本然状态,而非心灵之存有元目。

朱熹"心统性情"中之"统"字,有"兼"义(《朱子语类》,卷 98),即"包括"之义(同上,卷 20,卷 119)。此即"兼体用"或"包性情"之说。依此,"心统性情"乃指心能兼具性之理及能依理而表现为情。不过,"统"字亦有"主""管摄"或"主宰"之义(同上,卷 5、卷 98;《朱子文集·元亨利贞说》,卷 67;《孟子纲领》,卷 74)。依此义,"心统性情"乃指心凭其主宰之力,可于未发时定于"一性浑然,道义全具"之"中"的心灵状态,亦可于已发时现于"七情迭用,各有攸主"之"和"的心灵状态。(《朱子文集·答张敬夫四十九》,卷 32)换言之,就"统"之第一义言,"心统性情"可表以心兼具两种心灵内容;就"统"之第二义言,则可表示心能通贯于两种心灵状态之中而得其主宰。

朱熹虽以未发为心之静，已发为心之动，但他反对以“块然不动，无所知觉”为“寂然不动之本体”。(《朱子文集·答石子重》，卷42)他说：“至静之时，但有能知能觉者，而无所知所觉之事。”(《朱子文集·答吕子约》，卷48)此即牵涉“知觉”与“思虑”之不同。大率言之，“知觉”是指心灵虚灵不昧之醒悟状态，而不涉及外界之事物；“思虑”是指心灵接应外界事物之思想活动。朱熹说：“未发之前，须常恁地醒，不是瞑然不省。若瞑然不省，则道理何在，成什么大本?”当学生再问他：“常醒便是知觉否?”他回答说：“固是知觉。”再问：“知觉便是动否?”回答是：“固是动。”学生甚疑惑，乃问：“何以谓之未发?”朱熹乃回答说：“然知觉虽是动，不害其为未发。”(《朱子语类》，卷96)可知心之寂然不动并非瞑然不醒，有知觉之动并不妨害心之未发。因为朱熹认为：知觉若不涉物仍属未发，一涉物便是“思虑已萌”之时，才算是已发。所以他说：“喜怒哀乐未发谓之中，只是思虑未萌，无纤毫私欲，自然无所偏倚，所谓寂然不动，此之谓中。然不是截然作一截，如僧家块然之谓。”(同上，卷62)又说：“方其未有事时，便是未发。才有所感，便是已发。”(同上)“未发只是思虑事物之未接时。”(《朱子文集·答林择之》，卷43)此皆以未发之静为未感动于物，非以块然静坐为寂然不动，亦须有常惺惺之知觉在，才能使心灵处于即于性或合于理的境界。

未发至静之时仍须有觉，但已发为情意之动时，是否就与静截然二分呢？朱熹认为“动、静”不是“判然二物”(《朱子文集·答余正叔》，卷59)，“未发、已发”是“夹杂相滚”的(《朱子语类》，卷62)，“只是一体事，不是两节”(同上)。因为“纵使已发，感之体固在。所谓动中未尝不静”(同上，卷75)。“其寂然者无时而不感，其感通者无时而不寂也”(《朱子文集·易寂感说》，卷67)。换言之，心即于性或合于理的心灵状态，和心动涉物而现为情意的心灵状态，是在一串心灵活动之中夹杂出现的，二者并非判然可分者。因此，未接应事物之时，理论上可敬守此心于常惺惺之状态；当接应事物之时，心体仍昭然具在而不昧。此即"动静亦不是截然动、截然静，动时静便在这里"。"静时固静，动时心亦不动。若无工夫，动时固动，静时虽欲求静，亦不可得而静矣"(《朱子语类》，卷 45)。此中"动静"相对而言，分别指接物已发之际与未接物而未发之时；但"静固静，而动亦静"，实即"静亦定，动亦定"之意，其中"静"字即"定"字之意。朱熹谓："静定其心，自作主宰。"(同上，卷 94)"止是静"，即是这个意思。但由于"人在世上，无无事底时节。要无事时，除是死也"(同上，卷 118)。因此，纯粹未接物而未发之静是不存在的。所谓"无事之时"似乎只是相对于思虑未完全作成之际。此亦与动静相因，已发未发夹杂相滚之旨相配合的。

如果"未发之心体"指未涉于或未作成思虑以前心灵信守、坚持性理之状态，而"已发之心用"指已涉于物或已作成思虑之时心灵顺理而体现为情意之状态，则朱熹所云"道心""人心"二者，究属未发之心灵状态，还是已发之心灵状态？陈来批评冯友兰在《中国哲学史》中以"性"为"道心"之说，并认为"道心与人心都是属于已发之心，并不是性"。[①] 其实冯说并不是没有根据的，因为朱熹也曾说："性则是道心。"(同上，卷 61)不过，说"性"是"道心"无疑是有问题的，陈来的批评是有道理的。但他认为"道心与人心都是属于已发之心"，则颇有问题。朱熹说："道心，即恻隐、羞恶之心。"(同上，卷 118)无疑是以道心为已发之心。可是他也说："知觉从义理上去，便是道心。"(同上，卷 78)由于知觉与思虑不同，知觉既未涉物而从义理上去，此道心自可

---

① 陈来，《朱熹哲学研究》(北京：中国社会科学出版社，1987)：169。

以是未发的。朱熹说:“然人莫不有是形,故虽上智不能无人心。亦莫不有是性,故虽下愚不能无道心。”(《朱子文集·中庸章句序》,卷 76)可见“性”与“道心”是有密切关系的。“性”表示心所具之理,“道心”则表示“知觉从义理上去”之心灵状态,“生于天理”(《朱子语类》,卷 62)或“兼得理在里面”(同上,卷 78)之心灵状态。“心所具之理”是一种“理”,而“知觉从义理上去”或“兼得理在里面”之(道)“心”是一种“心”,二者相即而不相等,故严格言之,性并不是道心。但心具理或从理之心灵状态仍可就人天赋本有之原初状态言,自是不必涉物的,因而可以是属于未发的。朱熹说:“道心是本来禀受得仁义礼智之心。”(同上,卷 78)便是这个意思,从“本来禀受得”言,似乎很难说道心是已发的。[①] 如果“道心”兼未发与已发言,似乎就是指未发时“在中”之心灵状态及已发时“中节”之心灵状态。至于朱熹以道心与人心为“杂出”之说,实即就同一心灵的存有元目而言心灵之二境或二态而已。如何使“人心听命于道心”(同上,卷 78),以道心“为人心之主宰,而人心据以为准者”(同上,卷 62),以及使人心转化为道心,则有赖操存之工夫。

第六节　“格物致知”说

有些学者认为朱熹的“格物致知”说是“泛认知主义”,“格物致知是心知之明与在物之理之间的认知摄取关系”,[②]并有以致知为格物之效

---

① 《朱子语类》中记载学生问朱熹:“心是知觉,性是理。心与理如何得贯通为一?”朱熹回答说:“不须去贯通,本来贯通。”也表示有知觉从义理上去或心循理之本来状态。由于气禀物欲之私,才使本来贯通之状态受到蔽障,那便必须作工夫来复其初、返其本了。

② 牟宗三,《心体与性体》,第三册(台北:正中书局,1969):397。

验的意含。[①] 朱熹以“穷理”释“格物”,的确是就认知关系上说这种修养工夫;他又以“致知格物只是一事”,“欲致吾之知,在即物而穷其理”。又似乎把二者视作一个工夫,或工夫与效验的关系。以前王船山在《读四书大全说》中已对朱熹这些说法提出类似的质疑,其实都误解了朱熹的意思。本节即依上文“心灵状态”说重新检视朱熹的“致知”概念,从而可以给朱熹的工夫论一个较合理的诠释和理解。

格物是穷理于外,认识事事物物上所依循而体现出来的原则或原理,这自然是一种认知活动。但致知是否也是认知活动呢?会不会以“格物”就物言,以“致知”就心言,不过是同一活动而作外与内两种不同的描述呢?又或致知只属格物之效验呢?虽然朱熹以“知,犹识”,并以“知识”二字连用;但他更强调“知”与“思”或“思虑”之不同,认为“知”与“觉”密切相关,可以“知觉”二字连用。严格言之,朱熹的“知识”也不是我们今天“知识”(knowledge)一词的意思,仍然是就心灵之觉醒来说的。朱熹曾就“良知”或“本有之知”而言“致知”,也只有心灵状态转化的意义,而无知识累积的意味。例如他说:

人之良知,本所固有。(《朱子语类》,卷18)

如孩提之童,无不知爱其亲;及其长也,无不知敬其兄,此良心也。良心便是明德。(同上,卷14)

人心莫不有知,所以不知者,但气禀有偏,故知之有不能尽。所谓致知者,只是教他展开使尽。(同上)

致知乃本心之知……致知工夫亦只是且据所已知玩索,推广

① 牟宗三,《心体与性体》,第三册(台北:正中书局,1969):385;陈来,《朱熹哲学研究》(北京:中国社会科学出版社,1987):212。

> 将去。具于心者，本无不足也。（同上，卷 15）

此一方面肯认人所本有之知为良知，自足而非外来者；另一方面又断定致知是就此本有而或为气禀、物欲所偏蔽之知之推广、展开说，此乃“复”之工夫，而无知识累积之“往”的意味。

如果“致知”是扣紧“良知”或“本有之知”说，不是一种渐积的认知、思解活动，那“知”是什么？“致知”又是一种怎样的“复”之工夫呢？有关“知”的问题，朱熹亦屡言其与“觉”之近似关系。他说：

> 林安卿问：“介然之顷一有觉焉，则其本体已洞然矣。须是就这些觉处便致知，充扩将去”。曰：“然。昨日固已言之，如击石之火，只是些子才引着，便可以燎原。若必欲等大觉了，方去格物、致知，如何等得这般时。那个觉是物格、知至了，大彻悟到恁地时，事都了。若是介然之觉，一日之间其发也，无时无数，只要人识认得，操持充养将去。”又问：“真知之知与久而后有觉之觉字，同否？”曰：“大略也相似，只是各所指不同。真知是知得真个如此，不只是听得人说便唤做知；觉则是忽然心中自有所觉悟，晓得道理是如此。”（《朱子语类》，卷 17）

“觉”是就其忽然有所觉悟而未必能承续持存说的；而（真）“知”则指真实的自肯、自信、自持，而非以道理外于吾心而说的。依此言之，觉悟与真知实无本质之差别；或者可勉强说：觉即未必能承续持存之知；而知则为能承续持存之觉。引文中朱熹认为致知是就介然之觉充扩将去来说，不必等至大觉，因为大觉时乃物格、知至而大彻悟了，还有什么事（工夫）可做呢？致知无非是由介然之觉至大觉之心灵状态的转化问题，与知识累积并非同一回事。

朱熹的致知是因良知或本有之知之发而扩充之的一种工夫，并无知识累积之义，此点实为朱熹所已关注到的。他说：

> 大凡道理皆是我自有之物，非从外得。所谓知者，便只是知得我底道理，非是以我之知去知彼道理也。道理固本有，用知方发得出来；若无知，道理何从而见？（《朱子语类》，卷 17）
>
> 致知乃本心之知。如一面镜子，本全体通明，只被昏翳了，而今逐旋磨去，使四边皆照见，其明无所不到。（同上，卷 15）

朱熹认为那“明德”或“良知”虽“虚灵不昧，以具众理而应万事”，“但为气禀所拘，人欲所蔽，则有时而昏。然其本体之明，则未尝息者，故学者当因其所发而遂明之，以复其初也”（《大学章句》）。要“复其初”之心具理或心即性之本然状态，并无累积或增益之可言，此种“日损”而非“日益”的工夫，自然与累积性的知识活动是不同的。朱子曾作过一些很好的比喻，他说：

> 明明德是明此明德，只见一点明，便于此明去。正如人醉醒，初间少醒，至于大醒，亦只是一醒。学者贵复其初，至于已到地位，则不着个复字。（《朱子语类》，卷 14）
>
> 如点一条蜡烛在中间，光明洞达，无处不照，虽欲将不好物事来，亦没安顿处，自然着它不得。若是知未至，譬如一盏灯用罩子盖住，则光之所及者固可见，光之所不及处，则皆黑暗无所见，虽有不好物事安顿在后面，固不得而知也。（同上，卷 15）

这两个比喻是说，初间少醒与最后大醒，只是同一醒；一条蜡烛在中间光明洞达而所无不照，与一盏灯用罩子盖住而光之所及有所拘限，也只是同一光明。朱子认为：本有之良知或明德之初发好比是初醒或一点光明的状态，而知至则如全醒或光明洞达的境界。初起之良知与知至同为一知，亦若初醒与全醒同为一醒，一点光明与光明洞达为同一光明，此间并无本质之异，更无累积性之可言。所谓“致知”，乃指人由本有之知之初发而推扩之，以复其本来全明、大觉之精神境界或心灵状态。“复其初”是一种逆反的心灵转化之工夫，而不是一种往前的知识累积之活动。

如果格物是穷理上的渐积之工夫，致知是知觉上的转化之工夫，二者即使相关，却并非同一工夫，更不能以其一为工夫另一为效验。虽然朱熹常以“致知、格物是一胯底事”(《朱子语类》，卷 15)。但这只是表示二者密切相关，并不表示二者完全等同。朱子曾明示：

> 格物、致知、诚意、正心、修身，却是下工夫以明其明德耳。(《朱子语类》，卷 15)
>
> 五者(格物、致知、诚意、正心、修身)其实则相串，而以做工夫言之，则各自为一事。(同上，卷 16)
>
> 大学所以有许多节次，正欲学者逐节用工，非如一节之竹，使人才能格物则便到平天下也。(同上)

可见格物与致知虽有密切的关系，二者则各有其用工之处，而各自为一工夫。朱熹不同意佛家空言唤醒此心，而无具众理以下之事；他也认为象山只穷一个大处的想法，很容易会误将人欲当作天理。他强调格物穷理之工夫可免蹈空之弊，因为“学问却有渐，无急迫之理”(《朱子语类》，卷 18)。就事事物物上之理一一穷格，乃是积渐的工夫。但朱子也不主张泛穷，认为格物必须切己，否则就会“如大军游骑无所归”，迷失方向而不能复本心之觉。因此，格物须配合上致知的工夫，才能使学问之渐得以上贯。朱熹对二者之关系有以下的见解：

> 问：经文“物格而后知至”，却是知至在后；今云“因其已知”，则又在格物前。曰：“知元自有，才要去理会，便是这些知萌露。若懵然全不向着，便是知之端未曾通。”（《朱子语类》）

致知既是复其“知元自有”之知，此知又须于格物之先已萌露，可见所得或所至之知绝对不是格物工夫的效验。相反，此知乃是使格物得以切己而不泛穷之先在条件，亦即使穷格于外与反躬于内得以贯通之必要条件。（而敬则是使此心知得以操存之工夫。）在格物之渐中，此常惺惺的心之知觉未尝息，亦须随之而作致知的推扩工夫。二者相伴而内外交养，随格物之渐至积累多了，自然致知之推扩亦可至“脱然贯通处”或“豁然贯通处”。所谓“到脱然贯通处”，即是“知至”（《朱子语类》），亦即达至本心之“全体大用可以尽明”之心灵状态或精神境界。此中“脱然”或“豁然”，即有“顿悟”的意思。[①] 依上述所论，可知格物与致知实有外在认知与内在转化之二重工夫，二者密切相关。格物不离致知，才能切己以上贯；致知不离格物，才不致蹈空而急迫。格物之渐积与致知之顿跃相互配合，渐顿双行而外内交养，庶几始能使人变化其气质，而复其初，返其本。总结言之，朱熹的格致理论，无疑不是泛认知主义，我们也可以用心灵转化之说来理解其中之致知问题。

---

① 《朱子语类》，卷114，有“豁然顿悟”一词连用，“豁然贯通”实有“顿然醒悟”之意。

第七章　王阳明“心外无物”说新诠

前言:“心外无物”说之缘起与诠释

王阳明“心外无物”说之提出,可以说基本上是针对朱熹的“格物穷理”之说而起的。朱子认为“禅家则但以虚灵不昧者为性,而无以具众理以下之事”,[①]“吾儒却不然,盖见得无一物不具此理,无一理可违于物。佛说万理俱空,吾儒说万理俱实”,[②]故在其“理一分殊”的本体宇宙论架构下提出“格物穷理”的心性工夫论,正是要对治佛氏之“悬空”。阳明虽也严儒佛之判,但却不认同朱子“外心以求理”,认为“于事事物物上求至善,却是义外也”,根本处是以朱子有“析心与理为二”之误。[③] 与此相反,阳明认为我们若能体悟“心即理”,便能确认天下无心外之理,亦无心外之物或事,甚而以“身心意知物是一件”。[④]

王阳明的“心外无物”说既是针对朱子之说而起,其说似可依此脉

---

① 《朱子语录》卷 14(北京:中华书局,1986):265 - 266。

② 《朱子语录》卷 17(北京:中华书局,1986):380。

③ 王阳明撰,吴光等编校,《王阳明全集》(上海:上海古籍出版社,1992):2,45。

④ 王阳明撰,吴光等编校,《王阳明全集》(上海:上海古籍出版社,1992):90。

络线索而得确解。惟历来对此说之解释颇为不一，至今尚未有善解。以往有不少国内外学者以柏克莱式的“主观唯心论”（subjective idealism）视之，亦有以斯宾诺莎式的“泛神论”（pantheism）释之。牟宗三先生则另辟蹊径，以其修改过的康德式的“新体用说”以理解之。最近有不少具有比较视野的学者借用胡塞尔的“意向性理论”（theory of intentionality）来解说心与物之关系，可谓赋有新意。以上四说，我认为“意向性理论”和“泛神论”两种解释都较为可取，但却未尽合适。相对于前者，我认为用普特南的“内在实在论”（internal realism）代之而提出的解释会更为合适；相对于后者，我认为自己花了一年时间构想的“灵窍说”所提供的解释更为恰当，它不只比“内在实在论”的解释更为周延，也可克服“泛神论”解释的缺点。总体来说，“灵窍说”的新诠除了在理论内部的优异性之外，也有思想外缘的合理性。

本章的目的，主要是对王阳明的“心外无物”说之各种解释作出疏理，从而论证“灵窍说”这种新诠的优异性和合理性。

第一节　“主观唯心论”的解释

依据邓艾民的观察，把王阳明的思想认同为柏克莱的主观唯心论，这种见解在内地比较流行，也为一些西方学者所称道。例如李约瑟在其《中国科学技术史》（*Science and Civilisation in China*）第二卷中，就认为王阳明比柏克莱早两百年提出这种唯心论，并论证二者极为类似。①

把王阳明的思想，特别是他的“心外无物”说，理解为柏克莱式的主

① 邓艾民，《朱熹王守仁哲学研究》（上海：华东师范大学出版社，1989）：137。

观唯心论，无疑是有文献上的依据的。例如，阳明说“意之所在为物”和“意在于事亲，即事亲便是一物”，[①]似乎与柏克莱的“存在即是被感知”(To be is to be perceived)的说法类似。他说：“若无汝心，便无耳目口鼻”，“若无真己，便无躯壳”等，[②]亦似以物理的躯体不能独立于心灵而存在，并无外于心灵或真我之外的客观实在性。

中国人民大学哲学系诸位先生合编的《中国哲学通史》为这种解释提供了典型的论据。他们认为依据王阳明的主观唯心论，“‘心’怎样产生物呢？他说：‘凡意之所发必有其事，意所在之事谓之物。’”(《大学问》)又说：“‘身之主宰便是心，心之所发便是意，意之本体便是知，意之所在便是物。’(《传习录上》)由‘心’发生意识活动，意识活动的发生构成‘事’，意识表现在那儿便构成了‘物’。……人的‘心’意识到了那里，那里就产生事物，形形色色、各种各类事物便从人‘心’中显现出来了。”[③]

依照这种解释，王阳明不只是主观唯心论者，他也是唯我论者。其论据是：“他(王阳明)说：‘位天地育万物，未有出于吾心之外也。’(《紫阳书院集序》)又说：‘我看这个天地中间，什么是天地的心？对曰：尝闻人是天地的心。曰：人又什么叫做心？对曰：只是一个灵明。曰：可知充天塞地中间，只有这个灵明。人只为形体自间隔了。我的灵明，便是天地鬼神主宰。天没有我的灵明，谁去仰他高；地没有我的灵明，谁去俯他深；鬼神没有我的灵明，谁去辨他吉凶灾祥。天地、鬼神、万物离却我的灵明，便没有天地、鬼神、万物了。’(《传习录下》)(这)是说，我心就是天地万物的主宰。天没有我心的感知，谁知道它有多高；地没有我心的感知，谁知它有多深。因此，离开我的心，就没有天地万物了。这样，我心

---

① 王阳明撰，吴光等编校，《王阳明全集》(上海：上海古籍出版社，1992)：6。
② 王阳明撰，吴光等编校，《王阳明全集》(上海：上海古籍出版社，1992)：36。
③ 杨宪邦等编，《中国哲学通史》(北京：中国人民大学出版社，1990)：223。

便成为唯一的存在，除了我心以外，世界万物都是不存在的。”[①]

此外，王阳明认为“若草木瓦石无人的良知，不可以为草木瓦石矣。岂惟草木瓦石为然，天地无人的良知，亦不可为天地矣”[②]。在游南镇时，他说：“你未看此花时，此花与汝心同归于寂；你来看此花时，则此花颜色一时明白起来，便知此花不在你的心外。”[③]这些文献上的证据都被任继愈解释为“这种‘良知’成为天地万物发生的源泉”，而这种主观唯心论最终必然导向唯我论。[④]

我们知道，儒家的理想在于个人的道德实践以及对现实外在世界的改造。如果王阳明果真是一个主观唯心论者，甚或是唯我论者，完全否定外在世界的客观实在性，他又怎配称得上是儒家的重要人物呢？我想作为儒家的王阳明是不会接受这种解释的。况且这些文献上的依据也是片面的，并不能概括王阳明思想的全面。全面而观，我们会发现有大量的证据显示王阳明是承认外物的客观存在的。例如他说：“求孝之理于其亲，则孝之理其果在于吾之心邪？抑果在于亲之身邪？假而果在于亲之身，则亲没之后，吾心遂无孝之理欤？”[⑤]阳明此处以孝之理不在亲之身而在吾之心，亲之存或殁皆不碍此理之内在于吾之心，明显以亲或亲之身为心之外的客观存在。他反对朱子格物穷理于事事物物之上，也必须以事事物物为外才有立说的意义。他反对“逐物”，批判“求之于外”，不可能不预设有心外之物。他说“接物”“遇事”“照物”及“感应”等，更不可能在无外物、外事之情况下言之有义。

既然王阳明不可能完全否定外物之客观存在，即使他的“心外无

---

① 杨宪邦等编，《中国哲学通史》（北京：中国人民大学出版社，1990）：224。
② 王阳明撰，吴光等编校，《王阳明全集》（上海：上海古籍出版社，1992）：107。
③ 王阳明撰，吴光等编校，《王阳明全集》（上海：上海古籍出版社，1992）：108。
④ 任继愈主编，《中国哲学史》第三册（北京：人民出版社，1979）：299，302。
⑤ 王阳明撰，吴光等编校，《王阳明全集》（上海：上海古籍出版社，1992）：45。

物”说的“物”概念或另有含义，他终究不可能被理解为主观唯心论者，更不可能是唯我论者。看似主观唯心论说法的“若无汝心，便无耳目口鼻”，“若无真己，便无躯壳”，其实是以“心”或“真己”为五官四肢作为功能性的机体之存在的必要条件，而非以五官四肢为心灵的构造，故下文言“真是有之即生、无之即死”。① 阳明虽说“天地、鬼神，万物离却我的灵明，便没有天地、鬼神、万物了”，但他跟着说“我的灵明离却天地、鬼神、万物，亦没有我的灵明”，②这便不好说是主观唯心论或唯我论了。阳明虽说“岂惟草木瓦石为然，天地无人的良知，亦不可以为天地矣”，但下文他又以“天地万物与人原是一体”，并言“同此一气，故能相通”之义，③亦不好说是主观唯心论或唯我论的。至于游南镇之说，阳明也只是以“未看花时，此花与汝心同归于寂”，而非“同归于无”，显然没有否定客观外在世界之物的独立存在性。

基于上述各点，我认为以柏克莱式的主观唯心论或唯我论来解释王阳明的“心外无物”说并不恰当。

第二节 “意向性理论”的解释

20世纪八九十年代，有若干有比较视野的学者尝试借用胡塞尔的意向性理论来解释王阳明的“意”与“物”的相关说法，④其中以张再林的解释最为具体详备。依照张再林的引述，“在胡塞尔的意向性学说

① 王阳明撰，吴光等编校，《王阳明全集》(上海：上海古籍出版社，1992)：36。
② 王阳明撰，吴光等编校，《王阳明全集》(上海：上海古籍出版社，1992)：124。
③ 王阳明撰，吴光等编校，《王阳明全集》(上海：上海古籍出版社，1992)：107。
④ 张再林，《中西哲学比较论》(西安：西北大学出版社，1997)：29。据笔者所知，最早引用胡塞尔“意向性”之说来解释王阳明“心外无物”之说的是刘述先先生(《朱子哲学思想的发展与完成》)。其后陈来、张再林皆用此说。

里，传统哲学中的意识与对象的单向的主客关系被表达为意向活动(noesis)与意向对象(noema)的双向的交互关系”。他认为：“对于胡塞尔来说，认识事物毋宁说是‘构成’事物，而‘认识’不过是‘行为’的代称。”这种现象学的“构成”观点虽使胡塞尔放弃康德的“物自身”观念，但他却并不因此而滑入主观唯心论而成为柏克莱的同谋和知音。张再林指出：“正如胡塞尔的现象学的悬置并不独断地否定世界的存在一样，胡塞尔的意向性学说也并未专横地将意向对象宣判为虚无。其所谓的意向性的‘构成’是一种所谓的‘现象性构成’，‘构成’并不意味着从无到有的‘创造’，而是意味着从隐向显的‘生成’，即不是对物理实在的构成，而是‘使某物显现’、赋予事物以现实化的意义和形式。……把这种‘构成’实际上理解为一种‘交互性的构成’，在强调意向对象本身被意向活动构成的同时，亦强调它反过来也构成着意向活动本身。”①

将上述的胡塞尔之说用来解说王阳明的“意”与“物”的关系，张再林说：“正如胡塞尔的意向性学说强调意向对象始终不外在于意向活动，对象总是‘意识的对象’那样，王阳明的‘意’的学说亦主张‘有是意即有是物，无是意即无是物’。”他进而认为王阳明的某些说法乃是在“意”的统摄下使心与物成为“一气流通”“难以间隔”的关连整体；而“良知是造化的精灵”乃是上述胡塞尔式的“构成论”的观点。②

骤眼看来，王阳明既说“无心则无身”，也说“无身则无心”；既直接说“无意则无物”，也间接说“无物则无意”；一方面认为“天地、鬼神、万物离却我的灵明，便没有天地、鬼神、万物了”，另一方面又强调“我的灵明离却天地、鬼神、万物，亦没有我的灵明了”；都似可理解为“noesis”与“noema”之双向关系。至于他在游南镇时以“归寂”与“明白”对比，

① 张再林，《中西哲学比较论》(西安：西北大学出版社，1997)：32。
② 张再林，《中西哲学比较论》(西安：西北大学出版社，1997)：35－36。

似亦可被理解为胡塞尔所言的意识之于对象之“激活”“充实”及“赋予意义”的活动之义。总括而言，王阳明的“心外无物”说若被理解为“意向活动之外无意向对象”，似无不妥，而且明显比主观唯心论的解释较为优胜。

上述张再林把胡塞尔的“noema”或“noematic Sinn”理解为“意向对象”，基本上是依照顾维兹（Aron Gurwitsch）等西方学者的解释。[①] 依照大卫・W.史密斯(David W. Smith)与麦金泰尔的看法，“意向对象”(intentional object)一词在西方哲学中的用法是歧义的，它至少有三个意思：一指“观念”“心象”“思想”“命题”及“意义”等，这些都是与心灵相关甚或依赖心灵才能成立的元目，可以叫作“意涵元目”(intensional entities)；另一指意向所及的实际的内在或外在对象，这是可以独立于心灵而存在的，可以叫作“被意向的对象”(intended object)；最后一种是指使一活动成为意向性活动之相关元目，可以叫作“意向内容”(intentional content)。[②] 就此三种用法来说，张再林所谓“意向对象”无疑是指第三种，亦即“noema”或“noematic Sinn”。与顾维兹的解释相反，达格芬・弗洛斯达尔(Dagfinn Follesdal)等西方学者反对这种以意向的意义结构或内容为意向所及之对象的“对象理论”(object-theory)，而采取以意向的意义结构或内容为活动与对象之间的中介的“中介理论”(mediator-theory)。[③] 依此，“意向对象”便不是“noema”或“noematic Sinn”这中介内容，而是实际的会着火的树、可以饮用的

---

① Aron Gurwitsch, *The Field of Consciousness* (Pittsburgh: Duquesne University Press, 1964): 164 - 168, 173 - 184.

② David Woodruff Smith and Ronald McIntyre, *Husserl and Intentionality* (Dordrecht and Boston: D. Reidel Publishing Company, 1982): 45 - 47.

③ David Woodruff Smith and Ronald McIntyre, *Husserl and Intentionality* (Dordrecht and Boston: D. Reidel Publishing Company, 1982): 141 - 145.

水等事物。本文无意介入此二说之争论，有关“中介理论”之优胜处亦有不少论著详为之论，此处不宜多说。[①] 此处提及二说之目的，在于论证策略之考虑：我认为不管是采取任何一说，在论证上都不足以支持作为王阳明“心无外物”说之善解。

我们知道，胡塞尔的现象学反思（phenomenological reflection）或归约（phenomenological reduction）之提出，主要乃是借着从真实（real/reell）存在中抽离出其理想（ideal/ ideell）意义，从而放弃自然的态度，以确立其意义学说。相对于意向所及而被悬置（epoché or suspension）的真实对象，在意向结构中的意义内容——“noema”、“noematic Sinn”或“noematic structure”——乃是抽象的元目，没有时空性的结构内容。依此，若以“意向对象”为“noema” 或“noematic Sinn”，并用来解说王阳明的“心外无物”说，根本上并不恰合。因为王阳明的“物”或“事”并非抽象的元目，而是实物、实事，即使这种实物、实事是赋予了道德的含义的。实物有成坏、存殁之变化的具体现象，实事则必须见诸人类的行为实践之中，这些都是王阳明的道德实践思想所预设的。例如他说：“意之所用必有其物，物即事也。如意用于事亲，即事亲为一物；意用于治民，即治民为一物；意用于读书，即读书为一物；意用于听讼，即听讼为一物。”[②]就此而言，孝之心意固然可被理解为事亲一道德行为之既充分又必要的条件，故下文说“有是意即有是物，无是意即无是物”，肯定此心与此物有双向的关系；但亲没之后，虽或仍有“孝亲之理”在，却难说仍有“孝亲之事”在。换言之，“孝亲之事”或“事亲”一道德行为作为

---

① Hubert L. Dreyfus with Harrison Hall (eds.), *Husserl, Intentionality, and Cognitive Science* (Cambridge, MA: MIT Press, 1982)所辑 Dagfinn Follesdal 和 David Woodruff Smith and Ronald McIntyre 的文章。

② 王阳明撰，吴光等编校，《王阳明全集》(上海：上海古籍出版社，1992)：47。

一实事是以“亲在”为必要条件的。“亲”此一物不在,“事亲”此一事就不成了。只有在“亲”在及“事亲”之物理行为(如捧茶问暖等)发生的前提下,孝之心意才与事亲之道德行为构成双向的关系。相对于胡塞尔的意向性理论来说,二者可谓颇为异趣。在现象学的括号或悬置(phenomenological bracketing or epoché)底下,被意向的对象(intended object)是否存在是与意向性无关的,因为意向性是一种内在而非外在(如因果)的关系。王阳明明显没有完全放弃自然的态度来表达他的“意”与“物”的关系,他不可能进入胡塞尔的“纯粹意识”中去探究一种抽离开现实世界的意义理论。胡塞尔的“意义世界”与王阳明的“道德世界”是绝不相似的。

假若“意向对象”不是“noema” 而是实际的对象,即真实世界中的事物,那么是否可以此作为另一尝试以解释王阳明的“心外无物”说呢?我看也不行。因为正如上述所说,实际的对象作为意向所及的对象是否存在是与意向性无关的。胡塞尔认为:“一行为之意向性并非本质上依赖它所涉及的对象之存有地位,或有关那对象的任何经验事实。例如,幻觉一怪物或幻想一人首马身之怪兽,与看见一树木的行为一样,都是意向性的行为,尽管前二者并非真有其物存在[Cf. LI(Logical Investigations 1990 - 1991), V, §11, pp. 558 - 559; Ideen (Ideas 1913), §23, pp.50 - 51; §46, p. 108.]。因此,一行为之为意向地关连于一特殊对象,并不涵衍该一对象存在。”①与王阳明的实物、实事之理论位置比较,胡塞尔的实物、实事是现象学地被悬置了的,其存在与否与意向性并无必然关系;但阳明的实物、实事乃是意有所用的必要前

---

① 转引自 Hubert L. Dreyfus with Harrison Hall (eds.), *Husserl, Intentionality, and Cognitive Science* (Cambridge, MA: MIT Press, 1982)中 Ronald McIntyre 之文章“Intending and Referring”: 217。

提,是不可被括号化的。其实,阳明顺程明道言“性即气”,以气质为善性之发见条件,是不可缺少的。故说:“依吾良知上说出来,行将去,便自是停当。然良知亦只是这口说,这身行,岂能外得气,别有个去行去说?”[①]王阳明说:“搬柴运水,何往而非实学?何事而非天理?”[②]亦是以事为作为天理之发见流行之条件,不可离却,以免玩弄光景。此外,阳明以躯体、四肢、言行以及自然物候现象和天地盈虚消息皆为良知、天理之流行、发生之条件,有关文献之证据可谓比比皆是。王阳明是不可能把这些真实世界的事物作为现象学的悬置的,其“心外无物”说实亦不可依此而得善解。

第三节 “内在实在论”的解释

胡塞尔的意向性理论牵涉三元的关系:意向活动(noesis)借着意向内容(noema)而指向被意向的对象(intended object)。由于“noema”是非具体的理想物,它不可能用来概括王阳明的实物、实事;又由于被意向的对象是现象学地悬置的,它也不适合用来说明阳明的意之所在之物或明觉所感应之物。对阳明来说,意与物的关系,或心灵与世界的关系,毋宁是二元的。就此而言,我认为普特南的“内在实在论”或“实用实在论”似乎更能说明这种二元关系。

依照普特南的看法,传统上各式各样的“形上实在论”(metaphysical realism)主要有三个观点:第一个是认为世界是由独立于心灵之外的对象所构成的固定整体;第二个是认为世界之所是只有唯一一个真而完整的描述;第三个是认为真理包含某种对应关系。普特南反对这些

① 王阳明撰,吴光等编校,《王阳明全集》(上海:上海古籍出版社,1992):101。
② 王阳明撰,吴光等编校,《王阳明全集》(上海:上海古籍出版社,1992):166。

观点，他认为所谓有关思想（或语言）与世界（或事物）之间的“对应”（correspondence）乃是一个神秘而不可解的概念。如果“对应”在理论说明上是无效的，唯一一个真而完整的描述便不可能得到确定，而且独立于心灵之外的对象亦无由确立。针对这些形上实在论的错失，普特南乃提出他的内在实在论。他认为当我们通过思想或语言来组织、选择、分类或定性世界中的事物时，我们所说及的或思及的并非世界之各个物自身（thing in itself）的部分。我们说及或思及世界中的事物，好比是用饼模在原材料上制成各种的饼食。原材料不是我们创造出来的，所以世界在此一意义下是真实的；但由于各种款式的饼食是由不同的饼模制成的，所以所谓世界中的对象并非独立于心灵而存在的。普特南说：“‘对象’并不是独立于各种概念架构而存在的。当我们引入这个或那个描述架构时，我们将世界切割成各种对象。因为对象和记号一样都是内在于描述架构的，不可能说谁跟谁应合。”①对普特南来说，用库提斯·布朗（Curtis Brown）的话说，“世界”似乎是一个“先在的混沌”，而我们则借发明的分类来创造各种对象。② 普特南无疑不是主观唯心论者，因为那作为“先在的混沌”之“世界”不是心灵的构造；但他也明显不是形上实在论者，因为那作为“对象”之“世界”乃是心灵的创造。用他自己的比喻说，那是：“心灵与世界共同地构造心灵与世界。”③然而，此说是否可以借用来解说王阳明的“心外无物”说呢？

王阳明说“有是意即有是物”，似可以解释为普特南的“有心灵架构

---

① Hilary Putnam, *Reason, Truth, and History* (Cambridge: Cambridge University Press, 1981): 52.

② Curtis Brown, “Internal Realism: Transcendental Idealism?” in *Midwest Studies in Philosophy* 12(1988)(此处引用其网上版): 3.

③ Hilary Putnam, *Reason, Truth, and History* (Cambridge: Cambridge University Press, 1981): xi.

的切割即有切割成的对象”;阳明说的“无是意即无是物”,不也可解释为普特南的“无心灵架构的切割便无切割成的对象”吗?对普特南来说,物未被心灵构造之前,所谓物在其中的世界不过是未被区分的“先在的混沌”而已。对王阳明来说,这岂不正正是未看此花时汝心与此花“同归于寂”的状态?表面看来,内在实在论的解释似乎没有问题。

我们知道:内在实在论是含蕴概念相对性(conceptual relativity)的,而概念相对性是可以使同一原材料被切割成不同的对象的。这里的问题是:王阳明由“心外无理”“心外无物”及“心在物为理”所构筑成的“心、身、意、知、物只是一件”的相关性的整体,似乎不太可能配合上这种在概念相对性下被理解的分离性的个体。此外,普特南所说的“心灵与世界共同地构造心灵与世界”中之“被构造的世界”虽或可被理解为相当于王阳明的(世界中的)具体实物、实事,但那“被构造的心灵”只能是受文化制约(亦即为已有的心灵架构及其切割的对象所引致)的(心灵架构下的)概念。这样的“心灵构造物”是文化制约下的产物,而不是王阳明间接表示的“无是物即无是意”这种个别物与个别意之相关性的说法。换言之,对普特南而言,他不可以像王阳明说“无是物即无是意”那样,说“没有某切割的对象即没有某切割的心灵架构”。普特南的“心灵”与“世界”虽有双向的制约关系,但却不是就心灵中的个别概念或意向与世界中的个别物或事而言其双向关系。王阳明的“心外无物”说是就“是意”与“是物”之个别元目言其双向关系的,与普特南的说法有根本的差异。

一如上述的引文所说,普特南认为“对象与记号一样都是内在于描述架构的,不可能说谁跟谁应合”,因此他要放弃“对应”这种“中介”(interface)的概念,而强调内在于描述架构中的对象与记号之关系乃是使用字词的一种语言游戏的活动。这种把心灵与世界的关系作“语言上升”(linguistic accent)的说法,与王阳明将心灵与世界“融为一体”的说法，实亦大异其趣。王阳明的“仁者以天地万物为一体”的“天人一体”式的本体宇宙观明显地不能配合上普特南的“以心灵去切割世界”的“内在实在论”。

第四节　“新体用说”的解释

牟宗三先生对“心外无物”说的解释是扣紧王阳明的“万物一体”说而展开的，相对于上述三种解释，这无疑是牟先生的解释的优胜之处。不过，他的解释之背后却又另有预设，与他家之预设绝不相同。牟先生的解释一方面是建基在宋明儒学的“体用说”之上，另一方面又借康德的“物自身”(thing-in-itself)概念而改造此一“体用说”，故我们可称之为“新体用说”。

牟先生说：“阳明从良知(明觉)之感应说万物一体，与明道从仁心之感通说万物一体完全相同，这是儒家所共同承认的，无人能有异议。从明觉感应说物，这个‘物’同时是道德实践的，同时也是存有论的，两者间并无距离，亦并非两个路头。这个物当该不是康德所谓现象，乃是其所谓物自身。从明觉感应说万物一体，仁心无外，我们不能原则上说仁心之感通或明觉之感应到何处为止，我们不能从原则上给它画一个界限，其极必是以天地万物为一体。这个‘一体’同时是道德实践的，同时也是存有论的——圆教下的存有论的。……‘感应’或‘感通’不是感性中之接受或被影响，亦不是心理学中的刺激与反应。实乃是即寂即感，神感神应之超越的、创生的、如如实现之的感应，这必是康德所说的人类所不能有的‘智的直觉’之感应。”[①]康德不承认人有智的直觉，但

① 牟宗三，《从陆象山到刘蕺山》(台北：学生书局，1979)：225。

牟先生认为中国哲学中儒、道、佛三家所说的“仁心”“道心”“般若智心”都是“无限心体”,故皆有其“智的直觉”。依牟先生自己的理论,“儒者所谓体用,所谓即体即用,所谓体用不二等,并不可以康德的现象与物自身之分而视之,盖此用并非康德所说的现象,倒正是康德所说的‘物之在其自己’之用也”。[①] 简言之,“我们现在所谓体用是就‘知体明觉之在其自己’与其所感应的物与事而言”。[②] 依此,良知明觉或知体明觉作为智的直觉是体,而其所感应或感通之物与事则为物自身之物。此明觉之感应是“神感神应”的,“能所合一”的,因而是“一体呈现”的。[③] 此“体用不二”,含“无对象义”,故不以物之用为心之体之外的对象。至此,“心外无物”之说可以证成。

然而,王阳明除了说“明觉之感应为物”之外,也说“意之所在为物”。若此“明觉之感应”非为感性之活动,由于“意之所著”明显是感性之活动,二说是否兼容呢?牟先生自有其一番解说。他说:“良知天理决定去事亲,同时亦须决定去知亲。故云:在致良知而成就‘事亲’这件行为物中必有一套致良知而成就‘知亲’这件事(亦是一行为物)为其一副套。‘知亲’这件行为既在成就知识,故‘知亲’中的亲就是知识中之对象,亦就是‘知识物’也。是以副套之致良知的行为皆成就知识或获取知识之行为。在良知天理决定去成就‘知亲’这件行为中,良知天心即须同时决定坎陷其自己而为了别心以从事去了别‘亲’这个‘知识物’。就在此副套之致良知行为中,天心即转化为了别心。既为了别心,必有了别心之所对。故即在此时,心与物为二,且为内外。‘知亲’这件行为为良知天理之所决,故不能外于良知之天理,故曰心

① 牟宗三,《从陆象山到刘蕺山》(台北:学生书局,1979):244。
② 牟宗三,《现象与物自身》(台北:学生书局,1975):445。
③ 牟宗三,《现象与物自身》(台北:学生书局,1975):39-440。

外无物。”①依上述可知，作为识心而非智心之活动的意与其所识之物自是相对为二，为内外，不可能就此一点言“心外无物”；但若就智心之自我坎陷而开出识心，则识心所对之物虽在识心之外，却仍为智心之所决，所主宰，故就此一点言，牟先生认为仍可说另一意义的“心外无物”。

我们认为上述的说法虽然善巧，却仍有一定的困难。首先，我们必须先接受牟先生解释背后所预设的“一心开二门”及“自我坎陷”说，才能接受其解释之合理性。此点无疑是“强阳明之所难”，即要先假定阳明之说暗中假定牟先生的预设而不自觉地运用。其次，牟先生的解释似乎也没有扣紧阳明之说之文脉，不免是“造论”多于“解释”。例如，阳明说：“心者身之主也，而心之虚灵明觉即所谓本然之良知也。其虚灵明觉之良知应感而动谓之意。有知而后有意，无知则无意矣。知非意之体乎？意之所用必有其物，物即事也。如意用于事亲，即事亲为一物……凡意之所用无有无物者，有是意即有是物，无是意即无是物。物非意之用乎？”②此段文字中至少有三点不合牟先生的解释：第一，这里以“知为意之体”，又以“物为意之用”，可见“体用”是就“事体”与其“功能”之相对关系，并非有关本体的论述，更非牟先生的“新体用”说。第二，阳明说“意用于事亲，即事亲为一物”，而不是说“意在于知亲，则知亲为一物”，故与牟先生在无执层面上就“感应于亲”而言“(行)事亲”，在执的层面上就“意在于亲”而言“知(事)亲”，似不一致。第三，阳明说“其虚灵明觉之良知应感而动谓之意”，即以良知之感应为意之活动，并非以“明觉之感应”为无执的一层，而“意之所用”为执的一层，明显没有

① 牟宗三，《从陆象山到刘蕺山》(台北：学生书局，1979)：252－253。
② 王阳明撰，吴光等编校，《王阳明全集》(上海：上海古籍出版社，1992)：47。

牟先生的"自我坎陷"的过程。

此外,修改康德的"智的直觉"和"物自身"概念,从而引用来说明阳明及其他中国哲学的问题,实有不少理论上的困难。我在其他书中曾讨论过这些困难,此处不赘了。[①]

第五节 "泛神论"的解释

和牟先生的"新体用说"的解释一样,"泛神论"(pantheism)或"泛心论"(panpsychism)的解释也可以照顾"万物一体"之说,但后者却比前者较少预设性的负担和困难,也更切合文献上的证据。以此说来解释王阳明的"心外无物"说,邓艾民有十分明晰的论释。他说:"陆九渊所谓的心只偏重在个人的心,所以他说:'人非木石,安得无心。'(《与李宰书》)而王守仁的良知已偏重指最高的本体,所以他说:'人的良知,就是草木瓦石的良知。'(《传习录下》)另一方面,王守仁更全面更透彻地发挥了心物同一的泛神论观点,从而使他与陆九渊的主观唯心主义有所不同……"[②]王阳明的心并非像陆象山那样"只偏重在个人的心",而且为"最高本体",也就是指"宇宙心灵"之意。宇宙心灵或宇宙精神无处不在,遍在于天地万物之中,故可言"草木瓦石也有良知"。其实,王阳明并没有说过"草木瓦石也有良知",他只间接承认"草木瓦石也有人的良知"。如此语表示"草木瓦石也有和人的良知一样的良知",或"草木瓦石也有和人的良知同一的良知",此"良知"当可被理解为一种"宇宙心灵",因而亦可被理解为一种有道德含义的泛神论或泛心论。但此

---

① 见冯耀明,《超越内在的迷思:从分析哲学观点看当代新儒学》(香港:香港中文大学出版社,2003)。

② 邓艾民,《朱熹王守仁哲学研究》(上海:华东师范大学出版社,1989):125。

语亦可表示为“草木瓦石也有人的良知作用于其上”，而“若草木瓦石无人的良知，不可以为草木瓦石矣”，便可被理解为“若草木瓦石无人的良知作用于其上，不可以为具有道德意义的草木瓦石矣”，这便不必具有泛神论或泛心论的含义。不过我们认为前一种解释是较为合理的，因为阳明此处回答其学生朱本思的问题乃是一个类似佛家的“无情有性”的问题。朱本思问：“人有虚灵，方有良知，若草木瓦石之类，亦有良知否？”[①]阳明回答若为后一种解释下的响应，便是明显不对题，不能响应原问题所涵有的“草木瓦石非有虚灵，如何可能亦有虚灵明觉的良知”之疑惑。因此，阳明的回答只能是前一种解释下的回应，否则便会是答非所问。

斯宾诺莎的泛神论以上帝（神）无所不在，既为能生之自然（natura naturans）（超越义），亦为被生之自然（natura naturata）（内在义）。与此比较，王阳明以“心作为乾坤万有之基”无疑是一超越的本体，他以“心与物为一”又似视心为内在于万物之中者。依邓艾民之说，“王守仁将心提高到绝对的地位，同时又认为心与物，良知与气都是同一的；天地万物离却良知则没有天地万物，良知离却天地万物也没有良知；心无体，以天地万物感应之是非为体等等；我们说这就是一种唯心主义泛神论”。他并认为“王守仁的思想更类似于谢林（Schelling）的唯心主义泛神论”，“都强调主体的心与客体的物的同一性，精神的良知与自然的天地的同一性，在同一性中级次最高的是自我意识”。[②]

如果王阳明的心是泛神论或泛心论的心，此心无处不在，自可言“万物一体”，也自可言“心外无物”和“心外无理”。然而，严格言之，阳

---

① 王阳明撰，吴光等编校，《王阳明全集》（上海：上海古籍出版社，1992）：107。

② 邓艾民，《朱熹王守仁哲学研究》（上海：华东师范大学出版社，1989）：131。

明所谓的心虽不离天地万物，却非与天地万物为同一。他以心、意、知、物为一件，乃是一种机体性相连的"一体"义，而非个体性相同的"同一"义。此外，除了上述有关"人的良知就是草木瓦石的良知"一段之外，其他有关心与物或心与身之一体性的说法，都不必作泛神论或泛心论的解释。所谓"无心则无身，无身则无心"，可以被理解为"无机能则无机体，无机体则无体能"，一若"无视听之机能则不能有视听之官觉，无视听之官觉亦无视听之机能"，二者是互相不可离却的。我们认为：如果此机体性相连的"一体"义亦可用来合理地解释上述有关"人的良知就是草木瓦石的良知"，则泛神论或泛心论的解释便不是对"心外无物"说及"万物一体"说的最佳解释。

第六节　"灵窍说"的解释

王阳明的"万物一体"说固然与泛神论或泛心论的解释不悖，但接受泛神论或泛心论的解释却要付出一个背离儒学基本精神的代价，即宇宙心灵吞噬了个体心灵的代价，则道德个体的自由意志便难以确立。相对来说，本节提出的"灵窍说"的解释则或不必付此代价，仍可说明"万物一体"之义。这里所谓"灵窍"，乃是我们用来标示王阳明的机体性世界观的一个概念。在阳明的著作和语录中，他常称良知为"虚灵""精灵""灵明""灵能""明觉""虚灵明觉""昭明灵觉""天植灵根""造化的精灵""灵昭不昧处""发窍之最精处"及"圆明窍"等，此"发窍之最精处，是人心一点灵明"，[①]故可概括为"灵窍"一词。王门高弟的王龙溪和钱绪山则直接以"灵窍"称谓良知，龙溪更有"灵气""灵机""玄机""天

① 王阳明撰，吴光等编校，《王阳明全集》(上海：上海古籍出版社，1992)：107。

根”“性之灵源”“人身灵气”“一点虚明”“一点灵机”“真阳种子”“第一窍”“天然之灵窍”“先天灵窍”及“虚窍灵明之体”等种种称谓。就个人所知，阳明之前似无儒者以“灵窍”或“发窍”等一系列的词语来称谓本心或良知。但在医书与道教的著作中则不乏类似的词语出现。医书常有“发窍”之说，而阳明之前的道教著作虽无直接以“灵窍”立论，却有类似的概念出现。道教内丹术语中有“玄关”“玄窍”“关窍”“祖窍”“归根窍”“先天道窍”“虚无一窍”，更有“虚灵一点”“真知灵知之体”“灵机”及“真阳种子”。相传尹真人高弟所著而于万历年间初刻的《性命圭旨》则有“灵关”“灵关一窍”及“灵明一窍”等用语。从这些阳明之前及稍后的道教内丹著作中有关“玄窍”或“灵窍”的概念群之发展，可知阳明及其高弟所言良知之“发窍”或“灵窍”之说或多或少源于内丹心性之学。当然，王学与道教内丹心性之学有关“发窍”或“灵窍”之说也许有根本差异之处，例如有关致知成善与返虚成丹之异；但二说亦不无类似的地方，此即阳明所谓，“不可诬”的“上一截同者”。[①] 如此假设成立，则或可证阳明受道教之影响并不比佛教的为少也。

我们知道，道教因受《黄帝内经》及医家之说的影响，肯定天地之大宇宙和人体之小宇宙之间有互相感应及相通的关系。例如白玉蟾的《阴阳升降篇》有云：“人受冲和之气以生于天地之间，与天地初无二体。天地之气，一年一周；人生之气，一日一周。自子至已，阳升之时，故以子时为日中之冬至，在易为复。自午至亥，阴降之时，故以午时为日中之夏至，在易为姤。阴极阳生，阳极阴生，昼夜往来，亦有天地之升降。人能效天地万橐节之用，虚湛寂，一气周流于百骸，开则气出，阖则气入，气出则如地气之上升，气入则如天气之下降，自可与天地齐其长

---

① 王阳明撰，吴光等编校，《王阳明全集》(上海：上海古籍出版社，1992)：18。

久。”[①]这是以天地与人本一体，即所谓“一点圆明等太虚”，人生以后不识一体之本，“只因念起结成躯”。[②] 王阳明所谓随“躯壳起念”、为“私欲间断”，以致不能“复其天地万物一体之本然”，[③]实亦与此有类似的意思。白玉蟾认为“人之有生，禀大道一元之气”，而此元气是可“与天相接”的，[④]故可借炼养以“归根复命”，与道为一。王阳明虽不必认同此一“逆化”之说，却并不反对“天地万物与人原是一体”之原因在一气之流通，故云：“只为同此一气，故能相通耳。”[⑤]

大宇宙与小宇宙本为一体而相通，关键在于一气之流通；而二者后来转变为二体而相隔，原因则在形躯及有我之私之蔽。要使天人复归相通而为一，必须倚靠一种去蔽的修复工夫；而此工夫之可能则在于人身之内有一开关的信道及发动的机能，以使人所禀之一元之气可复通于天之太虚。此一开关的通道与发动的机能，道教内丹著作称之为“玄关”“玄窍”“玄关一窍”“灵关”“灵明一窍”或“灵关一窍”等。白玉蟾在《玄关显秘论》中认为此归根复命的“玄关”“乃真一之气，万象之先。太虚太无，太空太玄。杳杳冥冥，非尺寸之所可量；浩浩荡荡，非涯岸之所可测。其大无外，其小无内。大包天地，小入毫芒。上无复色，下无复渊。一物圆明，千古显露，不可得而名者。圣人以心契之，不得已而名之曰道。以是知心即是道也。”[⑥]此心即是玄关，它可以“会万化而归一道”，亦即“一点圆明等太虚”。人能借炼养而体会得此，便知“心外无别

① 《宋白真人玉蟾全集》(台北：宋白真人玉蟾全集辑印委员会，1976)：104－105。
② 《宋白真人玉蟾全集》(台北：宋白真人玉蟾全集辑印委员会，1976)：504。
③ 王阳明撰，吴光等编校，《王阳明全集》(上海：上海古籍出版社，1992)：968。
④ 《宋白真人玉蟾全集》(台北：宋白真人玉蟾全集辑印委员会，1976)：105。
⑤ 王阳明撰，吴光等编校，《王阳明全集》(上海：上海古籍出版社，1992)：107。
⑥ 《宋白真人玉蟾全集》(台北：宋白真人玉蟾全集辑印委员会，1976)：105。

道，道外无别物”。[①] 如果我们将上述这些说法所牵涉有关精、气、神的炼养过程略去，这种作为“玄关”“玄窍”“灵窍”或“一点圆明”的“即道之心”，不是与王阳明的作为“发窍之最精处”或“圆明窍”的“良知”甚为相似吗？丹道以此心为万物一体之机体性的宇宙之机括，故为“造化之根”“天地造化之橐籥”。而阳明也以良知为“造化的精灵”“乾坤万有基”。丹道的“心外无别道，道外无别物”涵蕴“心外无（别）物”，无疑是一种以宇宙为有机整体的观点，即以有机整体内任何部分都不能离开机体性之机能而独存。阳明言“心外无物”也是以“万物一体”的机体性观点为前提，故当人的精灵游散而与物同归于寂时，所谓人与物皆为死物，已不是阳明以“生生之仁”来规定的道德性的宇宙机体之成分。李道纯的《中和集》以此即心即道之玄关为“中”，而“所谓中者，非中外之中，亦非四维上下之中，不是在中之中”。阳明亦以“未发之中”说心体，以“性无内外”，[②]并认为“人必要说心有内外，原不曾实见心体”。[③] 张继先在《心说》中认为心为“真君”，“其大无外，则宇宙在其间，而与太虚同体矣。其小无内，则入秋毫之末，而不可以象求矣”。[④] 阳明亦说：“良知之虚，便是天之太虚；良知之无，便是太虚之无形。日月风雷山川民物，凡有貌象形色，皆在太虚无形中发用流行，未尝作得天的障碍。圣人只是顺其良知之发用，天地万物，俱在我良知的发用流行中，何尝又有一物超于良知之外，能作得障碍？”[⑤]王唯一的《道法心传》说：“夫玄关一窍，内藏天地阴阳，日月星宿，三元八卦，四象五行，二大四气，七

---

① 《宋白真人玉蟾全集》（台北：宋白真人玉蟾全集辑印委员会，1976）：415。
② 王阳明撰，吴光等编校，《王阳明全集》（上海：上海古籍出版社，1992）：1173。
③ 王阳明撰，吴光等编校，《王阳明全集》（上海：古籍出版社 1992）：76。
④ 《三十代天师虚靖真君语录》卷一《心说》，《正统道藏》正一部。（文物出版社、上海书店、天津古籍出版社三家联合于 1988 年影印出版）
⑤ 王阳明撰，吴光等编校，《王阳明全集》（上海：上海古籍出版社，1992）：106。

十二候，风云雷电雨，皆在其中矣。”[①]阳明亦以良知本体“廓然与太虚而同体”，此“本体只是太虚。太虚之中，日月星辰，风雨露雷，阴霾饐气，何物不有？而又有何一物得为太虚之障？人心本体亦复如是。”[②]陈虚白的《规中指南》以“太虚之中一灵为造化之主宰”；[③]而阳明亦以良知为“造化的精灵”。[④] 上举种种对比只是其中一隅，实质丹道的“玄窍”与阳明的“灵窍”皆为人心一点灵明，虚灵不昧，而与太虚同体。二家皆以天地万物为一有机整体，皆为一气之流通，而只有得天地一点灵光或灵明的人才能逆反或修复一体之本然，以贯通天人。

如果我们试用“磁力现象”来比喻阳明的“一体气象”，也许可以“磁力”喻“心(能)”或“良知”，以“磁场”喻“太虚”，以“磁性”比喻“性(理)”，以“磁场中的带磁性之物”为“物”。依此，“良知即太虚”可表示“磁力不离磁场”，“心、性、天为一”可表示“磁力、磁性、磁场三者不离”，“心外无物”则可表示“磁力的作用之外无带磁性之物”。所谓“心无内外”，即以心能之作用不限于己身(小宇宙)与身外(大宇宙)，可喻为“磁力之作用不限于磁石本身，亦及其他铁物”。如此比喻不误，阳明的道德化的宇宙机体中的“灵窍”，便可被理解为人人同具的生生之仁的机能，它是可以用来维系或修复机体性之一体之本然的关窍。

这种机体性的观点可以在王阳明年谱中记录的《天成篇》中找到更明显的描述。其说云：“吾心为天地万物之灵者，非吾能灵之也。吾一人之视，其色若是矣，凡天下之有目者，同是明也；一人之听，其声若是矣，凡天下之有耳者，同是听也；一人之尝，其味若是矣，凡天下之有口

① 《道法心传》，《正统道藏》正一部“席”字号。
② 王阳明撰，吴光等编校，《王阳明全集》(上海：上海古籍出版社，1992)：1306。
③ 《规中指南》，《正统道藏》第十册：44。
④ 王阳明撰，吴光等编校，《王阳明全集》(上海：上海古籍出版社，1992)：104。

者，同是嗜也；一人之思虑，其变化若是矣，凡天下之有心知者，同是神明也。匪徒天下为然也，凡前乎千百世已上，其耳目同，其口同，其心知同，无弗同也；后乎千百世已下，其耳目同，其口同，其心知同，亦无弗同也。然则明非吾之目也，天视之也；听非吾之耳，天听之也；嗜非吾之口，天尝之也；变化非吾之心知也，天神明之也。故目以天视，则尽乎明矣；耳以天听，则竭乎听矣；口以天尝，则不爽乎嗜矣；思虑以天动，则通乎神明矣。天作之，天成之，不参以人，是之谓天能，是之谓天地万物之灵。"①

此篇之主旨在说明耳目心知具有客观性及灵通性，及是发自人心，而复归根于天地万物之机体中的一点灵能。此一灵能可通过人与天地万物同体之"发窍之最精处"（即所谓"人心一点灵明"）显发出来，由之而成就的耳目心知之现象，乃可说是"天作之，天成之"的。此篇在年谱上未有明言作者是谁，与年谱引录文字的一贯做法不同。此篇似隐含道教的思路，钱绪山也许不欲明言其为师作或己作。此篇所言确与阳明的良知与万物一体之说一致，阳明与其高弟如王龙溪等亦曾一再使用"天成"一概念于各人语录中。此篇揭示于嘉义堂上，钱绪山作为此一祀先师的书院之主讲，亦有可能是承师说以作此文。日本《阳明学大系·钱绪山遗文抄》，②但此文亦有可能是师作而非绪山之作，因为此篇出现于年谱中，年谱为绪山所作，而此篇未标作者名，日人也许就此推断为绪山之作，故作如是处理。此外，年谱中凡有引录文字，都注明"洪作"（钱德洪作）或"畿作"（王畿作），何以此篇之作者不予注明呢？也许此篇隐含道教观点，故绪山不欲明言为师说，此一可能实亦不可排除也。

---

① 王阳明撰，吴光等编校，《王阳明全集》（上海：上海古籍出版社，1992）：1338。
② 此乃陈来及彭国翔两位教授赐告者，谨此致谢。

李道纯的《中和集》有一很好的譬喻，他说："傀儡比此一身，丝线比玄关，弄傀儡底人比主人公。一身手足举动，非手足动，是玄关使动；虽是玄关动，却是主人公使教玄关动。"[①] 这"主人公"为何？正是与人人同具之"玄关"相即的"本来真性"，[②] 也就是即"心"之"道"。这种身体活动、玄关、本来真性之三元关系，在王阳明的机体性的宇宙观中便转为视听言动、心、真己（作为性之生理的仁体）之三元关系。故阳明可说："这性之生理，发在目便会视，发在耳便会听，发在口便会言，发在四肢便会动，都只是那天理发生。以其主宰一身，故谓之心。这心之本体，便只是个天理，原无非礼，这个便是汝之真己。"[③]没有这个真己为躯壳的主宰，那便是死物，便不是"精神流贯，志气通达"的，"元气充周，血脉条畅"[④]的生命机体，亦不是与天地万物为一体的感应机体。就生理或真性对于宇宙万物之作言，那是"天之所叙"，直接言是"天未有为也"；就大人之心或玄窍对宇宙万物之主宰言，那是"自我立之"，间接言是"天已有为也"。此天无为而人有为之间的关系，又可说是"暗符""默契"或"吻合"的。此即阳明所谓"裁成辅相"及"参赞化育"之义也。[⑤] 此义即为"自然天成"与"自立人为"之一致。白玉蟾说："天地本未尝乾坤，而万物自乾坤耳"，"大造无为"而"风自鸣，籁自动"，正因为"天地本无心"。[⑥] 王阳明亦认同"天地本无心"，但"以人为心"，故天成而不为，而人宰则有为。天成与人宰本对立，若为一致，便须有人心之灵窍来调和贯通，也才可以避免泛神论所面对的"气质命定

---

① 《中和集》卷二第十一，《正统道藏》第七册：201。

② 《中和集》卷三第三：206。

③ 王阳明撰，吴光等编校，《王阳明全集》（上海：上海古籍出版社，1992）：36。

④ 王阳明撰，吴光等编校，《王阳明全集》（上海：上海古籍出版社，1992）：55。

⑤ 王阳明撰，吴光等编校，《王阳明全集》（上海：上海古籍出版社，1992）：844。

⑥ 《宋白真人玉蟾全集》（台北：宋白真人玉蟾全集辑印委员会，1976）：415,419。

论”的挑战。①

“泛神论”的解释虽不一定错，但“灵窍”说的解释似乎更为周延，更符合思想史发展之脉络。此即本文之归结也。②

---

① 有关“气质命定论”的挑战，可参阅冯耀明，《超越内在的迷思：从分析哲学观点看当代新儒学》（香港：香港中文大学出版社，2003）。

② 对于两位匿名评审人的意见，谨此致谢。有关若干疑问，敬答如下：

第一位评审人提及阳明言“真己”与耳目口鼻四肢的“躯壳的己”之间的问题。我认为所谓“真己”是“心”，“躯壳的己”则是一种“外物”。所谓“真己何曾离着躯壳”，乃是表示“心外无物”之一例。阳明言躯壳之所以能“视听言动”及“非礼勿视听言动”，都“须由汝心”，正是要表示在“生生之仁”所贯彻的道德化的机体性宇宙中，此“生生之性”须通过人心这“灵窍”才能贯通至万事万物，从而使各物成为这道德性机体中的有机组件（所谓“物各付物”）。故此，人的躯体之活动若非由心而发，那躯体便是缺乏此生生机能的死体，而万物亦不复“一体之仁”的状态矣。

第二位评审人提及王龙溪的“四无说”，认为从有善有恶的“物”进至无善无恶的“无物之物”乃涉及两重身分之物，如同牟宗三先生之说。牟先生的说法之困难第四节已论及，此处不赘了。我认为“四无”是就本体本源说，在本源上万物本已在一体之仁中无分隔，我的目视不过是“天视”，你的耳听不过是“天听”，物便是“无善无恶之物”，皆为“天成”机体之组件。“四有”是就时时为“私欲间断”而在人物分隔的状态下求为善去恶，以复一体之仁。“有善有恶之物”是可为“私欲间断”之物，“无善无恶之物”是不为“私欲间断”之物。二者为同一物，前者尚未能在太虚中完全恢复其生生之机能，而后者则在太虚中活活泼泼地展示一体之仁。这并不是康德的“现象”与“物自身”的关系也。

第二位评审人提及“灵窍说”虽来自道教，但怀疑这是否与阳明以“一体之仁”为根据来说的“心外无物”之义相应。我认为我们在这里必须非常小心，不要被已有的或正统的解释左右我们的新想法。文献上的证据明显表示阳明之说并非纯粹的孔子的德教或纯粹的孟子的道德工夫境界说，而是深受佛道二氏影响的道德化的机体哲学，内中虽含有先秦儒家的道德教义，背后却以一套道德化的本体宇宙论来证成。故其所谓“一体之仁”，已非纯粹孔孟“仁化天下”或“道济天下”的道德实践之思，而是一种以人心之“灵窍”贯通宇宙万物的道德性的机体世界观。以阳明解孔孟固然很有问题，以孔孟解阳明则恐怕问题更为严重矣。

第八章　王阳明良知学新诠

第一节　王阳明的“良知”并非知性概念

“良知”是王阳明哲学中一个至为重要的概念，但历来对此一概念解说纷纭，且缺乏善解。由于它不可被理解为知觉思虑或见闻之知，不少学者遂以良知为一种非感性、非经验或超经验的知识或认知能力。但“非经验”或“超经验”之意为何？一些有超越主义（transcendentalism）倾向的学者为了说明此点，他们会断定此既不是感性直觉（sensible intuition）也不是分解智性（discursive intellection）的能力及知识，并构想其必为一种非感性的直觉（non-sensible intuition）或智的直觉（intellectual intuition），以此直觉为与物无对（non-duality）者。一些较少或没有超越主义倾向的学者则以良知之能力在其能发动道德践履，故可视为一种如何之知（how-knowing）的能力。但我认为，前者是值得质疑的，因为其说与主张人心有一种吊诡性或不可说之神秘精神力量的神秘主义十分接近。后者也是难以被接受的，因为其说并不能说明何以王阳明相信良知是“无知而无不知”的，及“草木瓦石也有良知”等说法，更遑论有关“性即气”“心外无物”及“知行合一”等说法。一般而言，二说皆不能响应从文本中提出的问题。

我认为这些不同的诠释都是错误的，这不仅是因为诸说不能提供一令人满意的解说，更且因为它们并不是在正确的进路上。要给王阳明的良知说一个融贯而完备的解释，必须摆脱上述这些观点所共有的心灵主义的（mentalist）或知性的（epistemic）进路，不管是超越主义或非超越主义的类型。不同观点的学者都会认同，良知并不是一种感觉经验的知识或理论认知的能力，但大家没有注意到更重要的一点，即对“良知”概念之理解不是或不仅仅是基于其所指者之非经验或非感性、非知性或非辩解的特性，而是基于此说背后有一深层的结构。以下，我将尝试展示此一深层结构，并论证良知不能只描述为非经验的或非感性的，或非知性的或非辩解的，更重要的是不能被界定为任何种类的知识和认知能力、觉悟和体悟能力、或智的直觉和神秘感受等。究其实，“良知”并不是一个知性概念（epistemic concept）或认知概念（cognitive concept）。将之理解为一种知性的机能或心灵能力，将会远离王阳明哲学列车的轨道。

第二节　以人为天地之心的宇宙观

依照王阳明的宇宙观或世界观，宇宙或世界并不是在物理规律下为静态的和机械的，而是在一种规范秩序下为动态的和有机的一个场域。天或太虚（《王阳明全集》第 95－96、106、211、1299、1306 页）[①]乃是一个内具规范秩序或理序方向的宇宙场域。此理序乃是能轨范其中的万物万事之天理或道，而天理之轨范是凭借其体现（realization/

① 以下引文皆来自王阳明撰，吴光等编校，《王阳明全集》（上海：上海古籍出版社，1992）。

embodiment/manifestation)于万物万事中而得以实现。正因天之虚，故它能借天理之体现于万物万事之中，而无所不包容。此即天理之发生流行。当其发生流行，太虚中无一物可为其障碍。(《王阳明全集》第106、211、1299页)

天理或道作为一种普遍的规范力或规范性能够在宇宙场域中流行发用，换言之，它有点类似亚里士多德所说的“formal cause”，能够体现于各种由气化而成的特殊的物事中而发生作用。此内在于各特殊物事中的理可名之为“性”。但所有这些体现只能由万物之灵的人之参赞化育或裁成辅相才能直接展示出来或启动起来。(《王阳明全集》第861页)对王阳明来说，这是因为人是天地的心(中心)，而且只有人才有心(心灵)。(《王阳明全集》第336页)心乃是人身内的一种灵能或虚灵明觉，它由至清至灵的气所构成，并能储存太虚中的规范力或规范性，此即所谓生生不息之仁(《王阳明全集》第26,36,976页)或天机不息处(《王阳明全集》第91页)。当内具此生生不息之性理的心起用时，它能传达或引发此性理至身内、身上及身外之物事。换言之，心作为一种精神能量是本源地赋予此性理的，并能传达或引发此性理之功能性至外在世界的物事上去。当心在持续的虚明状态下发出心灵作为(mental act)或由心灵作为而生出意向性行动(intentional action)时，性理之功能性便能由此而被展现或显现出来，此过程及状态可称为(良知之)“呈现”“发见(现)”“发生”“发用”“运用”“妙用”“流行”或“充塞”等。(《王阳明全集》第6、15、21、26、35－36、69、71－72、85、101、106、111、118、145、971、978、1176、1361页等)

心所隐含者乃天之规范秩序或理序方向在心中处于寂然的本体状态或本来体段。此序向乃一性能，其所体现或发用于心所起动的心灵事件乃是此一序向或性能在心中处于感或已发的状态。对于心灵事件的发生，此理序或性能之作用有点类似亚里士多德所说的“formal cause”，而作为气之灵的心之作用则有点类似亚里士多德所说的“material cause”。用王阳明的话说，这便是天理的发用流行。简言之，天理(太虚中的生生理序)、性(天理内存于人中的性能)或良知(天理内存于人中的灵能)乃是同一生生性能或此性能在不同状态下而形成的连续相或连续体之不同描述(《王阳明全集》第15、84、86、95－96、254、263、266－267、1303页)：它是宇宙中生而又生过程中之自然的，又是规范的秩序或理序的方向；也是天地间万物所内具的性能或生力；对人而言，更是人心所内含的灵能之本来体段，或能体现于心灵作为及由此作为所生之道德实践或意向性行动(包括发动心灵至觉悟状态)中的生生之仁。

心作为气之灵可名之为“人心”；心内含此太虚性能或宇宙精神可名之为“本心”，即从本以来是天所赋予此性能的本来体段。就此本体的心而言，可谓之“灵能”或“灵窍”。由于它能借感官之窍而接触或触动外在世界，故亦可称之为“发窍”或“窍中窍”。[①] 由此灵窍，人便能传输太虚中之性能至人身之内，并由身内之性能去触动身外之物，贯通小宇宙与大宇宙而为一体。若无私欲之阻隔蔽障，此天地万物一体的生

---

① 就我所知，这一系列的概念如“虚灵”“精灵”“灵明”“灵能”“明觉”“虚灵明觉”“昭明灵觉”“天地根”“天植灵根”“造化的精灵”“灵昭不昧处”“发窍之最精处”及“圆明窍”等，经常出现在王阳明及其弟子的著作中，但从未出现在王阳明以前的儒家论著中。但相关概念却为大多数王阳明以前的道教著作，特别是内丹的论著所使用。例如王阳明的“圆明窍”一词[见吴震编，《王畿集》(南京：凤凰出版社，2007)：460]乃是从内丹著作中借用过来。王龙溪和钱德洪经常使用的概念如“灵窍”“灵气”“灵机”“玄机”“天根”“性之灵源”“人身灵气”“一点虚明”“一点灵机”“真阳种子”“第一窍”“天然之灵窍”“先天灵窍”及“虚窍灵明”之体等，大都来自或引申自内丹的一个基本概念，即“玄窍”“灵关一窍”或“玄关一窍”。详论见冯耀明，《王阳明“心外无物”说新诠》，台湾《清华学报》(10/2003)：65－85。

生之仁是无所不在的。人为天地的心，人可以借其心灵活动去触动或激活外物，由此感而得彼应。(《王阳明全集》第 50，64，77，114，124，801，853 - 854，978，1176，1281，1295，1587，1600 页)所谓“感应”，乃是人之灵能所参赞于天理之发用流行之化育过程，裁成辅相之也。人以外的万物和人一样，都潜具天命之性，但只有人才能借其内具的灵能去触动或激活外物，从而使其潜具的天命之性得以“一时明白起来”，否则无感无应之内外二方只有“同归于寂”。正如纸、木皆潜具可燃之性，但只有借火种(人心之发窍)才能使之燃烧起来。换言之，物所内具的天命之性只是在倾向状态之性，而人所内具的天命之性乃是在本具状态之性，此乃人物之别，亦人之所以异于禽兽者。

当灵能发用或天理流行于身内的念虑情意的活动中，便是致其灵知于心灵作为中而有思虑之正、意念之诚、情发中节及行为中理之效。用今天哲学的语言说，这里所谓心灵作为其实只是大脑神经的活动事件(neural event)，可以说前者的心灵描述(mental description)是随伴着后者的物理描述(physical description)。用王阳明自己的话说，致其灵知于念虑情意的心灵作为(即心念之为)乃是一种心灵描述之所指，而其物理描述则是指气之流通。(《王阳明全集》第 124 页)就心灵作为所触动的外在行为而言，此行为之物理描述乃是有关其发出言行的身体动作之物理移动(physical movement)，而其心灵描述则可理解之为意向性行动(intentional action)。我们亦可以说，意向性行动之心灵描述是随伴着身体动作之物理描述的。王阳明称此内外之互动为“感应”。用我们的“mental language”去描述，此可称为“mental causation from prior intention to intentional action”；用我们的“physical language”说，此亦可称为“physical causation from neural event to physical movement”。

第三节　二域三层之架构

王阳明的宇宙观隐含着一理论架构，我们可以称此架构为一“内外（身内/身外）二域和（理/气/人与物）三层”之架构。兹图示如下：

天成人作图

人作：裁成辅相	天成：无为而成
(Human's conduction)	(*Tian*'s production)

3rd layer:

良知发见 *Tian-li*'s realization in mental act (internal domain) & action (external domain)	天理流行 *Tian-li*'s flowing on body(internal domain) & movement (external domain)

2nd layer:

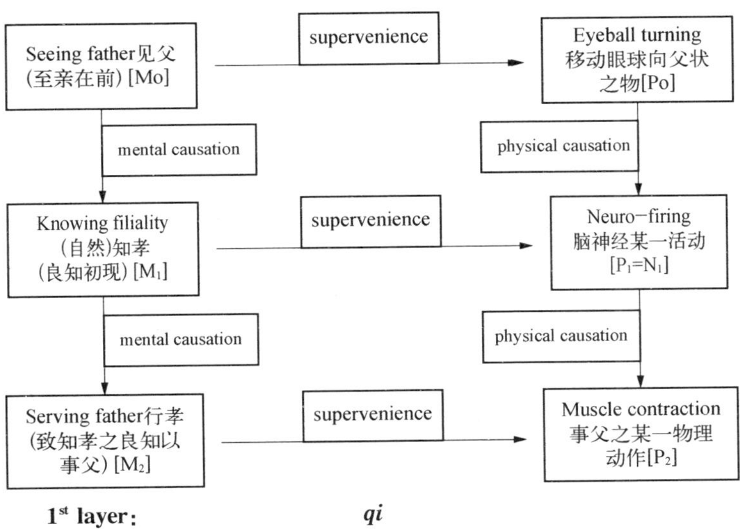

一气流通

从宏观和物理的角度看，人可被理解为在天地间其中一种具有物质形体的对象；但从微观看，人不过是气聚而成之物。当这些气在流动的状态中，可称之为“气”；当其在凝结浓缩的状态中，可称之为“精”；当其在聚合成形的状态中，可称之为“物”。(《王阳明全集》第62页)但若从心灵的角度看，人乃是具有心灵活动的个体，乃是借其窍中窍以体现天理于身内，并从而借其外窍以使天理流行于身上及身外。由此内外二窍而感通外在世界，可说是良知由发用而充塞于天地之间。身内的心灵作为可被理解为随伴着身内的物理的大脑神经事件(neural event)，及身上或身外的意向性行动可被理解为随伴着身上或身外的物理的生理事件(physiological event)。而借着由心灵作为至意向性行动生发的心灵因果(mental causation)，或由大脑神经事件至物理的生理事件生发的物理因果(physical causation)，体现在窍中窍中的天理便可以出窍而流行充塞至身外之万物，使之由“可燃烧的”(flammable)转化为“燃烧着”(flaming)的状态。其“点燃”(turn on the ignition)此“精神之火”(spiritual fire)之功唯人才能，亦即只有人才能裁成辅相，参赞天地之化育也。①

此三层架构中的底层乃是世界在现象之中的(phenomenal)或形而中的面相，即充满于天地之间的或流动或凝聚的气。第二层乃是世界在现象之下的(sub-phenomenal)或形而下的面相，即人所创造的心灵内容或此心灵内容所随伴着的物理内容，而此物理内容乃是气所凝结

① 简言之，身内的 mental act 是 supervenient on neural event，而其生发的 intentional action 则是 supervenient on physical movement。对前者言，天理由窍中窍而 constitutively realized 在身内；对后者言，天理则出窍而 causally realized 在身上或身外。有关此两种 realization，详见拙作 Yiu-ming Fung, "Wang Yang-ming's Theory of *Liang-zhi*: A New Interpretation of Wang Yang-ming's Philosophy," in *Tsing Hua Journal of Chinese Studies*, Vol. 42, No. 2 (June 2012): 261 - 300。

或形聚而成者。最上层乃是世界在现象之上的(super-phenomenal)形而上的面相,即生生之性能或自然往复的生序。生生之仁就其本身而言是没有现实性(actuality)或实现其自我的独立的存有角色,它的实化(actualization)不能离开第一或第二层的事物。它必须在气之流变之中及在心灵作为和意向性行动的生发之中,才能体现或呈现出来。在没有私欲阻隔或气质蔽障的情况下,知觉运动等心灵作为能为良知所发用,为天理所流行。此所体现于心灵作为中者,乃是天理于身内之构造体现(constitutive realization);当由此知觉运动等心灵作为生发一意向性行动或外部行为时,此所体现于行动或动作中者,乃是天理于身上及身外之因果体现(causal realization)。第二种体现之发生,乃是凭依由身内所造的心灵作为之原初意向性(original intentionality)至心灵所及之外部行动的导出意向性(derived intentionality)之间的心灵因果关系之过程。没有此一"mental causation",内与外便无感通,外行和外物与内在的我便同归于寂,而良知天理也就无从发用流行于外。一旦感通无碍,内外贯通,外物潜具的 *spiritual fire* 就可以被"点燃"起来,此时亦可谓"心外无物""性外无物"及"天地万物一体"矣!

这两种体现(constitutive realization 和 causal realization)可以用以下的模拟例子来说明:

计算机的软件和硬件的关系:我们可以说,软件作为"formal program"与硬件作为"physical equipment"是不同的,虽然前者必须安装在后者中才能使计算机运作。用 Artificial Intelligence 的计算机语言说,软件借硬件所作的物理动作而提供计算机以 semantic content 或 meaning。虽然在笼统意义上说,当计算机开动时其程序在运行(the program is *running*);但严格言之,软件程序既不能说是"running",也不能说是"not running"。说它在"moving" 或"not moving" 都是

category-mistake。只有硬件才可被形容为"running"或"not running","moving"或"not moving"。良知天理之 realization、embedding 或 embodiment 在人的心灵作为或心灵事件中,和软件之装嵌在硬件中一样,都是一种"constitutive realization"。因此,良知天理就其本来体断言,既不能说"动",也不能说"静";既不能说"先",也不能说"后"。由于软件程序借硬件活动而显其功能,故可间接说软件程序之"运行",实质上是"运而无运","行而不行"。同样的,良知天理借心灵作为而显其性能,借思虑情意而有所谓"知感",实质上是"知而无知","感而无感"。相对于此种"constitutive realization",良知天理借心灵作为所生发的意向性行动而体现者,乃是其 causal realization。因为这体现是通过身内至身上及身外的 causation 才得以完成。换言之,前者(心灵作为)的 realizee(i. e., what is to be realized)是其 realizer(i. e., what is to realize)之构成内容之一,而后者(意向性行动)之 realizee 则不是 original realizee,而是 realizee in a derived sense,它是由 causation 而"点燃"起来的。王阳明所说的"良知未尝不在"和"良知本有",乃是指天赋于身内的良知天理;其所谓"良知流行"和"良知充塞"于身上或身外之物,乃是指由人心以贯通内外而激活万事万物所潜具的良知天理。人心若能贯通内外,此时之知,乃是"真知";此时之物,乃是"真物"。

用王阳明的话说,体现(特别是第一种体现或构成体现)可理解为体与用的关系:"体在用中,用在体中。"(《王阳明全集》第 31、61、266 页)在某一意义下,这本体之物颇类似 G.E.摩尔的"goodness"理念。他认为 goodness 是一种 simple non-natural property,其本身是不可界定的,而且是非感觉经验所能及者。但他又认为 goodness 之被确认是不能不通过相关的那些可为感觉经验所能及的 natural properties 而获取的。[1] 类似地，天理、良知或性体之为体是形而上的，即超乎物理形体之上，但其功能之确认却不能不透过物理事件而得。

基于上述的二域三层的架构，所有看似吊诡、反常及不可理解的王阳明用语都可以得到合理的解释。例如他说的“无知而无不知”“性即气”及“心外无理”都可理解为构成体现(constitutive realization)；而“草木瓦石也有良知”“心外无物”及“心外无事”都可理解为因果体现(causal realization)。此外，王阳明之所以认为人心之作用于外在世界不能无气，亦可理解为心灵活动或心灵事件是 supervenient on 物理活动或物理事件的。[2]

第四节 “性即气”与“心外无物”说的解释

性虽不等同于气且不是由气所构成，然依王阳明之说，二者乃是不

① G. E. Moore, “The Conception of Intrinsic Value,” in G. E. Moore, *Philosophical Studies* (New York: Harcourt, Brace & Co. Inc., 1922): 261. 一般学者认为 goodness 与其相关的 natural properties 之关系是 supervenience，我则认为将之理解为 realization 更恰当。

② 王阳明不只以心不外于气，他亦同意朱熹所说的“心者气之灵”。比喻地说，心像耶稣一样，不只是一个人，同时也是一个赋有 God's incarnation 的人。换言之，不只是 the body of flesh，也是 the body of flesh which realizes the God's essential nature，即其 holy spirit。同样的，心在血肉之躯中乃是由气所成，但心作为窍中窍也能体现天理这种 cosmic spirituality。心作为气之灵可以作出心灵活动和心灵事件，而这些心灵活动和心灵事件乃是 supervenient on 物理活动和物理事件之上的。此乃“第一义的心”。由于心是唯一能储存或体现天理这种 cosmic spirituality 之窍，我们可以转而称此所储存或体现者(即天理或良知)为“心”，此即“第二义的心”，亦即所谓“本心”，而非“气之灵的心”。依此二义，王阳明乃可说良知“无所不在”(《王阳明全集》第 217 页)，“良知……便是太虚之无形。……天地万物俱在我良知的发用流行中”(《王阳明全集》第 106、1306 页)，“良知是造化的精灵”(《王阳明全集》第 104 页)等。我认为将良知理解为某种 intellectual intuition 或非感性的体悟，和理解为任何其他 epistemic concept 都是错误的。当王阳明说“无知无不知”(《王阳明全集》第 109，113，1360 页)时，他是认为良知不是认知的机能，故直接地说是无知的；但当它体现在思虑、意念、七情或知觉运动之中，它又间接地可说是无不知的。(《王阳明全集》第 146 页)

可分离的。所以他说:“然性善之端须在气上始见得,若无气亦无可见矣。恻隐、羞恶、辞让、是非即是气。”(《王阳明全集》第 61 页)“良知不外喜怒哀乐……除却喜怒哀乐,何以见良知?”[①]为什么性或良知只能在气或气所成之物中发现?这是由于性或良知乃是一种生生之功能性,它能发生或发用于经验事件的随伴性质(即心灵性质)之上。此外,性或良知也能流行或充塞于意向性行动之中。基于心灵作为或事件是行动产生的原因此一事实,及性或良知能发用于心灵作为或事件之中,我们可以说行动是依从性或良知而出现的。故王阳明总结说:“若晓得头脑,依吾良知上说出来,行将去,便自是停当。然良知亦只是这口说,这身行,岂能外得气,别有个去行去说?……气亦性也,性亦气也,但须认得头脑是当。”(《王阳明全集》第 101 页)此“头脑”或“主宰”非他,正是那能构造体现于身内及因果体现于身外的天理、良知。然而,没有体现的载体(即气或物),头脑亦不能借其体现而得其主宰。

王阳明的“心”有二义。就其第二义言,“心不是一块血肉”。所以他说:(《王阳明全集》第 36 页)

所谓汝心,亦不专是那一团血肉。若是那一团血肉,如今已死的人那一团血肉还在,缘何不能视听言动?所谓汝心,却是那能视听言动的,这个便是性,便是天理。有这个性才能生。这性之生理便谓之仁。这性之生理,发在目便会视,发在耳便会听,发在口便会言,发在四肢便会动,都只是那天理发生。以其主宰一身,故谓之心。这心之本体,原只是个天理,原无非礼。这个便是汝之真己,这个真己是躯壳的主宰。若无真己,便无躯壳。真是有之即

① 水野实、永富青地、三泽三知夫校注,张文朝译,《阳明先生遗言录》,《中国文哲研究通讯》8 卷 3 期。

生，无之即死。

如果人的物理躯体只是一团血肉，那就不能有视听言动。这是因为它没有一个真己或真吾作为头脑。一若一台计算机，如果它只有硬件，没有装上软件，那就不算是一台能行的计算机。同样，缺少了心、良知、性或天理的一团血肉，便不能有感知与行动，及由感知而涉及对象，由行动而产生事件。换言之，没有真吾便没有真物。王阳明相信：真我扩充其良知以体现于身躯和行为之中，从而得以正物或格物。物则借此过程而由死物转化为真物。此乃由良知至物之应迹。故说："此处致得，方是真知。此处格得，方是真物。今日虽成此事功，亦不过一时良知之应迹。"(《王阳明全集》第 1600 页)例如，当依礼而视听言动时，亦即依于天理所体现在规范之中的形式而有视听言动时，人身的每一部分便成得个真正的人身部分。亦即是："若为着耳目口鼻四肢时，便须思量耳如何听，目如何视，口如何言，四肢如何动，必须非礼勿视听言动，方才成得个耳目口鼻四肢，这个才是为着耳目口鼻四肢。"(《王阳明全集》第 35－36 页)此语的意思是：没有被体现者(realizee)，便没有体现者(realizer)。同样的，没有体现者，也没有被体现者。所以当九川疑曰："物在外，如何与身心意知是一件?"先生曰："耳目口鼻四肢，身也，非心安能视听言动? 心欲视听言动，无耳目口鼻四肢亦不能，故无心则无身，无身则无心。"(《王阳明全集》第 90－91 页)

然而，以下一段似有柏克莱的主观唯心论之嫌：(《王阳明全集》第107－108 页)

先生游南镇，一友指岩中花树问曰："天下无心外之物，如此花树，在深山中自开自落，于我心亦何相关?"先生曰："你未看此花

> 时，此花与汝心同归于寂。你来看此花时，则此花颜色一时明白起来。便知此花不在你的心外。”

如果细读原文，可知此段并非主观唯心论之说。其意是：当人的感知不作意向性的活动时，那作为感知的头脑主宰的生生之性便不会体现于那花之上，而那花亦不能显示或生发那生生的性能。虽然那外在的光秃秃之物仍摆在那里，但它只是和那未起用的良知或心同处于“寂”的状态。但为何那生生的性能必须借人的心灵作为和外部行动而起动或发用？一般而言，这是因为人是天地万物之心，而人的良知或本心乃是此宇宙中心中的灵窍，它能存藏太虚中的生生的性能，及借人的心灵作为和外部行动而运转此生生的性能至宇宙万物之中。由于人和其他事物都在一气之流通之中，故可合成一体而不可分。（《王阳明全集》第 107、124 页）以底层一气之流通为基础，中层的心灵作为和外部行动便可贯通内外二域，并扩展身内所体现的天理或良知（上层）而转运至身外。体现于身内心灵活动的生生之性就好像是一个精神火种，而身内与身外之间在感应之几上的互动则使外物为此火种点燃着。模拟言之，在有机的宇宙中外物虽然本具此精神之火，但此只属可燃性（flammable），而非实在的燃烧（flaming）。只有当人通过身内的内窍即灵窍而发出“初火”（first spark），才能点燃那些身外的可燃之物事。

基于此二域三层的架构，我们便能说明心、性之无内外。（《王阳明全集》第 1173 页）因为心或性是 constitutively realized 在身内，及通过 mental causation 而 causally realized 于外物之中。只当外物借人的心灵活动而体现宇宙中的生生之性能时，才能有真物。故云：“人不得（道）焉，不可以为人；而物不得焉，不可以为物。”（《王阳明全集》第 861 页）及“有是意即有是物；无是意即无是物。”（《王阳明全集》第 47、1295

页)此二段的意思是：没有先在的意向，便没有意向性的行动；没有良知、天理或道体现于意向之中，便没有借 mental causation 而使良知、天理或道体现于行动之中。因之，外物也就不能成得个真物。由于心诚之体乃良知，而心不诚便不能使良知体现于外物中，故可说“不诚无物”。(《王阳明全集》第 35 页)

总而言之，“心/性外无物/事”是建基于“性即气”之说而成立的。后者包括以下两种关系：在内域中，良知(存藏于心这灵窍中的宇宙生生之性能)能使其自己构造地体现于四端之情、思虑及知觉(诸心灵作为及事件)之中。而这些心灵作为及事件则是随伴着某些由气所成的大脑神经活动及事件之上。此乃“性即气”之原义。在外域中，良知能借意向性行动的因果关系而因果地体现于行动及行动所涉及的对象之中。而这些行动则是随伴着某些身体动作之上。此乃“性即气”之引申义。

第五节　“知行合一”说的解释

依王阳明之说，要将每个人的明德显明出来，必先要将那遮蔽心之原初体段的私欲隔断现象去除。如是，人才能体现那生生之德或复其天理本然之性。但如何能去除私欲隔断？简单的答案便是做道德实践的工夫。对大人言，他要做的工夫乃是以仁爱民。如果他能扩充其仁爱至每一事物，由君主、臣下、丈夫、妻子、朋友，以及山河、鬼神、鸟兽、草木，他便能达至“以天地万物为一体”之境。(《王阳明全集》第 220、968 页)

通过心灵作为与外部行为之间的心灵因果关系，生生之仁或天理这种内存于灵窍中的宇宙的精神生力便能体现于道德实践或行动之中。这些实践或行动又进而可以对人心产生影响，从而加强或巩固内存的天理、良知的状态。当进行道德实践之前，人的良知在思绪中部分隐现，人因之而可以借着去掉私念或私欲以建立一先在意向。这便是王阳明所说的“行之始”。而因应外在某一处境的道德行动之产生乃肇因于此一有良知部分隐现于其中的先在意向。这过程可谓是“感物而动”。人的内在心灵对外在某一处境的迎接乃是“感”，此乃形成先在意向的必要条件。而其后由内在对外在的行动反应乃是“应”，这是做出行动的充分条件。此来回二程之发生可以称之为“随感随应”。当应之时，良知便能全体体现于人的心灵状态之中，并扩充至外部行动之中。此乃王阳明所说的“知之成”“知至”或“尽性”。

对王阳明来说，知与行是不可分的。二者的关系可谓是内外“交养互发”或本末“一以贯之”的。也可说是“知行并进”。可是他也说“工夫次第能不无先后之差”。顾东桥以为此说有矛盾。但王阳明却指出这并非真有矛盾。他认为心灵程序可分两层：一层是纯粹内在的心灵作为和心灵状态；另一层是由内而外的意向性行动。由内而外，当有先后次序。例如，“欲食之心即是意，即是行之始矣”，但“食味之美恶待入口而后知”。换言之，由人的先在意向所及之味乃是尚未成实感之味；只有通过实在的进食行为才能真有品味的经验。此一最后进食的阶段，亦即到达品味的实有经验的阶段，才是知味的“知之成”。“同样地，就如称某人知孝，某人知弟。必是其人已曾行孝行弟，方可称他知孝知弟。”此外，王阳明也说：“无孝亲之心，即无孝之理矣。”（《王阳明全集》第 1294 页）当良知体现于人的心灵作为中，心灵作为便有力量使一道德行动产生。例如由思虑而生一欲要阅读《论语》中的道理之意向，此意向便会推动一儒家学者去拿起《论语》一书来阅读。于此，天理、良知不仅体现于意欲阅读《论语》一书的心灵作为中，亦体现于阅读的行动中。此心灵作为一种活动(第一义的“行”)是系于良知之体现,故可谓之(第一义的)“致良知”(于阅读的意向中)。因此,借着心灵作为,良知之呈现是不能离开推致之活动,故曰知(良知)与行(心灵作为)是合一并致的。此乃第一义的“知行合一”。此外,当此心灵作为之发生(通过修练以克服意志软弱而)有足够的力量,它便会自发地推动人去做阅读的行动。当行动发生时,通过由心灵作为施加于外部行动的意向性,良知便能体现于行动之中。此行动作为一道德实践是用以矫正不当的行为的。王阳明称之为“正物”或“格物”。“格物”作为一种引至良知呈现的行动(第二义的“行”)可被理解为(第二义的)“致良知”(于阅读的行动中)。然而,与第一义比较,第二义的“致良知”不只使良知显现于心中,亦使良知发用于行动中。依第二义,可说是良知流行的最后阶段,或曰“知之成”或“知至”。而良知呈现于其中的心灵作为则可被理解为“行之始”。在第一义的“致良知”活动中,良知或天理是发生或发见于内在心灵之中;在第二义的“致良知”活动中,良知或天理是流行或充塞于外在世界之中。如果我们以一种实体一元论来连接心灵与物理之间的鸿沟,我们可以说意欲阅读的心灵作为是随伴着某一大脑神经活动的事件(亦即气之某一形态的活动事件),而肇因于此阅读的心灵作为之阅读的行动则是随伴着某一肌肉收缩和眼部移动的物理事件(亦即气之另一形态的活动事件)。王阳明清楚知道:在行动发生之前,即使良知可体现于心中的作为,但在尚未致良知之时,良知之呈现是不稳定的,亦即可以被意识到亦可以隐藏于潜意识之中。但当致良知时,良知必定是在呈现的状态中;否则便无内在的力量以推致之。一若没有种子便不能有植物的生长。依 A 由 B 构成的意义,可说 A 和 B 是合一的(此如上述第一义的知行合一)。

依王阳明之说,性是无内外的。性作为一种内在的生生之性能或心灵创造性之本质是可以体现于人的心灵作为之中的。借着心灵作为在意向性行动上的因果性，性亦可以体现于外部行动之中。王阳明说："功夫不离本体，本体原无内外。只为后来做功夫的分了内外，失其本体了。如今正要讲明功夫不要有内外，乃是本体功夫。"(《王阳明全集》第92页)他的意思是：真正的道德修养工夫必然内外兼及。不管是心灵作为的实践或意向性行动的实践，本然状态之心，即本心、良知，是可以体现于内外两种活动之中的。由内而外虽有先后之差，但就二种体现言，内外之实践实俱可说是知行合一的。

若一心灵作为或事件没有因果地产生外部行动，则是处于一种潜隐的状态：生生之性、天理或良知只或隐或现地体现于某一内在作为或事件之中。依王阳明的观点，若只探求于内而不实在于行动中作工夫，则会产生"玩弄光景"的情况。(《王阳明全集》第1170、1279页)然而，如果人有足够的心灵力量，性或良知便不只可以体现于心灵作为或事件中，亦能体现于心灵作为所因果地产生的意向性行动或事件中。依此，便可说性或良知是"无内外"的。换言之，知(良知或性)之可与行(心灵作为)合一(第一义)，在于良知可以构造地体现于(constitutively realized in)心灵作为之中；而通过心灵作为至意向性行动之因果关系，良知又可以因果地体现(causally realized in)于意向性行动之中，此亦知(良知或性)与行(意向性行动)之合一(第二义)。

综上所述，对于"知行合一"的问题，我们认为亦可以用 realization 和 supervenience 这一双概念来说明。当王阳明说："一念发动处，便是知，便即是行。"(《王阳明全集》第1172、1196页)，他说的是"第一义的知行合一"，即指在身内天理良知构造地体现于心灵作为的行动中的意义。当他说："知至者，知也；至之者，致知也。此知行之所以一也。"(《王阳明全集》第189、278、971、999页)，他说的是"第二义的知行合一"，即指天理良知借 mental causation 而 causally realized in 身上的知觉运动及身外的行为事物。至此,致知之极至乃是知之成矣! 兹图示如下:

<u>*Xing-zhi-shi*(行之始)</u>　　　　<u>*Zhi-zhi-cheng*(知之成)</u>
(the beginning of *zhi*)　　　　(the completion of *zhi*)

(the revelation of *liang-zhi* in mental act)　　　　(the extension of *liang-zhi* in action)

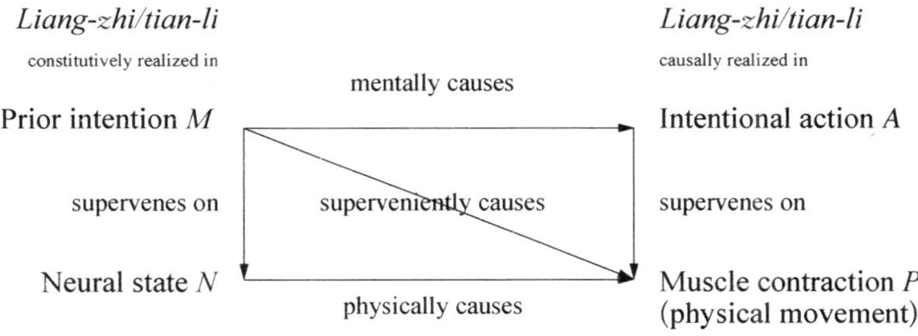

附　　论

我想补充的是,"良知的发用流行"中之"良知"并不是一个知性或认知的概念,它既非经验的命题之知(that-knowing),技能之知(how-knowing),也非超经验之知。理由何在呢?

这是因为任何知性或认知的概念都不能说明:①

(1) 良知无知而无不知。(《传习录下》)

(2) 良知无出入(《传习录上》),无动静(《传习录中》),无分于有事

---

① 以下所引参考王阳明撰,吴光等编校,《王阳明全集》(上海:上海古籍出版社,1992)。

无事(《传习录中》),无前后内外(《传习录中》),无起无不起(《传习录中》),无分于寂然、感通(《传习录中》),无照无不照。(《传习录下》)

(3) 良知固有/本有/不假外求。(《传习录上》)

(4) 良知无所不在。(《文录三》)

(5) 草木瓦石也有良知。(《传习录下》)

(6) 心外无物/事/理。(《传习录上》)

(7) 性/心即气。(《传习录中》)

(8) 知行合一。(《传习录中》)

(9) 良知是造化的精灵。(《传习录下》)

(10) 良知……便是太虚之无形。……天地万物俱在我良知的发用流行中。(《传习录下》)

(11) 良知即是天植灵根,自生生不息;但着了私累,把此根戕贼蔽塞,不得发生耳。(《传习录上》)

(12) “先天而天弗违”,天即良知也;“后天而奉天时”,良知即天也。(《传习录下》)

王阳明的良知何以无知而无不知?我认为这是因为良知并非认知能力,而是能体现[realized in 发见(现)]于心灵活动(包括认知、情感、意欲及知觉运动)中之精神力量(生生不息之仁、天植灵根或天地根)。此精神力量弥漫于太虚(大宇宙)之中,并充分体现于人体(小宇宙)之中。所谓天地无心,天地以人为心,亦即天地以生物为心。故王阳明曰“其心即天地之心”(《外集四》),“夫人者,天地之心”(《传习录中》),“人者,天地万物之心也;心者,天地万物之主也。心即天”(《文录三》)。此心即良知之天理、生理。此良知之天理虽无知,却能体现于人心中而为灵窍或内在发窍，并由人的心灵活动以感通或激活(activate)天下之(真)物。一若火种之点燃可燃之物，可使火种与被点燃之物“一时明白起来”。(《传习录下》)所谓“心外无物”，即以此生生之体现于天地万物而为一体之义。此生生之体现则在于存主于灵窍之良知之天理可感通或激活天地万物。故王阳明说：

(1) 喜怒哀乐之与思与知觉。(《文录一》)
(2) 七情。(《传习录下》)
(3) 见闻。(《传习录中》)
(4) 思虑运用。(《传习录上》)

皆良知之发用、发生、发见(现)、运用、妙用、流行、充塞。故可说：“良知……便是太虚之无形。……天地万物俱在我良知的发用流行中。”(《传习录下》)

此外，王阳明认为：“知天，如知州、知县之知，是自己分上事，己与天为一。”(《传习录上》)朱子亦以“知天”之“知”为“主”为“管”，熊十力亦有以“良知”之“知”为“知州、知县之知”之说。亦即所谓“知者主也”。此皆顺《易传》“乾知大始”之“知”而言。故阳明常以“主宰”或“头脑”称谓良知。换言之，良知作为天地万物之主宰或头脑是无内外的，无出入的，无动静的，它不是任何意义的认知能力或活动。故云：

“出入无时，莫知其乡。”此虽就常人心说，学者亦须是知得心之本体亦元是如此，则操存功夫，始没病痛。不可便谓出为亡，入为存。若论本体，元是无出入的。若论出入，则其思虑运

> 用是出，然主宰常昭昭在此，何出之有？既无所出，何入之有？（《传习录上》）

可见王阳明的良知乃通大宇宙（太虚）与小宇宙（人身）而存主于人心，并能主宰一体之天地万物的精神力量，此即王阳明的“生生不息之仁”“天机不息处”或“良知之天理”。

第九章　经典研究的两个神话：从戴震到章学诚

第一部分

一、汉学与宋学之争

梁启超曾说："清学之出发点，在对于宋明理学一大反动。"①此一反动主要表现在方法论上的歧异。余英时对清代儒家经典研究在方法论上的论争有如下描述：②

(1) 清代学者认为汉学乃语文学研究(philological study)，注重考证或考据的方法，是一种实证探究(evidential investigation)的方法。

(2) 宋学则是有关形上玄思之学(metaphysical speculations)，为宋代新儒家所开启的思路。

---

① 梁启超，《清代学术概论·儒家哲学》(天津：天津古籍出版社，2003)：14。

② Yu Ying-shih, "Some Preliminary Observations on the Rise of Ch'ing Confucian Intellectualism," *Tsing Hua Journal of Chinese Studies*, New Series 11(1973)：111.

(3) 清代学者所谓“义理”可视为(经由心性修养而掌握的)“道德原则”。笼统来说,汉学与宋学相当于语文学与哲学两种不同的研究领域。

余氏认为,汉学与宋学之间虽有方法论的鸿沟,但方法论的分歧只是其论争之表相而已。对于更深层的分歧,他认为可以找到一内在理路来加以说明。他解释说:①

清初儒学处于从“尊德性”转入“道问学”的过渡阶段……下逮乾嘉之世,此一重大转变已在暗中完成,而思想史上的问题也随之而异。以前程朱与陆王之争至此已失去其中心意义,代之而起的是所谓汉学与宋学之争。但汉宋之争只是表相,实质上则是考证与义理之争;而考证与义理之争仍未能尽其底蕴,其究极之义则当于儒学内部“道问学”与“尊德性”两个传统的互相争持中求之。……把汉宋之争还原到“道问学”与“尊德性”之争,我们便可以清楚地看到宋明理学转化为清代考证学的内在线索。

此处余氏要论证的是:汉宋之争只是表相,汉学与宋学之间的关系乃是连续而非断裂。他指出:②

(1) 清代思想史中的核心问题并不太过来自汉学与宋学的区别,

---

① 余英时,《论戴震与章学诚:清代中期学术思想史研究》(北京:生活·读书·新知三联书店,2000):150。

② Yu Ying-shih, “Some Preliminary Observations on the Rise of Ch’ing Confucian Intellectualism,” *Tsing Hua Journal of Chinese Studies*, New Series 11(1973): 115.

而是来自博与约之间的一种更新的张力[a renewed tension between "erudition"(*bo* 博)and "essentialism"(*yue* 约)]：即已从道德基础转变为知识/知性基础(shifted from moral grounds to intellectual grounds)之紧张关系。

(2) 章学诚将汉学置于朱熹的传统中，这等同说汉学不只是语文学。事实上，章学诚将顾炎武至戴震以来的清代语文学运动视为有一核心的哲学观点，即引发自朱熹所强调的探究与研究作为探索儒家之道的起点。因此，只有当汉学超乎语文学，才能声称其与道之密切性。

此中关键可以"尊德性"与"道问学"来概括。依余氏之说，即使就朱熹比较注重"道问学"之进路，但与清儒比较，仍是"尊德性"的"道问学"；清儒亦言"尊德性"，但其"尊德性"乃是"道问学"中的"尊德性"，二者实有差别。故他说：①

> 但在宋、明时期，儒学的基调是"尊德性"，所以朱子的"道问学"仍是"尊德性"的"道问学"。东原批评程朱的"详于论敬而略于论学"，其义正当于此求之。下逮清代，儒学的基调已在暗中偷换，"道问学"已取代了"尊德性"的主导地位。因此，东原与实斋虽亦言"尊德性"，而这种"尊德性"则只是"道问学"中的"尊德性"。

前者意即以格物穷理这些知识活动为脱然贯通以悟道成德之前件(以免蹈空)，此种"道问学"(包括经典研究)只是外在的助缘；后者意即

① 余英时，《章学诚的"六经皆史"说与"朱陆异同论"》，《新亚书院学术年刊》第十六期(9/1974)：124。

以道问学(诂训或史识)为唯一明道以经世之方法,而反对诉诸以玄思为悟道之不二法门。

二、余英时的内在理路:从反智/反知识主义到智性/知识主义

余英时认为汉学与宋学在方法论上的论争是表面的,依循从戴震到章学诚的思路,他认为其间有一种内在理路或内在逻辑,可以说明清代思想史中真实的学术转变。他强调,朱熹学派与陆象山学派之对立延伸到清代有一种质变(metamorphosis transformation)。以往二者之区别在形上玄思之上,如今则其对立在古典和历史研究的领域(the realm of classical and historical studies)之上。因之,二者之系统上的区别已转化为经验研究(empirical studies)的两种进路。① 即语文考证与历史研究的两种进路。

余氏认为清代此一学术转变可概括为从反智/反知识主义(anti-intellectualism)到智性/知识主义(intellectualism):

(1) 他反驳汉学与宋学为断裂之说,重新诠释为连续而非断裂。

(2) 他将此一学术转变解释为从道德基础(moral grounds)转化为智性/知识基础(intellectual grounds)的发展,从超离经典的形上玄思到回归经典的经验研究。

笔者认为,余氏此一主张或明或暗地归结为一种取代论旨

① Yu Ying-shih, "Some Preliminary Observations on the Rise of Ch'ing Confucian Intellectualism," *Tsing Hua Journal of Chinese Studies*, New Series 11(1973): 115.

(replacement thesis)，他虽强调自己做不偏不倚的客观研究，但却不经意地表达了其偏向于反宋明理学的形上玄思之态度。例如他说：①

> 作为一思想史学者，我的重点将放是在后一进路（即表示汉宋之学是为连续而非断裂之说），虽然我希望指出新儒家的形上玄思最后是如何的使自身无助中地卷入一语文学/考证学的论证之中。
>
> 当文本证据引入形上诉讼之中，实际上便不可能不以语文学/考证学作为专家证人。因而对古典文本的语文学/考证学的论释便逐渐取代形上玄思作为获得儒家真理（道）之主要方法。

虽然余氏声称其观点是客观的，而非站在汉学或宋学的任何一边。但从上述引文，可见其言说颇为油滑，自觉或不自觉地偏向于其所谓"智性/知识主义"的一边。② 然而，取代论旨可引出以下的疑问：余氏所谓"智性/知识主义"的转向是否为儒学发展与儒学研究的正确方向仍是一大问题。例如，形上进路（metaphysical approach）是否应该被经验研究（empirical approach）所取代？在余氏所谓"智性/知识主义"的研究中的学说（例如戴震与章学诚的学术思想中）是否没有形上玄思呢？戴震与章学诚在建立其有关经典中的道之学说中，真的主要是用了经验研究的方法吗？

余氏认为清代学术的智性/知识主义之发生，可就儒家基本道德概

---

① Yu Ying-shih, "Some Preliminary Observations on the Rise of Ch'ing Confucian Intellectualism," *Tsing Hua Journal of Chinese Studies*, New Series 11(1973): 118, 126.

② 其他证据：余英时，《论戴震与章学诚：清代中期学术思想史研究》（北京：生活·读书·新知三联书店，2000）：9；余英时，《中国思想传统的现代诠释》（南京：江苏人民出版社，1992）：204－205。

念之知识化(intellectualization)而显示。他描述这种"转德成智"之说为：①

> 章(学诚)经常在一智识性而非道德性的脉络使用"约"一词。它不再表示"道德化"或"掌握道德本质",而成为非常接近我们会称之为知识的"综合化"或"系统化"之意。

然而,余氏所推崇章氏的,由所谓"神解精识"或"别识心裁"以约旨通道之说就是余氏所谓知识的"综合化"或"系统化"吗？没有概念分析(conceptual analysis)与逻辑分析(logical analysis),何来综合化和系统化的方法呢？余氏认为此一学术取向乃是要以经验研究取代形上探究,亦即所谓去哲学化(de-philosophizing)或去形上化(de-metaphysicalizing)。但事实上在理论关键之处,清儒大都没有真正用上余氏所说的经验方法(empirical methods),因为所谓"神解精识"或"别识心裁"正正是形上的玄思。

此一进路之极端化乃是胡适对宋明理学的扬弃。他认为义理学应被考据学所取代,故他说：②

> 它(清代考据学)成功取代了(11—16世纪的)唯心的、理想主义的及道德化的哲学使之显得似乎陈旧、"空洞"及无成效,且使之

① Yu Ying-shih, "Some Preliminary Observations on the Rise of Ch'ing Confucian Intellectualism," *Tsing Hua Journal of Chinese Studies*, New Series 11(1973): 115.

② Hu Shih, "Scientific Spirit and Method in Chinese Philosophy," *The Chinese Mind: Essentials of Chinese Philosophy and Culture*, edited by Charles Moore (Honolulu: East-West Center Press, 1967): 128.

不再吸引那个时代的最优秀的人才。基于良好训练和不带偏见的研究，它成功地创造了一个学术复兴的新时代(17—20世纪)。

胡适认为清代的这种学术复兴展现为科学的精神与方法之实践和发展，这固然是与事实不符。而与胡氏的极端主张比较，余氏的诠解与主张看似较为客观而谨慎，实质上则是五十步与百步而已！

余氏对所谓"反智/反知识主义"有如下的一个定义：①

在现今研究的脉络中，"反智/反知识主义"也指涉一种态度，这是倾向于视道为置放于一较高的领域，且因之而是在知性知识范围之外。

依此定义，则不只反对知识与智性运用的学说可以被视为反智/反知识主义，任何学说若有关于道的超越的或非经验的形上预设，由于都不能由经验知识的研究(包括对经典与历史的研究)而得道，亦可以被视为反智/反知识主义。那么，不只宋明儒学绝大部分的学说是反智/反知识主义，清儒亦有不少有关于道的超越的或非经验的形上预设，因此其学说也该是反智/反知识主义。虽然清儒如戴、章二氏信心十足地认为他们可以经由诂训考据或历史神识之会通以达道至真，但究其实是误以经验或假经验的研究为可以探知非经验的原则或实体之谬想。

---

① Yu Ying-shih, "Some Preliminary Observations on the Rise of Ch'ing Confucian Intellectualism," *Tsing Hua Journal of Chinese Studies*, New Series 11(1973): 137. 类似观点见 Yu Ying-shih, "Toward an Interpretation of the Intellectual Transition in Seventeenth-Century China," *Journal of the American Oriental Society*, Vol. 100, No. 2 (April-June, 1980): 121。

此外，依余氏之说，只有王阳明后学才是真正的反智/反知识主义。① 但是，这少数人的现象实不足以说明余氏所谓汉宋之争是由反智主义到智性/知识主义的质变；若依他以王阳明为超智性/超知识主义，②此虽勉强可说由超智性/超知识主义到智性/知识主义的质变，但也只是个别现象，亦不足以说明余氏所谓汉宋之争的质变。再者，更重要的是，戴、章二氏有关儒家之道的思想既本乎非经验的玄思，又如何能说明他们以经验的研究走向智性/知识主义呢？

余氏似乎没有注意到：宋明儒学（包括王学）的著作中除了形上思辨的设定和论述外，更有大量的内容是有关概念分析和哲学论证。这些都是理论建构所运用的理性分析的方法。换言之，超乎经验知识或建基于非经验的内容而作理性的分析，并不是反智或反知识。余氏的说法无疑是误导的。

即使就柏拉图以来的西方哲学传统而言，绝大部分的哲学理论，包括形上学、心灵哲学、语言哲学、道德哲学以至数学哲学、认知科学（cognitive science）等，皆有形上预设或非经验的设定（metaphysical presupposition or non-empirical assumption），诸如"Platonic Idea""Cartesian ego""meaning as an entity""intention-in-action""set or number as an entity""AI"（artificial intelligence）等。③ 虽有种种形上预设或非经验的设定，并不妨碍这些领域以理性的方法建立各种言之成理的理论。从来没有学者会认为这些西方哲学理论是反智主义。我

---

① Yu Ying-shih, "Toward an Interpretation of the Intellectual Transition in Seventeenth-Century China," *Journal of the American Oriental Society*, Vol. 100, No. 2(April-June, 1980): 121.

② 余英时，《中国思想传统的现代诠释》（南京：江苏人民出版社，1992）：206。

③ 自然科学中的理论构项（theoretical construct）如"磁场""黑洞""原子"等，皆属不能以经验观察方式检证的设定。

们有什么理由视含有形上玄思的宋明儒学为反智主义呢？尤有甚者，余氏并没有注视到：戴震与章学诚的学说也是建基于其非经验的自然主义(non-empirical naturalism)的形上预设之上。他们的学说基本上不是余氏所谓的经验研究，而自然主义仍是一种形上学。一若亚里士多德反对其师柏拉图的超绝形上学(transcendent metaphysics)，只承认经验的物理世界之存在，从而提出一套自然主义(naturalism)或物理主义(physicalism)的理论，但这仍属形而上学，有非经验的形上预设(例如"form""matter")，不是一套余氏所谓的经验研究的学说。

戴、章二氏的学说也是建基于某种自然主义。他们反对宋儒建基于理本体论(*li*-ontology)的超绝或超越的形上学(transcendent or transcendental metaphysics)，代之以他们建基于气化宇宙论(*qi*-cosmology)的自然主义的形上学(naturalistic metaphysics)而已。此所以冯友兰认为二氏仍在理学的伞下发展其说。无论余氏如何声称二氏或以考据或以历史的论据来建立其儒学新说，他都没有任何证据证明这些新说是符合孔孟之旨的。反之，我们垂手即可找到证据证明：戴、章二氏依据后出的《易传》，并对其中所谓"一阴一阳之谓道"作出自然主义的解释和设定，以套在先王之道及孔孟之道上。但是，《易经》里(以至孔孟的思想之中)有"阴阳"这一哲学概念吗？戴、章二氏所谓可体现或内存于人心、事为、制度及世界中之事物的"天地生生之德"或"道之大原出于天"之道，可以从孔孟的经典中，用考据和历史的实证方法找到吗？

三、余英时对朱学与王学的误解

余氏跟随章氏之说，认为朱子重智乃开戴氏"道问学"的"知识化"之路的先河。余氏认为朱子特别重智，朱子提出"乾道主知"的说法，他理解此“知”为“知识”。[①] 但什么是“乾”呢？余氏认为“乾是动的，是active reason。这可以看出他（朱子）对知识本身特别强调”。[②] 个人认为这无疑是对朱子的思想之极大误解，因为这里朱子的“知”并非指知识（knowledge）或认知能力（knowing capacity）。例如朱子说：[③]

> “乾知大始，坤作成物。”知者，管也。
>
> 此“知”字训“管”字，不当解作知见之“知”。
>
> “乾知大始”，知，主之意也，如知县、知州。（《朱子语类・易十》）

再者，朱子的“乾道”作为一本体宇宙论的实体或动能（onto-cosmological entity/power）并非经验知识所本之理性（reason）。故他说：[④]

> 乾道成男，坤道成女。则凡天下之男皆乾之气，凡天下之女皆坤之气；从这里便彻上彻下都即是一个气，都透过了。
>
> “循环不已者”，“乾道变化”也；“合而成质者”，“各正性命”也。（朱子语类：张子之书一）

除了上述的误解外，奇怪的是，余氏竟误以宋明儒的“德性之知”之“知”为赖尔的“how-knowing”（如何之知）或“knowing-how”（技能之

---

① 一若“乾知大始”之“知”，申子佚文言：“鼓不与于五音，而为五音主；有道者不为五官之事，而为治主。君知其道也。臣知其事也。”（大体）其中之“知”亦表示“主管”，而非“知识”之意。

② 余英时，《中国思想传统的现代诠释》（南京：江苏人民出版社，1992）：204。

③ 朱熹，《朱子语类・易十・上系上》：21—23 条。引自中国哲学书电子化计划：http://ctext.org/zhuzi-yulei。

④ 朱熹，《朱子语类・张子之书一》：95，11 二条。引自中国哲学书电子化计划：http://ctext.org/zhuzi-yulei。

知)，并误以"knowing how" 为"action"。[①] 然而，赖尔认为心灵倾向性("knowing how is a disposition")，而不是行动("action")。[②] 朱子之"知"乃"德性之知"，乃是一种德性力量(virtue power or capacity)，能主管人的道德行为。换言之，朱子之"知"既非命题之知(knowing-that)，也非技能之知(knowing-how)，当然也非行动。

依赖尔之说，德性并非可教授的或习得的知识或技能。他的解释是：

> 因此，获得一种德性，例如习得而变得相当正直的或自制的或勤劳的或体贴的，与对某些事很有见识、知道如何做某些事情不是一回事。确实，良心/责任心一点也不安于戴上"知识"的卷标，因为成为正直，而不仅是或不主要是对任何事物的知识广博或有效处理；或成为自制，而不只是成为对任何事物的清楚见地；或成为体贴，而不是单凭偶尔记起他人有时需要帮忙。[③]

因此，赖尔认为德性既非命题之知，也非技能之知：[④]

> 当我学到某些可听写背诵的事物，例如诸英王(立基)的日子，

---

① 余英时，《中国思想传统的现代诠释》(南京：江苏人民出版社，1992)：213。

② 详参赖尔的 *The Concept of Mind* (London: Penguin, 1990) "Knowing How and Knowing That" 一节。

③ Gilbert Ryle, "Can Virtue Be Taught?" in Dearden, R. F., P. H. Hirst and R. S. Peters (eds.), *Education and Development of Reason* (London: Routledge & Kegan Paul, 1972): 330.

④ Gilbert Ryle, "Can Virtue Be Taught?" in Dearden, R. F., P. H. Hirst and R. S. Peters (eds.), *Education and Development of Reason* (London: Routledge & Kegan Paul, 1972): 331.

也许要时间不知道这些日子,因为我可能会忘记。当我学会了如何去做某事,例如撰写拉丁诗,过了一阵子,我可能逐渐失去这种能力,因为缺少了练习,我可能越来越使之荒废掉。然而,例如一个人一旦学会体贴,虽然过了一阵子可能变得不体贴,但他不会自然地被描述为忘记了或使之荒废掉了任何事。这并不只是他失去了知识,无论这是什么之知或如何之知。他失去的是体贴;他已不再体贴而不只是不再知道诸如有关体贴的原则。他的心变得冷酷,因此他不需要提示或更新的课程。

有关所谓"知识化"的问题,在余氏的诠解与主张中,最为大胆的是以下一说:①

无论如何,在原初新儒学的脉络中,这两面(尊德性与道问学)是互补的。尊德性首要的是借觉解我们的与于道的道德性质之真性,以达至道德信念之觉醒。另一方面,道问学涵蕴每一次(从经典与历史事实中)得到的客观知识,它被认为有内置的道德性质,是进一步引向道德信念之觉醒。

余氏所谓客观知识有"一内置的道德性质"(a built-in moral quality),有助于进一步唤醒道德信仰之说如果成立,可谓是推翻了整个西方道德哲学的两大传统:亚里士多德的德性伦理学(Aristotelian virtue ethics)与康德的义务论(Kantian Deontology)。这可能吗?这两大

① Yu Ying-shih, "Toward an Interpretation of the Intellectual Transition in Seventeenth-Century China," *Journal of the American Oriental Society*, Vol.100, No.2(April-June, 1980): 121.

派都不会接受客观知识有"一内置的道德性质"这种缺乏论证支持的空想观点。由这种智性/知识主义的偏向或偏见,导致他误解王阳明学派的观点,误认王阳明的观点为超知识主义(supra-intellectualism),[①]而其后学为反智/反知识主义。依余氏之说,他们之所以反智/反知识,在于他们以智性知识为道德修养的障碍。例如他说:[②]

> 事实上,因为主要以陆王学派为代表的新儒家群组主张人的道德本性之恢复全在于"道德知识"(德性之知)之修养,此种知识涉及一在"知性知识"(见闻之知)之外的较高的领域。这种观点之极端发展,甚至会说知性知识是自我的道德修养的一种障碍。主要在此一基础之上,许多王阳明的后学转向反智。
>
> 但王阳明和他的追随者真的视理智或知性知识为道德修养的障碍吗?还是以知识取向(knowledge-orientation)为道德修养的障碍呢?

首先,余氏与杜维明皆以德性之知或良知为赖尔的技能之知/如何之知("how-knowing" 或"knowing-how")而非命题之知/事实之知("that-knowing" 或"knowing-that")。笔者认为王阳明的良知固然不是命题之知,但亦不是技能之知。阳明以良知为头脑/主宰/知县之知,实非任何认知概念也。[③]

---

① 余英时,《中国思想传统的现代诠释》(南京:江苏人民出版社,1992):206。

② Yu Ying-shih, "Toward an Interpretation of the Intellectual Transition in Seventeenth-Century China," *Journal of the American Oriental Society*, Vol.100, No.2(April-June, 1980): 121.

③ 论证详见 Yiu-ming Fung, "Wang Yang-ming's Theory of *Liang-zhi*: A New Interpretation of Wang Yang-ming's Philosophy," *Tsing Hua Journal of Chinese Studies*, Vol.42, No.2(June, 2012): 261 - 300。

其次，王阳明及其后学从没有反对知识及智性运用。试看下述引文：

> 良知不由见闻而有，而见闻莫非良知之用，故良知不滞于见闻，而亦不离于见闻。孔子云："吾有知乎哉？无知也。"良知之外，别无知矣。故"致良知"是学问大头脑，是圣人教人第一义。今云专求之见闻之末，则是失却头恼，而已落在第二义矣。(《传习录中·答欧阳崇一》)①
>
> 后世不知作圣之本是纯乎天理，却专去知识才能上求圣人。以为圣人无所不知，无所不能，我须是将圣人许多知识才能逐一理会始得。故不务去天理上着工夫，徒弊精竭力，从册子上钻研，名物上考索，形迹上比拟，知识愈广而人欲愈滋，才力愈多，而天理愈蔽。(《传习录上·薛侃录》)②

若知识为良知之用，王阳明和他的追随者是不可能反对知识和运用智性的。他们要反对的乃是"专去知识才能上求圣人"或"专求之见闻之末"。因此，他们要反对的乃是知识取向(knowledge-oriented approach)而非闻见之知或才能之知本身。

一如对上帝的信仰，所有有关超越或非经验的实体和原则(transcendent or non-empirical entities and principle)之存有承诺(ontological commitment)是不能以经验的智性知识来掌握或印证的(grasped or confirmed by intellectual knowledge)。同样，朱熹与王阳明的生生之理是超越的(transcendent in Platonic sense but not

---

① 王阳明撰，吴光等编校，《王阳明全集》(上海：上海古籍出版社，1992)：71。
② 王阳明撰，吴光等编校，《王阳明全集》(上海：上海古籍出版社，1992)：28。

transcendental in Kantian sense)，戴震的生生之仁和章学诚的大道是非经验的(non-empirical)，因此都不能经验地被认知。

又如孟子言："人之所不学而能者，其良能也；所不虑而知者，其良知也。"(《孟子・尽心上》：15)"人之有是四端也，犹其有四体也。"(《孟子・公孙丑上》：6)此即以良知为本有。王阳明的良知也是本所固有的，而非由经验习得。因此，余氏所谓"每一次(从经典与历史事实中)得到的客观知识，它被认为有一内置的道德性质，是进一步引向道德信念之觉醒"，无疑是一种道德修养和学习的神话。

余氏以王阳明的观点为超知识主义，认为他的后学才是反智主义者。此外，他也界定庄子的观点为超越知识的，不过他称之为"超越的反智论"。他说：

> 道家尚自然而轻文化，对于智性以及知识本不看重。但老、庄两家同中亦复有异：庄子对政治不感兴趣，确是主张政府越少干涉人民生活越好的那种"无为主义"。他以"堕肢体，黜聪明，离形去智"为"坐忘"(大宗师)，这显是反智性的。他又说："庸讵知吾所谓知之非不知邪？庸讵知吾所谓不知之非知邪？"(《庄子・齐物论》)这便陷入一种相对主义的不可知论中去了。但是他在"不知"之外又说"知"，则仍未全弃"知"，不过要超越"知"罢了。所以庄子的基本立场可以说是一种"超越的反智论"(transcendental anti-intellectualism)。①

笔者认为，笼统地称庄子的观点为超知识的，并称之为"超越的反

① 余英时，《中国思想传统的现代诠释》(南京：江苏人民出版社，1992)：63-64。

智论”，也许不算是错误的说法。但余氏认为庄子“在‘不知’之外又说‘知’，则仍未全弃‘知’，不过要超越‘知’罢了”，这无疑是对庄子的“不知之知”有所误解。我认为此“知”乃是庄子的特殊用法。[①] 庄子说：[②]

> 古之人，其知有所至矣。恶乎至？有以为未始有物者，至矣尽矣，不可以加矣。其次以为有物矣，而未始有封也。其次以为有封焉，而未始有是非也。是非之彰也，道之所以亏也。道之所以亏，爱之所以成。（《庄子·齐物论》：7）

对庄子而言，古之人或至人之至知或真人之真知并没有事物的区分，没有概念的封限，更没有是非的辨别，因而亦没有爱恶的取向。此可分两方面来解析：

(1) 事物的区分，概念的封限，是非的辨别，及爱恶的取向，都是人们使用智思（劳神明），以概念语言而产生的人为建构。但这并非自然的实在或客观世界本身。当人们使用智思，以概念语言来建构客观世界或实在，就是进入了“道行之而成；物谓之而然”（《庄子·齐物论》：6）[③]的状态，已非实在之自然状态。一如山路本无，爬山者一再往某一方向走，慢慢便会走出一条道路来。

(2) 由于“以道观之，物无贵贱；以物观之，自贵而相贱。”（《庄子·

---

① 论证详见 Yiu-ming Fung, “Zhuangzi's Idea of *Wei-yi* (Being One): with Special Reference to the Story of Happy Fish,” *Dao Companion to the Zhuangzi*, edited by Chong Kim-chong(New York: Springer, 2020)。

② 王先谦，《庄子集解》(北京：中华书局，2012)：17。

③ 王先谦，《庄子集解》(北京：中华书局，2012)：15。

> 秋水》：5)[①]，可见贵贱的价值判断和是非的事理判断都是以物观之的智思所致。

对庄子而言，"不知之知"不是认知的概念。庄子及其后学认为至人、真人、神人或圣人并不使用此计算性或工具性之知，并以此对待性之知并无对应之基(所待者)(correspondence base)以确定其恰当性。此"不知之知"不是对待性之知，而是庄子所追求的逍遥无待、浑一不分的精神境界，并不是余氏的知识或智性认知。[②]

第二部分

一、戴震是否以"情欲"重新界定孟子的"理义"的问题

余氏认为戴氏之思想突破在其以"情欲"重新界定孟子的"理义"或"义理"。他说：[③]

> 我们都知道，戴氏在其《孟子字义疏证》中最新的发现是以情和欲对理之重新定义。这与程朱(学派)对理与情和欲二分是针锋

---

① 王先谦，《庄子集解》(北京：中华书局，2012)：142。

② 有关庄子的"不知之知"之说，详见 Yiu-ming Fung, "Zhuangzi's Idea of *Wei-yi* (Being One): with Special Reference to the Story of Happy Fish," *Dao Companion to the Zhuangzi*, edited by Chong Kim-chong(New York: Springer, 2020)。

③ Yu Ying-shih, "Tai Chen's Choice between Philosophy and Philology," *Asia Major*, third series, Vol.2, No.1(1989): 87.

相对的。他在过世(1777年7月1日)前四个月,对自己新的表述十分兴奋。他写了不少于五封信给朋友来说明他在儒家哲学的重要突破的核心意义。

这无疑是望文生义的奇想!理由何在呢?其中一个理由在戴震混淆了他的"义理"或"理义"与孟子的"理也、义也"之义。例如他说:①

> 训故明则古经明,古经明则贤人圣人之理义①明,而我心之所同然者②乃因之而明。贤人圣人之理义非它,存乎典章制度者③是也。

上述一段文字有关"理义"一词至少包含下列几种意思:

1. 理义作为经典中表达的圣贤的思想、观念,可以训诂而得理解。

2.1 理也、义也(对孟子言,用作两个单词)作为我心之所同然者乃是客观之所知的道德的道理及应然的原则,犹如刍豢之悦我口之客观之所感。

2.2 理也、义也(对戴震言,用作一个合义复词)作为气化生生之则或生生之仁,与人心若合符节,故可通而知之,但不可能以训诂及历史分析而得经验知识之理解。

3.1 理义作为圣贤的思想、观念而实现于典章制度中者,不可以训诂他可以历史分析而理解其是否实现或体现于典章制度中。

3.2 理义作为气化生生之则或生生之仁而被圣贤理解为体现于典章

① 戴震撰,张岱年主编,《戴震全书》,册六:《题惠定宇先生授经图》(安徽:黄山书社,1995):503。以下引文直接在正文列出页数。

制度中者，不可能以训诂及历史分析而得经验知识之理解。

顺戴氏之说，此中实含有一理论两难：

(1) 若依戴说以“理义”或“义理”为“天地生生之理”，则“训故明则义理明”便不可能。因为余氏所谓“经验研究”(empirical studies)是不可能掌握形上实在或原则(metaphysical reality or principle)的。
(2) 若以理义或义理为书本上论述的道理，“训故明则义理明”虽有可能，却又不合戴氏的气化宇宙论的“生生”之说。

尤有甚者，孟子之言：“口之于味也，有同耆焉；耳之于声也，有同听焉；目之于色也，有同美焉。至于心，独无所同然乎？心之所同然者何也？谓理也，义也。圣人先得我心之所同然耳。故理义之悦我心，犹刍豢之悦我口。”(《孟子·告子上》：7)并非以理、义为气化生生之则。《孟子》一书中，“理”除出现于“不理”中作动词，及以金声玉振喻事之“条理”(见第4页)外，“理也、义也”仅有此段之二例。(见第7页)皆非如戴氏所谓“一阴一阳之生生”也。

余氏和戴氏的谬误是：孟子原文只是用一个模拟(analogy)以说明对理与义之认知有互为主观性，犹如感觉内容之感知[包括内感(inner sense)与外感(outer sense)]之有互为主观性。此非如余氏之所说以“情欲”重新界定孟子的“理义”。若真的如余氏所说，戴氏以“情欲”界定“理”与“义”的意义，此说又如何能关连到生生之仁的理与义呢？此外，依戴氏之说，生生乃一阴一阳气化之条理，是非经验观察或归纳可得的理则，如何能以诂训及历史考据，或余氏所谓经验研究的方法得之？读过逻辑学的学生也知道：不可能由有经验内容的前提推论出有非经验内容的结论，或由有非经验内容的前提推论出有经验内容的结论。

相信没有人会反对戴震有以“义理/理义”为“生生”的形上预设。例如他说：

> 自人道溯之天道，自人之德性溯之天德，则气化流行，生生不息，仁也。由其生生，有自然之条理，观于条理之秩然有序，可以知礼矣；观于条理之截然不可乱，可以知义矣。在天为气化之生生，在人为其生生之心，是乃仁之为德也；在天为气化推行之条理，在人为其心知之通乎条理而不紊，是乃智之为德也。惟条理，是以生生；条理苟失，则生生之道绝。凡仁义对文及智仁对文，皆兼生生、条理而言之者也。①（《孟子字义疏证下·仁义礼智》：205－206）

但余氏的老师钱穆对戴震等清儒所说的“义理/理义”却有严重的误解。他不只认为清儒之所谓“义理”为古书的义理，且认为对宋儒而言亦然。他说：

> 欲明古书义理，仍必从事于对古书本身作一番训诂考据工夫。此即在宋儒持论，亦何莫不然？②

---

① 戴震这种形上预设的其他说法有如下的例子：

(1) 一阴一阳，盖言天地之化不已也。道也。一阴一阳，其生生乎，其生生而条理乎！以是见天地之 顺，故曰一阴一阳之谓道。生生，仁也，未有生生而不条理者。条理之秩然，礼至着也；条理之截然，义至着也。[《原善(上)》：读易系辞论性：8－9]

(2) 一阴一阳，流行不已，生生不息，观于生生，可以言仁矣。(绪言，卷上：100)

② 钱穆，《庄老通辨》自序(香港：新亚研究所，1957)：7。

但徐复观先生并不同意此说，他正确指出：

> 钱先生所说的“宋儒偏重义理”，则并非如钱先生所意指的思想史工作，而是探求道德的根源，及使道德如何能在一个人的身上实现，以完成一个人的人格学问。此种学问固然要读书，读书固然要讲训诂；但书之对于义理，只居于启发襄助的次要地位，它不是义理的（道德的）直接根源所在。为了得到启发而读书，其所需要的训诂程度，谓其有考据之初步含义固可，但不可说这就是考据之学。[①]

宋儒所说的“义理”固然不是钱氏所说的“古书义理”而已。即使就清儒戴震而言，他以天地一阴一阳之生生为仁，即以仁为一气化宇宙论的理则或动能（*qi*-cosmological principle or dynamic power），当然也不是在《论语》《孟子》中的“古书义理”。事实上，这是来自《易传》的观念，而非来自《论语》或《孟子》的观念。再者，借用康德的用语，这也不能借古书的训诂而能证立此观念有经验的实在性（empirical reality）或客观的确当性（objective validity）。况且，我们在《论语》或《孟子》中也找不到这样的观念。

二、孟子的本心是否为心气的问题

依戴震之说，孟子的“性”或“心”被界定为本乎阴阳五行之“心知”或“心气”。但孟子以良知或本心为本有，为本善，而戴氏的心气则可为善可为不善。二者焉能被混同？然而，在毫无诂训与历史证据的情况

① 徐复观，《中国思想史论集》（台湾：学生书局，1993）：90－91。

之下，戴震却十分自信地说①：

人之血气心知本乎阴阳五行者，性也。(《孟子字义疏证上·理》：159)

《易》《论语》《孟子》之书，其言性也，咸就其分于阴阳五行以成性为言；成，则人与百物，偏全、厚薄、轻浊、昏明限于所分者各殊，徒曰生而已矣，适同人于犬牛而不察其殊。(《孟子字义疏证中·性》：182)

由于戴氏以孟子之心为血气心知之心，故人所患之私而不能公与蔽而不为智，可理解为出于孟子"矢口所言"之心知。他说：

人之患，有私有蔽；私出于情欲，蔽出于心知。无私，仁也；不蔽，智也；非绝情欲以为仁，去心知以为智也。是故圣贤之道，无私而非无欲；老、庄、释氏，无欲而非无私；彼以无欲成其自私者也；此以无私通天下之情，遂天下之欲者也。……人伦日用，圣人

---

① 戴震以"性"或"心"为本乎阴阳五行之"心知"或"心气"之说的其他例子有：

(1)《大戴礼记》曰："分于道谓之命，形于一谓之性。"言分于阴阳五行以有人物，而人物各限于所分以成其性。阴阳五行，道之实体也；血气心知，性之实体也。……古人言性，惟本于天道如是。(《孟子字义疏证中·天道》：175)

(2)孟子曰："心之所同然者，谓理也，义也；圣人先得我心之所同然耳。"于义外之说必致其辨，言理义之为性，非言性之为理。性者，血气心知本乎阴阳五行，人物莫不区以别焉是也。而理义者，人之心知，有思辄通，能不惑乎所行也。(《孟子字义疏证中·性》：183)

(3)古贤圣所谓仁义礼智，不求于所谓欲之外，不离乎血气心知……孟子曰："如使口之于味也，其性与人殊，若犬马之与我不同类也，则天下何耆皆从易牙之于味也！"又言"动心忍性"，是孟子矢口言之，无非血气心知之性。孟子言性，曷尝自岐为二哉！二之者，宋儒也。(《孟子字义疏证中·性》：184－185)

以通天下之情，遂天下之欲，权之而分理不爽，是谓理。宋儒乃曰“人欲所蔽”，故不出于欲，则自信无蔽。（《孟子字义疏证下·权》：211）

然而，我们能否说人的蔽障是出于孟子的本心或良知呢？能否说人的蔽障是出于“仁义礼智，不求于所谓欲之外，不离乎血气心知”之“心知”呢？能否说人的蔽障是出于“使无怀生畏死之心，又焉有怵惕恻隐之心？”（《孟子字义疏证中·性》：184－185）若非，则可证本心、良知或“仁义礼智根于心”之“心”并非血气心知之心或性。溺于蔽障是由于物（耳目之官）交（外）物所致。故孟子说：“耳目之官不思，而蔽于物，物交物，则引之而已矣。心之官则思，思则得之，不思则不得也。此天之所与我者，先立乎其大者，则其小者弗能夺也。此为大人而已矣。”（《孟子·告子上》：15）①由是可知，血气心知之性非本善之性。

戴震之“心”与“性”乃自然主义的概念（naturalistic conception），非如孟子所说之本善之心、性。一方面，其所言之性不离乎血气心知及情欲，因而与情欲之性不能作本质性之区别，亦不能对人禽之异作本质性之区别；另一方面，虽然戴氏认为四端乃由心知得之而为内具，其所谓四端既由学习而以心知得之，实非本有也。其所谓“使无怀生畏死之心，又焉有怵惕恻隐之心？”一说，亦涵蕴怵惕恻隐之心非本有，而是由怀生畏死之心所引发。然而，孟子云：“人之所不学而能者，其良能也；所不虑而知者，其良知也。”（《孟子·尽心上》：15）孟子并主张此本有之心需“扩而充之”，以“心勿忘，勿助长也”。（《孟子·公孙丑上》：2）而扩充，非由问学日益以扩充而成德。孟子认为“仁义礼智根于心”

---

① 此段及以下《孟子》引文皆引自中国哲学书电子化计划：http://ctext.org/mengzi/zh。

(《孟子·尽心上》: 21)。"仁义礼智,非由外铄我也,我固有之也,弗思耳矣"(《孟子·告子上》: 6)。成德在于存养,故其"学问之道无他,求其放心而已矣"(《孟子·告子上》: 11)之"学问"并非戴氏的"问学所得,德性日充"(《原善下》: 26)之"学问"也。

戴氏既以孟子之心为心气之心,故也认为四端非为本有,而是由心知而生。他说:

> 孟子直云"恻隐、羞恶、恭敬、是非之心",四者由心知而生,是乃仁义礼智之端绪也;既得端绪,则扩充有本,可以造乎仁义礼智之极,明仁义礼智,人皆有根心而生之端,非以仁义礼智为性,恻隐、羞恶、恭敬、是非为情也。人之性善,其血气心知异于物,故其自然之良,发为端绪,仁义礼智本不阙一耳。(《绪言中》: 116)

然而,孟子以四端为"人皆有之"的本心,并非说人皆(学而)知之也。戴氏以"四者(四端)由心知而生",以人皆有根心而生之端",则四端乃后得而非本有,故与孟子以"四体"喻"四端"(《孟子·公孙丑上》: 6)为本有之说根本不协。尤有甚者,孟子之"扩充"并不是戴震之"问学"之日益、日进。余氏称许他的"德性资于学问"之说,一方面非孟子意,另一方面则是不可能实践之事。因为这并非"knowledge-that"或"knowledge-how"这些可以日益而得之知识。然而,戴氏却说:

> 人之血气心知本乎阴阳五行者,性也。如血气资饮食以养,其化也,即为我之血气,非复所饮食之物矣;心知之资于问学,其自得之也亦然。以血气言,昔者弱而今者强,是血气之得其养也;

以心知言，昔者狭小而今也广大，昔者暗昧而今也明察，是心知之得其养也，故曰“虽愚必明”。人之血气心知，其天定者往往不齐，得养不得养，遂至于大异。苟知问学犹饮食，则贵其化，不贵其不化。记问之学，入而不化者也。自得之，则居之安，资之深，取之左右逢其源，我之心知，极而至乎圣人之神明矣。神明者，犹然心也，非心自心而所得者藏于中之谓也。心自心而所得者藏于中，以之言学，尚为物而不化之学，况以之言性乎！（《孟子字义疏证上·理》：159）

试以人之形体与人之德性比而论之，形体始乎幼小，终乎长大；德性始乎蒙昧，终乎圣智。其形体之长大也，资于饮食之养，乃长日加益，非“复其初”；德性资于学问，进而圣智，非“复其初”明矣。人物以类区分，而人所禀受，其气清明，异于禽兽之不可开通。然人与人较，其材质等差凡几？古贤圣知人之材质有等差，是以重问学，贵扩充。老、庄、释氏谓有生皆同，故主于去情欲以勿害之。不必问学以扩充之。（《孟子字义疏证上·理》：167）

总而言之，他认为成德在于“进学”，在于心知之日益，而非“复其初”也。此所以戴氏以扩充为问学之积累，以四端为心知习得，而非孟子“收（其放）心”及宋儒的“复（其本）性”之说。其所谓“人之血气心知，其天定者往往不齐，得养不得养，遂至于大异”一说，含蕴人之血气心知本不齐，故由不齐之心知以至于能否由心知而生出四端，在于是否能由问学而得养。如是，“人皆有恻隐之心”便无着落，至多只能表示一逻辑可能性而已！对现实的潜能之性言，不可说人人皆有。对可能性言，可说人人皆有此逻辑可能性，但此说不只对人言成立，他物亦皆然也，此又如何能说明人禽之辨呢？

这里涉及人禽之辨及人物之别的问题，个人认为戴氏之说并不合乎孟子之义。又如他说：①

> 凡血气之属，皆有精爽。……人之异于禽兽者，虽同有精爽，而人能进于神明也。理义岂别若一物，求之所照所察之外；而人之精爽能进于神明，岂求诸气禀之外哉！（《孟子字义疏证上·理》：119－120）
>
> 人物以类区分，而人所禀受，其气清明，异于禽兽之不可开通。（《孟子字义疏证上·理》：167）

我们知道：《论语》《孟子》《易经》之书并无“阴阳”“五行”的观念及用语；《易传》虽有“阴阳”，并无“五行”。以此释孟子之性，何来诂训明则义理明？依此，人禽之辨及人物之别只是由于气之不齐的程度之区别，而非本质之异也。若谓“人皆有恻隐之心”之可能性，由气之不齐不足以说明何以他物无此可能性。若得承认他物亦皆然，则此可能性便只能是逻辑可能性。因为说他物亦可能有恻隐之心，并非在逻辑上自相矛盾也。

---

① 戴震对人禽之异及人物之别之说的其他例子如下：

(1) 天道，五行阴阳而已矣。分而有之以成性。由其所分，限于一曲。惟人得之也全。曲与全之数判之于生初。人虽得乎全，其间则有明暗厚薄，亦往往限于一曲，而其曲可全，此人性之与物性异也。言乎其分于道，故曰“天命之谓性”。（《原善卷上》：12）

(2)《易》《论语》《孟子》之书，其言性也，咸就其分于阴阳五行以成性为言；成，则人与百物，偏全、厚薄、清浊、昏明限于所分者各殊，徒曰生而已矣，适同人于犬牛而不察其殊。（《孟子字义疏证中·性》：182）

(3) 自古及今，统人与百物之性以为言，气类各殊是也。专言乎血气之伦，不独气类各殊，而知觉亦殊。人以有礼义，异于禽兽，实人之知觉大远乎物则然，此孟子所谓性善。（《孟子字义疏证中·性》：190－191）

三、理义之为性的问题

戴氏反对于气禀之外增一理义之性，认为理义之为性不可离理义之好归之心而言，因为理义与声色臭味皆根于性而非后起。故他说：

> 人但知耳之于声，目之于色，鼻之于臭，口之于味为性，而不知心之于理义，亦犹耳目口鼻之于声色味臭也，故曰“至于心独无所同然乎”，盖就其所知以证明其所不知，举声色臭味之欲归之耳目鼻口，举理义之好归之心，皆内也，非外也，比而合之以解天下之惑，俾晓然无疑于理义之为性，害道之言庶几可以息矣。孟子明人心之通于理义，与耳目口鼻之通于声色臭味，咸根于性而非后起。后儒见孟子言性则曰理义，则曰仁义礼智，不得其说，遂谓孟子以理为性，推而上之，以理为生物之本，匪徒于道于性不得其实体，而于理之名亦失其起于天地、人物、事为不易之则，使人茫然求其物不得矣。(《绪言上》：96－97)
>
> 古人言性，但以气禀言，未尝明言理义为性，盖不待言而可知也。至孟子时，异说纷起，以理义为圣人治天下(之)具，设此一法以强之从，害道之言皆由外理义而生；人徒知耳之于声，目之于色，鼻之于臭，口之于味之为性，而不知心之于理义，亦犹耳目鼻口之于声色臭味也，故曰“至于心独无所同然乎”，盖就其所知以证明其所不知，举声色臭味之欲归之耳目鼻口，举理义之好归之心，皆内也，非外也，比而舍之以解天下之惑，俾晓然无疑于理义之为性，害道之言庶几可以息矣。孟子明人心之通于理义，与耳目鼻口之通于声色臭味，咸根诸性，非由后起。后儒见孟子言性，则曰理义，则

> 曰仁义理智，不得其说，遂于气禀之外增一理义之性，归之孟子矣。（《孟子字义疏证上·理》：157）

换言之，“理义之为性”是基于“理义之好归之心”而说，因此，其所谓“皆内也，非外也”，乃以心知得之为内，亦即由外而得之于内，非性所本具之内也。由外而内需经习得，而内在本有则不需经习得。一如耳目之能视听不需习得，但声色之好则为后得。故戴氏所谓“咸根诸性，非由后起”，或能勉强就性非后起而言，不能就心知所得而言。故虽可说理义之“可得知而内具”，而不能说“本有（义）之内具”。其“可得知而内具”之说如下：

> 耳之于声也，天下之声，耳若其符节也；目之于色也，天下之色，目若其符节也；鼻之于臭也，天下之臭，鼻若其符节也；口之于味也，天下之味，口若其符节也；耳目鼻口之官，接于物而心通其则，心之于理义也，天下之理义，心若其符节也；是皆不可谓之外也，性也。耳能辨天下之声，目能辨天下之色，鼻能辨天下之臭，口能辨天下之味，心能通天下之理义，人之才质得于天，若是其全也。（《原善中》：17－18）

显然，“心之于理义也，天下之理义，心若其符节也；是皆不可谓之外也，性也”一说，即强调内在之心与外在（天下）之理义若符节之吻合。这除了表示以心通之所得为内，更以所得者为性，则此义之“性”固非“生而有”，非“生而自然者”，亦非孟子言人之所以异于禽兽者“几希”的“本性”之义。此外，孟子以四端之心为人禽之辨的本质之性，并非以理义或礼义为性。若以心通之所得为性，则不限于戴氏所言之习得的仁义礼智，则一切习得的知识皆可视之为内，为性。然而，“彼白而我白之”(《孟子·告子上》：4)之认识，亦可视之为内，为性乎？

依戴氏阴阳气化之说，可以说人与人之间“成性各殊”，可以说人与物之间“成性各殊”，可以说物与物之间“成性各殊”，因为人物之殊性皆由气化及由外以资养于内而成。他说：

> 凡有生，即不隔于天地之气化。阴阳五行之运而不已，天地之气化也，人物之生生本乎是，由其分而有之不齐，是以成性各殊。知觉运动者，统乎生之全言之也，由其成性各殊，是以本之以生，见乎知觉连动也亦殊。气之自然潜运，飞潜动植皆同，此生生之机肖乎天地者也，而其本受之气，与所资以养者之气则不同。所资以养者之气，虽由外而入，大致以本受之气召之。五行有生克，遇其克之者则伤，甚则死，此可知性之各殊矣。本受之气及所资以养者之气，必相得而不相逆，斯外内为一，其分于天地之气化以生，本相得，不相逆也。气运而形不动者，卉木是也；凡有血气者，皆形能动者也。由其成性各殊，故形质各殊；则其形质之动而为百体之用者，利用不利用亦殊。(《孟子字义疏证中·性》：182－183)

若依戴氏所强调的由外以资养于内以成性之说，及以“理义根于心而为性”之说，则与下述以“理义、嗜欲无非性使然也”之说，并不协合：

> 觉云者，如寐而寤曰觉，心之所通曰知，百体皆能觉，而心之知觉为大。凡相忘于习则不觉，见异焉乃觉。鱼相忘于水，其非生于水者不能相忘水也，则觉不觉亦有殊致矣。闻虫鸟以为候，闻鸡鸣

以为辰，彼之感而觉，觉而声应之，又觉之殊致有然矣，无非性使然也。若夫鸟之反哺，雎鸠之有别，蜂蚁之知君臣，豺之祭兽，獭之祭鱼，合于人之所谓仁义者矣，而各由性成。人则能扩充其知至于神明，仁义礼智无不全也。仁义礼智非他，心之明之所止也，知之极其量也。知觉运动者，人物之生；知觉运动之所以异者，人物之殊其性。(《孟子字义疏证中·性》：183)

孟子曰，"理义之悦我心，犹刍豢之悦我口"，非喻言也。凡人行一事，有当于理义，其心气必畅然自得；悖于理义，心气必沮丧自失，以此见心之于理义，一同乎血气之于嗜欲，皆性使然耳。耳鼻口之官，臣道也；心之官，君道也；臣效其能而君正其可否。理义非他，可否之而当，是谓理义。然又非心出一意以可否之也，若心出一意以可否之，何异强制之乎！是故就事物言，非事物之外别有理义也；"有物必有则"，以其则正其物，如是而已矣。就人心言，非别有理以予之而具于心也；心之神明，于事物咸足以知其不易之则，譬有光皆能照，而中理者，乃其光盛，其照不谬也。(《孟子字义疏证上·理》：158)

理义、嗜欲之为"性使然也"或"各由性成"，表示理义、嗜欲非性之本身，而是由性使之成。但此说与下述"五行生克为之也"或"皆成性然也"之说相刺谬：

人生而后有欲，有情，有知，三者，血气心知之自然也。给于欲者，声色臭味也，而因有爱畏；发乎情者，喜怒哀乐也，而因有惨舒；辨于知者，美丑是非也，而因有好恶。声色臭味之欲，资以养其生；喜怒哀乐之情，感而接于物；美丑是非之知，极而通于天地鬼神。

> 声色臭味之爱畏以分，五行生克为之也；喜怒哀乐之惨舒以分，时遇顺逆为之也；美丑是非之好恶以分，志虑从违为之也；是皆成性然也。有是身，故有声色臭味之欲；有是身，而君臣、父子、夫妇、昆弟、朋友之伦具，故有喜怒哀乐之情。惟有欲有情而又有知，然后欲得遂也，情得达也。天下之事，使欲之得遂，情之得达，斯已矣。(《孟子字义疏证下·才》：197)

若以“理义及血气之于嗜欲皆性使然”，又怎能同时说“皆成性然”？“性使然”即成为如此者由于性，而所成者非性也；“成性然”即成为如此之性。依前者，理义及血气之于嗜欲非性之本身而为性之所成；依后者，理义及血气之于嗜欲乃阴阳气化分齐不一而成之性，而此义之性乃资于外而非本有而不资于外者。

依此，戴氏乃混同“理义之为性”与“礼义出于性”，从而产生理论内部的矛盾：

> 荀子知礼义为圣人之教，而不知礼义亦出于性；知礼义为明于其必然，而不知必然乃自然之极则，适以完其自然也。就孟子之书观之，明理义之为性，举仁义礼智以言性者，以为亦出于性之自然，人皆弗学而能，学以扩而充之耳。荀子之重学也，无于内而取于外；孟子之重学也，有于内而资于外。夫资于饮食，能为身之营卫血气者，所资以养者之气，与其身本受之气，原于天地非二也。故所资虽在外，能化为血气以益其内，未有内无本受之气，与外相得而徒资焉者也。问学之于德性然。有已之德性，而问学以通乎古贤圣之德性，是资于古贤圣所言德性裨益已之德性也。冶金若水，而不闻以金益水，以水益金，岂可云已本无善，已无天德，而积善成

> 德，如罍之受水哉！以是断之，荀子之所谓性，孟子非不谓之性，然而荀子举其小而遗其大也，孟子明其大而非舍其小也。（《孟子字义疏证中·性》：188）

“理义之为性”与“礼义出于性”之所以不协，是因为戴氏对“性”之定义混淆不清。他混淆了“成性”与“性成”。一方面，他以人物之性皆一阴一阳气化之生生所成，当然也包括由外而内所资养、资生而成者；另一方面，他又以理义为血气心知之性所生出，而非血气心知之性所本有，故只是“性使然也”或“各由性成”，而非以理义“为性”或“成性”各殊之所成也。

四、由生生之仁之自然主义的谬误（Naturalistic Fallacy）

戴氏由天地一阴一阳气化而说心、性、理的自然主义形上学或气化宇宙论，和宋明儒的超越的形上学或理本体论（天道论）一样，都是以天道或气化自然或超自然的事实来解释或推导出应然的价值。这便引出如何能沟通实然与应然的鸿沟的问题。戴氏的有关说法如下：①

① 戴震所谓生生而仁一说的其他例子如下：

（1）一阴一阳，盖言天地之化不已也。道也。一阴一阳，其生生乎，其生生而条理乎！……生生，仁也，未有生生而不条理者。条理之秩然，礼至着也；条理之截然，义至着也。（《原善上·读易系辞论性》：8－9）

（2）《易》称“先天而天弗远，后天而奉天时；天且弗远，而况于人乎，况于鬼神乎”，《中庸》称“考诸三王而不谬，建诸天地而不悖，质诸鬼神而无疑，百世以俟圣人而不惑”。夫如是，是为得理，是为心之所同然。《孟子》曰：“规矩，方圆之至也；圣人，人伦之至也。”语天地而精言其理，犹语圣人而言乎其可法耳。尊是理，而谓天地阴阳不足以当之，必非天地阴阳之理则可。天地阴阳之理，犹圣人之圣也；尊其圣，而谓圣人不足以当之，可乎哉？（《孟子字义疏证上·理》：164）

生生者仁乎？生生而理者礼与义乎？何谓礼？条理之秩然有序，其着也。何谓义？条理之截然不可乱，其着也。得乎生生者谓仁，得乎条理者谓之智。是故生生者仁，条理者礼，断的者义，藏主者智，仁智中仁曰圣人。智通礼义以遂天下之情，备人伦之懿……同于生生条理者，则圣人之事。(《原善上》：8)

自人道溯之天道，自人之德性溯之天德，则气化流行，生生不息，仁也。由其生生，有自然之条理，观于条理之秩然有序，可以知礼矣；观于条理之截然不可乱，可以知义矣。在天为气化之生生，在人为其生生之心，是乃仁之为德也；在天为气化推行之条理，在人为其心知之通乎条理而不紊，是乃智之为德也。惟条理，是以生生；条理苟失，则生生之道绝。凡仁义对文及智仁对文，皆兼生生、条理而言之者也。(《孟子字义疏证下·仁义礼智》：205－206)

除了以生生界定仁及礼义外，戴氏也从自然或超自然之事实以论规范价值之必然性：

欲者，血气之自然，其好是懿德也，心知之自然，此孟子所以言性善。心知之自然，未有不悦理义者，未能尽得理合义耳。由血气之自然，而审察之以知其必然，是之谓理义；自然之与必然，非二事也。就其自然，明之尽而无几微之失焉，是其必然也。如是而后无憾，如是而后安，是乃自然之极则。若任其自然而流于失，转丧其自然，而非自然也；故归于必然，适完其自然。(《孟子字义疏证上·理》：171)

《易》言天道而下及人物，不徒曰“成之者性”，而先曰“继之者

> 善”，继谓人物于天地其善固继承不隔者也；善者，称其纯粹中正之名；性者，指其实体实事之名。一事之善，则一事合于天；成性虽殊而其善也则一，善，其必然也；性，其自然也；归于必然，适完其自然，此之谓自然之极致，天地人物之道于是乎尽。在天道不分言，而在人物，分言之始明。《易》又曰：“仁者见之谓之仁，智者见之谓之智，百姓日用而不知，故君子之道鲜矣。”言限于成性而后，不能尽斯道者众也。（《孟子字义疏证下・道》：201）

由继性以言成善正是典型的以实然到应然之间有必然性之说。规范原则（normative principle）有规范功能（regulative function），但无自然规律（natural law）的因果的必然性（causal necessity）或逻辑规则（logical rule）的分析的必然性（analytical necessity）。因此，道德应然之理是不可能如戴氏之所说是既自然亦必然的。戴氏依《易传》以天道论或气化宇宙论作为心性论及德性论之基础，以人道之仁义之理上溯天道生生之本，即从天道理论导出道德理论，这正是休谟和摩尔所指出的从实然推导出应然之自然主义的谬误。[①] 从实然到应然，其间有一不可逾越的鸿沟，即从实然命题推出应然命题（to derive ought-statement/evaluative statement from is-statement/descriptive statement）的鸿沟。此一推导在逻辑上是不对确的。尤有甚者，以生生之天道作为道德价值的基础，不能解释人物之间在生存上之冲突的问题，而且也不能说明人之自由意志与道德责任如何可能的问题。

---

① 有关“naturalistic fallacy”的问题可参阅：https：//en. wikipedia. org/wiki/Naturalistic_fallacy。

第三部分

一、六经皆器与六经不能言以尽道的问题

和戴震一样，章学诚也从自然主义的形上学和气化宇宙论建立其“六经皆器”及“六经皆史”之说。就前者而言，他有以下的说法：①

《易》曰：“形而上者谓之道，形而下者谓之器。”道不离器，犹影不离形。后世服夫子之教者自六经，以谓六经载道之书也，而不知六经皆器也。……夫子述六经以训后世，亦谓先圣先王之道不可见，六经即其器之可见者也。……而儒家者流，守其六籍，以谓是特载道之书耳。夫天下岂有离器言道，离形存影者哉？彼舍天下事物、人伦日用，而守六籍以言道，则固不可与言夫道矣。（《原道下》：50-51）

夫道备于六经，义蕴之匿于前者，章句训诂足以发明之。事变之出于后者，六经不能言，固贵约六经之旨，而随时撰述以究大道也。（《原道下》：54）

余英时对这些文字的解释是：以上引“原道”三点，首谓“六经皆器”，非载道之书；次言六经亦不能超越时间之限制，事变之出于后者，六经中亦无其道；末云六经中虽有可见之道，而后世经学考证家多以一隅自限，且又彼此不合，故所得更少。故余氏认为：“事变之出于后者，

① 章学诚著，仓修良编，《文史通义新编》（上海：上海古籍出版社，1993）原道中：50-51。以下引文直接在正文列出页数。

六经不能言”这句话是明说“六经不足以尽道”。[1] 但是，章氏既说“夫道备于六经”(《原道下》：54)与“道体无所不该，六艺足以尽之”(《诗教上》：21)及“天人性命之理，经传备矣”(《朱陆》：71)，又怎能如余氏之所说，以六经不足以尽道呢？

此处余氏的诠释之疑难及误解是：若就“六经不能言”以断言“六经不足以尽道”，则与“道备于六经”及“六艺足以尽之”之说相悖。若以“约六经之旨，而随时撰述以究大道也”(《原道下》：54)协调之，亦只能以道大备于六经与先王之制或政典这些事迹的宗旨之中，而非大备于六经与先王之制或政典这些事迹之中。然而，如此说“六经不足以尽道”，即“六经这些事迹所体现的道不足以尽后世事迹所体现之道”，虽则约前者之旨可通时变而究知后事所显之道。但这里仍引出以下的疑问：

(1) 是否前后所显之道不同或不全？
(2) 如何能约前事之旨以通后事之道？
(3) 有何证据以断定有一大道可随事变而有各种不同或不全之体现？

就上述问题，章氏提出“六经言往而不知来”以解说之：

《易》曰：“神以知来，智以藏往。”知来，阳也。藏往，阴也。一阴一阳，道也。文章之用，或以述事，或以明理。事逆已往，阴也。

---

① 余英时，《章学诚的“六经皆史”说与“朱陆异同论”》，《新亚书院学术年刊》第十六期(9/1974)：111。

理阐方来,阳也。其至焉者,则述事而理以昭焉,言理而事以范焉,则主适不偏,而文乃衷于道矣。迁、固之史,董、韩之文,庶几哉有所不得已于言者乎?不知其故,而但溺文辞,其人不足道已。(《文史通义·原道下》:54-55)

然而,若"事变之出于后者,六经不能言"这句话是明说六经不足以尽道,则六经述先王之道,亦不过"事逆已往,阴也",而非"理阐方来,阳也"。此则有两大疑问:

(1) 依此,先王之制作也好,六经之述作也好,诸子之所言也好,以至后世之所言所作(包括文史)也好,都不过是一阴一阳之迹。如是,六经亦如诸子只得道之一端?而先王之所作亦只是显大道之一端?那么,何来"先王之大道?"
(2) 由于事变与时推移,永无停息,则如何能由"理阐方来"约旨以通大道于无限的历程中?

此外,章氏有何文献及历史的根据,可以使他得知道是在一阴一阳之事变之迹中?他有以下非常不严格的论证和说明:

道有自然,圣人有不得不然,其事同乎?曰:不同。道无所为而自然,圣人有所见而不得不然也。圣人有所见,故不得不然;众人无所见,则不知其然而然。孰为近道?曰:不知其然而然,即道也。非无所见也,不可见也。不得不然者,圣人所以合乎道,非可即以为道也。圣人求道,道无可见,即众人之不知其然而然,圣人所藉以见道者也。故不知其然而然,一阴一阳之迹也。(《文史通

义·原道上》: 44-45)

> 《易》曰:"仁者见之谓之仁,智者见之谓之智,百姓日用而不知。"然而不知道而道存,见谓道而道亡。大道之隐也,不隐于庸愚,而隐于贤智之伦者纷纷有见也。盖官师治教合,而天下聪明范于一,故即器存道,而人心无越思。官师治教分,而聪明才智,不入于范围,则一阴一阳,入于受性之偏,而各以所见为固然,亦势也。……夫道因器而显,不因人而名也。自人有谓道者,而道始因人而异其名矣。(《文史通义·原道中》: 51)

章氏以"即器存道",以"道因器而显"及"即众人之不知其然而然,圣人所藉以见道者也"。正正是一种没有逻辑真确性(logical soundness)的超越论证(transcendental argument)或超越推述(transcendental deduction)。但是,若"圣人求道,道无可见,即众人之不知其然而然,圣人所藉以见道者也"一说成立,则圣人直接所见者为众人之不知其然而然之迹,借以间接"见"那不可见之道。此间接之"见"非直接之见,亦即"道因器而显"之说也。此超越论证即是说:没有道便没有一阴一阳之迹,故此,既有一阴一阳之迹,便可因之而间接地"见"[亦即透过此形上预设(metaphysical presupposition)而"见"]道。① 余氏认为章氏主张:六经既不足以尽道,实斋遂进而有"文史不在道外"之说。其所据是:"然议文史而自拒文史于道外,则亦不成其为文史矣。"(姑孰夏课甲编小

---

① 有关超越论证的问题,可参阅冯耀明,《"超越内在"的迷思:从分析哲学观点看当代新儒学》(香港:香港中文大学出版社,2003)第五章及 Yiu-ming Fung, "Davidson's Charity in the Context of Chinese Philosophy," *Davidson's Philosophy and Chinese Philosophy: Constructive Engagement*, ed. by Bo Mou (Leiden: Brill Academic Publishers, 2006): 117-162。

引)[①]亦即所谓“夫道因器而显”。(《文史通义·原道中》：51)这也正正是以器用预设道之本体，故可言无体则无用(无道则无文史)。其逻辑结构是：(此处“天道”若改为“上帝”或“梵天”，亦可得类似的超越论证。)

(1) 器用如何可能？

(2) 其可能性是基于器用出于或本于天道。(因之没有天道便没有器用。)

(3) 故此，天道可“见”。

此种有形上预设的论证虽或对确，却非真确，因为其中的预设并不能被证立。换言之，此论证并不能证明其结论为真。有关问题我在别的地方已有论述，此处不赘了。[②]

章氏反对以经载道之说，而主张以经为寓道之器。他认为前者使道与器相离，而后者则以道与器不离。其意即以形而上的道体现于作为形而下的器或迹的六经之中，而非以六经作为书籍文献以述说一形而上的超离/超绝(transcendent but not transcendental)的道。[③] 有关

---

① 章学诚，《章学诚遗书》(北京：文物出版社，1985)。

② 余英时，《章学诚的“六经皆史”说与“朱陆异同论”》，《新亚书院学术年刊》第十六期(9/1974)：112。

③ “Transcendent” 或 “transcendence” 乃是有关本体(noumena)与现象(phenomena)二界有本质上之差异与存有上之分离之本体论概念，可以“Transcendent”一词描述此本体(例如柏拉图的“Idea”)的存有地位(ontological status)。“Transcendental”则是有关不从经验而来却对经验知识有轨范作用的知识论的概念或范畴，可以“transcendental”一词描述这些先验概念(a priori concept)(例如康德的“category”)在知识论上之特性。一般将二者皆译为“超越”，其实并非同一概念。后者若译为“超越”，前者宜译为“超离”或“超绝”。此外，当代新儒家所言“(既)超越(又)内在”之说是属于本体论的论述、但近20年中国思想史学界所谓“内在超越”之说则是有关由内在心性之修养以体验而上达天德之义。严格言之，此非本体论的论述，并不合乎由宋明至当代新儒家的说法。

此“不离”之义，他有以下的说法：①

古者道寓于器，官师合一。(《文史通义·原道下》：53)

天人性命之理，经传备矣。经传非一人之言，而宗旨未尝不一者，其理着于事物，而不托于空言也。师儒释理以示后学，惟着之于事物，则无门户之争矣。理，譬则水也。事物，譬则器也。器有大小浅深，水如量以注之，无盈缺也。今欲以水注器者，姑置其器，而论水之挹注盈虚，与夫量空测实之理，争辨穷年，未有已也，而器固已无用矣。(《文史通义·朱陆》：71)

这里章氏用了两个比喻来说明道不离器，但皆属不当之喻。因为水可离器，不待器而本有。故可离器言道也。影须待形而有，无形则无影。故以此喻道，则道非独立存在矣！尤有甚者，即使言“即器存道”，亦不足以言“明道”或“知道”。试看章氏以下的说法：

子贡曰：“夫子之文章，可得而闻也。夫子之言性与天道，不可得而闻也。”盖夫子所言，无非性与天道，而未尝表而着之曰，此性此天道也。故不曰性与天道，不可得闻；而曰言性与天道，不可

---

① 类似的说法如下：

(1) 至云学法令者，以吏为师，则亦道器合一，而官师治教，未尝分歧为二之至理也。……而儒家者流，守其六籍，以谓是特载道之书耳。夫天下岂有离器言道，离形存影者哉？彼舍天下事物、人伦日用，而守六籍以言道，则固不可与言夫道矣。(《文史通义·原道中》：51)

(2) 盖官师治教合，而天下聪明范于一，故即器存道，而人心无越思。(《文史通义·原道中》：51)

(3) 夫六艺者，圣人即器而存道；……古者道寓于器，官师合一，学士所肄，非国家之典章，即有司之故事，耳目习而无事深求，故其得之易也。(《文史通义·原道下》：53)

得闻也。所言无非性与天道，而不明着此性与天道者，恐人舍器而求道也。夏礼能言，殷礼能言，皆曰“无征不信”。则夫子所言，必取征于事物，而非徒托空言，以为明道也。曾子真积力久，则曰：“一以贯之。”子贡多学而识，则曰：“一以贯之。”非真积力久，与多学而识，则固无所据为一之贯也。训诂名物，将以求古圣之迹也，而侈记诵者，如货殖之市矣。撰述文辞，欲以阐古圣之心也，而溺光采者，如玩好之弄矣。异端曲学，道其所道，而德其所德，固不足为斯道之得失也。记诵之学，文辞之才，不能不以斯道为宗主，而市且弄者之纷纷忘所自也。宋儒起而争之，以谓是皆溺于器而不知道也。夫溺于器而不知道者，亦即器而示之以道，斯可矣。而其弊也，则欲使人舍器而言道。(《文史通义·原道下》：55)

上述引文的意思是：夫子所言无非性与天道(之迹)而已！非性与天道本身。故虽欲即器存道，亦可能会溺于器而不知道。故必须真积力久，与多学而识，并据之而一以贯之，才能免于溺于器而不知道。换言之，必须约守所积所学之宗旨，才能明道。但如何才能得此宗旨？且夫子言“一以贯之”即“约旨”以知道欤？此所谓“约旨”，明显不是余氏所称许的经验研究(empirical studies)，而是一种从经验之迹以推知非经验之道的形上玄思。这绝非余氏所谓知识由“博”而“约”之“综合化”与“系统化”的方法。西方哲学和科学告诉我们：从来没有任何客观的方法，包括余氏所谓“综合化”与“系统化”的方法，可以根据经验证据而由进学以归约得非经验的思想内容或对象：大道。

除了比喻不当外，章氏也忽视天道本有之说与其道器不二之说之不兼容。以下是他肯定天道本有之说[①]：

> 道之大原出于天，天固谆谆然命之乎？曰：天地之前，则吾不得而知也。天地生人，斯有道矣，而未形也。(《文史通义·原道上》：43)
>
> 《易》曰："一阴一阳之谓道。"是未有人而道已具也。继之者善，成之者性。是天着于人，而理附于气。故可形其形而名其名者，皆道之故，而非道也。道者，万事万物之所以然，而非万事万物之当然也。人可得而见者，则其当然而已矣。(《文史通义·原道上》：44)

上述谓"未有人而道已具"，即含蕴道乃独立于人物之外的客观存在(independent entity)。然而，天道既本有，何来道器不二？若谓"观于山下出泉，沙石隐显，流注曲直，因微渐著，而知江河舟楫之原始也"。(《文史通义·说林》：147)因而可以因事现以知其源(原始)，但这并不能因着而可以知微，不能因事而可以见道。事现发生之本源非事迹所据之本体也。道虽或因事而见，却非因事而有。此即存有论的先在(ontological priority)不等于知识论之先在(epistemological priority)之义。故此，即使山河大地毁坏，道仍自存也。"道器不二"之说实与"道之大原出于天"之说不能相容也。此外，即使勉强承认道器不二，由于此说是建基在一形上预设之上的超越论证，即使勉强承认其有效，则神

① 类似的说法如下：

(1) 殆知太极阴阳之理，存诸天壤，而智者见智，仁者自见仁也。(《文史通义·妇学》：215)

(2) 孔子学周公，周公监二代，二代本唐、虞，唐、虞法前古，故曰："道之大原出于天。"盖尝观于山下出泉，沙石隐显，流注曲直，因微渐著，而知江河舟楫之原始也。观于孩提呕哑，有声无言，形揣意求，而知文章著述之最初也。(《文史通义·说林》：147)

学家同样以这样的超越论证证明上帝之存在便可被接受矣！

二、“大道”与“历史发展中之道”的问题

依照余英时的理解，“盖实斋论道乃就人类历史文化发展之全程而言，而六经中所可见者只是三代官师未分那一阶段中道的进程。三代以后的道则不可能向六经中去寻找”。[①] 如是，则章学诚的“大道”该如何理解？余氏并无交待。章氏谓：

(1) 大道既隐，诸子争鸣，皆得先王之一端。(《文史通义・答客问中》：178)

(2) 夫道备于六经，义蕴之匿于前者，章句训诂足以发明之。事变之出于后者，六经不能言，固贵约六经之旨，而随时撰述以究大道也。(《文史通义・原道下》：54)

(3) 孔子生于衰世，有德无位，故述而不作，以明先王之大道。(《文史通义・天喻》：231)

(4) 学者苟能循流而溯源，虽曲艺小数，诐辞邪说，皆可返而通乎大道。(《文史通义・和州志艺文书序例》：769)

(5) 是以学必求其心得，业必贵于专精，类必要于扩充，道必抵于全量，性情喻于忧喜愤乐，理势达于穷变通久，博而不杂，约而不漏，庶几学术醇固，而于守先待后之道，如或将见之矣。(《文史通义・博约下》：68)

---

① 余英时，《章学诚的“六经皆史”说与“朱陆异同论”》，《新亚书院学术年刊》第十六期(9/1974)：111。

针对上述引文，我们有以下的疑问：

(1) 表示诸子只得先王大道之一端，则六经是否也只得先王大道之一端？

(2) 表示六经亦只得先王之一端或那一阶段中道的进程。随时撰述以究大道，亦只能得该时之中道的进程。如是，即使约六经之旨，又怎可能随时撰述以究大道？

(3) 表示先王之大道可述而明之。但述亦一时之述，焉能跨越历史时空以得大道？

(4) 表示诐辞邪说，皆可返而通乎大道。但正邪之说不两立，为何皆可通达？

(5) 表示理势达于穷变通久，博而约之，庶几可通古今之变，得变通之道。但如何约文史之大旨而通于大道？

笼统言专精通类或一以贯之，并非答案。因为章氏并没有提供任何标准或方法以说明专精通类或一以贯之的方法程序及其可行性。徒说“统类”或“一贯”，既非归纳，亦非演绎，也不是任何经验的方法，实不能消除各家之说之间的相互矛盾之处，焉能由之而“得道”或“知道”呢？这里无疑有一两难的困局：① 如大道乃先王之大道，正如章氏以周公集大成及孔子同乎周公的道统之说(《文史通义·原道上》：44－47，《原道中》：51－52 及《说林》：147)，则守先待后以求历史发展中之道一说便不通。因为不待时变已完具大道于先王之所作中，或集大成于周、孔之所作中。② 如大道非先王之道，先王之道亦不过历史发展中所见道之一端，则章氏的“道术为天下裂”一说亦不通。因为先王亦只得大道之一端，在先王之时大道已隐或裂矣！

依照余英时之说，“实斋论道乃就人类历史文化发展之全程而言，而六经中所可见者只是三代官师未分那一阶段中道的进程，三代以后的道则不可能向六经中去寻找。”[①]若实斋之所谓“大道”为人类历史文化发展之全程中的道，则先王便不可能通古今之变而得大道。再者，此动态连续的大道便只能像黑格尔的绝对理性一样，可以体现在事变中，而使种种或同或异、或正或反之言与事合理化。此即“凡存在必合理”（德文：sei alles Wirkliche vernünftig und alles Vernünftige wirklich；英文：What is rational is real；what is real is rational.）之义。无怪乎章氏认为：

> 夫秦之悖于古者，禁《诗》《书》耳。至云学法令者，以吏为师，则亦道器合一，而官师治教，未尝分歧为二之至理也。（《文史通义·原道中》：51）
>
> 学者苟能循流而溯源，虽曲艺小数，诐辞邪说，皆可返而通乎大道。（《文史通义·和州志艺文书序例》：769）
>
> 盖末数小技，造端皆始于圣人，苟无微言要旨之授受，则不能以利用千古也。（《文史通义·诗教上》：24）

这些各各不一之说，有些是相互矛盾，有些虽无抵牾，却是风马牛不相及，章氏如何能通类以一之呢？看看以下更为荒谬之说：

> 《易》之象也，《诗》之兴也，变化而不可方物矣。《礼》之官也，《春秋》之例也，谨严而不可假借矣。夫子曰：“天下同归而殊途，一

① 余英时，《章学诚的“六经皆史”说与“朱陆异同论”》，《新亚书院学术年刊》第十六期（9/1974）：111。

致而百虑。”君子之于六艺，一以贯之，斯可矣。物相杂而为之文，事得比而有其类。知事物名义之杂出而比处也，非文不足以达之，非类不足以通之；六艺之文，可以一言尽也。夫象欤，兴欤，例欤，官欤，风马牛之不相及也，其辞可谓文矣，其理则不过曰通于类也。故学者之要，贵乎知类。(《文史通义·易教下》：7)

天时人事，今古不可强同，非人智力所能为也。然而六经大义，昭如日星，三代损益，可推百世。高明者由大略而功求，沉潜者循度数而徐达。资之近而力能勉者，人人所有，则人人可自得也，岂可执定格以相强欤？王氏致良知之说，即孟子之遗言也。良知曰致，则固不遗功力矣。朱子欲人因所发而遂明，孟子所谓察识其端而扩充之，胥是道也。而世儒言学，辄以良知为讳，无亦惩于末流之失，而谓宗指果异于古所云乎？(《文史通义·博约下》：67-68)

不相及而能通于类？此乃有观点而无论据之空言也！徒说：“六艺之文，可以一言尽也。”却说不出“一言”为何，又如何把握六经大义呢？他以王阳明的致良知为博约之功力，乃孟子之遗意，可谓天马行空之说。他既歪曲了孟子以良知为本有之说，亦无视王阳明以致良知为不可以外心以求理之义。这是凭什么史识而得的论断？

章氏从来没有提供任何实例以说到其所谓“大义”与“宗旨”，故其所说乃是有观点而无论据之空言也！他所说的“忤于大道之公”之史文，又如何可会归于大义之旨呢？章氏既认为：“学者苟能循流而溯源，虽曲艺小数，诐辞邪说，皆可返而通乎大道”，何以此说非为“人有阴阳之患，而史文即忤于大道之公”(《文史通义·史德》：182-183)之例呢？忤与不忤之标准在哪里？因此，个人认为：

(1) 所谓“历史发展中之道”乃是不通的说法。因为迹变之差异与抵牾不能由玄思以推证其本源之同及所体现者为其一端。

(2) 先王之道乃是体现于先王之政典中之道，严格言之，“大道”不可称之为“先王之大道”。因为道之大原出于天，所谓先王之政典中之道乃不过是历史发展中先王事迹所体现的大道之一端而已。如是，一本之大道不在先圣先王，而必须由玄思以诉之于天也。

三、道之形著而为当然之自然主义的谬误

章氏认为自然之道之形著而为当然之事乃是必然(不得不然)的。其理据何在呢？他说：

> 人生有道，人不自知；三人居室，则必朝暮启闭其门户，饔飧取给于樵汲，既非一身，则必有分任者矣。或各司其事，或番易其班，所谓不得不然之势也，而均平秩序之义出矣。又恐交委而互争焉，则必推年之长者持其平，亦不得不然之势也，而长幼尊尊之别形矣。至于什伍千百，部别班分，亦必各长其什伍，而积至于千百，则人众而赖于干济，必推才之杰者理其繁，势纷而须于率俾，必推德之懋者司其化，是亦不得不然之势也；而作君作师，画野分州，井田封建学校之意著矣。故道者，非圣人智力之所能为，皆其事势自然，渐形渐著，不得已而出之，故曰天也。(《文史通义·原道上》：43－44)
>
> 《易》曰：“一阴一阳之谓道。”是未有人而道已具也。继之者善，成之者性。是天着于人，而理附于气。故可形其形而名其名者，皆道之故，而非道也。道者，万事万物之所以然，而非万事万物

之当然也。人可得而见者,则其当然而已矣。人之初生,至于什伍千百,以及作君作师,分州画野,盖必有所需而后从而给之,有所郁而后从而宣之,有所弊而后而救之。羲、农、轩、颛之制作,初意不过如是尔。法积美备,至唐、虞而尽善焉,殷因夏监,至成周而无憾焉。譬如滥觞积而渐为江河,培塿积而至于山岳,亦其理势之自然;而非尧、舜之圣,过乎羲、轩,文、武之神,胜于禹、汤也。后圣法前圣,非法前圣也,法其道之渐形而渐著者也。三皇无为而自化,五帝开物而成务,三王立制而垂法,后人见为治化不同有如是尔。当日圣人创制,则犹暑之必须为葛,寒之必须为裘,而非有所容心,以谓吾必如是而后可以异于圣人,吾必如是而后可以齐名前圣也。此皆一阴一阳往复循环所必至,而非可即是以为一阴一阳之道也。一阴一阳往复循环者,犹车轮也。圣人创制,一似暑葛寒裘,犹轨辙也。(《文史通义·原道上》:44)

明显,他是以天道必然形着于当然之事中,即由天道之实然推导出事为之应然。其主要论据竟然是以"三人居室""部别班分"之事势说明当然事为之必然发生,这无疑是以功利主义的后效论(consequentialism)为判准以说明由实然之推导出当然之必然性。此外,章氏以"经世亦为至道所寓"一说,亦隐含以后效论解释道之寓于经世之事(功)中。他说:

学问专家,文章经世,其中疾徐甘苦,可以意喻,不可言传。此亦至道所寓,必从其人而后受,不从其人,即已无所受也,是不可易之师也。苟如是者,生则服勤,左右无方,没则尸祝俎豆,如七十子之于孔子可也。至于讲习经传,旨无取于别裁;斧正文辞,义未见其独立;人所共知共能,彼偶得而教我;从甲不终,不妨去而就乙;

甲不我告，乙亦可询；此则不究于道，即可易之师也。虽学问文章，亦末艺耳。其所取法，无异梓人之惎琢雕，红女之传绨绣，以为一日之长，拜而礼之，随行隅坐，爱敬有加可也。必欲严昭事之三，而等生身之义，则责者罔，而施者亦不由衷矣。（《文史通义・师说》：233-234）

依此，在未有经传之述、诸子之言及后世文史之著之前，先王如何得大道之问题，可以章氏的后效论解答：

道之大原出于天，天固谆谆然命之乎？曰：天地之前，则吾不得而知也。天地生人，斯有道矣，而未形也。三人居室，而道形矣，犹未著也。人有什伍而至百千，一室所不能容，部别班分，而道著矣。仁义忠孝之名，刑政礼乐之制，皆其不得已而后起者也。（《文史通义・原道上》：43）

道者，万事万物之所以然，而非万事万物之当然也。人可得而见者，则其当然而已矣。人之初生，至于什伍千百，以及作君作师，分州画野，盖必有所需而后从而给之，有所郁而后从而宣之，有所弊而后而救之。羲、农、轩、颛之制作，初意不过如是尔。法积美备，至唐、虞而尽善焉，殷因夏监，至成周而无憾焉。（《文史通义・原道上》：44）

于此，章氏乃据"部别班分，得使一室能容多人"之功效，以说明道之必形着于此有功效之事中。但是，先王之事功有效于一时，可随时而变，其事便不一定为有效而能即道矣。故先王亦只得道之一端。何来大道？此所以后效论之观点实无助于大道之揭示也。因此，先王如何得知大道的问题，章氏实无令人满意的答案。又如他说：

> 若夫六经，皆先王得位行道，经纬世宙之迹，而非托于空言。故以夫子之圣，犹且述而不作。如其不知妄作，不特有拟圣之嫌，抑且蹈于僭窃王章之罪也，可不慎欤！（《文史通义·易教上》：3）
>
> 故道者，非圣人智力之所能为，皆其事势自然，渐形渐著，不得已而出之，故曰天也。（《文史通义·原道上》：44）
>
> 道者，万事万物之所以然，而非万事万物之当然也。人可得而见者，则其当然而已矣。（《文史通义·原道上》：44）

此皆属虚言也。若"求道必于一阴一阳之迹"，因事而显道，则先王未作其事之前，如何去因事而明道及行道以立政典？难道先王之前另有大道显现于先先王之事迹中，因而先王可以因先先王之事迹而明道？这便有无穷后退的难题了。圣人发现事势自然，而不可言之道乃渐形渐着于事中，由之必然而见之当然？这便有"from IS to OUGHT"的难题。由后效之当然以逆推使之必然发生之实然之天道也。此亦虚妄之玄思，非余氏推许章氏之所谓属于经验研究或知识取向的史识也！

四、"神解精识"或"别识心裁"的问题

依据余英时的诠释，章氏强调"德性资于学问"，而章氏对陆、王的新诠，亦将"尊德性"的陆、王转化为"道问学"的陆、王。余氏说：①

> 实斋屡说"读书但观大意"或"窥见古人大体"一类的话。这些话在字面上颇近乎象山所强调的"先立其大"。然而象山所欲先立

① 余英时，《章学诚的"六经皆史"说与"朱陆异同论"》，《新亚书院学术年刊》第十六期(9/1974)：125。

之"大"乃德性上的"大";实斋所向往的"大"则是学问上的"大"。这正犹如象山的"约"是道德性的"约",而实斋的"约"是知识上的"约"。实斋之所以有时用"专家"来代替"约"字,恐怕正是因为"约"字的意义不够显豁之故。但他在赋予陆、王之学以新的意义之际,同时也正在不知不觉中从内部改造了陆、王的旧统。他把"尊德性"的陆、王变成了"道问学"的陆、王!

余氏认为戴氏转化了朱学的"尊德性"的"道问学"为"道问学"的"尊德性",而章氏亦在不知不觉间改造了王学。章氏变易王阳明的"致良知",余氏认为是章氏专把学者求知的直觉倾向认作"良知",他挖空了它的德性内涵,把王阳明的"德性的良知"转化为智性的良知,并以"功力"训"致良知"之"致"。余氏指出:章氏认为这是王阳明的"遗意"。①

然而,孟子以良知为本有,王阳明亦持此说,而章氏既以知为后天积学,何来本有之知?如果这种歪曲或误解可以当作转化或改造,则任何对古人论著的种种正反诠释都可以当作转化或改造了。即使我们勉强接受余氏之说,但"德性资于学问"仍是一大神话。因为德性既非命题之知(knowing-that),亦非技能之知(knowing-how)。那么德性如何能取资于知识而以之为唯一得道或知道的方法呢?余氏的解释是:②

可见实斋的"专家"又通于"约"之义,而以"别识心裁"为其主

① 余英时,《章学诚的"六经皆史"说与"朱陆异同论"》,《新亚书院学术年刊》第十六期(9/1974):132。
② 余英时,《章学诚的"六经皆史"说与"朱陆异同论"》,《新亚书院学术年刊》第十六期(9/1974):124-125。

> 观之枢纽。实斋尝谓“立言之士,读书但观大意”。又自许“神解精识,乃能窥及前人所未到之处”。这就是说,他的学问是从“约”入手的。……实斋的“专家”是对学问先具有一种大体的了解,并且逐渐从大处建立起自己的“一家之言”。这种一下子就能把握住大处的本领从何而来呢?实斋根据自己的经验,认定是出于“神解精识”或“别识心裁”。“神解精识”或“别识心裁”显然带有浓厚的直觉意味,因此颇近乎柯林伍德(R. G. Collingwood)所重视的“先验的想象”(a priori imagination)。“神解精识”来自实斋早年读书的体验;“别识心裁”则是他中年以后治目录校雠之学,由“别裁”的观念推行出来的。两者的含义正可互相补充。

此处余氏对柯林伍德的“先验的想象”之说有极大的误解。柯林伍德的“先验的想象” 是有关过去事件的历史建构,而不是有关历史事变背后的义旨及大道之约守功夫。例如他说:①

> 在这种方式下推出来的本质上是想象的事物。如果我们往海上看而察觉到一条船,且五分钟后再看却察觉到它在不同的位置,我们发现自己当然会想象到,当我们不在看时,它已占据此刻的位置。那正是历史思考之一例;当我们被告知凯撒在一段时间内处身于罗马与高卢这两个不同的地方,如无意外,我们发现自己当然会想象到他已从前者去到后者。
>
> 如果想象到友人最近离开我家而现时进入他自己的家,此一我想象的事实没有理由使我相信它不真实。

① R. G. Collingwood, *The Idea of History* (Oxford: Oxford University Press, 1994): 241.

柯林伍德认为“历史的想象”(historical imagination)与“艺术家的想象”(artist imagination)不同,因为前者是建基于证据之上的,而且关连到背景知识。因此,他这种对历史的重塑或重演(re-enactment)绝对与余氏所解释的章氏的“神解精识”或“别识心裁”由形下之事变以通形上之大道这种笼统概念是两码子的事。

章学诚的会通之说基本上是一种文学式的联想,而非如余英时所谓基于历史证据之经验研究。下述有关经典之会通之说,便是极牵强之能事的例子:

> 象之所包广矣,非徒《易》而已,六艺莫不兼之,盖道体之将形而未显者也。雎鸠之于好逑,樛木之于贞淑,甚而熊蛇之于男女,象之通于《诗》也。五行之征五事,箕毕之验雨风,甚而傅岩之入梦赉,象之通于《书》也。古官之纪云鸟,《周官》之法天地四时,以至龙翟章衣,熊虎志射,象之通于《礼》也。歌协阴阳,舞分文武,以至磬念封疆,鼓思将帅,象之通于《乐》也。笔削不废灾异,《左氏》遂广妖祥,象之通于《春秋》也。《易》与天地准,故能弥纶天地之道。万事万物,当其自静而动,形迹未彰而象见矣。故道不可见,人求道而恍若有见者,皆其象也。(《文史通义·易教下》:7)
>
> 《易》象虽包六艺,与《诗》之比兴,尤为表里。夫《诗》之流别,盛于战国人文,所谓长于讽喻,不学《诗》,则无以言也。(详见《诗教》篇)然战国之文,深于比兴,即其深于取象者也。《庄》《列》之寓言也,则触蛮可以立国,蕉鹿可以听讼。《离骚》之抒愤也,则帝阙可上九天,鬼情可察九地。他若纵横驰说之士,飞箝捭阖之流,徙蛇引虎之营谋,桃梗土偶之问答,愈出愈奇,不可思议。然而指迷从道,固有其功;饰奸售欺,亦受其毒。故人心营构之象,有吉有

凶;宜察天地自然之象,而衷之以理,此《易》教之所以范天下也。(《文史通义·易教下》:8)

依此,象乃道体之将形而未显者。所谓天地自然之象,人心营构之象(《文史通义·易教下》:7-8),以至六艺之象,及《庄》《列》《离骚》等,皆可通而一之。然而,徒说"可通而一之"或"一以贯之",并无根据以证吾人可约其宗旨以通于大道也。

依余氏"知识化"之说,章氏应有诂训或历史的证据以立此宗旨。但证据在哪里?章氏只就源流说以指出末流之异不碍本源之一:

诸子百家,不衷大道,其所以持之有故而言之成理者,则以本原所出,皆不外于《周官》之典守。其支离而不合道者,师失官守,末流之学,各以私意恣其说尔。非于先王之道,全无所得,而自树一家之学也。至于佛氏之学,来自西域,毋论彼非世官典守之遗,且亦生于中国,言语不通,没于中国,文字未达也。然其所言与其文字,持之有故而言之成理者,殆较诸子百家为尤盛。反复审之,而知其本原出于《易》教也。盖其所谓心性理道,名目有殊,推其义指,初不异于圣人之言。其异于圣人者,惟舍事物而别见有所谓道尔。(《文史通义·易教下》:8)

然而,一方面其源流之说并不合乎史实,另一方面更有发生的谬误的问题。勉强曲为之说,又何来余氏所谓知识之综合化、系统化云云?下述是更为荒谬的例子:

战国之文,其源皆出于六艺,何谓也?曰:道体无所不该,六艺足以尽之。诸子之为书，其持之有故而言之成理者，必有得于道体之一端，而后乃能恣肆其说，以成一家之言也。所谓一端者，无非六艺之所该，故推之而皆得其所本；非谓诸子果能服六艺之教，而出辞必衷于是也。《老子》说本阴阳，《庄》《列》寓言假象，《易》教也。邹衍侈言天地，关尹推衍五行，《书》教也。管、商法制，义存政典，《礼》教也。申、韩刑名，旨归赏罚，《春秋》教也。其他杨、墨、尹文之言，苏、张、孙、吴之术，辨其源委，挹其旨趣，九流之所分部，《七录》之所叙论，皆于物曲人官，得其一致，而不自知为六典之遗也。(《文史通义・诗教上》：21－22)

这里的疑问是：有什么证据可证佛氏之学的本原出于《易》教？《老子》之说本诸阴阳？《庄》《列》寓言假象乃《易》教？依此，何来余氏所谓知识之综合化与系统化？就余氏对章氏之说的诠释言，此不过是章氏所谓"笔削之义"或"独断之学"而已。例如章氏说：

《春秋》之义，昭乎笔削。笔削之义，不仅事具始末，文成规矩已也。以夫子"义则窃取"之旨观之，固将纲纪天下，推明大道。所以通古今之变，而成一家之言者，必有详人之所略，异人之所同，重人之所轻，而忽人之所谨，绳墨之所不可得而拘，类例之所不可得而泥，而后微茫杪忽之际，有以独断于一心。及其书之成也，自然可以参天地而质鬼神，契前修而俟后圣，此家学之所以可贵也。(《文史通义・答客问上》：169－170)

道欲通方，而业须专一，其说并行而不悖也。圣门身通六艺者七十二人，然自颜、曾、赐、商，所由不能一辙。再传而后，荀卿言《礼》，孟子长于《诗》《书》，或疏或密，途径不同，而同归于道也。后儒途径所由寄，则或于义理，或于制数，或于文辞，三者其大较矣。三者致其一，不能不缓其二，理势然也。知其所致为道之一端，而不以所缓之二为可忽，则于斯道不远矣。徇于一偏，而谓天下莫能尚，则出奴入主，交相胜负，所谓物而不化者也。是以学必求其心得，业必贵于专精，类必要于扩充，道必抵于全量，性情喻于忧喜愤乐，理势达于穷变通久，博而不杂，约而不漏，庶几学术醇固，而于守先待后之道，如或将见之矣。(《文史通义·博约下》：68)

章氏认为若能博而不杂，约而不漏，则迹异亦可言其不得不同，因为理有相通也。此言美则美矣，可惜其美言实无客观证据以证其可信也。综而言之，章氏主要强调公道之在人心及迹之源于本之假设。然而，这些假设仍有待于证明而非不证自明，更何况这与如何得见那非经验的大道并不相干。因此，如何能会通仍是一大问题。也许他的"神以知来，智以藏往"(《文史通义·原道下》：54)之说可提供一解答。然而，这只是诉诸其"神识"或"神智"而已。上文对此已有所论正，这所谓"神识"或"神智"乃是一种既非经由经验观察，亦非经由逻辑推理而认知的说法，并不真能通而一之以得大道。

然吾人若接受此"神识"，则可谓无所不通。无怪乎章氏认为朱陆交相为功，不必有门户之争。例如他说：

天人性命之理，经传备矣。经传非一人之言，而宗旨未尝不一者，其理着于事物，而不托于空言也。师儒释理以示后学，惟着之于事物，则无门户之争矣。(《文史通义·朱陆》：71)

高明沉潜之殊致，譬则寒暑昼夜，知其意者，交相为功，不知其意，交相为厉也。宋儒有朱、陆，千古不可合之同异，亦千古不可无

之同异也。末流无识，争相诟詈，与夫勉为解纷，调停两可，皆多事也。(《文史通义·朱陆》：71)

陆、王之攻朱，足以相成而不足以相病。伪陆、王之自谓学朱而奉朱，朱学之忧也。盖性命、事功、学问、文章，合而为一，朱子之学也。求一贯于多学而识，而约礼于博文，是本末之兼该也。诸经解义不能无得失，训诂考订不能无疏舛，是何伤于大礼(体)哉？(《文史通义·朱陆》：72)

朱陆在理论上的差异与抵牾，学者言之详矣！但历来从无人能具体说明有相通之处以消除其间的矛盾。章氏只是口号式的说法，全无论据，这是余氏所理解的"神解精识"或"别识心裁"吗？

五、源流说之发生的谬误(Genetic Fallacy)

章氏之所谓"会通"，其具体之说可谓已到达无所不通的疯狂程度，他甚至认为戴震之学乃得之于朱学，而暗示其浙东之学乃归宗于陆学及王学，并以二者并不相诋。他说：

戴君学术，实自朱子道问学而得之，故戒人以凿空言理，其说深探本原，不可易矣。顾以训诂名义，偶有出于朱子所不及者，因而丑贬朱子，至斥以悖谬，诋以妄作，且云："自戴氏出，而朱子僥幸为世所宗，已五百年，其运亦当渐替。"此则谬妄甚矣！戴君笔于书者，其于朱子有所异同，措辞与顾氏宁人、阎氏百诗相似，未敢有所讥刺，固承朱学之家法也。其异于顾、阎诸君，则于朱子间有微辞，亦未敢公然显非之也。(《文史通义·书朱陆篇后》：77)

> 浙东之学，虽出婺源，然自三袁之流，多宗江西陆氏，而通经服古，绝不空言德性，故不悖于朱子之教。至阳明王子，揭孟子之良知，复与朱子抵牾。蕺山刘氏，本良知而发明慎独，与朱子不合，亦不相诋也。梨洲黄氏，出蕺山刘氏之门，而开万氏弟兄经史之学；以至全氏祖望，辈尚存其意，宗陆而不悖于朱者也。惟西河毛氏，发明良知之学，颇有所得；而门户之见，不免攻之太过，虽浙东人亦不甚以为然也。(《文史通义・浙东学术》：69)

就理论内部言，朱与戴不只南辕北辙，且敌对而不能相容；而陆王与章亦是风马牛不相及，二者并无相关的学术主题。徒有虚言学术源流同本于先儒，但后儒发展之说不一，则所立之宗旨实不一也。且先儒亦各各不一，不可能以有同一学术祖宗而谓宗旨未尝不一。他们有家族相似性(family resemblance)，而实无永恒不变之宗旨或本质以为道统也。

下述余氏的解释，可谓曲为之说：①

> 尤其使他不能忘情的，是东原的经学考证和他自己的文史校雠，一显一晦，成为最强烈的对照。实斋虽自信甚坚，视东原与彼的对峙即是南宋朱、陆及清初顾、黄之重现……为了说明东原和他的关系与朱陆的关系相应，实斋最后不能不乞灵于历史。这样，他就找到了近在眼前的浙东学派。在"朱陆"篇中，他已对东原所继承的朱子学统作了明白的交代。现在他的问题是怎样把自己归宗于象山。他终于从浙东这个地域性的学派获得了启示。在理学史

① 余英时，《章学诚的"六经皆史"说与"朱陆异同论"》，《新亚书院学术年刊》第十六期(9/1974)：121。

上，陆、王自来被视为同一系统，而阳明则恰好是浙东人。

余氏认为此一浙东学术之源流之说虽是夸张，非历史真理(historical truth)，却是实斋的心理真理(psychological truth)。① 但余氏此说适足以说明实斋之学有发生谬误的问题，而无余氏所谓"知识主义"之实。再者，章氏并无明显地归宗陆王之说，余氏却用心理分析的方法以认定这是心理事实，这无疑是无中生有。

发生谬误是误将理论问题当作历史问题，误将理论的逻辑程序当作发生程序。逻辑学家及谬误研究的学者对发生谬误有如下的说明：②

> 发生谬误是这样的一种错误观念，即误将事物之发生代替事物之所成。换言之，把"任何科学、艺术或社会制度的一个实际历史(解释)"取代其结构的一个(非时间性的)逻辑分析。
>
> 最为令人讨厌的发生谬误的一些形式是那些将一时间系列转换进伦理系统——从历史转到道德。这种有害的错误隐藏在一个称为历史(命定)主义的运动中，它兴盛于 1790—1930 年间的德国——遍布于赫德、黑格尔、席勒、谢林的早期著作之中，及特里佩尔社(Troeltsch)和迈内克(Meinecke)的后期著作之中。历史(命定)主义涉及许多人与物，但一般而言，其知识论是唯心主义的，其政治(思想)是反民主的，其美学是浪漫的，而其伦理学乃是围绕在这一令人难以接受的观念，即凡存在的便是合理的。

---

① 余英时，《章学诚的"六经皆史"说与"朱陆异同论"》，《新亚书院学术年刊》第 16 期(9/1974)：122。

② David Hackett Fischer, *Historians' Fallacies: Toward a Logic of Historical Thought* (London and New York: Harper A Row, Publishers, lnc., 1970): 155 - 156.

章氏的"六经皆史"及源流说正正是一种历史(命定)主义(historicism),触犯了一种以思想起源来说明思想内涵的发生谬误。

第四部分

一、从反智主义到知识主义的赝假论旨

余英时认为:戴震"由训诂而通经以明道",章学诚则代之以"由校雠而通文史以明道",二者皆落在"道问学"的模式之内,而分别与宋学之"凿空言理"相抗衡。[①] 二者看似殊途同归,同样使经学或经典研究引向余氏所谓"智性/知识主义"(intellectualism)的道路,而扬弃宋学中的"反智主义"(anti-intellectualism)传统。

此章的目的是要指出:无论是戴震的训诂方法之实质运用,或章学诚的历史方法之具体运作,皆非如余氏所谓"经验的研究",纯以语言证据和历史事实而作之论断,而无形上的思辨或主观的想象。

在余氏描述的历史图像中,宋明儒家中的反智主义是空疏的,而清儒的知识主义是反对空疏之学,而欲道问学以经世。[②] 但清儒这种看似知识主义的学术,作为一种反超越的理本体论之自然主义的气化宇宙论的思想,是否可以经由经典的语言考据和历史解析的方法以重建儒学的道德思想,并达至经世以重整秩序?我的答案是否

---

① 余英时,《章学诚文史校雠考论》,《"中央"研究院历史语言研究所集刊》(3/1993):218。

② Yu Ying-shih, "Toward an Interpretation of the Intellectual Transition in Seventeenth-Century China," *Journal of the American Oriental Society*, Vol. 100, No. 2 (April-June, 1980): 119 - 120 and "Some Preliminary Observations on the Rise of Ch'ing Confucian Intellectualism," *Tsing Hua Journal of Chinese Studies*, New Series 11(1973): 121.

定的。

这是因为所有形上学(包括道德形上学),不管是建基于超越论的和唯心主义的基础(transcendentalist and idealistic ground)之上或自然主义的或物理主义的根基(naturalistic and physicalist base)之上,都没有任何因果力量或模态力量(causal or modal power)以改造或改变历史现实,虽或可以使之理由化(rationalization)。因此,余氏描述的历史图像是虚假的和误导的。

余氏认为王阳明是超理智而非反智性(supra-intellectual but not anti-intellectual),虽然其后其致良知观念的发展有反智主义的倾向,特别是阳明的后学。① 但是,我们并找不到任何有意义的证据来证明阳明与其后学在知识与修德的观点上有此区别。再者,不管是程朱、陆王,他们除了提出自己的形上设定(metaphysical assumptions)外,更多的论著是在理论建构(theory-construction),以概念分析(conceptual analysis)和逻辑建构(logical construction)来建立他们的信念网络。换言之,他们是要将其理论置放在理性思考的空间中。这是智性精神的体现,何来反智?此外,即使声称使用语言的考据和历史的实证方法,清儒如戴、章二氏所建构的理论仍然是基于形上玄思。尤有甚者,他们的立论有不少是与《论》《孟》之所说不合或相悖。若凡肯定在经验知识之外有一形上的(超越的或非经验的)领域,凡有形上玄思以建构理论的,皆为空疏及反智,则戴、章二氏亦非例外。因此,所谓从反智主义到知识主义的说法乃是一膺假论旨而已!

如果我们接受维特根斯坦的哲学概念,则哲学与科学不同,哲学并不是追求一套比科学更真实、更深入理解客观实在的知识系统。反之,

---

① 余英时,《中国思想传统的现代诠释》(南京:江苏人民出版社,1992):206。

哲学的功能在于借语言以解除智性的魔障之战役(*Philosophical Investigations* § 109)。[①] 换言之,哲学乃是针对我们思考的一种治疗方式(a way of *therapy*)。就形而上学言,为什么它是有趣的哲思活动(philosophizing)? 这是因为它提供更多思考上的困惑或陷阱(puzzles or pitfalls),虽然它被设想为以理性而超乎经验证据的方式去解释客观世界。然而,在另一方面,它可以扩充我们思考的领域和揭示我们思考的深度,从而使我们的思考进入更明智的状态。当然,形而上学不能提供绝对或客观的知识。除了逻辑外,其他绝大多数哲学领域都不能提供(经验或理论)知识。哲学的功能不在发掘真理,而在推动人们从日常思考进至对日常思考的反思,一种观念批判性的哲思活动。那么,哲学包括形而上学不只有趣,而且有助于对批判思考内容之深化及对理性思维领域之开拓。

二、本章的结论

(1) 戴、章二氏之论说预设了一种恒常的或发展的,形上的或内在的,并能体现于器物史事、典章制度及言说行为之中的所谓"大道"。但事实上这并不是戴、章二氏所谓古代圣王或圣人如孔子本所具有的思想,而是大部分后儒由"道统"之说中想象出来的。

(2) 不管古代圣王或圣人及经典有没有这种道,这都是不可能以经验的方法(包括历史和语言的方法)达至对这种道的理解和掌握。

① Ludwig Wittgenstein, *Philosophical Investigations*, G. E. M. Anscombe and R. Rhees(eds.), G. E. M. Anscombe (trans.), (Oxford: Blackwell, 1953).

(3) 戴、章二氏一方面被《易传》的有关“道器”关系的思考模式以及道、佛以至宋明儒家的“体用”关系的思考模式所误导,以套用于其他经典作一律性的解说;另一方面则不能察知运用此思考模式所引至之理论困难,包括“体现”概念之含糊、由实然推导出应然的自然主义的谬误及超越论证(transcendental argument/deduction)的困难。

(4) 戴氏虽欲以诂训方法解释孟子之说,但其反超越主义(anti-transcendentalism)的自然主义(naturalism)并非得自诂训,而是凭一已之玄思。然而,其自然主义的天道性命之说仍属形而上学,并非经验知识之探究。章氏的“以史概经”和“以今代古”,明显是两种互相抵牾之说:前者欲以史实为据而概推,而后者则凭主观联想而思辨。究其实,亦不过是号称“史识”之玄思。

(5) 戴、章二氏之说皆被余氏误套在知识化(intellectualization)的赝命题(pseudo-proposition)之中,而余氏并不知此乃欲去哲学化(de-philosophicalization)而去不了的两个神话而已。

第三编

当代新儒学的哲学思想分析

第十章　新儒学的三个教条：一个分析哲学的观点

第一节　新儒学的终极关怀

从先秦开始，有关“天人合一”或“天人合德”之说，至少有三种不同的论述。第一种是《庄子》一书的说法，可以叫作“道通为一”论。《庄子》一书一方面从“通天下一气耳”以言“死生为一条”“物我为一体”；另一方面从“道通为一”以言“齐物”“无待”，而归结于“无己”。前者以天地万物可互相转化，而为一“气化的共同体”；而后者则以天地万物之自然无为的状态为无分别、无对待者，乃一“通化的和谐体”。前者似为对天地万物的实然状态做宇宙观的论述；后者则似侧重对心灵境界的描绘：欲由“有己”而转为“忘己之人”，而“入于天”，由“有待”而转为“无待之心”，而可得“逍遥”或“心和”之境界。这种“道通为一”论似乎没有将“道”用作实体化的语词，而表示为心所能涵泳（“游”）于其间的天地万物的本然或自然的混一不分的和谐状态。这种“天人合一”说也没有把天与人或道与心视为“同一”，而是以天地万物与自我为实然上“气化之一体”及境界上“通化之一味”而已。庄子这种精神可以有助于我们从俗世的执着中超拔出来，而且也有艺术美感的诱发力。不过，就理论层面而言，尽管它可以自圆其说，实质上是难以自我证立的。

第二种是《中庸》一篇的说法，可以叫作“天命成性”论。《中庸》言“天命之谓性，率性之谓道”，《淮南子·缪称训》言“性者，所受于天也”，《齐俗训》言“率性而行谓之道，得其天性谓之德”，都可以叫作“天命成性”论。此论中的“天”至少可以有三种解释：“自然之天”、宗教的“人格之天”及形上学的“义理之天”。依照宋明理学家及当代新儒家的经典解释及阐发，第三种解释几已被视为定论，为不可移易者。然而，正因为这种“天”被道德形上学化，这种“天道性命通而为一”的“天人合一”说所遭遇到的理论困难，便不只是在自我证立上有论证不当及证据不足的问题，更且有自相矛盾的问题。因为，“性即道”及“只心便是天”的说法都是将超越的天道或天理与内在的心或性视为同一实体，亦即以同一实体为“既超越又内在”者。但是，“超越”与“内在”是逻辑地对反的(contrary)，二词并不可以同时用来应用在同一对象之上，否则便会构成自相矛盾的句子。

第三种是董仲舒的说法，可以叫作“相副感应”论。在《吕氏春秋·应同》中，已提出天与人之间有一种“类同相召，气同则合，声比则应”的神秘关系，也就是“与天同气”的观念。这种观念与《易传·系辞》的“同声相应，同气相求”的观念是近似的，都是一种通过玄想而非验证而得的想法。董仲舒除了主张“气同则会，声比则应”之“副类”说之外，更提出天人之间在形式结构上的“副数”说。这种“天人合一”说并不是以天与人为“同一”(identity)，而是以天与人在内容与形式上有某些“副合”“相配”或“感通”的关系。这种“相副感应”论虽然难以自我证立，但在逻辑上却不是自相矛盾的说法。

大部分新儒家(包括宋明与当代儒家)及儒学研究者都一致相信：

"天人合一"乃是新儒家的终极关怀。如果将这种关怀视为仅仅是一种主观信仰,这便不会引出客观妥效性(objective validity)的问题。然而,新儒家毕竟认为他们所探究的不只有主观意义,也关涉本体论和宇宙论实在的领域。这就是何以儒学之内与之外的学者都经常对其终极关怀之实在性提出客观妥效性的问题之原因:内部的儒者要证成之;而外部的反对者则欲否证之。显然,要证成或否证"天人合一",和证成或否证基督教的"上帝"、佛教的"涅槃"及道家的"道"等,是同样困难的。此涉及康德所说的"二律背反"(antinomy)。以下,我将不会直接去质疑客观妥效性的问题;转而去诘究此一论旨在逻辑上和历史上的融贯性的问题。

第二节　"普遍良知"的论旨

依照宋明及当代新儒家的观点,"天人合一"这构想中的天并不是自然世界或人格神,而是某一形上实在——所谓"本体"(nounenon)。在超越层面上,这本体可被称为"道体"或"理体";在内在层面上,它又可名为"心体"或"性体"。就其作为天、道或理一面来说,这本体乃是宇宙万物的创生根源,亦作为现象界的一个本体宇宙论的根基。就其作为心或性一面而言,这同一本体又是道德的根源,作为道德行为的一个心性论的基础。程明道说"心即天",王阳明断言"心即理",皆指向此一本体之双重性格。当牟宗三先生和其他当代新儒家提出本体是既超越又内在的说法[此可概括为"超越内在"(transcendent immanence)或"内在超越"(immanent transcendence)之说],并认为道德秩序即宇宙秩序之时,他们也是作出同样的双重性的论调。然而,我们知道,"超越"与"内在"是彼此逻辑地对反的二词。柏拉图之所以主张理型只是超越（于殊相之上）的共相（universal），而亚里士多德却以理型为内在（于殊相）的本质，理由亦正在于此。因为心与性是体现或内具于个体事物之中的，在非个体化的天、道或理一方与个体化的心或性一方之间作出一个个体等同（token-identity）的述句，在逻辑上是不可能的。再者，即使承认超越与内在之关系不是个体等同，这并不表示类型等同（type-identity）的主张可以成立。因为，二者明显地有非常不同之处，即后者必须放置在时空脉络上，而前者则是绝对地不为所限的。因此，当宋明及当代新儒家沉醉于他们所描述的终极关怀的此一双重性时，他们是不能逃脱出违反理性或逻辑的不一致性的罗网的。

朱熹主张“理一分殊”，王阳明及熊十力提倡“普遍化的良知”，这是面对此一理论困难的两个典型例子。依朱熹的说法，一方面是“未有天地之先，毕竟是先有此理”；但另一方面是“万物各有禀受，又自各全具一太极尔”。① 明显，理或太极在第一种情况下的存有地位是超越的，而在第二种情况下则是内在的。虽然朱熹相信超越的天理是一而内在的性理是多，而且认为一即多，但此说即使对其弟子而言，也是不可理解的。其中一名弟子即曾作出这样的疑问：“《理性命》章注云：‘自其本而之末，则一理之实，而万物分之以为体，故万物各有一太极。’如此，则是太极有分裂乎？”朱熹回应说：“本只是一太极，而万物各有禀受，又自各全具一太极尔。如月在天，只一而已；及散在江湖，则随处可见，不可谓月已分也。”②其结论乃是：“言万个是一个，一个是万个。”③朱熹在此似乎是借用了佛家的一个模拟来处理此一问题。但此模拟实质上并无功效，因为所需的相似性并不能从中获取。即使我们勉强承认天上月

① 《朱子语类》第一册，卷一（北京：中华书局，1986）：1 及第六册，卷九十四：2409。
② 《朱子语类》第六册，卷九十四（北京：中华书局，1986）：2409。
③ 《朱子语类》第六册，卷九十四（北京：中华书局，1986）：2409。

与川中月相似而为类型等同，二者毕竟不是同一个体事物。换言之，二者并非个体等同。朱熹本欲借此以明超越而为一的天理与内在而为万的性理为同一个体事物；但此模拟至多只能证明类似或类同，终究不能证成个体相同。总之，有关“天人合一”的朱熹版本，他并不能给予我们一个融贯的图像——“理一而分殊”。

王阳明和熊十力有关“天人合一”的说法遇到的困难并不比朱熹的为少，反而是更为严峻。对朱熹来说，心与理并非同一，因为心虽虚而灵，却是气之所成。① 但对王阳明和熊十力而言，依照当代新儒家的解释，心不是气而是理。此间分野可表示如下：朱熹的心由于是气之所成，故它是个体化的；但王阳明和熊十力的心由于与天理为一，故必须有超越的地位。他们所论说的心不是一个体化的心，而是一普遍化的良知——宇宙心灵。我们知道，陆象山虽也断言心即理，但他是断然否定木石也有良知之说的。② 王阳明和熊十力虽同唱“心即理”，但所唱出的故事却与陆象山的迥异。他们认为这道德的良知大心不只为超越于天地的“乾坤万有之基”，却同时又是内在于万物的“体物而不遗者”。

富有怀疑精神的弟子朱本思曾向王阳明提出疑问：“人有虚灵，方有良知。若草木瓦石之类，亦有良知否？”王阳明给予一个泛神论一般的回答：“人的良知就是草木瓦石的良知。若草木瓦石无人的良知，不可以为草木瓦石矣。”③王阳明的响应可以有三种方式的理解：① 存在（有草木瓦石）就是被良知所知或良知之用[To be(even as plants, trees, tiles, and stones)is to be known or functioned by *liang-chih*.]。② 没有人的良知作为意向性(intentionality)，无情之物（草木瓦石）便

① 《朱子语类》第一册，卷五（北京：中华书局，1986）：85。
② 《陆九渊集》卷十一（北京：中华书局，1980）：149。
③ 王阳明撰，吴光等编校，《王阳明全集》上册（上海：上海古籍出版社，1992）：107。

不能被视为意向对象。③ 普遍化的良知或宇宙大心无处不在，无分别地体现或内具于人及其他有情、无情之物中。第一种解释似乎是柏克莱的主观唯心论(subjective idealism)或某种独我论(solipsism)的道德化的版本。然而，如果我们要认真对待王阳明的“心外无物”说，他所谓“你未看此花时，此花与汝心同归于寂；你来看此花时，则此花颜色一时明白起来，便知此花不在你的心外”，[①]明显不是独我论的说法。“寂”并不意味着“无”也。在此脉络中，王阳明并没有否定外在世界的存在。第二种解释似乎比较贴合“心外无物”之说。依此，“寂”表示没有意向活动发生的状态，而“明白”则显示意向活动的效果。虽然胡塞尔式的(Husserlian)意向性解释在此脉络中似乎颇见合理，但它有两个弱点：① 如果只有人能够有良知并有其意向作用于他物之上，由此良知而开展的意义世界便不过是人的主观境界或心灵投射，由此便推不出任何有关外在世界的客观妥效性的本体论论断。② 朱本思的问题明显地预设着人有而其他无情之物无虚灵(之心)，因此，假如王阳明的回答是基于第二种解释，他便可被指为逃避滑头，没有正视学生问题之本意。我们知道，王阳明是一位负责的老师，他是不会耍滑头的。他的“良知”观念并不指涉那只有制造主观境界或心灵投射功能的个体心灵。总而言之，第三种泛神论的解释似乎比诸其他两种解释是更为合理的。

如果上述我对王阳明响应的泛神论式的解释是正确的话，亦即以一宇宙大心为遍在于万物者，则我们可推断他确实不是一如他自己所想的为孟子的真正继承者。孟子以良知为人的道德本质特性，其他动物是没有的；但王阳明的良知却是万物所同具者，并非人之所以异于禽兽者。因此，孟子的人禽之辨是与王阳明的“普遍化的良知”是绝不相

① 王阳明撰，吴光等编校，《王阳明全集》上册(上海：上海古籍出版社，1992)：108。

容的。(按：我在《王阳明心外无物说新诠》一文中提出“灵窍说”以取代泛神论的解释。)

此一冲突在熊十力的“宇宙大心”说的版本中显示得更为严峻。熊十力认为此本心虽体现于人身中，却非人所私有。因为体现于人身中和体现于石头中乃是同一宇宙心灵：此心“实非吾身之所得私也，乃吾与万物浑然同体之真性也”。[①] 至于何以无情之物不能转化或自我修成理想的道德存有，熊十力提供的唯一解说理由乃在于人物之间的气质之异：人的气质是清通、虚灵的，但物尚未透过进化而转化为人之前，它的形体是闭塞、粗笨的。[②] 换言之，并非同一宇宙大心体现于石头中比体现于人中有较少的转化或修成之力，决定性的力量乃在气质之上。如果我们接受这种气质命定论，这便可以推论说：良知的力量是不足以自我转化或自我修成的；由于自我转化不成，那些只有次级气质的存在便没有真正的自由，更无责任可言。比喻言之，大日之下阳光照物本无所遗，若有所不遍，也不过是由于不遍之处有浮云之蔽而已。同样地，良知大心本体物不遗，若有所不遍，也是由于不遍之物的“气质污云”有以盖之之故。与王阳明比较，熊十力偏离孔子和孟子之途更远矣！

王阳明和熊十力的“普遍化的良知”或“宇宙心灵”如果被理解为泛神论的意义，他们的说法无疑是自相矛盾的。普遍化的良知是不可能等同于任何个体心灵的。换言之，它是不可能为既超越又内在的。即使勉强承认此说不矛盾，此“普遍化的良知”仍然不能担负个体心灵或行为者所担负的角色，即能作自由选择和具有责任意识。于此，我们可以说：王阳明和熊十力都不能继承孔孟的真绪。

---

① 熊十力，《新唯识论》(北京：中华书局，1985)：252。
② 熊十力，《乾坤衍》(台北：学生书局，1976)：328。

第三节 “吊诡性”的论旨

从理性的角度看，我们运用语言必须遵守逻辑规律，这是人类合理思考的最后关卡。关卡不能守住，即使有任何奥妙的思想存在，也不可能与任何荒谬或迷信的思想分别开来。然而，坚持“超越内在”说或“体用一源”说的人，并不因为他们的主张会导致逻辑矛盾的困境而沮丧，反而会连消带打地将此表面的矛盾转化为深奥的吊诡，认为这是一种辩证的超升，可以使人从理性的囚牢或理智的执着中解放开来。智障一除，那既超越又内在的本体便得以呈现。虽然熊十力主张的“体用不一不二”和牟宗三、唐君毅主张的“超越内在”或“内在超越”看似自相矛盾，但他们认为这些观念并非真的自相矛盾，而只是方便说法或权法而已，目的在超越常规语言的限制。这些观念的地位和功能，一若佛家和道家的诡辞，如“生死即涅槃”“般若非般若，斯之谓般若”及“不生之生”一样。牟宗三先生称这种辞句为“辩证的诡辞”，是与“逻辑的诡辞”有所不同的。

当代新儒家说他们的辩证的诡辞或吊诡的语言是超越和丢弃逻辑和理性语言的，但其意义却并不明确。如果辩证的诡辞不是有认知功能的述句，而是如牟宗三先生所说的能引领我们进入智慧境界的启发言辞，[①]它们便不应被理解为超越逻辑和理性语言的东西。如果它们是某种私有语言的言辞，其字词有非常特殊的意义，只有已臻悟境的人才能了解，它们也不该被理解为否定逻辑和理性语言。因为前说表示在逻辑和理性语言之外有其他语言功能，后说则表示在逻辑和理性语

① 牟宗三，《中国哲学十九讲》(台北：学生书局，1983)：28。

言之外有神秘的私有语言，二说皆非超越和丢弃逻辑和理性语言。我不认为当代新儒家可逃脱出以下的两难。就前者而言，所谓"辩证的诡辞"只不过是某种非认知用法的语言，一种能引领我们进入智慧境界的启发言辞，这显然是一般认知性言辞所做不到的语文行为(speech acts)。于此，一如我们不能说礼俗用法的语言超越逻辑和理性语言，我们也不能说这种诡辞是超越逻辑和理性语言的。就后者而言，这里所谓"私有语言"是不可能与那些以理性语言为主要成分的公共语言形成任何对立的，因为任何对立必须预设二者皆可被理解为具有公共意义的语言。依照戴维森的"宽容原则"(principle of charity)，二种语言之间若无共享大多数的信念，我们是不能够从中确认彼此之间有何异同的。[①] 因此，我们可以推断，不管就前者或后者来说，西方的"外在超越"(external transcendence)观念(全然他在意义下的超越)并非如当代新儒家所说的与中国的所谓吊诡性的"内在超越"(internal transcendence)观念(immanent transcendence or transcendent immanence)形成真正的对比。理由很简单，就是由于在此脉络下的中文字词并不是认知地被使用或不具有公共的意义。

当代新儒家使用"辩证"一词仿似一能超出"逻辑"的魔术字，除了表示与"逻辑的诡辞"不同外，他们从不告诉我们"辩证的诡辞"之确义。我们知道历来有不少思辨的哲学家喜欢用宏词(big terms)而不加界定，但大多数分析哲学家的对策则是依其相关例子以检讨其宏词之义。当那些当代新儒家大谈其辩证的诡辞之奥义而不明说其义，或以遮诠方式说"它不是什么"之时，我们需要细心检讨其例说，以助究其底蕴。最后我们可以发现，在他们的语言之中并不发现到任何魔力之处。

---

① Donald Davidson, *Inquiries into Truth and Interpretation* (Oxford: Clarendon Press, 1984): 27, 137.

除了以本体为“超越内在”或“内在超越”这些一般性的描述之外，当代新儒家很少在儒学中提出辩证的诡辞的例子。他们惯用的例子常是借自佛道二家的。其中一个典型的例子是有关佛家般若(prajñā)(非分别智)的说法。依照牟宗三先生的解说，般若是不能用任何概念来解说或分析的。一旦有人告诉我们什么是般若，般若便成为一个概念，并引领我们想入非非，般若的智慧就永不会呈现出来。牟先生认为，“般若非般若，斯之谓般若”这一辩证的诡辞并非以分析或分解的方式来表示，而是一种遮拨的显示，是从心灵或自我的存在实感中获得的。但为何般若要以此否定性的或遮拨性的方式来表示或显示呢？牟先生的回答是：此种表示方式正显示真实的般若是无形相的，它是个无(nothingness)，此种方式可以帮助我们去除执障。① 换言之，像禅宗的许多话头一样，这些言辞乃是一些特殊的语文行为，它们能有一种去除执障的语辞行为力量(illocutionary force)及引出此种去除动力的语辞以引发外在的影响力量(perlocutionary force)。如果上述对此种表示方式的解说成立，则其中便见不到有任何魔术的意义，而我们亦能理性地理解这种言辞的意义和功能。所谓“辩证的诡辞”可以休矣！

另一来自佛教的著名例子是“生死即涅槃”。牟宗三先生认为此语意在批评那些将二者绝然分开之说。② 然而，如果此一批评并非无的放矢的话，绝然分开说与反对绝然分开说双方所用的“生死”和“涅槃”二词的意义应是一样的，而“即”也须有“不可分离”之义。依据佛家“除病不除法”的原则，“生死即涅槃”意即“达至涅槃境界不是要移

---

① 牟宗三，《中西哲学之会通十四讲》(台北：学生书局，1990)：214；牟宗三，《中国哲学十九讲》(台北：学生书局，1983)：356。

② 牟宗三，《智的直觉与中国哲学》(台北：商务印书馆，1971)：230。

除去生死境地的”，因为只有生死流转中的病痛才是该被移除的。这样看来，对此言辞的意义之解释和功能之解说还是理性的。再者，通过当代新儒家的一些相关模拟，也可印证此一言辞并非真的吊诡。例如他们顺佛教传统以污泥与莲花、或冰与水之关系，模拟生死与涅槃之关系，皆在表示二者不可分离，或以二者为同一物之二面。如是，又何来非理性或反理性的奥义呢！

“不生之生”乃是道家中常被引用的所谓“辩证的诡辞”。牟宗三先生说：“何谓不生之生？这是消极地表示生的作用，王弼的注非常好，很能把握其意义。在道家生之活动的实说是物自己生自己长。为什么还说‘道生之德畜之’呢？为什么又说是消极的意义呢？这里有个智慧，有个曲折。王弼注曰‘不禁其性，不塞其源’，如此它自己自然会生长。‘不禁其性’禁是禁制，不顺着它的本性，反而禁制歪曲戕贼它的本性，它就不能生长。‘不塞其源’就是不要把它的源头塞死，开源畅流，它自会流的。这是很大的无的工夫，能如此就等于生它了，事实上是它自己生，这就是不生之生，就是消极的意义。”①牟先生在这里把“不生之生”分析为“不禁其性，不塞其源”，而“消极地表示生的作用”，这都是分解的说法。通过这种分解的说法，使我们都能充分地了解，所谓“不生之生”并不是自相矛盾的语句；因为其中第一个“生”字表示积极的意义，第二个“生”字表示消极的意义。“不生之生”意即不是一般鸡生蛋的生，而是“不禁其性，不塞其源”而使之有生存空间的那种“生”。“鸡生蛋”的“生”是积极意义的“生”；“不禁”“不塞”而使其顺性畅流的“生”，是消极意义的“生”。故此，“不生之生”即表示“不积极地生而是消极地生”。此语不但不自相矛盾，而且

① 牟宗三，《中国哲学十九讲》(台北：学生书局，1983)：145。

十分符合逻辑规律，甚有认知意义，又焉能谓之“超越逻辑”呢？而且这种说法是很有洞见，很有智慧的一种主张，无论主观来说或客观来说，又焉能说是“一无所有”呢？由此可见，诡辞既可被分析成非诡辩，诡辞便不过是一种修辞上的需要，而并不是表达本体道理或义蕴的一种不可或缺的言语方式。

就我所见，儒家经典中如有所谓“辩证的诡辞”，牟宗三先生也只能从《尚书》中提供一个例子，所谓“无有作好，无有作恶”是也。依照牟先生自己的分析，“无有作好”“无有作恶”这些诡辞都是可理解的，换言之，都是可被认知的。他指出这种反面说话是要来暗示“好”“恶”的正言，亦即以反话来暗示“不要有造作的好”，“不要有造作的恶”。[①] 经牟先生这样的解说，使我们都能充分地明白这种正言若反的诡辞的意义和功能，实在不必借用“辩证”“诡谲”或“玄同”等字眼来把这种言说方式神秘化，我们委实看不出其中有什么“奇怪”“诡异”的奥秘。

总而言之，以为可以用所谓“吊诡性”的语言（即“诡辞”）来“辩证地超升”可思议者，而进入不可思议的领域，乃是不可思议者。凡欲“超升”于理性之外，必是“针对”理性而“超升”之。既有所“针对”，即已预设理性的计较而不可能“超升”于理性之外。因此，吊诡若是超越逻辑之外，必默认吊诡是逻辑地“针对”逻辑。换言之，“辩证的超升”说是一种自我否定（self-refuting）的说法，而不可能自圆其说的。此说陷入的两难是：如果吊诡的语言是反逻辑的，它必须逻辑地反之，因而不可能不依照逻辑；如果吊诡的语言是要符合逻辑的，它就不可能反逻辑，因而由之而表达的“超越内在”及“不一不二”之说便是自相

① 牟宗三，《中国哲学十九讲》（台北：学生书局，1983）：138－139，141，144。

矛盾而必须被放弃的。

第四节　“不可言说性”的论旨

如果吊诡不可能反对逻辑理性，也不可能遵奉逻辑理性，则吊诡说的唯一出路似乎便是与逻辑理性不相干。但是要说明“不相干性”，也得运用逻辑理性的语言才行。依此，如果我们不运用逻辑理性，任何有关吊诡与逻辑理性之间的关系皆不能断言。因此，某些论者便会认为真正的唯一出路只有是离言去智，言语道断而心行路绝。换言之，以诡辞反智不行，后着乃是离言而去智：既不依智，也不反智；既非正言，也非诡言；由是而归于无言之境，由实践以启之，反求诸已以体之。此一后着，可谓最后一着。若此着有差，便全盘皆输矣！

当代新儒家主张不可言说的论旨至少有四项理由。第一项理由是：“圣贤所穷者极其大，所造者极其微，其深远之蕴，何可于文言中表达得出。”[①]这个理由如果是指学问本身是一个无穷探索的领域，则这对科学而言，也可得到此一结论。而这种以有涯随无涯而形成的书不尽言及言不尽意的情况，似乎并不是中国哲学所专有的，乃是普天之下所有学问都有的问题。因此，这并不是一个相干而具有意义的理由。第二项理由是：“所谓行为界及超言说界之修养之学之自身，此乃一切可讲之哲学，所不能及，而为一切可讲之哲学之外限。”[②]这个理由是以修养之学之自身(唐君毅先生称之为“最大的哲学”)超出可讲之哲学之外限，为言说所不能及。换言之，这是以中国哲学这种修养之学本身为实践而非论说，以中国哲学的终极或核心部分为中国工

---

① 熊十力，《读经示要》卷二(台北：广文书局，1970)：110－111。
② 唐君毅，《哲学概论》下册(香港：孟氏教育基金会，1961)：1219。

夫,而做工夫自不能也不应为论说所取代。如是,则“不可言说”与“不可以言说代替实践”便无分别,而这种说法即使是真的,也只能是多余的。因为,对任何实践的活动而言(例如学脚踏车或学游泳),这种“不可以言说代替实践”的说法也是成立的。所以这种“不可言说”的说法并无多大的意义。

其实,上述的第一项理由是“说不完”,而第二项理由则是“说不等于做”。这两项理由即使成立,却是无关宏旨、无关痛痒的,亦即并非有理论上关键意义的说法。当代新儒家乃提出第三项理由,即有关言说的限制及阻碍之问题。例如唐先生说:“名言之运用,可障碍智慧之表现,并造成思想之混乱,并非由于名言之自身之有何魔力,而唯由于名言之能规定限制吾人之思想之方向。思想向一方向进行时,其他方向即如隐而不见。”①此即认为道是浑全、整一,而言语之表出一定有所肯、否,有所涉及;其肯定或否定某一方面,即不能顾及另一方面;其涉及某一领域,即不能兼顾全部领域。毫无疑问,当我们用言语肯定“A”时,即限制及妨碍我们同时去肯定“非 A”,否则就会产生相互的矛盾。然而,一致性是我们理性的最低限度的要求,是任何理性语言所不可违反的。如果“道是全、是一”意即道包含着矛盾的内容,理性的言语当然是不能表述它而断言其为真的。但是,我们愿意接受“道是一个矛盾的大浑沌”这样的一个结果吗?如果我们不愿意付出这么大的代价来换取“不可言说”的说法,“不可言说”的这个理由便是不能成立的。[按:类似的例子如:“上帝的全能包括祂能创造一块

① 唐君毅,《道德自我之建立》附编(香港:人生出版社,1963):85。如果“限制”是指思想方向之片面性,则只要人有足够的聪明才智,便可克服所谓“隐而不见”之现象。下文把“限制”理解为一致性的规限,才能说明“隐而不见”为一必然现象。

祂推不动的石头”一说，涵蕴“上帝的全能包括祂能创造一物令祂不能处理”。这预设“上帝的全能包括自相矛盾的能力”，即“上帝有能力使自己无能”。]

当代新儒家主张“不可言说”或“不可言诠”的第四个理由，也是有关言说的限制及阻碍的问题；但第三个理由是有关言说方向或范围上的限制，此则涉及言说的本质及功能上的问题。依照熊十力的说法，“本体”是“非想所及，非言可表”的，因为“如作物想，即是倒妄，即成戏论”。① “言说所以表诠物事，而道不可说是一件物事。使道而可言说，则必非常道矣。”②“语言是实际生活的工具，是表示死物的符号。这道理是迥超实际生活的，是体物不遗，而毕竟非物的，如何可以语言来说得似？虽复善说，总不免把他说成呆板的物事了。”③牟宗三先生则认为：“这个良知所表示的这个主体永远不能客体化，不能对象化。你如果把它客体化当个对象来看，那你是看不到良知的。”④“般若是我们真实生命中的智慧，它必须从主体方面，通过存在的实感而被呈现或被展示，这是不能用语言或概念加以分析的。假若告诉我们什么是般若，那么般若只是一个概念，而顺着这个概念，我们很容易的就会执着这个概念，而想入非非。一旦落入执着、妄想，般若智慧就永远无法展现。”⑤上述种种说法不外是说：言说只能表诠物事、死物、概念或客体对象，而道、主体、良知或般若不是这些呆板的东西；因此，言语不能表诠之。这个论证无疑是对确的，但却不是真确的

---

① 熊十力，《十力语要》，卷一(台北：广文书局，1971)：18。

② 熊十力，《十力语要》，卷二(台北：广文书局，1971)：25。

③ 熊十力，《十力语要》，卷四(台北：广文书局，1971)：5。

④ 牟宗三，《中国哲学十九讲》(台北：学生书局，1983)：31。

⑤ 牟宗三，《中国哲学十九讲》(台北：学生书局，1983)：356。另一种说法是：“当你用语言说它时，它已不是它自身”。这种说法是自我否定的，或没有把问题形构清楚，因为既不是它自身，何来“用语言说它”？

(sound),即它的前提和结论并不是真的。因为,言说除了可用以表诠物事、死物、概念或客体对象之外,也可用来论说非物事或非概念的东西,例如心灵状态、精神活动或价值取向等内容。所以我们即使勉强承认第二个前提为真,这个论证的第一个前提无疑是假的。这个论证的结论之所以为假,原因是这句话所表示的和当代新儒家许多话所表示的并不一致。例如宋明儒说"心即理""性即理""道即器"或"道非物"等,当代新儒家说"仁是具体的普遍""般若是非分别智""良知是本有之知"或"良知是智的直觉"等,难道这些话不是在论说或表诠那真实的本体或主体吗?这和"言语不能表诠之"一语不是不一致的吗?

总结上述四项理由来说,可知第一、二项理由虽可成立,却是无关宏旨的;第三、四项则根本不能成立。然而,当代新儒家或他们的后继者也许会说:将来我们可以提出其他更多更好的理由来,如是,则"不可言说"或"不可言诠"的说法便未必是错误的。不过我们要在这里指出:这一"美丽的新世界"是永远不能实现的,因为"不可言说"或"不可言诠"的说法是自我否定的(self-refuting)!即是说,当我们断定"道是不可言说的"(这里用"A"来表示此语句)为一真句时,我们会推论出它不是一真句,即推出它的否定句来。此一论证可陈示如下:

(1) "A"是真的。 (假设)

(2) "A"是真的若且唯若 A。 (去除括号原则)

(3) A。 [1,2(取单条件);Modus Ponens]

(4) 如果 A,则道是不可用任何谓词来形容它的。 ("A"的解说)

(5) 道是不可用任何谓词来形容它的。 (3,4;Modus Ponens)

(6) 道是不可用"不可言说"这谓词来形容它的。　　(5 的个例)

(7) 如果道是不可用"不可言说"来形容它的,则"A"不是真的。　　(6 的解说)

(8) "A"不是真的。　　(6,7;Modus Ponens)

我们知道,这个论证是对确的,而结论(8)主要是以(1)(2)(4)及(7)四个前提推出来的。由于(4)和(7)都是语言的真理(linguistic truth),而(2)乃塔尔斯基(Alfred Tarski)有关"真理"概念的约定(T)(convention T)之个例,可知(8)主要是靠(1)推出来的。换言之,由"'道是不可言说的'是真的"一前提,可以推论出"'道是不可言说的'不是真的"一结论,这显然是自我否定的。至此,我们可以断定:如果"不可言说"或"不可言诠"的说法是自我否定的,则当代新儒家及其后继者即使将来找到他们认为更好的理据以支持是说,也是注定失败的!不过,也许仍会有人像有责任感的医生一样,为垂死的病人作最后的努力说:这"自我否定"的说法非常好!正正因为这"自我否定",不是恰好地说明"道是不可言说的"吗?但是,这位医生不过是一位只知自己有仁心,而不知自己无仁术的医生!因为他只知道由自我否定构成的矛盾前提可以得出"道是不可言说的"之结论,而不知它也可以得出"道是可言说的"一结论。换言之,他仍然不明白"矛盾句可推出任何语句"此一逻辑真理!

"离言"说虽然是逻辑地不可能成立,但上述所谓"实践以启之,反求诸己以体之"的说法则仍有其逻辑的可能性。当然,如果"实践"或"工夫"纯粹指外部的行为活动,似乎不太可能"启之"或使人"体之";亦从没有论者试过细说其"启悟"作用之具体过程,及论证其可行性。至于把"实践"或"工夫"关连到内部的心灵活动言,则

“反求诸己”的内部活动所能“体之”的“之”，到底是些什么东西？何以必然是那“天道性命通而为一”的东西？则是不太容易证立的。我们在下节即以一思想实验（thought experiment）的方式来检讨其证立的问题。

第五节 思想实验一：“孪生哲人”

“超越内在”说的持论者特别强调实践内证的重要性，认为可以通过反求诸己而逆觉体证那“天道性命通而为一”的本体。此说可谓其来有自。宋明儒说“因其恻隐知其有仁”，西方基督教中的神秘主义者认为通过密契的内在经验可以臻神我合一之境，都是类似的内证式的论证。然而，这类内证式的论证其实是一种默认有形上实体的超越论证（transcendental argument），基本上不可能构成真确（sound）的论证。

即使我们暂时把超越论证的难题搁置一旁，有关论者也不太可能证明其所内证得的作为内在经验内容的对象就是那客观实有的本体。以下，我们即以一“孪生哲人”的思想实验提供一可能世界来反证此一进路的困难所在。在这个可能世界中，有一对孪生的哲人，一个叫“密印道人”，另一个叫“幻似醉哲”。前者通过实践的进路而有内在的体证，证悟得“天道与性命通而为一”，确信“只心便是天，尽之便知性，知性便知天，更不可外求”。换言之，密印道人可以凭其私有的内在的密证而印可有此“既超越又内在的”本体：他的内证经验内容中的对象就正正是这一本体之实体自身，或他的内证经验中的密印“内眼”所见的正正是这一实体自身。可是在另一方面，幻似醉哲乃一貌合神离而没有真实见道的酗酒哲人。他和密印道人的异同在于：幻似醉哲每次喝了一瓶“威自己”的佳酿之后，都会在他的内在经验中幻现一种与密印道人在百死千难中印可得的真实境界有一模一样的经验内容。但幻觉毕竟与真悟不同，他在醉幻的内在世界中所幻现的景象，毕竟是玩弄的光景，而非真有实在的本体以实之。因此，这一对孪生的哲人可谓共享有类似以至一模一样的经验内容或内在景象，但在形成此内容或景象的存有依据上却有一虚一实之异。至此，我们的问题是：我们凭什么可以断定密印道人所印可的是真实本体，而幻似醉哲所幻现的是虚幻光景呢？即使就密印道人自己私有的角度来看，除非他能证明自己的经验之内或外多了些什么的，否则单凭一模一样的内在经验的内容，他是无法自证其实而否证幻似醉哲之虚的。其实，幻似醉哲在其醉幻的内在世界中所幻现的，不只是幻似见道的道体相，而且包括幻似见道的活动相，要证明在此二者之外多了些什么来析别密印道人之真与幻似醉哲之幻的差别，必须要靠内在经验以外的因素。然而，有什么内在经验以外的因素可以用来作为辨实虚之异的判准呢？如果只是外部践履的行为因素，这便似有不必反求诸己的倾向了。如果这种逐外没有问题，则外部践履与内部经验有何密契关系，经此密契又如何能鉴别真幻，似乎也是极不容易说明的。

即使我们暂时再退让一步，勉强承认内部经验以外的外部践履是鉴别真幻之关键所在，但真幻之辨仍然是难以进行的。为了证明这一点，我们可以借用普特南的“桶中之脑”(Brains in a Vat)[①]的例子来加以说明。假如有一个坏心肠的超级科学家把密印道人的脑袋切割下来，安放在一个充满营养液的桶中，并把它的神经线连接到一部超级计算机中去，从而令得这“密印脑袋”在计算机的导引下，经由其神经系统

---

① Hilary Putnam, *Reason, Truth and History* (Cambridge: Cambridge University Press, 1981): Chapter 2.

的输出及输入的过程，获得和以往密印道人所得一模一样的各种经验内容或感知映象。依此，在这个密印脑袋的神经系统之内，这个脑袋一样有“看到”一棵树的感觉，也有“坐”在树下逍遥自在地“闻”花香、“听”鸟语的滋味，以及“听着”一个坏心肠科学家要切割自己脑袋的故事。当然，这个科学家在手术中已把密印道人被切割脑袋的有关记忆抹去，因而使密印脑袋感觉自己和以往一样。如是，密印脑袋一样有对本体的内部经验，一样有对外部践履的外部经验。但事实上他是没有实践的，他只是觉得并以为自己在实践。虽然他也可以“说”：“一色一香，无非中道。”其实他并没有真实见到一色及闻到一香。虽然他也可以“做”种种修养工夫，其实他不可能做任何工夫。在这种情况下，密印道人与密印脑袋的悟道体真的条件是一样的，而事实上密印脑袋根本不可能悟道体真，我们又有何理由相信密印道人真能悟道体真呢？当然，也许有人会反驳说，即使密印脑袋与密印道人有同样的有关践履的外部经验，但前者并没有真正的践履，因此，二者悟道体真的条件还是不同的。我们认为这个反驳并不成立，因为作为可以影响内部经验的外部行为，一定不可能是视而不见或听而不闻的，纯然不被觉识的物理动作，而必须是经过感知活动而被认定及经过理性计量而被解释之行为事件。如是，“由实践以启之”的实践行为若有“启之”的作用，必须是经过心灵活动过滤过的行为事件。因此，我们认为，密印脑袋与密印道人的悟道证真的条件是一样的。既然前者之证悟是虚幻的，我们也没有理由相信后者之证悟是真实的。

基于以上的分析，我们可以断定，无论是单纯的“内在体证”，抑或是经由实践进路而建立的“合内外之道”，都不足以说明那些尝试体道证真者的内部经验内容或景象可以用来印可或印证那“既超越又内在”的“天道与性命通而为一”的真实本体。

第六节　思想实验二:“德古来外星人”

现在我们再退让一步,退到勉强承认“超越内在”或“内在超越”的本体是真实存在的,但这是否是值得我们欣赏而接受的东西呢?为了解答此一问题,我们设计了另一个思想实验——“德古拉(Dracula)外星人”的美丽新世界——来加以说明。

依照“超越内在”说,“天道与性命是通而为一的”,超越的天道与内在的心性是“一而非多,同而非异”的。将此“心即天”的说法推向高峰的,是王阳明以至熊十力所主张的“草木瓦石也有人的良知”的泛心论。依此,那“既超越又内在”的“同一的大心”遍现于万物之中,不只体现于大人之中,小人亦有之,以至一切有情(禽兽)及无情(草木瓦石)亦皆有之。因此,此“同一的大良知”不是人所私具独有的,而是众沤所同具的大海水,众川所共印的天上月。吾人若能洞识、了悟此乾坤万有之基及道德神化之妙,便能臻“以天地万物为一体”之境,以其“一体之仁”感通天地、润泽万物。由爱其亲,可以推而广之,使其仁爱之心遍及路人、鸟兽以至草木瓦石。然而,有关论者亦充分明白到人的有限性,故当其倡言“一体之仁”之余,亦提出“亲疏厚薄”之别的限制。从人类现实世界的观点来看,这种“伟大的心灵”虽受限制,似乎仍是值得欣赏及被接受的。

如果从另一个角度看,譬如从一个以外星人为主导的可能世界的角度看,上述的答案便可能会改过来。在这个可能世界中,它所具有的东西可能与现实世界所具有的不尽相同,但二者皆有同构(isomorphism)的关系,亦即两个世界可以依照同一结构而使彼此之间的东西有一一对应的关系。相当于现实世界中的万物之灵人类

(Human),这个可能世界中的万物之灵是德古拉外星人(Duman);相当于现实世界中的滋养食品鸡,它们有养命的食物狄勤士(Djickens);我们五百年前有王阳明先生,他们五百年前也有德阳明(You'n'me Dracula)先生;我们当代有熊十力先生,他们当代也有德十力(Silly Dracula)先生。……其实,我们与他们最根本的类同处是:大家同样相信新儒家的道德形上学,并认为这个新儒学的理想世界必可实现而不是玄思空想。然而很不幸的,德古拉外星人虽然有"一体之仁",其爱遍及万物,但基于生存条件的限制和"亲疏厚薄"之别,他们尽管对狄勤士也有不忍、悱恻之情,为了奉亲与养命,也就不得不宰杀狄勤士以维生。这是迫不得已,我们理应接受的一个处境。因此,依照新儒家的道德形上学,我们没有理由反对德古拉外星人去吃狄勤士以维生。不过,如果狄勤士和我们人类是一模一样的东西,那么我们,尤其是当代新儒家及其信徒,又是否愿意接受并欣赏德古来这种"德言德行"呢?如果更不幸的,一旦外星上的狄勤士绝了种,德古拉外星人来到地球上找到我们人类作为同样的食物,我们,尤其是当代新儒家及其信徒,又是否甘心抵命去接受此一命运呢?到了此一刻,我相信即使是新儒家大师的信心也不得不有所动摇矣![①]

第七节　结　　论

除了勉强承认密印道人的反己内证可印证有"超越内在"或"内在超越"的本体之外,现在我们再退一大步,暂时搁置新儒家是否欢迎德古拉外星人的理想世界之难题,承认"天道性命相贯通",此一"既超越

① 详细的辩论与论证可参阅冯耀明,《德古拉(外星人)的新儒家世界:一个思想实验》,《二十一世纪》第48期(8/1998):101-109。

又内在"的本体是"体物而不遗"的，天地万物（包括有情及无情之物）皆禀此天道以为其性，因而心、性、天是通而为一的。正因为心、性、天一也，故有王阳明以及熊十力一系以"草木瓦石皆有人的良知"之说。又因为程明道所说的"人能推而物不能推"，故他们的信奉者似仍可坚持孟子"人禽之辨"的人文观点。然而，我们认为这种辨异是大有问题的，严格言之，乃是违背孔孟精神的。换言之，"超越内在"说即使成立，也是与"人禽之辨"构成矛盾的。若要维护后者，则前者必须被放弃，别无他途。

我们的理由很简单，如果"人能推而物不能推"一语可作为"人禽之辨"及"人物之异"的依据，必须预设只有人有良知而物不可能有良知。但是，王、熊一系的信徒既坚持"良知非人所私有独具"，而为"遍在于万物之中的大心"，"能推不能推"之动力因当然不可能来自这唯一无私的大心，而必须另有原委。此所以熊十力以石头之所以未能进化为人，乃由于物质条件的限制，非以石头之内无良知也。草木瓦石虽潜具良知大心而不能推，原因正正是它们的"气质粗笨"之故。如是，"能推不能推"便是由气质之清浊来决定的，而不是由良知大心来决定的。好比太阳底下的各方位之所以所见不同，或光或暗，或圆或缺，并非由于那普天之下同一的太阳所形成者，而是由于各方位之云层之清浊、厚薄所造成（决定）的。换言之，如果我们接受这种"泛良知论"的"大心主义"，所能得到的结果将会是灾难性的：由同一无私地体现在各各人或物中的大心良知之作用，必须受到气质决定。如果气质不好，良知的作用便不可能发挥出来。因此，任何一己的努力都是多余的，一切道德或不道德的作为归根结蒂不过是气质限制的结果。此一结果乃是与一般人所认同的自由选择和承担责任的道德行为南辕北辙——一种极可怕的"气质命定论"。我们的新儒家以及他们的西方同道者愿意接受这一结果吗?

如果我们不愿意接受熊十力等人的“新石头记”的哲思,便必须放弃这种“超越内在”说。“超越内在”说过分地违离理性、逻辑的规范,过分地依赖所谓特殊的内在经验之奇诡的验证程序,过分地将本土性(localized)的道德超升为宇宙性(globalized)的伦理。尤有甚者,是过分地把人类的平常心无限制地加以膨胀,因而使人类陷入“心灵巨大症”的困苦之中。我们相信,非有百死千难的回复平常化的工夫,人类委实不可能从这灾劫中解救出来!

第十一章　本质主义与儒家传统

前　　言

本质主义者认为，个体事物除了具有偶然性质之外，也含有一些本质或本质属性。偶然性质对于某物之存在是可有可无的，故为某物之外在性质，但本质乃是某物之所以为某物之内在性质，是某物本所固有而不可或缺者。例如，对某些本质主义者来说，某个体马或某类马之所以为某个体马或某类马，正正在于它或它们本身内具一种马的本质或共相。而某物之为高为大，并不是它本身内具有高或大的属性，而是相对于他物而为高为大的。

要掌握某物的偶然性质或外在性质，必须先要了解某物与他物的某些关系；而要了解事物之间的关系，又不得不通过某种语言或概念之建构来表达及诠释。本质主义者承认：偶然性质或外在性质是相对于某种语言或概念之建构而存在的，并非独立于语言或心灵之外的东西。相反，本质主义者相信：某物的本质或内在性质虽然也要使用语言或概念来论述及理解，但它是独立于心灵之外的东西，不受任何概念架构所“污染”的。

上述这种本质主义主要是针对物理对象而提出的一种形上存有的观点，可以叫作“形上本质主义”或“存有本质主义”。在这种形上探究之外，也有一些探索历史文化现象之理据或根源的哲学家、史学家及社会科学家，由物理对象这些“小事物”扩展到历史现象或文化实体这些“大事物”之上，采取本质主义的观点来探究历史现象或文化实体背后的精神或根据，我们可以称之为“历史本质主义”或“文化本质主义”。这两种本质主义今天仍有不少学者明显地主张或隐含地运用着。在中国历史文化的研究方面，例如有关儒家思想在近现代历史上扮演的角色，或儒家传统的当代诠释与定位等问题，都有不少论者不自觉地倾向于本质主义的观点，或隐或显地蒙上一层本质主义的色彩。

本章的目的，一方面就当代西方哲学家(例如普特南和罗蒂)对两种本质主义的批评作一总结，检讨本质主义的失误；另一方面就儒家传统的当代诠释与定位问题，对若干论者的本质主义倾向的观点加以分析及评论。本文的结论：本质主义如果不是错的，便是不可思议的观点；而作为一个思想文化传统的儒家思想，在两千多年的历史发展中并无一个永恒不变的本质(内容或结构)，而只有基于某种探究的观点而形成的家族的相似性(family resemblance)。

第一节　普特南对本质主义的批评

当代美国哲学家普特南认为，在西方哲学文化中，有两种观点历来是水火不容的：一种是形上实在论(metaphysical realism)的观点，持此论者认为客观世界中有一些事物及其自身之内的本质是独立于心灵之外而存在的，它们如果不是不可言说的或不可描述的，便只能有唯一的一套真而完全的描述与之“对应”(correspondence)；另一种是反实在论

(anti-realism)或非实在论(irrealism)的观点,持此论者反对有物自身(things-in-themselves)及其本质之说,认为所有事物及其性质都是相对于不同的语言或概念架构而有不同的版本,而对客观世界的描述也不是只有唯一的一套真的理论而已。

形上实在论通常预设着一种本质主义的观点,肯定客观世界中有一些事物及其性质是独立于心灵或语言之外而存在。然而,如果人们的心灵并无一种"智的直觉"(intellectual intuition)去感知那些物自身及其本质,[①]而客观世界中也没有一种从外界进入人们的脑袋之中而能"诠释"人们的语词之"悟知射线"(noetic rays)[②],那么人们怎样才能确认出那些物自身及其本质呢?换言之,当我们想用语言来论述那些对象时,我们如何能够确定指涉(fix reference)呢?我们怎么可以确知所使用的语词正好指涉着那些对象而不是别的东西呢?如果我们不能确知所指涉的对象是什么,而且也不能确知所涉的关系是什么,我们又怎么可以相信客观世界中有一些"所指对象不明"及"所涉关系不清"的东西独立于人们心灵或语言之外存在着呢?

形上实在论在西方哲学史中历久不衰,当然不会是一种"束手就擒"而"不思挣扎"的理论,有关论者也会提出一些办法来解决"确定指涉"的问题。依照普特南的剖析,他们通常想到的第一种办法是通过全部(有关客观世界的)语句的真值条件之确定来确定个别语词的指涉。换言之,只要找到用以确立这些真值条件的运作规约(operational

① Hilary Putnam, "Why There Isn't a Ready-Made World," in *Realism and Reason* (Cambridge: Cambridge University Press, 1983): 209.

② Hilary Putnam, "The Dewey Lectures 1994: Sense, Nonsense and the Sense: An Inquiry into the Powers of the Human Mind," in *Journal of Philosophy* (9/1994): 460 - 461.

constraints)和理论规约(theoretical constraints)[①],便可以确定有关语词的指涉。普特南认为这套办法根本是行不通的,即使我们能够借着这些规约来判定那些语句是真的,也不足以由之而判定有关语词指涉些什么及如何指涉。普特南提出两种模型论的论证(model-theoretic arguments)来反驳上述的办法。第一种论证的灵感来自著名的"诡辞"(Löwenheim-Skolem Paradox)或"Löwenheim-Skolem Theorem"。严格来说,这并不是一种会推导出矛盾句的定理。这个定理是说:每一个一致的理论都有无数不同可能的诠释或模型,甚至有非同构的(non-isomorphism)各种诠释,例如可数模型(countable model)与不可数模型(uncountable model)。就"ZF 系统"(Zermelo-Fraenkel 集合论)来说,它的论域中包含有不可数(的无限)集,因此,下面语句:[②]

(I) ～(∃R)[(R 是一一对应的)&(R 的论域⊂N)&(R 的值域是 S)]

其中的 S 若表示为所有实数的集合,N 是代表所有整数的集合,而 R 则表示由论域中的分子构成的有序对之集合,则(I)在此一诠释下便是一个真句,可以成为"ZF 系统"的一条定理。由于实数与正整数并非一一对应,因此,这条定理乃是断言 S 在"ZF 系统"中是不可数的。但是,依照"Löwenheim-Skolem 定理",若用一阶逻辑把"ZF 系统"形式

---

① 运作规约是基于经验条件(例如某些感觉材质)来判定那些有关客观世界的述句是"可被容许的注释"之观察规约,而理论规约是基于融贯性的要求来判定那些有关客观世界的述句可被接受之形式规约。参阅 David Rozema, "Conceptual Scheming", in *Philosophical Investigation* (10/1992): 302 及 Hilary Putnam, "Models and Reality," in *Realism and Reason* (Cambridge: Cambridge University Press, 1983): 11-13。

② Hilary Putnam, "Models and Reality," in *Realism and Reason* (Cambridge: Cambridge University Press, 1983): 2.

化之后,"ZF 系统"是一致的,因而它除了具有不可数模型之外,也可以具有可数模型。换言之,即使 R 的值域是整数的集合而不是实数的集合,在此一可数模型底下,(I)的真值却仍然可以被保留。依照普特南的看法,此一表面的奇诡现象其实可以有一个合理的解释,即从某一模型的观点看是一个"可数的"集合,从另一模型的观看却可能是一"不可数的"集合,这是集合论语言中的概念相对性的现象。再者,他认为这种现象并不限于集合论,即使推广到其他的理论语言,也会有这种概念相对性的情况出现。例如,在全部科学形式化的理论中,或在我们所有的知识信念形式化的理论中,也不能排除有不可预料的诠释之出现,亦即不能排除概念相对性现象之出现。[①] 如果形上实在论者不是物自身及其本质的不可知论者或不可说论者,他们通常会强调人们语言中的项目(个体常项、函项及谓词等)与独立于语言之外的客观世界中的项目有一种"对应"的"指涉"关系,而这种关系之确立在于有关理论能满足所有运作规约和理论规约之要求。针对此一论调,普特南扩展"Skolem Paradox" 的模型论的论证,其目的正是要证明有关的"指涉"关系并不是唯一的,而满足所有我们的运作规约和理论规约,因而同样可被理性地接受的"理想理论"或有关客观世界的知识系统亦不应是独一无二的,甚至可能有多套理论是互不兼容的。[②] 由此可以反证:通过全部语句的真值条件之确认,并不足以确定有关语词的指涉对象及指涉关系。如果客观世界中真有所谓物自身及其本质,我们似乎也不太可能借着此一办法把它们确认出来。

① Hilary Putnam, "Models and Reality," in *Realism and Reason* (Cambridge: Cambridge University Press, 1983): 2-3.

② Hilary Putnam, "Model Theory and the 'Factuality' of Semantics," in Alexander George(ed.), *Reflections on Chomsky*, (Oxford: Basil Blackwell, 1989): 215.

有些当代的形上实在论者会反驳说：上述的模型论的论证即使有效，也只能是针对所有用一阶逻辑语言来形式化的理论，而不能对付二阶逻辑的语言系统。况且我们也可以通过一些后设理论的说明，把这种指涉关系化约为物理主义或自然主义的关系，这样便可以在真值条件之外找到确定指涉的机制。普特南认为："说明"本身乃是一个意向性的概念，并非物理性的概念，因此用理论说明的办法根本上是循环的。

此外，他曾提出一个个体变换的论证（permutation argument），[①]这是另一种模型论的论证，它可以适用于二阶逻辑、模态逻辑及时态逻辑等语言之中。[②] 依照此一论证，即使我们在每一可能世界中确认出所有那些（在对象语言和后设语言中的）真的语句，其中的个体常项、函项及谓词的指涉对象及指涉关系仍然是不能被确定下来。即使某些（观察）语词的指涉对象可以依运作规则而被确定下来，但在这个宇宙中有其他对象总可以依人们的意愿而加以变换，因而产生另一种新的指涉关系，而不会影响某一语句在所有可能世界中的真值。这种变换方式可以简单表述如下：首先是把那些称为"猫★"与"席★"的性质如此界定：① 在现实世界中，作为猫★的事物乃樱桃，而作为席★的事物是树；而且② 在每一可能世界中，"一只猫在一张席上"和"一只猫★在一张席★上"二句有相同的真值。如果我们现在考虑的不是把上述二句当作是在同一可能世界中的二句，而是当作同一语句在同一可能世界中的两种诠释，则由第一种诠释变换为第二种诠释，并不会影响有关语

① Hilary Putnam, *Reason, Truth and History* (Cambridge: Cambridge University Press, 1981): 33 - 65, 217 - 218.

② Hilary Putnam, "Model Theory and the 'Factuality' of Semantics," in Alexander George(ed.), *Reflections on Chomsky*, (Oxford: Basil Blackwell, 1989): 230.

句的真值。换言之,对于"一只猫在一张席上"这一语句而言,从标准指涉关系构成的诠释转变为非标准指涉关系构成的诠释,亦即在每一可能世界中,从"猫"的外延为猫的集合变换为猫★的集合,从"席"的外延为席的集合变换为席★的集合,则一若未变换之前一样,此句在每一可能世界中的真值仍然一样。这结果显示两种不同的指涉关系不只可能赋予某一语句相同的外延,而且可以有相同的内涵。① 这种变换前后的两种诠释对某一语句而言,可以视为逻辑地等值的两个翻译。而此一逻辑等值性不仅对对象语言中的语句之变换现象成立,而且对那些在后设语言中为了说明及确定指涉关系的则律性的语句之变换现象亦属有效。② 因此,即使把我们的全部知识信念用二阶逻辑来形式化,在这样的语言系统中,或在那些用以说明及确定对象语言中的指涉关系之后设理论中,我们似乎都不太可能凭借真值条件之确认来确定有关语词的指涉对象及指涉关系的。

当代科学实在论者用来确定指涉的另一种办法,是把"指涉"视为"因果关连"。由于他们假定"因果"是一个物理主义或自然主义的概念,因果关连乃是独立于语言或心灵之外的在诸事件之间的一种关系,因此他们相信:用"因果关连"来界定"指涉",可以避免上述因语言内部的诠释之变换而产生的概念相对性的问题。依此想法,H. Field 为"指涉"提供一个范式界说:

---

① 此处"内涵"(intension)一词并非指密尔(John Mill)的传统用法或相当于戈特洛布·弗雷格的"意义"一词之用法,而是指赋予每一可能世界中某一语词之外延(extension)的一种函数关系。这是鲁道夫·卡尔纳普在 *Meaning and Necessity* (Chicago: Chicago University Press, 1956)一书中的用法。

② Hilary Putnam, "Model Theory and the 'Factuality' of Semantics," in Alexander George(ed.), *Reflections on Chomsky*, (Oxford: Basil Blackwell, 1989): 217 - 218.

(II) X 指涉 Y 若且唯若 X 与 Y 有 R[关系]。

若(II)为真,而 R 是一种只可用自然主义或物理主义的词汇(例如"因果关连")而不用任何语意或意向性的概念来表述的关系,似乎便可以在真值条件的规约之外,提供一有效的指涉确定者。但普特南认为这只是一幻觉而已!他反驳此说的理由至少有两个:其一是,由于"原因"很少或永不表示为"全部原因",它只是设定了背景条件和重要而相干的标准之后的一个"说明"概念,一个意向性的概念罢了!换言之,"原因"是相对于每一个论说者的兴趣、意向及背景知识而可能有所不同的:作为某人的"背景条件"可以很容易被另一人视为相关事件的"原因",反之亦然。因此,"因果"或"原因"概念所表示的关系及相关项目并不是世界本身所固有的,它们都是一些理论说明的项目,而不是纯粹自然主义或物理主义的概念。① 其二是,如果(II)是真的,而且是经验地可被检证的,则(II)这语句本身之为真,也是基于由运作规约和理论规约以判定真值条件及确定指涉之理论而成立的。如果指涉对象只能通过这两种规约而始得确定,则"X 与 Y 有 R"之指涉关系本身也只能经由这样的方式而始得确定;但由于用这样的方式不能使前者避免概念相对性,因此对后者亦复如是。普特南认为:把原来对象语言中的理论扩大至包括用后设语言表达的(II),不过是增大理论而已!仍不足以逃离概念相对性的问题。由于对象语言的每一可被容许的模型都会与使(II)在其中为真的后设语言的一个模型相对应,故"X 与 Y 有 R"之某一诠释将会确定"X 指涉 Y"的一种意义,但这只是相对于各别可被容许的模型之中各别有的一种关系,而不是在所有可被容许的模

① Hilary Putnam, "Why There Isn't a Ready-Made World," in *Realism and Reason* (Cambridge: Cambridge University Press, 1983): 211 - 215.

型之中能够确定出一种独一无二的关系。① 因此,即使用"因果"概念代入(II)中的 R,也只是对一个纯粹的空位(mere place-holder)之代换而已,我们并不能由之而确定出一种独一无二的指涉关系。②

对于此一问题我们可以用另一种方式来表示。例如以 C(例如"因果关连")代入(II)中的 R,可得:

(III) X 指涉 Y 若且唯若 X 与 Y 有 C[关系]。

若再以"C" 代入(II)中的 X,及以 C 取代 Y,可得:

(IV) "C" 指涉 C 若且唯若"C" 与 C 有 C[关系]。

至此,我们可以清楚地看到:除非我们早已知道 C 是什么,否则我们不能够判定"C" 是否指涉 C 及如何指涉 C。③

---

① Hilary Putnam, *Reason, Truth and History* (Cambridge: Cambridge University Press, 1981): 45 - 46; Hilary Putnam, "Models and Reality," in *Realism and Reason* (Cambridge: Cambridge University Press, 1983): 18.

② David Anderson, "What is the Model-Theoretic Argument?" in *Journal of Philosophy* (1993): 316.

③ 参阅 David Rozema, "Conceptual Scheming", in *Philosophical Investigation* (10/1992): 308 引文。顺便一提,Herbert Hochberg, "Causal Connections, Universals and Russell's Hypothetico-scientific Realism," in *Monist*, (1/1994): 88 中批评普特南,认为他在个体变换论证中"并非以谓词的指涉对象为性质",因此说"性质取代"是不当的。Hochberg 似乎暗示谓词(例如"cat")应该用来指涉共相(例如 cathood)。但严格言之,"cat" 在真理的对应理论(correspondence theory of truth)中只是用来"指涉"满足某一论域内的真值条件之外延,而非与共相 cathood 直接相关。["猫"一词如果不通过猫共相(如果有的话)之"体现个例",即猫外延,它如何能直接与猫共相构成语意关系?]况且,若"cat""直接指涉" cathood,则"cathood" 一词"直接指涉"什么呢? 因此,霍赫伯格上述对普特南的批评并不恰当。

如果通过真值条件之确定不足以确定指涉，而且用“因果”等一类所谓自然主义或物理主义的语词来说明或界定“指涉”的关系亦不成功，那么还有什么可行之法可以避免指涉的不确定性及“指涉”概念本身的不确定性呢？传统的办法往往是在“抽象同构”与“因果关连”之外，指出某一套实质的“相似性”理论，以求捕捉住客观事物的物自身及其本质。一些坚持“相似性”论旨的哲学家相信：人们通过语言及思想活动来表像外界的对象，在表象中的心灵映射（mental image）与外界的对象之间，实分享有一个共同的形式，[例如洛克称之为“实质形式”（substantial form）或“真实本质”（real essence）的东西。]此即内与外相似之所在。但这种说法是有限制的，并非对一切性质而言都可以找到这样的“相似性”之根据。比亚里士多德时代的哲学家谨慎得多，洛克和笛卡儿已注意到“相似性”论旨只能适用于“初性”（primary qualities）（例如形状、运动及位置等），而不适用于“次性”（secondary qualities）（例如热度、颜色及气味等）。依照洛克时代的哲学家和科学家的看法，作为外在对象的一块红布，它的内部有一种“倾向性”（dispositional property）或“力”（power），可以引发我们产生红的感觉。然而，不管这种“倾向性”或“力”是一种怎么样的微观结构或内在性质，它与我们心灵或大脑中的主观的红的感觉，显然并不分享有同一的“形式”或“本质”。正如普特南所说的，使一个物理事物成为物理的红（physical red）之个例的那些性质，与使一个心灵事件成为主观的红（subjective red）之个例的那些性质，乃是极为不同的。①

不过，普特南认为：柏克莱用来反驳次性与感觉映射有“相似性”

① Hilary Putnam, *Reason, Truth and History* (Cambridge: Cambridge University Press, 1981): 58.

的论证，其实也可以用来证明初性与初性之观念之间并无这样的“相似性”。感觉或观念之相对性及差别性是不限于次性的，对初性亦复如是。不单只物理的红与主观的红是极不相同、极不相似的，物理的长度与主观的长度也是极不相同、极不相似的。对某一物理对象的长度之心灵映射而言，它是没有物理长度的，它不能与巴黎博物馆中的标准尺较长论短。[①] 普特南指出：在特殊相对论中，一个对象的形状是依照相对于此对象的观察者之速度而形成的。因此，不管对初性或次性言，任何相关的“观察词汇”都免不了有各种极端复杂的理论负荷。[②] 换言之，它们所指涉的任何对象及性质都不可能是独立于语言或心灵之外的。由于初性与次性在这方面并无根本的区别，因此，我们可以把一切性质皆视为次性，亦即都是某种“倾向性”或“力”。普特南依此便可以进一步断言：“我们关于任何对象之所说，却没有描述到这对象之‘在其自己’，那是独立于这对象对我们，对具有我们的理性本性和生物结构的存在物之作用之外的。”而且“在我们关于对象的观念，与任何可能最终为我们这些经验负责的独立于心灵之外的实体之间，我们不能假定有任何相似性”。[③] 就以颜色的“倾向性”为例，由于各种物理事物的表面结构与材质极不相同，即使诸物呈现为同一颜色，但各别的反射性功能（function of reflectancy）却是异常复杂而极为不同的，不可能只有一个单一的物理说明——由同一颜色物的倾向性而产生同一的颜色。因此，“倾向性”这个表面看来的单一幌子之背后，仍有着异常复杂而极为

---

① Hilary Putnam, *Reason, Truth and History* (Cambridge: Cambridge University Press, 1981): 59.

② Hilary Putnam, *The Many Faces of Realism* (La Salle, Ill.: Open Court, 1987): 89.

③ Hilary Putnam, *Reason, Truth and History* (Cambridge: Cambridge University Press, 1981): 61.

不同的“非倾向性”的“理论说明”，其间并无一种“说明”是可以独一无二地与外界对象内部的此一“倾向性”准确地“相应”的。①

如果所谓“本质”不是洛克所说的“名义本质”(nominal essence)，而是他所说的不可知及不可说的“真实本质”(real essence)，则这种“本质”概念乃是不可思议的，人们是无法证明其存在的。退而求其次，如果人们真的没有一种“智的直觉”去掌握这种“本质”，而且“物自身”(如果有的话)也没有一种从外而内地进入人们脑袋中而能“诠释”人们所用的语词之“悟知射线”，那么，形上实在论者及本质论者便只能在主观(心灵)与客观(世界)之间榨取其中一方或双方的资源，希望借此可以找到确认指涉对象及指涉关系之机制，从而可以使人们在事物的表像之背后捕捉到“物自身”，在偶然性质之外掌握到“真实本质”。然而，依照上述普特南的分析，我们可以说：榨取双方的“抽象同构”(找“真值条件”)或“分享形式”(找“相似性”)，都是不可行的办法。前者似乎可以使我们到达终点，却蓦然发现自己仍在一个十字路口之上；后者则使我们目标不明、方向不清的处境下盲目摸索，根本是无法达终点的不归路。倘若要向(客观)世界一方打主意，例如强调有一种由外而内的“因果关连”，足以“说明”指涉的关系及对象，那是否提供了一条可以到达终点的路向呢？但依照普特南的分析，这只是在一种语言游戏之外企图找寻一种描述此一游戏的语言，毕竟是徒劳无功的！这种努力如果不是循环的(“因果说明”也是意向性的概念!)，也仍然逃脱不出指涉的不确定性之“魔掌”。(“指涉”概念本身也有指涉的不确定性!)最后，如果我们要榨取自己的(主观)心灵，以至把外在世界的对象及性质全部仅仅视作心灵的投射，这种做法虽然也许可以有助于确定指涉对象[例

① Hilary Putnam, *The Many Faces of Realism* (La Salle, Ill.: Open Court, 1987): 5-6.

如所谓"感觉与料"(sense-data)的东西]及指涉关系(例如所谓"投射"的关系),但却要付出极大的代价。因为这是反其道而行的做法,这将使形上实在论者或本质论者不自觉地倒向主观唯心论的阵营中去,成为柏克莱的追随者。相信这并不是形上实在论者或本质论者所想见的。

总而言之,形上实在论者或本质论者之所以无法确定语言中的指涉对象及指涉关系,关键之处实在于概念相对性的问题。概念相对性与指涉的不确定性乃是一体之两面。依照普特南的观点,任何语句只会表达这个世界中的某一个相对于某一理论的性质,而不能表述一种独立于任何理论之外的对象。我们可以把时空点解释为对象、事件或性质;[①]也可以把几何点理解成几何空间的一部分(如莱布尼兹的想法),或仅为一极限而已(如康德的想法);[②]或者把物理对象视为具有宏观性质(如形状、色、香、味等)的东西,或为分子的分体和(mereological sums)。[③] 在"具体"与"抽象"之间,我们很难为这些对象及性质找到划分的绝对标准。除了相对于某一理论或概念架构的解释或描述的意义之外,我们也不能绝对地判分哪些是现象,哪些是物自身;或哪些是外在性质,哪是内在本质。用普特南的说法:相对于标准诠释而言,"猫"与"席"所指涉的是基本性质,而"猫★"与"席★"所指涉

---

① Hilary Putnam, "Equivalence," in *Realism and Reason* (Cambridge: Cambridge University Press, 1983): 44.

② Hilary Putnam, "Truth and Convention," in Michael Krausz, *Relativism: Interpretation and Confrontation* (Notre Dame, Ind.: University of Notre Dame Press, 1989): 174-175; also in Hilary Putnam, *Realism with a Human Face* (Cambridge, Mass.: Harvard University Press, 1990): 97; and Hilary Putnam, *The Many Faces of Realism* (La Salle, Ill.: Open Court, 1987): 19.

③ Hilary Putnam, *Reason, Truth and History* (Cambridge: Cambridge University Press, 1981): 451.

的则是外在性质；相对于非标准诠释而言，情况则刚好相反，“猫★”与“席★”之所指才是基本性质，而“猫”与“席”之所指乃外在性质。因此，某一性质之为“内在”或“外在”，“基本”或“非基本”，乃是相对于某一理论观点的选择而形成的，并没有一些性质就其自身而言是不假于外而为内在者。① 例如，一块黏土与由之而塑成的一尊塑像本是同一物，而非有二物。相对于“此一塑像”的描述而言，它的形状乃是一种“本质属性”；但相对于“那于块黏土”的描述而言，形状却不是这同一物的“基本性质”。普特南指出：只有相对于某一描述而言，我们才可以有意义地说某物的“本质属性”；而所谓独立于语言或心灵之外的“物自身”的“本质属性”则不是一种有意义的说法。② 这种相对于描述、理论或概念架构的“本质属性”当然不是独一无二的，亦即只能是“名义本质”而非“真实本质”。严格言之，所谓“真实本质”或“物之在其自己的本质”乃是一个不融贯的概念，用一个“两难”来表示就是：如果它是独立于心灵或语言之外的，我们便不能独一无二地把它确认出来。如果它是相对于心灵或语言而被建构成者，它便只能是“名义本质”而不是“物自身”所内具的“本质”。换言之，这样的“本质”概念是不可理解的！

第二节　理查德·罗蒂对本质主义的批评

理查德·罗蒂和普特南一样，反对形上实在论，反对真理对应论，

① Hilary Putnam, *Reason, Truth and History* (Cambridge: Cambridge University Press, 1981): 38.

② Hilary Putnam, "Why There Isn't a Ready-Made World," in *Realism and Reason* (Cambridge: Cambridge University Press, 1983): 206, 218-219.

也反对本质主义。这些理论或观点都包含着一种奇特的形上二元论：本质与偶性、实体与性质、现象与实在等区分。罗蒂从实用主义的观点出发，提出一种泛关系论(pan-relationalism)，以反驳本质主义的观点。依米歇尔·福柯(Michael Foucault)的语言，反本质主义的口头禅是"每一事物都是社会建构"，依威尔弗雷德·塞拉斯(Wilfrid Sellars)的"心理唯名论"的观点，其格言是"所有关注都是语言事件"。用实用主义的方式综合来说，希腊传统下来的现象与实在之区分，可以用"较无用的世界描述"与"较有用的世界描述"之区分取而代之。罗蒂认为：如果所有我们的关注都在某一描述之下，而且描述是社会需要的功能，则所谓"本性"或"实在"便只能是某些不可知的事物之名字——像康德所说的"物自身"。反本质主义者的主要任务，正是要设法摆脱这种肯定有不可知的事物之观点。①

本质论者往往会坚持说：关系与被关系连接的事物是有区别的，甚至可以说，描述与被描述的事物是不等同的；因此，我们不能否认有非关系的实体及内在的本质，也不能否认有独立于语言描述之外的物自身及其本质，而且这种实体及本质是先于关系及描述而有的。② 罗蒂认为反本质论者对这种常识观点之反驳，颇似柏克莱针对洛克的初性与次性之区分而作出的回应。柏克莱认为：无论初性或次性，都不能避免有关的感觉及观念的相对性问题。把柏克莱的响应语言学化，即我们所知道的有关这一张既坚且实的桌子的一切，不过是有关它的

---

① Richard Rorty, "A World without Substances or Essences," in *EurAmerica*, Vol. 23, No. 4(12/1993): 2-3.

② Richard Rorty, "A World without Substances or Essences," in *EurAmerica*, Vol. 23, No. 4(12/1993): 9, 11, 13, and Rischard Rorty, "A World without Intrinsic Properties," Sir Run Run Shaw Distinguished Visiting Scholar Lecture 1992-1993 (Shaw College, The Chinese University of Hong Kong, 1993): 7-8.

某些语句为真(的情况)。亦即底下描述各种关系的主谓句为真(的情况):“它是长方形的”“它是棕色的”“它是丑陋的”“它由树木造成”“它小于一间屋”“它比一只老鼠大”“它没有一粒星那么光亮”,等等。除了有关它为真的那些语句之外,我们对此对象是一无所知的。所有语句所能及的只是把某一对象与其他对象关连起来,而每一描述某一对象的语句只会或隐或显地赋予该对象一种相关性的性质。因此,任何事物除了具有相关性的性质之外,并无任何非相关的性质或本质内在其中。用语言来表示性质的谓词可以基于语言用户的目的或意向而可有基本或次要之分,但所表示的性质却无内在与外在之区别。由谓词之基本性并不能推出性质之内在性,更何况“基本谓词”的规定可以因应不同的需要和目的而有所改变。罗蒂强调,依照实用主义的观点,离开了人类对某物的需要、意识或语言关系,便不存在一种与某物的真实存在方式相符合的描述。① 一切性质都是在某一语言描述之下而为相关性的。

要说明这种“相关性”的论旨,罗蒂特别以自然数系统作为宇宙的一个理想模型,借以说明宇宙之内的事物只有相关性而无本质性。他认为数是很难用本质主义的语言来描述的,很难想象一个数具有一个为偶然关系之暗影所包围的本质内核。举例来说,什么是 17 这个数的本质呢?除了和其他数的关系之外,什么是它的在其自己(in itself)呢?我们可以把 17 描述为:“少于 22”“多于 8”“6 与 11 之和”“289 的开方根”“4.123105 的平方”“1,678,922 与 1,678,905 之差”等等。但是,上述没有任何一个描述可以说是得到或更为接近 17 的内在性质或本质,似乎也不能提供一个有关 17 的内在 17 性(intrinsic seventeenness of

① Richard Rorty, "A World without Substances or Essences," in *EurAmerica*, Vol. 23, No. 4(12/1993): 9 - 10.

seventeen)。本质主义者也许会认为：所有 17 与无限多其他数构成的无限多不同的关系都是内部关系，即是说，如果 17 这个数(的本质)不变，所有这些关系都不会变。[按：这种由不变而外显的“内部关系”之假定，去推证有不变而内含的“内在本质”，无疑是一种超越论证(transcendental argument)!]依此，要界定 17 的本质，似乎除了寻找一些产生所有有关 17 的真描述之机制之外，便别无他法。数学家事实上可以借公理化算术来造出这种机制，或借着把(自然)数化约为集合及建构公理化集合论来完成此一任务。[此处暂时可以不必理会集合论诡辞及 Karl Gödel 的不完备性定理(Incompleteness Theorem)所带来的问题!]然而，罗蒂指出：这些系统内的公理并不能告诉我们任何有关 17 的本质，因为它们除了提供导出所有有关 17 的真描述之机制外，也为所有有关 1 或 2,289 及1,678,922等(自然)数的真描述之产生提供根据。①

罗蒂进而认为：不只数不值得作本质主义的解释，甚至桌子、星星、电子、人类、学术领域、社会机构以至历史文化现象等，都不宜以本质主义来解释。反本质主义者会把所有对象想象成数一样的：除了一个无限广大而永远可以扩展与他物构成的关系网之外，我们对任何对象都一无所知。任何关系中的相关项目都是另一新关系纽，并无所谓终极的相关项目其自身是不可展示为另一集关系的。② 例如对一个红色事物的描述，除了牵涉该事物的表面结构、光的照射以及感觉器官之物理及生理的交互关系外，也涉及一个有对比性的色谱的坐标，才能确

① Richard Rorty, “A World without Substances or Essences,” in *EurAmerica*, Vol.23, No.4(12/1993): 9.

② Richard Rorty, “A World without Substances or Essences,” in *EurAmerica*, Vol.23, No.4(12/1993): 8.

定此描述中有关颜色部分的语意内容。又如对一个方形事物的描述，必须在一个物理空间或几何空间的关系网络及概念架构底下，才能充分理解此描述中有关形状部分的意义与指涉。一个不与任何东西发生关系的"物自身"及"在物自身之内在本质"是不可思议的，因为我们无法知道及证实它们的存在。即使设想它们能与某些可被观察的东西发生关系，但若把它们视为具有单向作用的终极之一端，一若"无因之因"(uncaused cause)，这样的设想也很难避免自我驳斥的命运或成为大而无当的空言！

如果用语言来描述对象便只能涉及相关性的或外在的性质，本质主义者可能会因此而"退而结网"，为自己建立一个自我防卫的"保护网"。他们认为物自身及其本质只能由亲知(knowledge of acquaintance)而得，而这种知识并不具有命题态度(propositional attitude)的形式，亦即不能以"我知道 p"或"我相信 q"的形式来表达。换言之，这种所谓知识是不可说的，不可描述的，但却可为人们所直接把握的。一些本质主义者也许会用手大力拍打一下桌子，然后悠然自得或默而识之地表示自己已得到一点知识——一种可以直接与桌子联系而不必经过任何语言中介的知识。他们也许会声称自己已经进入了桌子的内在因果力之中，掌握到它的单纯而原始的他在性(sheer brute thereness)。然而，罗蒂认为：尽管我们拍打了桌子，甚或把它分解成一粒粒的原子，这些做法都不能使我们在语言之外进入事实，在现象之后直探实在，或由疏远关系之外域闯入密切关系之核心。依照维特根斯坦的观点，实指(ostentation)并非在心灵与世界之间的一种无中介的直接闯入的关系，而是必须在语言实践的配景下而构成的语意关系，而且通过实指而被拣选出来的事物之自我认同也是相对于描述而形成的。罗蒂认为：当代一些本质主义者把现代物理学过分理想化了，以为它可以有足够而绝对的客观性超越人们主观的心灵而直探实在，这不过是追求那遥远的希腊式的好奇心之最后避难所——以为可以与一种几乎是全然他在的超越者直接碰触，[①]这毕竟是缘木求鱼的想法而已！

从自然世界中的物理对象扩展到人文世界中的人性、历史及文化现象上去，一些本质主义者为了掩饰愈加困难的情况便弄得愈加玄虚。物理对象自身之"本质"对应于其所属的现象仍然是要服从个体性原则(principle of individuation or individuality)的，而"内在"也是有空间针对性的；但历史文化现背后的"本质"被提升为"精神"之后，对应于不同现象而有同一"精神"之说基本上打破了个体性原则；而"内在"也被转化为"体现"(embodiment)、"呈现"(manifestation)或"例现"(instantiation)诸种神秘的关系，而丧失了空间的针对性。至于诉诸不可说的"亲知"或"体知"，或诉诸那可以静默而直接地触到实在的"智的直觉"，也只能是技穷者的最后一式花招，对"对自身"及"本质"的存在并不能提供任何合理的证明及说明。因为借着这些超越的假定及未经充分说明的概念，是不能证明及说明任何东西的。这只不过是以更不清晰的概念来解说一个不清晰的概念，甚至也难逃二律背反或循环论证的恶运。把石头从左膊移往右膊，也许可以使负担者推迟一下以便喘一口气，但终究是解决不了问题的。

就"人性"的概念来说，本质主义者喜欢用希腊式的描述来理解人类的境况，设想人性自身是一种内在本性——一种被称为"人"的不可变改的东西，可以使之与宇宙中的其他事物区别开来。但罗蒂站在实用主义者的立场，认为反本质主义的描述比本质主义的描述更有解说力。他相信人性乃是一永无休止的构想，而"人"字是用来称谓一种乏

① Richard Rorty, "A World without Substances or Essences," in *EurAmerica*, Vol.23, No.4(12/1993): 8, 10.

晰(模糊)而有效益的规划,而不是一种不变的本质。[①] 由于本质是不可变改的,因此没有发展之可言;但"人性"则是一个发展的概念,因此人性是随着人际及人与世界的互动而与时推移的,并不是一成不变者。用让-保罗·萨特(Jean-Paul Sartre)的话说,人性乃是"在其自己与为其自己之存有"(being in and for itself),而非康德意义的"物自身"。罗蒂特别欣赏小说家米兰·昆德拉(Milan Kundera)与查尔斯·狄更斯(Charles Dickens)的人性观与世界观,他们都不相信人性是一种抽象的"如(其所)如的人性"(humanity as such)或"普遍的人的本性"(universal human nature)。罗蒂把一些哲学家比作制欲式的教士,他们相信有一个非历史的架构作为人类历史表演的舞台,借此架构可以说明历史中的一种"普遍的人的本性",或可以说明历史必然走向那里的一个遥不可及的神迹。但依照昆德拉的观点,小说的智慧与那些哲学理论是迥然不同的,小说并无任何固定性质或本质结构,没有本性,只有历史,它是一个"发现的系列"(sequence of discoveries)而已![②]

在历史文化现象方面,本质主义者企图在历史中寻找规律,在文化中追索精神,毕竟也是徒劳无功的。罗蒂指出:卡尔·波普尔对黑格尔和马克思的历史(命定)主义(historicism)或历史决定论(historical determinism)的批评,查尔斯·泰勒(Charles Taylor)对社会科学中的化约主义(reductionism)的批判,以及麦金泰尔对思想文化传统的解剖,都有助于我们了解本质主义的贫乏。虽然在自然科学方面大家愈来愈认识到本质主义的思考习惯之困难,但却无助于许多哲学家在人

① Richard Rorty, "A World without Substances or Essences," in *EurAmerica*, Vol. 23, No. 4(12/1993): 6.

② Richard Rorty, "Heidegger, Kundera, and Dickens," in *Essays on Heidegger and Others* (Cambridge: Cambridge University Press, 1991): 77.

文领域方面作道德与政治的反思。我们这些哲学家仍热衷于为跨文化比较提供本质主义的构想，他们把“西方”(the West)视为可以回首一望的一个结构物，而不是我们参与其中而不断往前挺进的一段悬疑的旅程。所谓“后现代主义者”企图把西方统合而为一整体，与世界上作为另一整体的其余部分加以对比。随着西方人对自己文化的危机意识日渐加深，他们便顺理成章地把“东方”(the East)或“非西方的思考模式”当作一个代表神秘拯救力量的名字，当作一个仍然可以带来人类新希望的事物。罗蒂认为：企图把西方理解成一个已完成的对象(finished-off object)，从而可以被我们客观地进入此对象之中作结构分析，乃是甚可怀疑的一个历史文化观点。① 这些历史文化的本质主义者往往把近期的西方说成具有种族主义的、特别主义的及帝国主义本质之文化。但是，罗蒂警告这些论者，西方又何尝不是时时刻刻战战兢兢地对种族主义、性别主义及帝国主义怀有深切忧虑而欲加倍反思之文化？②

罗蒂此反本质主义之说不只对西方文化而言为然，对东方文化而言亦然。这个世界极可能是没有什么“物自身”及“本质”的！

第三节　历史文化本质主义的贫乏

把一个思想传统，或更广的，把一个文化传统视为一个有机整体或一本实体，并认为这个整体或实体虽有分殊而变化之表像，其内在则有

① Richard Rorty, "Heidegger, Kundera, and Dickens," in *Essays on Heidegger and Others* (Cambridge: Cambridge University Press, 1991): 66 - 67.

② Richard Rorty, "Heidegger, Kundera, and Dickens," in *Essays on Heidegger and Others* (Cambridge: Cambridge University Press, 1991): 81.

一贯而不变之本质，这种观点从纵向的方面说，可以叫作“历史本质主义”；从横向的方面说，则可以称为“文化本质主义”。这些本质主义者会认为：物有本质意义的物性，人有本质意义的人性，而文化也有本质意义的文化精神，历史也有本质意义的时代灵魂。为了解释及说明各种历史文化现象之所以形成的根源发展的根据，他们认为这些精神本质是必须被肯定的或假定的，甚至是经由他们的特殊体验（例如由“智的直觉”而得的体验）而体证得的。①

由于历史、文化本质主义者视历史、文化为有机整体或一本实体，所以他们有整体主义或一体主义的倾向；又由于他们以分殊的现象之所以有一体的联系或为一本的实体在于有内在精神本质之呈现，故他们的论点也常有体现主义或体用主义的色彩。尤有甚者，如果他们不满足于体现关系的应然性而强调某种必然性，他们的主张也很容易会导至历史（命定）主义或历史目的论之产生。这些观点都有不少难以克服的理论困难，兹一一论析如后。

首先，即使我们暂时不理会唯名论（nominalism）的“奥卡姆剃刀”，不把精神本质及由之而使分殊的现象构成之整体视为多余的假定，历史、文化本质主义者如果不诉诸神秘的“智的直觉”之体知或亲知以体证那不可说的“物自身”及“本质”，似乎唯一的办法便是运用某种超越论证（transcendental argument）来证明这些超越（transcendent）或超验（transcendental）元目之存在。由于有神秘主义色彩的“智的直觉”概念及不可说论旨是完全没有说服力的（要有说服力便得要说，而不可能不说！），因此，超越论证似乎是本质主义者的唯一选择了。事实上，古今

---

① Karl Popper, *The Poverty of Historicism*, (London: Routledge and Kegan Paul Ltd. 1957) Chartper 8 and Karl Popper, *The Open Society and Its Enemies*, Revised Edition (Princeton: Princeton University Press, 1950): 35, 626 - 627.

中外许许多多的本质主义者或形上实在论者最常用的论证方式便是超越论证的方式。然而，超越论证并不是一种可靠而有效的论证，由“p”及“p 预设(presupposes)q”即使可以逻辑地推导出“q”来，此论证却不一定是真确的(sound)，而且也有恶性循环的问题。因为，借着“p”去证明“q”的论证中，“p”在论证关系上比“q”有先在性；但由于第二前提以“p”预设含有超越或超验元目的“q”，在预设关系上“q”又反过来比“p”有先在性。从逻辑的观点看，这种在同一论证(而非不同论证)中的双向性而非单向性的依赖是一种恶性的循环，并不能由此而建立一种可靠而有效的论证。再者，超越论证也有一个难以克服的两难：如果“p 预设 q”成立，由于此前提并非经验地可检证的语句，它之为真只能是某一理论系统内部的约定，而且“p”所描述的经验内容亦因之而受到理论的“美化”或“污染”。如是，不同的理论系统可以有不同的内部约定，可以建立不同甚而互不兼容的预设关系，例如“p 预设 r”“p 预设 s”等，因而使有关的“p”所描述的内容亦产生不尽相同的“美化”或“污染”。依此，我们可以构作不同甚至互不兼容的超越论证，因而亦会引出相对主义的问题来：例如不同意义甚至互不兼容的“上帝”概念都可由此而“证得”！另一方面，如果“p 预设 q”不成立，则有关的论证便不可能是真确的。因此，要证明“本质”之存在并不比要证明“上帝”之存在更为容易，二者之证明都同样会陷入康德的二律背反之中。①

其次，体现主义或体用主义的“体现”或“发用”如何可能呢？似乎也是一个不易解答的问题。说某一物理对象内部有一“本质”在发生作用，或说某一个人内部有一“本性”可体现于其行为之中，似乎并不是不

① 有关超越论证的问题，详参冯耀明，《超越分析与逻辑分析——当代中国哲学研究之方法论问题》，《鹅湖月刊》(7/1994)：8－20；冯耀明，《冯友兰的新理学与超越分析》，台湾《清华学报》(6/1994)：217－240。

可理解的;但要说历史、文化现象之整体这一"庞然大物"之内部或背后有一"精神生命"或"理性灵魂"在发用或推动,便似乎不太好讲了。即使勉强在形式上承认有某种双边关系存乎其间,但"体现"或"体用"关系的概念不是十分清晰的,仍有待厘清的。这是一种物理因果的关系吗?如是,作为原因的"本质"便不可能是超越时空的,因而亦不可能是超越的或超验的元目。这些元目只能在物理的因果串中与时因地而俱变,不可能成为某物之所以为某物之恒常不变的"本质"。因此,"本质"概念是与"物理因果"概念不相容的。如果上述的关系不是物理因果的关系,那会否是康德所谓"意志因果"或"特种因果"的关系呢?如是,这种历史文化意志岂与个人的意志等同或类似?那么,历史文化的意志是否也有责任与努力的问题?这种活力论的历史文化观显然是难以证立的。最后,如果把"体现"视为类似艺术作品的"风格表现",这似乎是把唯名论的概念实化之后而据为己有,或是把原来诠释性的概念转化为实证性的对象,而这种实化或转化也没有明显可被接受的论据支持。既然"体现"或"发用"的概念是不清晰的,它又怎能用来支持整体主义或一体主义的说法呢?

此外,整体主义或一体主义的论旨也是大有问题的。在分殊的历史文化现象中找出一些有用的类似点,从而建构一个有助于理解这些现象的理想类型,似乎是一件较为可行的工作。但要在分殊而万变的现象之上肯定有一个同一的"本质"贯注其间,从而构成一个真实的整体,似乎是一件极不可行之事。作为整体所预设的"本质"既无法被证明得,我们又怎能借它来界定以至指认出一个由此"本质"为根据而构成的整体呢?若靠诠释而指认之,则由诠释之分歧而带来的不确定性又如何能使我们确定整体的唯一性呢?若遇到一本的整体不足以涵盖万殊的现象时,似乎也难以找到任何客观的标准来判定那些是整体之外的不相干的个例，而不是“整体”概念之反例。要客观界定及指认出一个恒常不变的一本的整体，似乎与阿米巴的定形工作一样困难。

最后，我们认为过强的整体主义或一体主义会有历史（命定）主义或历史目的论的倾向。整体主义或一体主义的温和形式也许只是要求对各种历史文化现象之发生及发展作出“合理性的说明”，由“本质作用”之强弱来说明分殊现象之发生及发展的合理性之程度。但过强的形式通常并不满足于“合理性的说明”，更且要求有“规律性的保证”。换言之，这些论者会相信各种历史之文化现象之发生及发展是依循某种规律而为其内在或背后的一本之“本质”所决定的，或基于此一本之“本质”而有必然的趋向。然而，这种超乎物理事件而又不能避免相对观点之诠释的“本质”与现象之关连并无“规律性的保证”，其间亦无“实质的必然性”。历史（命定）主义或历史目的论的思考是贫乏的，并不能提供充分而合理的依据来说明复杂而多变的历史文化现象。

第四节　儒家传统的“有机整体说”与“精神发展说”

“五四”以后有不少学者或知识分子做中西文化及思想之比较，都自觉或不自觉地用上了本质主义的观点来立说。就儒家思想文化传统的现代诠释与定位的问题来说，不管是对儒家传统做正面评价或反面批判的观点，都或多或少有一些本质主义的倾向或色彩。以下，我们就“有机整体说”“精神发展说”及“超越内在说”三方面来审视本质主义式的儒家论说及中国文化论说。

所谓“有机整体说”可以有很多种，其中两类是 1949 年以后内地学者常用的观点：一类是用唯物史观来看中国的历史文化，强调历史的动态规律性，有很浓厚的历史（命定）主义或历史目的论的色彩；另一类是用系统论来分析中国的历史文化，强调文化的有机整体性，明显有整体主义或一体主义的倾向。两类观点在某些学者或知识分子的立说中也有若即若离的关系。以包遵信为例，他的论说的历史（命定）主义的色彩较淡，而其文化整体主义的倾向则较强。包遵信认为传统文化与现代化是互不兼容的，主要的理由在于“它的结构系统以及与此相应的价值体系，与现代化的需要格格不入，甚至完全对立”。[①] “现代化意味着对传统的超越和扬弃”，而“儒家传统是一有机整体，不是一堆互不相干的观念堆积。”“说儒家传统不适应现代化，指的是儒家伦理本位主义的价值系统与现代化是‘逆向’的精神力量，不是说这个或那个观念。”[②]依照包遵信这种“不是互不相干”“便是有机整体”的两极思考，中国文化及儒家思想便不太可能从一种没有本质核心及有机整体而只有家族相似性之观点来分析、理解。既然作为中国文化主体的儒家传统是“定了型的理论”而“不能被支解”[③]，它有一个“深层核心”（封建纲常伦理）[④]，是一个“封闭的非批判的思想体系”[⑤]，则儒家传统似乎便是一个具有本质核心以使自我能封闭定型的有机整体或思想体系。又由于这个本质核心及其中呈现的精神方向或力量与现代化的适得其反，故只有把此一本质与整体一起连根拔起，彻底与之断裂，才能走向现代化的康庄大道。这种历史文化本质主义及整体主义的观点虽然不一定有强烈的历史（命定）主义的倾向，却仍然一种难以证立的儒家论说。第一个难题是有关理论内容的重要性与相干性的选择及诠释上分歧或

① 包遵信，《批判与启蒙》（台北：联经出版事业公司，1989）：9。
② 包遵信，《批判与启蒙》（台北：联经出版事业公司，1989）：74－75。
③ 包遵信，《批判与启蒙》（台北：联经出版事业公司，1989）：43。
④ 包遵信，《批判与启蒙》（台北：联经出版事业公司，1989）：68。
⑤ 包遵信，《批判与启蒙》（台北：联经出版事业公司，1989）：64。

不兼容的问题。历代儒者及知识分子对儒家伦理价值的关注及诠释并非只有一家,在社会上发生作用的儒家思想也有各式各样的变种。即使就政治文化方面来理解“三纲五常”,除了意义的含混性之外,实际应用此一概念原则的判准也不是千篇一律的。更何况此概念原则对于行为规导之优位性有多高,有没有其他概念原则凌驾其上,恐怕也是难以一成不变地坚持着。以封建纲常伦理为儒家传统之整体的“深层核心”,或作为与现代化精神“逆向”的“精神力量”,这种历史文化本质主义的诠释与分析的观点明显是欠缺说服力的。

第二个难题是有关整体及其作用之确认的问题。我们知道,一个自然系统或生物系统中的各个不同部分及其整体之确认,也许可以通过它们各别观察的物理或生理的性质、功能及关系而达至。但是,在人文世界中,即使有所谓“人文系统”这样的整体的东西,我们也难以采取类似上述的指认方式,而必须诉诸非物理的心灵描述或观念解释才能区以别之,而且系统与系统之间的界限也不是截然可分的,相对于不同的描述或解释可以产生不同的系统建构及分类。因此,如何去客观指认或界定出一个所谓“人文系统”的整体,以及剖析其中各个有相对独立性的“子系统”或组成部分,似乎是一项异常艰困的工程。其实,基于人类各种不同的理论要求及实践需要,我们对于各种异常复杂而多变的人文现象可以描画出不尽相同的图像来,而不必把各种图像中的对象实体化及把所有对象一体化。放弃历史文化本质主义者的“有机整体说”,而采用反本质主义的语言来描述各种历史文化现象之产生及发展,可以避免上述的重重困难。

所谓“精神发展说”的典型观点,是采用黑格尔式的模式而建立的一种历史文化观,可以叫作“体现主义”或“体用主义”。当代新儒家中的梁漱溟的文化观,便是一个很好的例子。他认为每一历史文化背后都有一历史意向、民族精神或文化生命，以推动、引导或决定每一历史文化之存在及发展。这些背后的东西乃各个民族文化之所以为某一民族文化，而与别的民族文化不同之关键所在，亦即是各个历史文化的本质。例如西方文化的本质是“意欲向前为基本精神”，中国文化的本质是“意欲自为调和持中为其基本精神”，而印度文化的本质则是“意欲反身向后为其基本精神”。[①] 这无疑是试图以不同精神本质之体现来说明各种历史文化传统之差异。另一个更明显采取黑格尔模式的例子是牟宗三与唐君毅二先生的历史文化观。牟先生写《历史哲学》一书时，因受黑格尔思想之影响而主张一种“历史之精神发展观”，认为“看历史须将吾个人生命与历史生命、民族生命通于一起”，并“将历史视作民族之实践过程”，及一“民族生命”乃一“普遍的精神生命”，其中函一“普遍之精神实体”之义。唐先生甚为赞同牟先生此说，并强调“历史之步步进展，即人之精神理想之步步生发，步步为人所实践之历程”。[②] 唐先生承认就个人方面来肯定“个人精神”较易说，但在历史文化现象背后肯定有一“普遍的精神实体”，并认为两种精神（个人精神与普遍精神）生命可以“通于一起”，则较难说明。虽然难以说明，但他还是毫无保留地加以肯定，并用一种号称“即用见体”而究其实是含有超越预设的论证来加以证明。然而，一如我们上述对超越论证的分析，如果通过这种论证不足以合理地证立“本质”的概念，同样也不足以合理地证立“普遍精神实体”的概念。再者，具有自由或自主性的“个人精神”，也不宜与实体化的“普遍精神”混为一谈。“个人精神”之自我主宰性包含有责任及努力的问题，但“普遍精神”则与自我承担的问题毫不相干。所谓“普

① 梁漱溟，《东西文化及其哲学》（台北：虹桥书店，1968）：55。

② 唐君毅，《中国历史之哲学的省察：读牟宗三先生“历史哲学”书后》，收入牟宗三，《历史哲学》（香港：人生出版社，1970）（附录一）：10。

遍精神"之"精神"或"普遍生命"之"生命"其实只是比喻性的借用，实难实化，即使实化了，也难与个人的精神或生命等量齐观。由此而建立的"精神发展说"无疑是难以证成的。无论是梁漱溟的"精神路向说"，或牟、唐二先生的"精神发展说"，这些强调"体现"或"体用"关系的本质主义的历史文化观，都有上述的难题。他们的"历史心魂"或"文化精灵"的曲调虽然常常会令人陶醉不醒，但由此而把捉真实而复杂的儒家传统及中国历史文化，恐怕是"捉错用神"了！

至于以"超越内在说"或"内在超越说"来论说儒家传统及中国历史文化现象背后的本质或精神，乃是当今学术界，尤其是当代新儒家，最为热衷的一种说法，特别值得给予较详细而深入的审视。我们在下节即就儒家发展的各个阶段之变化来探讨此一问题。

第五节 儒家传统的"超越内在说"

当代新儒家（尤其是牟宗三先生）相信历史上有所谓"儒家的本质"。牟先生认为宋明儒"对于孔子生命智慧前后相呼应之传承有一确定之认识，并确定出传承之正宗，决定出儒家之本质。他们以曾子、子思、孟子、《中庸》、《易传》与《大学》为足以代表儒家传承之正宗，为儒家教义发展之本质，而荀子不与焉，子夏传经亦不与焉"。[①] 这里的"本质"并不是静态的，而是万变不离其宗的"发展之本质"。牟先生认为"发展"虽然含蕴"开新"，但只要不是"歧出之新"，而是"调适上遂的新"，便对本质"不生影响"，并"于客观事实无增减"。[②] 所谓"调适上遂

① 牟宗三，《心体与性体》第一册（台北：正中书局，1968）：13。
② 牟宗三，《心体与性体》第一册（台北：正中书局，1968）：18。

的新”，表示“虽是引申发展，但却为原有者之所函”。[①] 然而，“歧出之新”与“调适上遂的新”之区别，是依照一个绝对的判准，还是基于某些理论的规约及主观的诠释而断定？若无客观的判准，则此“本质”或“发展之本质”便难以定立矣！

所谓“儒家之本质”，牟先生是指“天道性命通而为一”之旨，[②]亦即“宇宙秩序即道德秩序”，“道德秩序即宇宙秩序”或“道体即是性体”，“性体即是心体”之义。由于天道、天理是“超越”的，而性与心是“内在”的，故亦可说此“通而为一”的本体是“既超越又内在”的。以此“圈定”“儒家之本质”，便必须要证明后来宋明儒有而孔孟没有的一些观念及论旨是孔孟学说之所函。然而，牟先生在这里似乎是以宋明儒学来解读孔孟思想，而不是纯粹从孔孟学说、文本中分析出有关的本质义理来。因此，所谓“函”的概念即使是清楚的，但此“函”的论旨恐怕也是不易确立的。

我们可以举一些例子来说明这种“后加的解读”并不能等同于“原初的义理”。例如，牟先生虽然承认“孔子所说的‘天’‘天命’或‘天道’当然是承诗书中的帝、天、天命而来”，但他认为这“并不向‘人格神’的方向走。孔子虽未说天即是一‘形而上的实体’(metaphysical reality)，然‘天何言哉？四时行焉，百物生焉。天何言哉！’实亦未尝不函蕴此意味”。[③] 然而严格言之，这“实亦未尝不函蕴”比“函蕴”弱，而“意味”比“事实”更弱。孔子事实上有没有“形上的实体”之观念，恐怕不能单由此“弱函蕴之意味”来证成。又如牟先生虽然承认“孔子亦未说仁与天合一或为一”，但基于仁心之感通无外，及仁与天的“内容的意义”有相

---

① 牟宗三，《心体与性体》第一册(台北：正中书局，1968)：18。
② 牟宗三，《心体与性体》第一册(台北：正中书局，1968)：第一章。
③ 牟宗三，《心体与性体》第一册(台北：正中书局，1968)：21-22。

同处，所以他认为“合一或为一”之说“亦未始非孔子意之所函或所许。如果天向形上的实体走，不向人格神走，此种合一乃是必然者。此亦是孔门师弟相承，其生命智慧之相呼应，故如此自然说出也”。[①] 然而，即使我们暂时不去质疑“内容的意义”与“外延的意义”之区分是否合理（按：牟先生此一区分非指“内涵”与“外延”），也暂时接受“所函与所许”这些判准未定而意义不明的笼统说法，孔子的“仁”之“感通无外”是否有本体宇宙论的含义，《论语》中并无正面而充分的证据；相反，他的“天”或“天命”却明显是承《诗》《书》的用法而有人格神的意义。至于认为“仁”与“天”的“内容的意义”有相同处，明显不能从《论语》中找到证据，而只能依《易传》《中庸》以后的诠释来解读。“如果天向形上的实体走”这“如果”并不是孔子思想上的事实，而是某些后继者单方面强调的“生命智慧之相呼应”而已，故“合一”之说固非“必然”，而亦不太容易“自然说出”。此外，牟先生又承认“孔子未说‘心’字，亦未说‘仁’即吾人之道德本心，然孔子同样亦未说仁是理，是道。心、理、道都是后人讲说时随语意带上去的”。但他认为“实则落实了，仁不能不是心。仁是理，是道，亦是心。孔子由‘不安’指点仁，不安自是心之不安”。“这些字都是自然带上去的，难说非孔子意之所函，亦难说孔子必不许也”。[②] 我们认为：从“不安”指点“仁”，足以显示孔于注重道德的内省。然而，道德的内省是否一定需要预设有一个与“超越”的天道“为一”或“合一”而又“内在”于人之中的自由而自主的主体心灵，则是不难判定的问题。古今中外人类的道德或宗教的思想与生活中，都有这一类“不安”的感觉，但却不必有这一类“超越的预设”。虽然这种“超越的预设”并非孔子所“必不许”的，但“不难说”这“非孔子意之所函”，而且不是

① 牟宗三，《心体与性体》第一册（台北：正中书局，1968）：22 - 23。
② 牟宗三，《心体与性体》第一册（台北：正中书局，1968）：23 - 24。

"随语意"所能"自然带上去的"。与孔子思想不生冲突的学说太多太多了,但"融贯"是不足以保证"涵蕴"的!

平实地说,或照牟先生所谓"实则落实"地说,孔子谈道德实践时的确预设人有道德内省的心灵活动,但他并没有提出及界定一个独立于行为个体之上的"本心"或"心(本)体"概念。有心灵活动可以预设而不必默认有心灵实体;有心灵实体也可以默认而不必默认那实体是"既超越又内在"的,"与天道性命相贯通"的精神实体。孔子不必反对宋明儒的"道体""性体"及"心体"的概念与观点,但他的思想并不含蕴这些后起的成分,乃是彰彰明甚的事实。宋明儒各家都自以为得到孔孟的真传,体悟及把握到圣学的真髓或本质,其实彼此都在做"创造性的诠释",各判其教,各立其统而已。牟先生以周濂溪、张横渠及程明道之义理规模为"圆教之模型",直承先秦儒家之正宗。以后分为三系,其中胡五峰、刘蕺山一系与陆象山、王阳明一系皆能继承此正宗,而程伊川、朱元晦一系虽在历史上位居正统,实质上只是"别子为宗"而已。牟先生此一判教工作正是以上述"天道性命通而为一"这一"儒家之本质"作为判准的。牟先生认为:由于伊川及朱子所说的"性即理""预设心性不一,心理为二",他们所体会到的道体、性体便只能是"只存有而不活动"的。[①] 因此,他们的"理"只是"但理"("存在之理"),而非"动理"("创造的实体");他们的"心"乃是形而下的"气之灵",为"实然的心气",而不是"超越的本心"。于是,心与理便不可能在本体意义上为"本体的自一",而只能在认知意义上为"关联的合一"。[②] 这样的"心"并不是"与天道性命相贯通"的,亦即不是"既超越又内在"的"创造的实体";而这样的"理"也不是"即存有即活动"的"创造的真几"。如此一差,便不可

① 牟宗三,《心体与性体》第一册(台北:正中书局,1968):61。
② 牟宗三,《心体与性体》第一册(台北:正中书局,1968):86。

能体会到"儒家之本质",遂"歧出"而荡越于"正统"之外矣!牟先生此一断定之确立,是建基于上述的"儒家之本质"为孔孟学说之所函一前提之上的。然而,如果孔孟学说并没有含蕴此一后加的"儒家之本质",即使我们可以证明宋明儒学各大系的理论都比伊川、朱子系的为优胜,也不足以由此而论断伊川、朱子系较他系为"歧出"。既然此一"圈定"的对象并不是真正具有客观意义的"本质",一切有关"正统"与"歧出"之判便只能是"无本之论"或"无根之谈"了。

我们认为:不仅上述的"圈定"不足以确定真正具有客观意义的"本质",而且我们实在也找不到任何不受诠释者的概念语言所"美化"或"污染"的,"客观地摆在那里",等待我们用某种"心灵的慧眼"去发现出来的"本质"。这里守株以待的只不过是一个"所与的神话"而已!尤有甚者,我们甚至可以找到充分的证据来证明上述的所谓"儒家之本质"是与孔孟思想有所背离的,而且其相关的观点也有极其难以克服的理论困难。我们的论据在哪里呢?

依照牟先生的观点,除了伊川、朱子系之外,宋明儒的大宗都能够掌握"天道性命相贯通"之义,体会到道体、性体是"即存有即活动"的,天、道、理、性及心等是同一本体,无二无别的。因此,牟先生认为:"性虽就个体立名,然就其根源处之为'体'言,则是普遍的(妙万物而为言),亦是一而非多,是同而非异。个体虽多为异,然此性却不因其多而为多,因其异而为异。它只是一,只是同。'月印万川',实只有一个月亮,并无万个月亮。"①换言之,本体只有唯一的一个,不因个体之多而使体现于各各个体之中的天命之性为多,亦不因个体之异而使其中的天命之性为异。然而,若断言"人物同体",或肯定人与其他动物及草木

① 牟宗三,《中国哲学的特质》(台北:学生书局,1994):80。

瓦石(有情与无情)都同得此天命之性,那岂不是背离了孟子的"人禽之别"之义吗?所以当程明道说"万物一体"及"万物皆备于我"时,他把这些话理解为"皆有此理""都自这里出去",并且强调"不独人尔,物皆然",黄百家在《宋元学案·明道学案》中便下一案语,认为这是"翻孟子案","只一家禅诠"矣!此一质疑是不无道理的。

为了避免背离孟子"人之所以异于禽兽者几希"之说,牟先生乃提出"本体论的圆具"与"道德实践地具"之区分来"打圆场"。他说:"既是'於穆不已'之体不但创生万物,而且亦内具于万物而为性,即天道性命相贯通,则'内具于万物而为性'之义,本体论地言之,应是普遍地有效,'天道性命相贯通'亦应是普遍地有效,无理由单限于人。……如是,'本体论的圆具'义当是必然者,而且亦须立此义始显出'道德实践地具'上之有差别。……自'道德实践的具'而言之,人能具此理以为性,真能自觉地作道德实践以起道德创造之大用,故能彰显地'完具此理',并能彰显地作到'万物皆备于我'。然而在其他动物以及草木瓦石则不能有此自觉,因而亦不能有此道德之创造,是即等于无此'能起道德创造'之性也。是故创造实体在此只能是超越地为其体,并不能内在地复为其性,即其他个体并不真能吸纳此创造真几于其个体内以为其自己之性也。此即立显出人物之别矣。"①依照先生以上的说法,就"本体论的圆具"言,此唯一的本体既超越又内在于人与物之中,无有分别。但就"道德实践的具"言,此唯一的本体对人是既超越又内在的,对物却是只超越而不内在的。此说若真能成立,或可说明"人禽之别",避免"翻孟子案",但却要付出沉重的代价——引至循环论说或自我否定之恶果!

---

① 牟宗三,《心体与性体》第一册(台北:正中书局,1968):71。

首先，为什么“本体论的圆具”与“道德实践的具”有所不同呢？依照牟先生的看法，主要的理由是在于后者独有的“心之自觉”或“能推不能推”的问题。然而，此说若真能成立，又必须预设人有心而物无心。但由于“心即性”，都是从那里出来的一个唯一的本体，因此，说“人能道德实践地具天命之性而物不能，其原因在于人有心（能推）而物无心（不能推）”，与说“人能道德实践地具天命之性而物不能，其原因在于人有性而物无性”，并无实质的差别。但后者明显是一种循环的说法，并不适合用来说明“人禽之别”；而且“本体论的圆具”一语亦成空话，实质是“无性可具之具”。要避免循环的论说，似乎唯一可行的办法是要把“性”一概念一分为二，区分为“天命之性”与“道德之性”二种。这样便可以避免上述循环的论说。但是，由于“道德之性”即“道德心”，而“道德心”即“道德之天理”；“天命之性”即“宇宙心”，而“宇宙心”即“本体之天理”。如果“道德之性”不同于“天命之性”，则两种“理”及两种“心”概念亦不可能相同。换言之，“道德秩序”与“宇宙秩序”便不是同一的，而道德心性论的“实体”亦与本体宇宙论的“本体”不可能相即而为自一。这无疑是“自一”说之否定。这里的两难是：要接受“道德秩序”与“宇宙秩序”间概念之“自一”（例如，“道德心即宇宙心”“道德之性即天命之性”及“道德之天理即本体之天理”），及二者各别内部概念之“自一”（例如，“道德心即道德之性”与“道德心即道德之天理”，或“宇宙心即天命之性”与“宇宙心即本体之天理”等），便不可能确立“人禽之别”，并产生“循环性”的问题。另一方面，要避免上述“循环性”的问题，并确立“人禽之别”，似乎又不得不放弃“道德秩序”与“宇宙秩序”之间概念之“自一”，从而亦否定了“天道性命通而为一”这“儒家之本质”之说。

其次，即使我们勉强接受上述牟先生的解说，他也只能拯救明道之说，而不能挽救阳明之论。因自王阳明至熊十力都有一个泛心论或泛神论的倾向,是不可能借牟先生的“二具”之说而使之不与孟子思想背离的。例如阳明说:“人的良知,就是草木瓦石的良知。”[①]熊十力承阳明之说,也认为草木瓦石与人类共有同一个良知本体,[②]“我的本心”并不是“内在于我身内之心”,而是“体现于我身之大心”;又由于此“体现于我身内之大心”与“体现于石头之大心”无二无别,故可说此同一大心或本体是“体物而不遗”的。[③] 熊十力甚至从一种“进化论”的观点而创立其“新石头记”:“无机物出现时,生命心灵之性,只是隐而未显,非本无也。”[④]如是,则孟子的人禽之辨在哪里可见呢?就在于禽兽及石头的“良知”是“隐而未显”吗?而人类所具有的良知都是“显而非隐”或“隐而能显”吗?但为什么此“同一而公有的良知”对人类与禽兽、石头有此偏差?是不是“天人合一”“人禽一体”及“人石同体”之力量并非来自“良知主宰”或“本心之主动”?如果此“唯一而公有的良知”并不偏私于人,则由隐显形成的偏差之原因当然不可能是在那个非个人所独具而私有的良知、生命之上。[⑤] 依照熊十力的说法,人能显发(良知)而他物不能或未能显发(良知)之原因在于他物之“形体闭塞、粗笨”之故。[⑥] 至此,我们可以说:把“道德心”等同为“宇宙心”[⑦],把个人私有的“良知”转化为万物共有的“天地的心”[⑧],将要付出极大的代价,那就

① 王阳明撰,吴光等编校,《王阳明全集》(上海:上海古籍出版社,1992):卷三《传习录下》。
② 熊十力,《读经示要》卷一(台北:广文书局,1970):94。
③ 熊十力,《读经示要》卷二(台北:广文书局,1970):14。
④ 熊十力,《明心篇》(台北:学生书局 1976):3;及熊十力,《乾坤衍》(台北:学生书局,1976):324 也有类似的说法。
⑤ 熊十力,《新唯识论》(北京:中华书局,1985):641, 252。
⑥ 熊十力,《乾坤衍》(台北:学生书局,1976):328。
⑦ 牟宗三,《中国哲学的特质》(台北:学生书局,1994):71。
⑧ 王阳明撰,吴光等编校,《王阳明全集》(上海:上海古籍出版社,1992):卷三《传习录下》。

是引来了一种使自由意志及道德责任成为多余之事的“气质命定论”！换言之，不只禽兽及草木瓦石可以用气质之限制来说明其良知之不能显发，即使是小人或顽劣不肖之徒亦可以“不甘后禽”地将其堕落与罪恶归咎于其材质与气禀之恶劣不堪，而与所谓良知之觉、本心之自反实不相干。因为，这“唯一而公有的良知”是不会也不能特别去提携照顾那些不肖小人的，他连“对不起”也无能为力去说出来！这里的两难是：要接受“大心”说，便会陷孟子于“气质命定论”，使他的“扩充”“存养”之工夫成为可有可无的例行公事；要避免“气质命定论”，“大心”说便不得不彻底地破灭，而“天道性命相贯通”便不能“通”了！

孔孟思想中本无亦不涵“天道性命相贯通”之说，亦无所谓“既超越又内在”的问题。相反的，宋明儒家中无论“心即理”一系或“性即理”一系，都有“既超越又内在”的问题。正如我在其他论文中一再说明及论证的，[①]这种“超越内在说”或“内在超越说”有不可克服的理论困难。若将此说强加于孔孟身上，恐怕后果是得不偿失的。

依照当代新儒家对宋明儒学的解说，“超越”的天、道或理即是“内在”于人或物之中的性或心，此一唯一真实的形上实体或本体是共有的，而不是为某一个体之人或物所私有的。但问题是：“超越”(transcendence)含蕴“外在”，而“外在”又与“内在”(immanence)对反(contrary)，除非刻意去改变二词的典型用法和意义，否则对任何实体而言，它是不可能对其他事物为“既超越又内在”的。然而，改变这些语词的用法和意义，一方面会使“超越内在”与“超越外在”(或“内在超越”与“外在超越”)之中西对比成为毫无意义，另一方面又会引出一些诡谲的说法，陷入不可思议的神秘主义的胡同里去。如果说“超越”

---

① 参阅冯耀明，《当代新儒家的“超越内在”说》，《当代》(4/1993)：92－105。

的天道、天理与“内在”的性理、本心“类(型相)同”(type-identity)而非“个(例相)同”(token-identity),这是因为天命之性来自天,故不因个体事物之异而使各各禀得的天命之性为异,但必因个体事物之多而使各各禀得的性理为多;那么这样的“超越”者与“内在”者密切相关(因禀受而为类同),而非有一同一个体之实体为“既超越又内在”者,这种说法虽然颇难证立,无疑还是可被理解的。但非常不幸的是,从朱子的“万个是一个,一个是万个”,“如月在天,只一而已”,[①]到牟先生的“是一而非多,是同而非异”,“‘月印万川’,实只有一个月亮,并无万个月亮”,[②]都在强调“超越”的“天上月”与“内在”的“川中月”是“一而非多”,这就免不了产生自相矛盾或不可思议的结果。以“月印万川”这个从佛家借来的比喻为例,“天上月”与“川中月”本来是“一个”与“万个”之关系,二者可以“类似”,甚或“类同”,却不可能是“一而非多”地为“个同”的。硬要说是“个同”而反驳批评者把比喻抓得太紧,不够“灵活”,不懂“妙用”,究其实不过是这个比喻不能恰当运用到所喻之处,反而要求在比喻的关键之处用非比喻的说法来救助比喻之不足,企图使之符合“自一”之“即”的说法。这样运用比喻无疑是过分“灵活”,强为“妙用”而已!熊十力常用的“大海水与众沤不一不二”之喻也是佛家“水与波相即”之喻的翻版,也许同有泛神论或泛心论的倾向,斯宾诺莎也有类似的比喻。“月印万川”之喻所表示的只能“得全而不相即”,因为每一川中月虽完全类同于天上月,却不可能是个同地相即为一。比喻则刚好相反,它所表示的只能“相即而不得全”,因为每一沤虽不离大海水而与其部分相即为一,但却不可能每一沤都揽得大海水之全量。二喻俱不足以充分说明“一而非多”和“同

① 《朱子语类》(北京:中华书局,1986),卷 94。
② 牟宗三,《中国哲学的特质》(台北:学生书局,1994):80。

而非异”之说。[①] 硬说“既得全又相即”或“既超越又内在”，便是以自打嘴巴的方式来自鸣得意！

为了逃避“自相矛盾”或“自打嘴巴”之批评，也许有些论者会说：“一非多”，“多非一”是概念分解上的说法，并非圆融化境上的说法。若“硬要”把“一”与“多”的“圆相即”关系说成是“个同”，从而否定“一多相即”(或“一而非多”)之“圆说”，那便是把本体“物化”或“对象化”之作法，“显然”是“对”那本体没有“体悟”，“对”那境界缺乏“体知”之故！针对此一问题，我要站在牟先生的一边来反驳这种硬说我“硬说”之所谓“圆说”。牟先生很清楚地告诉我们：“心性为一，心理为一，是在分解道德实体之概念上所必须建立者，是体之概念本身就如此。而理气圆融之一，是尽性践形之化境，此并不碍理气之在分解表示上之有分，而且正因为有分别，始可言圆顿化境之为一。此‘一’是混融一体之一，‘不可分’是化境上之不可分，并不是概念上之不可分。心性为一，心理为一，此‘一’是断定上之一，是内容意义上之一，并不是混融一体之一；而不可分亦是在体之概念上不可分，并不是化境不可分。象山、阳明只说心即理，心即性，此‘即’并不是化境不可分、混融一体之‘即’，乃是概念断定上之‘即’。”[②]此概念分解上之“即”“一”乃是“自一”，而非“合一”。[③] 依此，“超越”的“一”(“天上月”或“天理”)与“内在”的“多”(“川中月”或“性理”)在分解概念上为“自一”是不可能成立的。此外，使用“个同”概念时，其中的相关项可以是抽象的或不可感觉的对象，不一定是“物化”的对象。至于“对象化”的问题，相信是任何使用概念的理性

---

① 有关此二喻之详细分析及评论，参阅冯耀明，《当代新儒家的“超越内在”说》，《当代》(4/1993)：92 - 105。

② 牟宗三，《心体与性体》第一册(台北：正中书局，1968)：26。

③ 牟宗三，《心体与性体》第一册(台北：正中书局，1968)：86。

探究所不可避免的，难道我们可以没有“讨论的对象”而去进行“讨论”吗？超脱于“能所对待”之格局而有学术上的理解与论述，固然是不可能之事。即使可能，这样的“学问”也不可能具有任何客观的意义。即使为了论证上的需要，我们暂且接受此一“可能”，但由于我们所用的“一”“多”“即”等语词都是在“能所对待”之格局下，服从“个体性原则”的用语，持“既超越又内在”之说者，便不可能使用我们的用语，而必须使用另一种在“能所无待”的格局下的“一”“多”“即”等新用语。然而，他们这种“新语言游戏”似乎还未草创，相信至今仍无人能清楚地告诉我们它的“游戏规则”，及如何去“玩”此一游戏！

最后，即使我们为了论证上的需要，暂时再退让一大步，勉强承认“超越内在说”是可能的；但落在具体内容上说，也会使孔孟之教产生极大的歪曲。牟先生虽然承认在圆顿意义上草木瓦石可以“潜具”天命之性，但他并不承认草木瓦石可以“潜具”良知。[①] 如是，“心即理”及“心即性”便只能对万物之灵的人类来说，而不能是“体物而不遗”的。至于王阳明至熊十力所主张的“草木瓦石也有良知”之说，即使可以普万物而为言，却不免使孔孟的“道德心”被扭曲成“宇宙心”，并使儒学所持重的“自反”“自觉”“自主”“恻隐”“羞恶”及“诚敬”等显示意志自由及道德责任之精神涵义丧失殆尽，宁不悲夫！

至此，我们可以断定：孔孟思想中不仅没有这种“既超越又内在”的“后加本质”，而且这所谓“本质”与先秦儒学的孔孟宗趣实大相径庭，此说更且有不可克服的理论困难。相信这是由于道德心性背负上本体宇宙论的沉重“包袱”之后，其“脊梁”便不得不被挤压得弯曲了！除非把这种“心灵胀大症”在儒学中去除，否则道德主体性便不可能不被宇

① 牟宗三，《心体与性体》第一册（台北：正中书局，1968）：71，234。

宙客体性所吞没，失却“道德自觉”及“自主承担”的精神，陷入万劫不复的神秘主义的深渊之中！

第六节　结　　语

经过以上各节的分析，我们深信：无论是形上存有的本质主义，或是历史文化的本质主义，都是难以证立的。各式各样的本质主义如果不是错的，便是不可思议的观点。在儒家传统的当代诠释与定位方面，不少论者的本质主义的观点表面看来好像言之成理，实质上是以贫乏的观念来简化复杂的问题。在两千多年复杂而多变的儒学历史中，如果我们尝试去找寻“儒家之本质”，则结果不是一无所获（找不到“本质”），便是网网皆鱼（找到无限多可以称为“本质”的东西），但绝不可能把捉到那独一无二的瓮中之鳖（找到那复杂而多变的表像背后之唯一不变的“本质”）。

如果我们从庄子的“自其异者而视之，肝胆楚越也”与“自其同者而视之，万物皆一也”这两个极端的中间来看这个复杂而多变的世界，我们一方面会发现到“概念的相对性”，另一方面又会察觉到“家族的相似性”。这个世界极可能是没有“本质”的！

第十二章　儒家本质与大心主义：敬答杨祖汉先生

当代新儒家自熊十力开始，对孔孟儒学有了特别的阐发，认为孔孟儒学不仅是有关道德心性之学，且更蕴含着一套本体宇宙论或道德形上学。宋明儒所谓“天人合一”之说，以及牟宗三、唐君毅二先生所谓“超越内在”之说，乃被认为是与孔孟的生命智慧遥远的“相呼应者”。对于孔孟原义言，若干当代新儒家认为这种阐发是“于客观事实无增减者”。这些说法固然可以提供一个深刻的角度透视问题，从而引发大家对儒学作更为深广的思考，这对儒学的研究当然有实质的贡献，功不可没。

然而，尽管有数之不尽的西方哲学思想都在柏拉图的思想刺激下成长起来，但这并不表示柏拉图的学说已掌握到最后的真理，已臻“至矣尽矣，不可复加矣”之境。同样地，当代新儒家在前有狼后有虎的困境中突围而出，另辟蹊径，为我们提供了中国哲学研究的一个重要思想泉源，诚有启发后学之大作用，但他们有关天人之际的“既超越又内在”之说，在学理上仍有不少可被质疑之处。他们有关所谓“孔孟原义”的当代诠释，仍大有商榷之余地。在这些地方，若有人在学理上提出质疑与商榷，正正表示这些新儒学的说法值得重视，其中的问题可引发我们拓广及深挖思考的角度与层面，从而亦显示新儒学研究之生命力，而非一成永成，一毁永毁者。对于儒学乃至一切哲学思想的这种研究态度，一直是我所深信不疑的，值得日遵月从的一个学术规范或指引。

多年以来，我写过若干讨论新儒学的论文，提出某些质疑及批评，都是在这种“不可忽视”而“敬以莅之”的信念下撰写的。我的其中一项质疑及批评，是有关“儒家本质”与“大心主义”的问题。① 牟先生在其巨著《心体与性体》中肯定有所谓“儒家之本质”，是乃宋明儒可与孔孟精神或生命智慧“相呼应”，或儒学传统中先后之体认“相契合”者。我认为孔孟至宋明的儒学发展，虽曰有所传承，实质乃一大转折。在儒家的大“家族”内部固可以找到各式各样的“相似性”，但却不太可能发掘出所谓“本质”或“道统”的东西来。学友杨祖汉教授不以为然，撰文响应。② 杨先生是牟先生的得意弟子，对牟先生的哲学自有一番深切的了解。与杨先生讨论牟先生的哲学及儒学的问题，相信会受益良多。为酬答杨先生学术讨论之诚意，特为文再示心中未释之处，以就教于杨先生。

第一节　“本质主义”的问题

我在拙作中认为牟先生在判分儒家传统中之“大宗”与“歧出”时，他所使用的“儒家之本质”一词有本质主义的“倾向”或“意味”。③ 杨先

---

① 参阅冯耀明，《本质主义与儒家传统》，《鹅湖学志》第十六期(6/1996)：53－99，及收入梁元生编，《文化传统的延续与转化》(香港：香港中文大学出版社，1999)；《判教与判准：当代新儒学之二判》，《大陆杂志》92卷6期(6/1996)：37－48。

② 杨祖汉，《儒家形上学与意志自由：与冯耀明先生商榷》，《鹅湖学志》第十七期(12/1996)：177－202。

③ 冯耀明，《判教与判准：当代新儒学之二判》，《大陆杂志》92卷6期(6/1996)：47。

生不以为然，他说："按牟先生固然认为儒家有其本质，但此本质未必如冯先生所谓的本质主义者的主张：'（本质）是独立于心灵之外的东西，不受任何概念架构所'污染'的。'"他认为我"这样看本质，是实在论的思想，而牟先生并不是实在论者"。杨先生虽然承认"宋明儒是否掌握儒学的本质，是否为孔孟的嫡传，此固然是一事实问题"，但他又强调："这似乎不同于由了解一对象而获得知识般的客观事实，要判定宋明儒是否掌握孔孟之教，亦须要对孔子的生命智慧有存在的相呼应。"然而，如何才能判定是否"相呼应"呢？杨先生的唯一理据是："天道必须在尽心尽性的实践中才能见到，离开了本心的自觉活动，亦别无所谓天道，若是以此一义理来规定儒家的本质，则此'本质'也只有在人从事道德实践时见到，甚至可说此本质在此时才存在。"①

对于杨先生以上的批评，可以有以下几点响应。首先，他征引拙作中对"本质主义"之"本质"规定为"独立于心灵之外的东西"之说，②作为其论证的起点，以批评我用"实在论"的思想来了解牟先生所说的"儒家之本质"为不切中者。可惜杨先生并没有仔细看过他所征引的拙作全文，以致他未能分清文中所区分的两种本质主义：一种是"形上本质主义"或"存有本质主义"；另一种是"历史本质主义"或"文化本质主义"。③ 前者是"针对物理对象而提出的一种形上存有的观点"，④当然会把"本质"视为"独立于心灵之外的东西"；但后者则非针对个别的物理对象，而是把历

① 杨祖汉，《儒家形上学与意志自由：与冯耀明先生商榷》，《鹅湖学志》第十七期(12/1996)：179。

② 杨祖汉，《儒家形上学与意志自由：与冯耀明先生商榷》，《鹅湖学志》第十七期(12/1996)：178。

③ 冯耀明，《本质主义与儒家传统》，收入梁元生编，《文化传统的延续与转化》(香港：香港中文大学出版社，1999)：55－56，71－81。

④ 冯耀明，《本质主义与儒家传统》，收入梁元生编，《文化传统的延续与转化》(香港：香港中文大学出版社，1999)：55。

史文化现象背后的“本质”提升为“精神”，并“打破了个体性原则”，“丧失了空间的针对性”，[①]这显然不是“独立于心灵之外的东西”。牟先生所谓“儒家之本质”，我是了解为“精神本质”，而非“物理本质”。杨先生所谓“必须在尽心尽性的实践中才能见到”的“天道”或“本质”，难道不是一种“精神性的东西”吗？牟先生所谓“生命智慧有存在的相呼应”之“内容”，难道不是一种“精神本质”吗？

其次，牟先生撰写《历史哲学》一书时，更明言因受黑格尔思想之影响而主张一种“历史之精神发展观”，认为“看历史须将吾个人生命与历史生命、民族生命通于一起”，并“将历史视作一民族之实践过程”，及以一“民族生命”乃一“普遍的精神生命”，其中含一“普遍之精神实体”之义。[②] 这种说法不仅有历史文化的本质主义的“倾向”或“意味”，更且是货真价实的历史文化的本质主义。在儒学之“正统”与“歧出”之判教问题上，我认为牟先生的说法有本质主义的“倾向”或“意味”，其实已算保守。

再者，依照杨先生上述所说的“离开了本心的自觉活动，亦别无所谓天道”及“只有在人从事道德实践时见到，甚至可说此本质在此时才存在”，以此了解所谓“本心、性体即是天道”，则天道之超越性、客观性何在？即使我们暂不把这种见到时的“觉润之即创生之”或“直觉之即创造之”一说理解为类似柏克莱式的主观唯心论，这种说法也是大有问题的。宋明儒以至当代新儒家都是承认天道是“不为尧存，不为桀亡”的，乃“乾坤万有基”。不管这种天道的“超越性”“客观性”是何意义，恐

① 冯耀明，《本质主义与儒家传统》，收入梁元生编，《文化传统的延续与转化》（香港：香港中文大学出版社，1999）：71。

② 转引自唐君毅，《中国历史之哲学的省察：读牟宗三先生“历史哲学”书后》，收入牟宗三，《历史哲学・附录一》（香港：人生出版社，1970）：10。

怕也难以与杨先生那种“见到时，才存在”之说协合无间。试想一下，假若有一天发生了第三次世界大战，全部人类在核弹轰炸下惨遭灭绝，那时正是“无人实践”，亦“无人见到”之时，岂非会出现“无人见到，则不存在”，“离开了所有人的本心自觉，便别无所谓天道”的景象？全部人类灭绝是有其真实的可能性的，若真到此地步，尽管草木仍在争妍，鸟兽仍在歌舞，但由于无人见到，岂非“贤人隐”则“天地闭”乎？依杨先生之说，这是否已成了一个“无道的世界”“黑暗的死域”？

牟先生固然反对以西方的“经验的实在论”或“形上的实在论”来理解中国哲学，但他并不反对“绝对的实在论”[①]。牟先生虽然不承认道体、性体或心体可以作为经验科学的检证对象，他也不至于认为所谓“见到”或“体悟”只是主观境界而不涉客观存有。即使我们暂时不管这客观存有如何“体认”得，它的存有地位（ontological status）究竟是实有性的或价值性的，它也不可能是“见到则有”“不见则无”的。牟先生所谓“孔子的生命智慧”“孔孟精神”或“原有者”可与宋明儒之大宗“前后相呼应”云云，难道后无来者以体认之或呼应之，它就不复存在？它的存在虽不是物理对象那样客观地摆在那里，却仍可说是客观地摆在那里的精神事物。此所以牟先生常说这种相呼应是“于客观事实无增减”[②]。如果杨先生事先了解我对两种“本质主义”的区分，也许不会认为我所说的“客观事实”是指“由了解一对象而获得知识般的客观事实”。

我说牟先生所谓前后相呼应的“发展之本质”之体认“似乎并不是纯粹客观事实的问题”，[③]一方面是针对后儒是否如牟先生所说能掌握

---

① 牟宗三，《现象与物自身》（台北：学生书局，1975）：366－367。
② 牟宗三，《心体与性体》第一册（台北：正中书局，1968）：16，18。
③ 冯耀明，《判教与判准：当代新儒学之二判》，《大陆杂志》92卷6期（6/1996）：38。

或体认得孔孟的精神本质而“于客观事实无增减”的说法有所置疑；另一方面是克就牟先生对所谓孔子的“践仁知天”之说的解释在原典上缺乏明显的证据，而只能以后加的主观诠释解读为“未尝不涵蕴此意味”或“难说孔子必不许”，因而对这种有关“发展之本质”的理解提出商榷。换言之，前者是涉及精神本质是否可以得到体认的“体证问题”；后者是有关后加的主观解释在缺乏文献上的明显证据的支持下是否可以重构那精神本质的“重构问题”。对于这两个问题，牟先生都无法提供任何足以确立“于客观事实无增减”的证据。其实，牟先生自己亦明白地承认：“孔子所说的天比较含有宗教上‘人格神’（Personal God）的意味”，“而孔子的超越遥契，则似乎偏重”，“人格神”而非“形上的实体”。[①] 虽然牟先生认为“从理上说”，孔子的“天”“是形上的实体”，但他除了引用后儒及自己的后加解释之外，不能在有关孔子的原典上找到任何这种“从理上说”的论据。我不知道理解古人是否有需要及有可能“密契心印”地有所谓“存在的呼应”或“生命的契合”，但当我们遇到有人自称理解前后两批古人在精神生命上有所“呼应”或“契合”，而于文献上则并无确据且有所悖离之时，我们要相信自己的眼睛还是别人的嘴巴呢？我们是否应该痛斥自我气质不好，“隔”而“不通”，不能像后儒那样“存在地呼应”古人及那自称者的“存在的呼应”，因而要闭眼束书不观，尝试一任心性之“妙运”呢？文献上的证据即使不是理解古人思想的充分条件，无疑却是必要条件。我们怎么可以接受杨先生所谓“存在的相呼应”此一迄今无人说得出详情的标准，而轻易放弃文献上的理据呢？文献上的证据显示：牟先生的后加解释对于孔孟原义来说，“于客观事实有增减”。

---

① 牟宗三，《中国哲学的特质》（台北：学生书局，1994）：49。

第二节　“天道性命通而为一”的问题

杨先生虽然承认我以“天道性命通而为一”或“天道性命相贯通”说明牟先生所谓“儒家的本质”“是有根据的”，而且“牟先生固然有以此为儒家的本质之意”①，但又谓“若只以‘天道性命相贯通’一义来说儒家的本质，是不能显示儒学中的实践性格的；吾人以为若论儒学的本质，还是以‘成德之教’‘内圣之学’为较恰当”。② 杨先生的批评表面似乎是针对我的观点，但细究其说，则又似在批评牟先生的观点，或以牟先生某一观点批评牟先生另一观点，多于对我的观点之批评。若如是，我似不必对此有所回应，但有关牟先生对“儒家之本质”的真正观点还是值得讨论的。作为牟先生的入室弟子，杨先生对牟先生内心世界的理解当然不是我这样的门外汉所能触及的，但有关牟先生著作上的文字，作为一种公共财产，我与杨先生却有极之不同的理解，也许可以提出一点异见。

杨先生认为“牟先生对先秦儒学及宋明儒学仍是有所区别的，故不应直接以‘天道性命相贯通’一义来规定儒学的本质，而认为孔、孟、《易》、《庸》都已明白表示此义。而且若以此作为儒家的本质，则荀子便不能说是儒家。……牟先生固然认为荀子和朱子之学并非儒家理论的正宗讲法，但决不会认为他们‘不是’儒家。”③这段话似乎在维护牟先

---

① 杨祖汉，《儒家形上学与意志自由：与冯耀明先生商榷》，《鹅湖学志》第十七期(12/1996)：179。

② 杨祖汉，《儒家形上学与意志自由：与冯耀明先生商榷》，《鹅湖学志》第十七期(12/1996)：182。

③ 杨祖汉，《儒家形上学与意志自由：与冯耀明先生商榷》，《鹅湖学志》第十七期(12/1996)：179－180。

生来批评我的观点，其实却有“扛着红旗反红旗”的意味。杨先生的批评可分两部分：一部分是明显批评牟先生；另一部分则是子虚乌有的批评。杨先生批评“不应直接以‘天道性命相贯通’”一义来规定儒学的本质”，乃自觉或不自觉地针对牟先生的观点，因为他明确肯定“牟先生固然有以此为儒家的本质之意”。牟先生固然没有认为孔、孟“已明白表示此义”，而我顺着牟先生此一“未明白说出”但却“未尝不涵蕴”之说提出质疑，也预认这种“未明白说出”之事实。因此，杨先生有关“认为孔、孟、《易》、《庸》都已明白表示此义”之批评，可谓无的放矢。其次，牟先生和我都没有把荀子和朱子视为“不是”儒家，但顺着牟先生的说法，由于二人不能掌握此“儒家之本质”，故牟先生才会说“荀子不与焉”，[①]朱子乃“别子为宗”，“朱子也是儒家，但是朱子传统并不等于孔子传统”。[②] 拙作中已一再引述牟先生的说法，牟先生所谓“儒家之本质”或“儒家发展之本质”乃判分“大宗”与“歧出”之依据，而不是“儒家”与“非儒家”区分之所依。无论就我对牟先生的理解或我自己个人的观点来说，都不可能推导出二人“不是”儒家的奇怪论调。当然，顺着牟先生这种对“儒家发展之本质”之“圈定”来分析问题，乃是一种“for the sake of the argument” 的策略，他的“圈定”可被如此地理解，但却非我的“圈定”。究其实，我是不同意此一“圈定”的。

然而，牟先生有没有作出过此一我所理解他的“圈定”呢？我有充分的证据来证明牟先生的确有此一“圈定”。这些证据可谓“俯拾即是”(《心体与性体》一书中到处都可印证)，我不知道为何与杨先生的“当下即是”相去如此之远。依照杨先生的理解，“牟先生固然有以此(天道性命相贯通)为儒家的本质之意”，但他却又断言“直接以宋明儒的义理”

① 牟宗三，《心体与性体》第一册(台北：正中书局，1968)：13。
② 牟宗三，《中国哲学十九讲》(台北：学生书局，1983)：52。

(按：即“天道性命相贯通”一义)“以规定儒学的本质”是“有问题的”。因为他认为牟先生虽承认宋明儒学的大宗之义理发展合乎先秦儒学的“原义”,但牟先生对二者“仍是有所区别的”①。杨先生似乎以为自己拿着牟先生的令箭以维护师说,却不知道这株令箭并不是牟先生的,而是针对牟先生的。除非牟先生的“固然有此意”是“假意”,而杨先生针对“此意”的理解之情是“真情”,否则杨先生向我发出的流弹无可避免地会射向他最不想射向的目标。牟先生当然认为宋明儒之大宗与先秦儒学仍有区别,所以我也在拙作中引述牟先生的说法,只要不是伊川、朱子之“转向”而产生的“歧出之新”,而是宋明儒大宗之“发展”而有的“调适而上遂地函”,便不会违背“原义”,“于本质无影响”。此乃承顺前后儒之“生命智慧上之相呼应”而“圈出”“确定”者,“于客观事实无增减”,此之谓“发展之本质”。宋明儒大宗之所说,对于孔孟传统而言,牟先生认为“只是同一本质之不同表示法而已”。② 杨先生拿着前后儒“仍是有所区别”之说作为一面旗子,恐怕这并不是他可以自由挥动的一面旗子。

牟先生在其早期著作《中国哲学的特质》一书中已讨论到“天命下贯而为性”这“中国的老传统”,并就孔子开始的先秦儒学探讨主观心性之上通与客观天道之下贯二路可“相会合”的问题。③ 至其巨著《心体与性体》,则“天道性命相贯通”(或“通而为一”)或“心性天道通而为一”之论旨可谓已贯通全书之主脉,并成为牟先生判分儒学之正统与歧出之准则。牟先生认为“孔子之生命与智慧必有其前后相呼应,足以决定

---

① 杨祖汉,《儒家形上学与意志自由：与冯耀明先生商榷》,《鹅湖学志》第十七期(12/1996)：179。

② 牟宗三,《心体与性体》第一册(台北：正中书局,1968)：14－18,55;另第三册(台北：正中书局,1969)：55。

③ 牟宗三,《中国哲学的特质》(台北：学生书局,1994)：73;牟宗三,《心体与性体》第三册(台北：正中书局,1969)：46。

一基本之方向，以代表儒家之本质”。[①] 然此“发展之本质”不能由“松泛”的、“外部通俗”的观点以规定之，必须“进而至于内在本质的观点方能见儒家生命智慧之方向”。[②] 由是，牟先生举孔子的“践仁知天”、孟子的“尽心知性知天”、《中庸》的“天命之谓性”、《易传》的“乾道变化，各正性命”，并比较这些先秦儒学之隐函与宋明儒学之显说，以言“生命智慧方向之一根而发”，“存在地相呼应”者。[③]

牟先生总结：“宋明儒之将《论》《孟》《中庸》《易传》通而一之，其主要目的是在豁醒先秦儒家之‘成德之教’，是要说明吾人之自觉的道德实践所以可能之超越的根据。此超越根据直接地是吾人之性体，同时即通‘於穆不已’之实体而为一，由之以开道德行为之纯亦不已，以洞澈宇宙生化之不息。性体无外，宇宙秩序即是道德秩序，道德秩序即是宇宙秩序……此是绝对圆满之教，此是宋明儒之主要课题。”[④]牟先生这种“一根而发”“存在地相呼应”的“生命智慧方向”或“内在本质”，不就是拙作中所说的“天道性命通而为一”所展示的“宇宙秩序即是道德秩序”“道德秩序即是宇宙秩序”“道体即是性体”“性体即是心体”，及“既超越又内在”的论旨吗？[⑤] 除了《心体与性体·综论部》上的主要论据之外，手头上有关《心体与性体》四册一套中各页之证据我都有记录下来，杨先生如需要我可私下奉上。有关证据可谓“俯拾即是”，我不知道有何根据可令杨先生认为我误解了牟先生的“本意”，而对“儒家发展之本质”作出错误的“圈定”。牟先生清楚地表示“内圣之学”的“义理骨

---

① 牟宗三，《心体与性体》第一册（台北：正中书局，1968）：12。
② 牟宗三，《心体与性体》第一册（台北：正中书局，1968）：13。
③ 牟宗三，《心体与性体》第一册（台北：正中书局，1968）：17－36。
④ 牟宗三，《心体与性体》第一册（台北：正中书局，1968）：37。
⑤ 冯耀明，《判教与判准：当代新儒学之二判》，《大陆杂志》92 卷 6 期（6/1996）：38。

干”是“天道性命相贯通”，[1]这是贯通先秦与宋明儒学的，乃前后儒可以“存在地相呼应”的。我们怎可以对这些彰彰明甚的证据视若无睹！

杨先生不同意以“天道性命相贯通”来“圈定”“儒学发展之本质”的另一个理由是他认为牟先生以“内圣外王”为儒家的本质，而不限于“内圣”；而且牟先生以“内圣之学”即“成德之教”，而荀子所言虽非“儒者之正宗”，惟“成德之教”则仍“自若”。因此，杨先生认为“自觉地依道德法则而实践，是儒学的第一义，而由践仁以知天，达至无限之境，是第二义。故只要能自觉地作内圣工夫，便是儒者，至于是否能由实践而顿悟、体证无限，则不一定；对于尽性知天之境的体悟，及对此中所含之道德形上学理论之了解，亦可能有恰当或不恰当之别。但不能因其理解有不恰当，便谓其非儒者也”。“若只以‘天道性命相贯通’一义来说儒家的本质，是不能显示儒学中的实践性格的；吾人以为若论儒学的本质，还是以‘成德之教’‘内圣之学’为较恰当”。[2] 我不知道杨先生自己是否知道：他以上的批评正正是针对牟先生，而不是我。他说的“若只以‘天道性命相贯通’一义来说儒家的本质，是不能显示儒学中的实践性格的”，乃是非常中肯的批评，也是我所说的“气质命定论”的一项恶果。可惜杨先生误发了子弹。

牟先生明明说过：由儒家发展之本质所显示的“生命智能的方向”，荀子（及伊川、朱子）并无“存在地相呼应”，故“荀子不与焉”。[3] 若依杨先生的理解，岂非变成“荀子与焉”？这还不是批评牟先生？若杨先生的观点的确是由牟先生的观点发展出来的，牟先生的学说岂非变

---

① 牟宗三，《心体与性体》第一册（台北：正中书局，1968）：255。

② 杨祖汉，《儒家形上学与意志自由：与冯耀明先生商榷》，《鹅湖学志》第十七期（12/1996）：182。

③ 牟宗三，《心体与性体》第一册（台北：正中书局，1968）：13。

成自相矛盾？其实，牟先生头脑非常清楚，他自己的观点是前后一致的。杨先生对牟先生的误读，我认为可能在于他没有分清“儒学”与“儒学之本质”二概念。牟先生以儒学的主要内容为“内圣之学”或“成德之教”，这是不错的，因此有时他直称“儒学”为“内圣之学”或“成德之教”。荀子与朱子所说的当然是“儒学”，作为“成德之教”当然可以“自若”。但是，“儒学的本质”并不等于“内圣之学”或“成德之教”，而是“内圣之学的本质”或“成德之教之本质”。掌握到此中的“本质”，才能判分出“儒学”或“成德之教”之“正宗”与“歧出”。“歧出的儒学”固然仍是“儒学”，不会变成“佛学”。正如“不太准确的圆形”仍是“圆形”，不会变成“三角形”。正正因为荀子与朱子是“歧出”的，所以牟先生才说他们不是“调适而上遂”，而是“歧出的转向”，在“生命智慧上不能相呼应”，“违背孔孟原义”，“于本质有影响”，“于客观事实有增减”。[①] 杨先生亦承认要“掌握儒学的本质”，“须要对孔子的生命智慧有存在的相呼应”。[②] 既然牟先生说荀子与朱子在“生命智慧上不能相呼应”，而且二人的说法“于本质上有影响”，若加上杨先生以“成德之教”为“儒学之本质”，则可以逻辑推出“荀子不是儒家”或“荀学不是成德之教”的结论。换言之，牟先生和我都没有把荀子当作“不是”儒家；相反地，杨先生的说法则会推出荀子“不是”儒家的结论。由此可以反证，杨先生以“成德之教”或“内圣之学”作为“儒学之本质”的说法是与牟先生的说法相悖的，而且杨先生的立论也是自我否定的。

其次，杨先生所强调的“儒学的第一义”，似乎比“第二义”更根本。如是，由于康德也是主张“自觉地依道德法则而实践的”，那么康德也

---

① 牟宗三，《心体与性体》第一册（台北：正中书局，1968）：18－19。

② 杨祖汉，《儒家形上学与意志自由：与冯耀明先生商榷》，《鹅湖学志》第十七期（12/1996）：179。

该算是杨先生所规定的“儒家”,甚至比荀子更像“儒家”。至于杨先生以“践仁以知天”为“第二义”,既不符合牟先生的说法,也与他自己以“践仁以知天”为“孔子之教”或“孔子的生命智慧”之说相剌谬。① 其实,牟先生认为“儒学”作为一种“内圣之学”向外必函“外王”,②向上必函“道德形上学”,③怎么可以割裂开来以理解牟先生对“儒学之本质”之规定呢?牟先生以内圣工夫中所能掌握的“此求之在我者”为“儒家之最内在的本质”,而非以“内圣之学”为“本质”;牟先生以“政治意识之方向”亦为“儒家本质之一面”,而非以由此方向所促成的“外王事功”为“本质”。此“方向”不是“求之在外者”,仍然是“求之在我者”。杨先生如能分清此点,相信便不会放错荀子和朱子在牟先生心目中的位置。杨先生以他所规定的“儒学的第一义”来理解“儒家之本质”不只失之太宽,而且也把牟先生的“儒学坐标”倒转过来。以“天道性命相贯通”来“圈定”“儒学发展之本质”,虽然是我所不同意的,但事实上这的确是牟先生的一个独特的看法,证据显示我对牟先生并无误读。

第三节 “精神本质”的问题

杨先生一方面认为:“若儒家有所谓本质,亦不能离道德心之活动而独立存在,故对本质主义者之理论的攻击,于牟先生的理论是不相应的批评。”另一方面又认为:“牟先生所谓‘儒家之本质’,此‘本质’一词,

① 杨祖汉,《儒家形上学与意志自由:与冯耀明先生商榷》,《鹅湖学志》第十七期(12/1996):186。

② 牟宗三,《圆善论》(台北:学生书局,1985):164,167。

③ 牟宗三,《心体与性体》第一册(台北:正中书局,1968):48。

很可能是指特质,关键性的要点之意,并不严格地依西哲所意谓'本质'(Essence)一词之原义来说。"[①]杨先生好像以为多一方面的观点会比单一方面的观点优胜,殊不知这两方面的观点是互相冲突的。我们都知道,如果牟先生用"本质"一词是一般松泛的用法,是指特质或关键性要点,则"本质"一词便类似于洛克所说的"名目本质"(nominal essence),而非"真实本质"(real essence)。换言之,所谓"本质",对同一讨论对象而言,可以随不同的观点及判准而作出不同的特质性或特点性的规定,而无绝对不变之可言。这样的"本质"便只能是理解问题的一个方法上的设计,不只没有预设客观对应者之存在,而且这些理论设计也不可能是独一无二的或绝对而无异议者。如是,牟先生也就不可能说什么"生命智慧上相呼应"及"于客观事实无增减",而杨先生也不可能说"此'本质'也只有在人从事道德实践时见到"。因此,当杨先生肯定此本质"不能离道德心之活动而独立存在"时,这可以说明此本质不是"物理本质",而是"精神本质",但却不可能以此一用法的"本质"同时又是方法上权宜使用的概念,一若"特质"或"关键性的要点"。此二说乃是不相容的。

杨先生所谓"不能离道德心之活动而独立存在",如果和他在其大作前面所说的"见到""才存在"的意思一样,这种说法当然有柏克莱式的"to be is to be perceived" 类似的气味,很容易把牟先生的说法带往"玩弄光景"的危险地带。如果心性之体不只是内在的而且是超越的,而且也不是纯主观的心灵状态或心灵构造品,尽管它不是"物理的存在",也该是某种"精神的实体",一种可以说是"既超越又内在"的实体。如是,这种"精神本质"虽然一定要人去"弘"它才"呈现",毕竟也是"不

① 杨祖汉,《儒家形上学与意志自由:与冯耀明先生商榷》,《鹅湖学志》第十七期(12/1996):183。

为尧存，不为桀亡”，有其客观实在的意义。

我们大家都很熟悉，牟先生在很多著作中都强调“性体”不是“类概念”，与亚里士多德的“本质”不同。依照牟先生的看法，“性体”扣紧“内在道德性”言，它涉及价值性的存有，而不是物理性的存在。亚里士多德的“本质”作为一个“类概念”是用以区别不同类别的物理存在之内的“物理本质”。由于用以辨人禽之“性体”不是一种“物理本质”，而是“精神本质”，故须有上述的区分。杨先生一直以为我把牟先生的“本质”误解为“物理的本质主义”的“本质”，其实是他误解我有误解。如果他引用拙作之前细读其中对两种“本质主义”的区分，[①]也许可以避免此一误会。

此外，杨先生的立论似乎也混淆了“人之本质”与“思想文化传统之本质”这两种不同意义的“本质”。依照牟先生的说法，前者是指人之所以异于禽兽的“内在道德性”；而后者主要是表示“天道性命相贯通”此一义理内容及生命智慧的方向。二者虽相关而重点不同，不可混淆。“人之本质”是人禽之辨之所在；而“思想文化传统之本质”（这里指“儒家发展之本质”）则是“正统”与“歧出”之判准。就后者言，先后儒之间有没有一种可以“相呼应”或“相契合”的“生命智慧之方向”或“精神本质”，乃一个客观摆在历史文化现象之中或之后的问题，也是一个广义的事实性的问题，不管我们用怎样的理解方式来“体认”它或“呈现”它出来。当然，要判定有“相呼应”与无“相呼应”，除了自家的“体认”外，文献及历史上的其他客观证据乃必不可少的依据。如果历史证据最后显示根本没有孔子这个人，我们便不知跟“谁”“相呼应”了！即使孔子真有其人，由于他不可能直接与我们“千年传心”，我们要了解他，相信

① 冯耀明，《本质主义与儒家传统》，收入梁元生编，《文化传统的延续与转化》（香港：香港中文大学出版社，1999）：55－56，71－81。

唯一的办法是通过文字。如是,即使我们自己已"体认"得此"生命智慧之方向",我们也不可能靠自家的"体认"加上有关孔子的文献之诠释便足以判定孔子本人也有此"体认"。更何况有关孔子的理论文字可以有许多不同的解释!即使再退一步,我们勉强承认有人真能通过一己之"体认"加上文字的证据达至与孔子"存在地相呼应",这即使不是一个纯粹经验检证的问题,无疑也是一个"有则有之,无则无之"的客观事实的问题。虽然我不承认儒家传统中除了"家族的相似性"之外会有这种"发展的精神本质",但如其有之,不管我们用什么方式来掌握它或"体认"它,这毕竟仍然是一个客观的、事实性的问题。

杨先生虽然一方面把牟先生所谓"本质""当作形容词使用","或当作方法学上的概念使用",但他似乎不知道此说与我的"家族相似性"配合,反而与他所强调的"普遍地相同的",作为"恰当或不恰当"的思想之依据的"道德意识"一说背道而驰。[①] 牟先生是说"几希"这两个字可当作方法学上的概念使用,而"性体"则不是方法学上的概念。因此,牟先生认为"性体"既不同于亚里士多德有关"物理存在"之"本质"概念,故说它不是"类概念";亦不同于方法学上的"本质"概念,故虽可说性体是人之本质的一点,但不可以此"本质"释此"性体"。严格言之,"本质"一概念乃一形式概念,只有当判定本质之判准确立了,才能确定本质之具体内容。例如以道德心性为标准,才能确定人之本质为何。又如"义"亦是一形式概念,墨家的标准是"以利为义",儒家的标准在"摄义归仁",于是二者对"义"的具体内容便有不同的规定。牟先生以"性体"作为"人之本质的一点"或"几希的一点",这"本质"或"几希"虽是形式概念,但一经儒家的义理规定,不只那作为"人之本质"的"性体"不是形式

① 杨祖汉,《儒家形上学与意志自由:与冯耀明先生商榷》,《鹅湖学志》第十七期(12/1996):183-184。

概念，以“性体”为标准所确定的“人之本质”这“本质”亦实有所指，而非如杨先生所说的“不涉及本质是否独立存在之问题”。杨先生如果能分清两种“本质主义”，也许不会反对“精神本质”也涉及“独立存在”的问题。事实上，他所谓“普遍地相同的”“道德意识”虽然会误把康德包进儒家的阵营，而不足以用来理解牟先生所谓“儒家发展之本质”，但这也不是“不涉及独立存在之问题”的。杨先生认为历史上的儒学虽由此共同意识所发，但由此引发的感受、见解“容有许多不同”，故“此本质并非一成不变的”。[①] 然而，牟先生虽然承认这“儒家之本质”是有由隐而显之“发展”及表示方式不同之“变化”，却不可能接受杨先生那种可以容许有“恰当或不恰当”之“多端”的“变”。牟先生认为“引申发展”之“变”如果是“调适上遂的新”，而非如伊川、朱子之“歧出之新”的“转向”，便“于客观事实无增减”，合乎“原有之义”，并且严格言之，“实不算是新”。[②] 杨先生那种“容有许多不同”之“变”，倒与我借用维特根斯坦的“家族相似性”的说法相当协合，而与牟先生的原意相去甚远。

第四节　宋明儒与孔孟之间的“函”的问题

我不同意有所谓“儒学发展之(精神)本质”，认为牟先生的构想只是“后加的解读”，而非“原有者之所函”。杨先生不以为然，他说：“牟先生用比较宽松的说法，说‘未尝不函蕴’，‘未始非孔子意’，便是一方面表示此是一义理上相顺的发展，一方面又照顾到在文字上看，此意义未必能直接推出来之情况。此可见牟先生立论用词的谨严。”并认为我的

---

① 杨祖汉，《儒家形上学与意志自由：与冯耀明先生商榷》，《鹅湖学志》第十七期(12/1996)：184。

② 牟宗三，《心体与性体》第一册(台北：正中书局，1968)：16。

质疑“实有点深文周纳，作过分之要求”。[①] 这里，杨先生似有点怀疑我客观理性地讨论问题的诚意了！这使我非常难过。我深深地感到：要学习西方人通过批判柏拉图的方式来尊敬柏拉图，对中国人来说，似乎仍是相当遥远的事情！

牟先生在《心体与性体》的序言中，曾表示“吾所作者亦只辩示而已”。他所作者乃是文献上的义理分析，当然需要讲道理，提出充分的论据来建立他的论点。因此，即使牟先生在不作书不写文时另有“默而识之”的“体悟”，他在其巨著中的努力，无非是要提出足够的论据来说服大家接受他的观点。牟先生不可能不作概念分析，不可能不作逻辑推理。我们也许可以说：牟先生是中国哲学史上到目前为止最伟大的分析家！然而，智者千虑，或有一失。我的质疑，其实是来自以前徐复观先生教我在文字上逐字逐句去追查的笨方法。在文句上摆在那里的疑问是：一方面牟先生概说宋明儒大宗之所说为先秦儒学“原有者之所函”，但另一方面在具体论证上却说“未尝不函蕴此意味”。前者显示为具有充分论据的一个断言，是一个“强论旨”；但后者却似有所犹疑，不敢作充分的论断，是一个“弱论旨”。明显，牟先生的“弱论旨”是根据文献证据作出来的，如果以此为最后结论，当然不能证明宋明儒大宗之所说“于客观事实无增减”而“合乎原义”，除非最后结论换上的是“强论旨”。但问题是，我们并无足够的理由（包括“体悟”的或逻辑的理由）由“弱论旨”过渡到“强论旨”。换言之，牟先生如果不用“心证”而要“论证”，他并没有充分的论据去确立“为原有者之所函”此一论旨的。相反地，也许因为殷周宗教传统对孔子的深刻影响这一事实，加上文献上的

① 杨祖汉，《儒家形上学与意志自由：与冯耀明先生商榷》，《鹅湖学志》第十七期(12/1996)：185。

客观证据，牟先生自己也曾经明白地表示过："孔子所说的天比较含有宗教上'人格神'的意味"，而孔子"知天"之"超越的遥契"似乎"偏重""人格神"而非"形上的实体"。[①] 这些都是牟先生自己的论据，杨先生怎么可以说我"深文周纳"!

好比一个老人死后，后人不知把他的女儿许配给谁，于是在他的遗稿上寻找遗言。后人发现遗稿上有一个"天"字，而村中正好有两个以"天"字命名的人，一个叫"人格天"，另一个叫"形上天"。此"天"字究指何人？后人分析后发觉遗稿上的"天""比较偏重""人格天"，但又认为"未尝不函蕴""形上天"之"意味"。更进一步，后人乃振臂高呼此"形上天""为原有者之所函"。于是，后人乃决定把那老人的女儿许配给"形上天"了！至此，我们应来判断一下，这些后人的"后加的解读"是否"谨严"？这样的"许配"是否"合理"？（按：这当然是指"合乎老人遗意"而非"合乎女儿个人意向"）

为了说明道德实践必函道德形上学，牟先生很喜欢把孔子在《论语》中的"践仁"与"知天"连在一起，说成"践仁以知天"。顺此，牟先生及杨先生会认为："如果'践仁以知天'是合理的说法，则天的意义便不能向人格神方面发展，这是很显然的。"[②]我看并不显然。首先，在孔子以前的典籍中已充分显示出，殷周宗教传统中已有"以德配天"，"天命靡常，惟德是辅"的思想。既然牟先生承认孔子的"天"是偏重于指人格神，而且牟先生所引用来说明"践仁以知天"的文献上的证据也可解释成与此一传统的思想协合而不悖，为什么一定要走向"形上的实体"之"天"才是合理的解释呢？再者，孔子的"仁"虽不离道德反省，（现代东

---

① 牟宗三，《中国哲学的特质》（台北：学生书局，1994）：49。
② 杨祖汉，《儒家形上学与意志自由：与冯耀明先生商榷》，《鹅湖学志》第十七期（12/1996）：186。

西方的人所信守的各种德性难道可以不用道德内省吗?)他说的"不安"明显是在时间中发生的心灵活动,我完全看不出有"指点"那"超越主体"的含义。孔子在川上感叹的"四时行焉,百物生焉"的自然秩序,为什么要有"形上的实体"及"道德化"的解释才算合理呢?由"不安"之感通无外(按:孔子之"不安"是否可如阳明一般"感通"至"以万物为一体"之"无外"也是大有问题的),与宇宙万物之生生不息,就可以合理地说"仁"与"天"有"相同处"吗?如果执着"不息"或"不已"一点便可建立二者之"相同处",那么"上帝"岂非也有此"相同处"?如果要找不同处,"仁"不只与"人格天"不一,与"形上天"亦不一。其实,朱子把"心"理解为"气之灵",也"未尝不是孔子意之所许"的。孔子以心"知"天,此"知"不是更符合朱子之"二本",而与明道"只心便是天"之"一本"正相剌谬吗?何以"话不投机"者反可与孔子"存在地相呼应"呢?

我不知道杨先生所谓"从不安不忍之仁心的感通无外"是否真的可以"肯定(或证实)此仁心是一实体性之本心"。他认为这是"由实践而肯定,并不是因理论上的需要而预设"。[1] 然而,即使我们勉强承认(因我个人并无这种道德实践,故只能是勉强承认)由此实践可在个人道德意识中肯定或"呈现"此一"实体",但我们却不可能越俎代庖地通过自己的道德意识去肯定或"呈现"孔子或明道所可能"体证"得的"实体"。我们要理解孔子或明道,文献上的根据乃必要的条件。遇到文献上的解释有不协合之处,我们是没有理由单凭自己个人的道德实践去为孔子或明道的心灵世界作上述的实体性的肯定的。我们只能将自己在道德体验中得到的作为理解孔子或明道是否也有类似体验之预设,若文献上的证据足以支持,此预设性的假设便成立,否则便须改弦易辙。即

---

① 杨祖汉,《儒家形上学与意志自由:与冯耀明先生商榷》,《鹅湖学志》第十七期(12/1996):187。

使就个人道德实践言，杨先生也许可以由其仁心之感通无外而达至天地万物一体之境，而我则懵懵然不能有此体悟。那么，杨先生怎样可以证明自己所体悟的真有此一实体或境界，而我本有之但却放失掉了呢？如果单凭一再强调自己体悟之真实性，以为曾经与上帝契合的基督教徒或以为已与梵天合一的印度教徒，是否也可以用同样的方式来指证我心中本有上帝或本即梵天但却放失掉了呢？诉诸个人的实践体悟乃个人信仰的问题，恐怕不足以作为客观学术讨论的论据。因此，要从"一己"的实践体悟去肯定或证实有一实体性的道德心是"人人普遍地共同的"，而不视之为一种"理论上的预设"，相信只能有加强"一己"信心之作用，而不能有说服"他人"的功效。

杨先生说："若不预认（按：这是否算是一种"预设"?）人有此随时可呈现的仁心，便不能用启发或指点的方式说。"[①]此一"预认"恐怕大有问题。我们都知道，在西方人的道德和宗教教育中，也很强调要用"启发或指点"，而反对用灌输的方式，但却不必"预认"有一"既超越又内在"的"仁心"或"性体"。而这种"不预认 X"则"不可能 Y"之论说方式，正是我在另一拙作中常提到的西方哲学家自觉地使用而中国哲学家不自觉地使用的"超越论证"(transcendental argument)，此乃很有问题的论说方式。[②]

孟子的"心"虽与阳明及熊十力的"草木瓦石也有人的良知"之"心"不相协合，大相径庭，但他的"心"似有"预认"某种"超越"或"超验"的含义，而为孔子所未有"预认"者。因此，我会承认前后儒之间有某种"家

① 杨祖汉，《儒家形上学与意志自由：与冯耀明先生商榷》，《鹅湖学志》第十七期(12/1996)：188。

② 冯耀明，《超越分析与逻辑分析：当代中国哲学研究之方法论问题》，《鹅湖月刊》第二百二十九期(7/1994)：8－20。

族相似性”：同中有异，异中有同。而不会像杨先生所批评我的：把孟子“排除在外”[①]。在儒家这个“大家族”中，很多后来者之所说都不一定是“原有者之所函”的。

第五节　“别子为宗”的问题

我说宋明儒各家实际上都在做“创造的诠释”工作，各判其教，各立其统，[②]但杨先生却认为我所意谓的“创造的诠释”是“劣义”，[③]这明显是一个错误的忖测。“创造的诠释”表示有多元的发展，而与“本质”之说不容，正正是我要接受的观点，怎么会是“劣义”呢？由于在这具有“相似性的家族”中各做“创造的诠释”，各判其教，各立其统，使问题的深度有所加强，思考的角度有所增加，这是何等的丰富多彩，对儒学的发展自然是健康的，而不会是僵化的，怎会是“劣义”呢？

我虽然反对以所谓“发展之本质”判朱子为“别子为宗”之说，但我并没有如杨先生所说的“质疑牟先生判宋明儒为三系”[④]之说。杨先生认为牟先生判朱子为别子“并不如冯先生所论的，因不合于天道性命相贯通之儒学的本质，故为歧出，冯先生之论太简单”。[⑤] 如果“简单”而不失原意，这样的“简单”相信我会乐意接受。杨先生所谓“太简单”，无

---

① 杨祖汉，《儒家形上学与意志自由：与冯耀明先生商榷》，《鹅湖学志》第十七期(12/1996)：187。

② 冯耀明，《判教与判准：当代新儒学之二判》，《大陆杂志》92卷6期(6/1996)：39。

③ 杨祖汉，《儒家形上学与意志自由：与冯耀明先生商榷》，《鹅湖学志》第十七期(12/1996)：188。

④ 杨祖汉，《儒家形上学与意志自由：与冯耀明先生商榷》，《鹅湖学志》第十七期(12/1996)：188。

⑤ 杨祖汉，《儒家形上学与意志自由：与冯耀明先生商榷》，《鹅湖学志》第十七期(12/1996)：189。

疑是"劣义"的。然而,我的说法有没有违背牟先生的原意呢? 杨先生文中没有指证出来,他只是重复说一些牟先生的话以衬托出我的"太简单"。他重复的话主要是以朱子"不肯定心即理","理不能活动","心是气之灵,只能通过致知的工夫以穷理","只存有而不活动"等等,这些论点不是已一一包含在拙作第 39 页上栏那一段之中吗? 我提到"动理"与"但理"之分,"形上的理"与"形下的气之灵"之分,"本体意义上为本体的自一"与"认知意义上为关联的合一"之分,以及朱子的"心"并不是"既超越又内在"的"创造的实体"等论点,不是比杨先生大作中第 189 页至第 190 页的说法更为细致的吗?

杨先生认为"朱子肯定人之性即天理,此亦即天道性命通而为一,亦可说超越而内在"。[①] 因此,他认为牟先生判朱子为别子,并不如我所论的,"因不合于天道性命相贯通之儒学的本质,故为歧出"。如果我们细心看牟先生的著作,当会发现他经常以"天道性命相贯通"一义说明宋明儒之大宗,而从来没有用此一概念标示朱子的义理。原因何在呢? 其实理由很简单,因为牟先生认为朱子对"性体之理解有问题,具体来说,就是他的"'性'义减杀,丧失其'道德创造之能'之义",[②]"'於穆不已'之'天命流行之体'之义即已泯失"。[③] 如果照牟先生所谓"上通"与"下贯"兼含之"贯通"义,[④]可说伊川与朱子的义理就"性即理"一义言是"下贯"的,但就其"心不即理"一义言则是不可能"上通"的。如是,这样便不可能有彻底的"相贯通",而不免有所"偏差"。牟先生又称

① 杨祖汉,《儒家形上学与意志自由: 与冯耀明先生商榷》,《鹅湖学志》第十七期(12/1996): 189。

② 牟宗三,《心体与性体》第一册(台北: 正中书局,1968): 16、18。第二册: 64;第三册: 476,478。

③ 牟宗三,《心体与性体》第二册(台北: 正中书局,1969): 117;第三册(台北: 正中书局,1969): 81,83。

④ 牟宗三,《心体与性体》第一册(台北: 正中书局,1968): 31。

这种“贯通”为“创生直贯义”，而朱子对此义之理解“有不足”。[①] 我想主要的理由是朱子的义理只能言单向的“下贯”而不能兼有“上通”之故。换言之，朱子的“关联的合一”义由于与大宗的“本体的自一”义不同，他的“超越内在”说只能就“理一分殊”言，而不能就“创造真几”言。牟先生对此中的分别，可谓彰明显著的。朱子的义理正正因为不符合这“相贯通”之义而有所“偏差”，不能掌握此一“相贯通”之“本质”，故被判为“歧出”。

第六节　“人禽之辨”的问题

我在拙作中指出：依照牟先生的观点，顺着“天道性命相贯通”而言道体、性体是“即存有即活动”的，天、道、理、性及心等是同一本体，无二无别。故牟先生言“一而非多”，“同而非异”，并以“月印万川”为喻。（可惜杨先生征引拙作之引文时删去此一比喻。）我对此有所质疑，故在拙作中指出，若依此“人物同体”之说，“人与其他动物及草木瓦石都同得此天命之性，那岂不是背离了孟子的‘人禽之别’吗？”[②]我跟着又指出：牟先生是与阳明、熊十力不同的，因为牟先生不承认“草木瓦石也有人的良知”。但为了贯彻“天道性命相贯通”之说，使之不与“人禽之别”相冲突，牟先生乃匠心独运地提出“本体论的圆具”与“道德实践地具”此一区分，企图以此自圆其说。我认为牟先生的说法有困难，而且难以克服；即使他的说法没有问题，相信亦救不了阳明及熊十力的“大心主义”。

---

① 牟宗三，《心体与性体》第一册（台北：正中书局，1968）：55，180。
② 冯耀明，《判教与判准：当代新儒学之二判》，《大陆杂志》92卷6期（6/1996）：39。

杨先生的响应虽然回避了"大心主义"的问题，但他的确提出了一些论点为牟先生及阳明、熊十力辩护。他的辩护可分为"实践上看"与"理论上看"两方面。老实说，杨先生所谓"实践之观点"使我有点看不懂。他说"天道为性"之"性"与孟子所说的("性")是"内容相同"的，"只是在外延上有不同"。"既然内容相同，则当说人性即天道时，并不会失去自觉奋发，以免于失其性之自我要求；不但不失此精神，而且会更进一步。"①这是一个很奇怪的论点。我们知道，如果两个概念的内容相同，它们的外延是不可能不同的；如果外延不同，内容上必有不同。相反的，不同的内容却可以有相同的外延。(如"三角形"与"三边形")我虽然不太明白杨先生的"实践之观点"，但他所说的"(人)不会失去自觉奋发"，我当然是赞同的，因为这正是"人能推"的说法。可惜的是，杨先生的"实践的观点"并没有对"物不能推"的问题有认真的响应。我的质疑本不在"人能推"，而是在承认"不可道他物不与有也"或"不独人尔，物皆然"(明道语)的前提下，何以"物不能推"?

如果答案不是熊十力所预设的"气质命定论"，另一可能的解决办法便是牟先生的"二具"说："圆具"与"践具"。杨先生所谓"理论上看"的辩护，基本上是重复牟先生的"二具"说。杨先生说得很对，"不能据天道在人的表现方式以规定天道，认为天道只能以此一方式到处表现。如果这样看，天道的'超越性'便没有了"。② 为了保全"超越性"，故得承认"天理天道固然无所不在"，亦即明道所谓"不独人尔，物皆然"。然而，他所谓"天理在人，是性亦是心；在物，则只表现超越之体性，而不是

① 杨祖汉，《儒家形上学与意志自由：与冯耀明先生商榷》，《鹅湖学志》第十七期(12/1996)：192。

② 杨祖汉，《儒家形上学与意志自由：与冯耀明先生商榷》，《鹅湖学志》第十七期(12/1996)：195。

心”则是大有问题的。我们认为此说若成立,“心即理”或“心即性”只能对人说,而物虽有性理,在物之性理却不是“即于”心的。如是,便出现两种“性理”:一种是“即于心的”(在人);另一种则是“不即于心”的(在物)。“性理”之体势必分裂而为二矣!为了不使“性理”之体分裂为二,牟先生乃提出“二具”说,用杨先生的话说:“人能觉而实现此理,故天理对人而言为超越而为其体,复又内在而为其性。物不能觉,不能显此理,说物具理只能说是本体论地具,亦即潜在地具,故天理对物而言只是‘超越而为其体’,而不是‘内在而为其性’。于是人有心、物无心并不造成人有性而物无性之结果,而‘人物同体’及‘人禽有别’两义可同时成立的。”[①]依此,天理对物而言实是“超越而不内在”,既“不内在”,又怎能说是“物有性”呢?“本体论的圆具”或“潜具”一概念似可用以解困,其实是“国王的新衣”而已!当我们用眼睛看不见这件衣服时,有人建议用另一种“智慧的眼睛”可以“看到”,并不就证明可“看到”。同样的,明明是“超越而不内在”,有人建议有另一殊义的“非内在的潜具”,并不就证明另有所“具”。牟先生说:此“天命流行之体”“流行于人而命于人,而人能受之,即为人之‘性’,是即为‘天命之谓性’。其流行于物而命于物,而物不能受之而为性,则于此只好说‘天命之谓在’”。[②] 此“在”明显是“不能受之而为性”的,亦即“物中无性”。即使说“有性”,也只能是“气化之谓物质结构之性,或随性,或本能之性”,[③]而不是“道德的创造性”。牟先生的解释,明显违背明道“不可道他物不与有也”之原义,也不合乎他自己所说的“天道性命相贯通,则

① 杨祖汉,《儒家形上学与意志自由:与冯耀明先生商榷》,《鹅湖学志》第十七期(12/1996):196。

② 牟宗三,《心体与性体》第一册(台北:正中书局,1968):234。

③ 牟宗三,《心体与性体》第一册(台北:正中书局,1968):235。

'内具于万物而为性'之义，本体论地言之，应是普遍地有效，'天道性命相贯通'亦应是普遍地有效，无理由单限于人”。[①] 牟先生所谓“潜能地有”，“本体论地有”，有时亦可称为“外在地有”。[②] 而此“外在地有”明显与他顺明道语说的“内具”是相刺谬的。牟先生所谓“本体论的圆具”，究其实乃是“外在而非内具地有”，那和纯粹“超越外在”说又有何分别呢？无怪乎牟先生一转而说：“'万物皆备于我，不独人尔，物皆然'，亦只是一种静观之境”，[③]“明道谓其'具有'是体用圆融地说，亦是带点观照的意味，亦是由'万物皆有春意'而见。”[④]引申、流转至此，则牟先生所谓“万物一体”“人物同体”便变成了由人心所呈现的“主观境界”（胜义）或“心理投射”（劣义），其“道德形上学”亦坎陷而为“道德观照学”矣！而牟先生所谓“天道性命相贯通”，究其实亦只能对人而言为“贯通”，对物而言为“不通”或只能是“单向感通”而已！

“人禽之别”保住了，但“天道性命相贯通”却变成“不通”了！

第七节 “气质命定论”的问题

牟先生保住了“人禽之别”，但丧失了“天道性命相贯通”。阳明及熊十力则刚相反，他们企图要保住“天道性命相贯通”，但却丧失了“人禽之辨”。尤有甚者，他们的说法竟引向“气质命定论”！

杨先生怎样替阳明及熊十力辩护呢？他说：“阳明、熊先生所说的物皆有良知，仍可以是'本体论地圆具言之'之义，即本体论地圆具地

① 牟宗三，《心体与性体》第一册（台北：正中书局，1968）：71。
② 牟宗三，《心体与性体》第二册（台北：正中书局，1969）：143。
③ 牟宗三，《心体与性体》第一册（台北：正中书局，1968）：235。
④ 牟宗三，《心体与性体》第一册（台北：正中书局，1968）：63，158。

说，物皆具良知，而道德实践地说，物只是潜具良知，而不能真正呈现其良知。亦如上引冯先生所说良知对物而言是‘隐而未显’，对人是‘隐而能显’，这有何不可？当然你可说良知是明觉、是心，物无明觉、无心，则便不可以说良知。但须知阳明此说是由实践所生之主观境界说的，他是从良知呈现时，良知必与万物一体呈现，及良知与物俱寂俱显之义来说的，若知此是一良知主体之感通无外、及物我浑融不分的境界，便不会有冯先生所提的疑问了。良知呈现时，物我主客的区分俱泯，故可感到我呈现的良知，即是天地万物的良知，天地万物都在此良知中，这并不是泛灵论的说法。”①

杨先生似乎未察觉到他所认同的“隐而未显”说，与“主观境界”说是极不相容的。即使暂时不理会此点，他为了维护阳明与熊十力却不自觉背离了牟先生的意旨。牟先生的“二具”说只涉及“性理”，而杨先生的“二具”说则扩展到“心”。牟先生不承认物有心，而阳明及熊十力则承认物有心，我不知杨先生到底是欣赏牟先生还是阳明及熊十力的说法。无论如何，如果上述有关“性理”的“二具”说不成立，扩展到有关“良知”的“二具”说也是不能成立的。依照牟先生所谓“本体论的圆具”之说，究其实乃“潜具”或“外在地具”，即使扩及对“良知”言，人以外的万物根本不可能“内具”良知的。由于只有人能“道德实践地具”有良知，那才可说是真正的“内具”。如是，不只“性理”之为“既超越又内在”只限于人，“心”之为“既超越又内在”也是不能及物的，因而“相贯通”之义便不成立。其次，把“圆具”解释成牟先生所谓“静观之境”或杨先生所谓“主观境界”，当然与“人能推，物不能推”之说一致，而且也不会产生泛灵论或泛心论。但是，这种以人为中心之“道德心灵外射论”或

① 杨祖汉，《儒家形上学与意志自由：与冯耀明先生商榷》，《鹅湖学志》第十七期(12/1996)：196－197。

"道德心灵感通论"乃纯主观的建构，势必减杀那"不为尧存，不为桀亡"的，作为"创造真几"的"於穆不已"的"形上实体"之"超越性"及"客观性"。严格言之，我们依此亦只能竖立起作为"道德秩序"根基之"超验主体"，而不可能确立一作为"存有秩序"基石之"超越本体"。即使勉强承认有这样的一个"本体"，也只能是类似尼采的"上帝"，是人创造出来的。

杨先生的"主观境界"说不仅不能自圆其说，而且也与阳明及熊十力的说法正相对反。当朱本思问阳明："人有虚灵，方有良知。若草木瓦石之类，亦有良知否？"阳明的回答是："人的良知，就是草木瓦石的良知。若草木瓦石无人的良知，不可以为草木瓦石矣。岂惟草木瓦石为然，天地无人的良知，亦不可为天地矣。"①当然，此段若与"你未看此花时，此花与汝心同归于寂"一段合观，似可解释为"主观心灵之外射"或"主观境界"之说。但若我们接受此解释，阳明的回答便会变成是逃避原有问题的一种响应，亦即答非所问。因为朱本思不是问："人有虚灵，方有良知。若草木瓦石之类，亦有(人的)良知(作用于其上)否？"若真如此问，阳明的回答当可作"主观境界"的解释，而成为："人的良知，就是(作用于)草木瓦石(之上)的良知。若草木瓦石无人的良知(作用于其上)，不可以为(具有生意或明白起来的)草木瓦石矣。"依此解释，则"人有虚灵，方有良知"所暗示的"物无虚灵，何来良知？"便没有着落，明显与下文格格不入。其实，朱本思的问题是非常清楚的，正正因为他觉得草木瓦石没有类似人的虚灵，才问草木瓦石有没有类似人的良知。此一问题是与阳明"万物一体"及"一气流通"之说的理解是密切相关的。阳明既讲"太极"，亦讲"造化"，不可能纯

① 王阳明撰，吴光等编校，《王阳明全集》上册，《传习录下》(上海：上海古籍出版社，1992)：107。

就人的“主观境界”以言天地万物。因此，如果阳明不是有意或无意地逃避学生有关草木瓦石是否“占有格地”“具有”良知之问题，无疑是在肯定人以外的草木瓦石也具有良知，而不是表示人的良知作用于草木瓦石之上。

熊十力作《摧惑显宗记》时，已推许泛神论之说，只是认为其不够彻底。他认为若融合一神教之“依他神”与泛神论之“自性神”，从而使拟人之妄执去除，则“自性即依他”，“既内在亦超越”矣！这样的融合，其实是一种更彻底的泛神论，可以叫作“泛灵论”或“泛心论”。[①] 我们可以发现，从他的《新唯识论》开始，一直到他的晚年著作《存斋随笔》，他都坚持那种“体用不一亦不二”的“大心主义”。他常用的“大海水与众沤不一不二”之喻，正正是泛神论者斯宾诺莎喜用的比喻。他爱用的“月印万川”之喻，乃是来自佛教传统言“一即一切”的神秘主义之讲法。他说：“天地万物共有之生命，即是其各各独有之生命。天地万物各各独有之生命，即是其共有之生命。奇哉生命！谓其是一，则一即是多；谓其是多，则多即是一。”[②]又说：“形骸是工具，当然不可执为小己。己犹我也。我，一而已，岂可妄说于大我之外更有小我乎？大我即是大生命，是乃无定在而无所不在。其在甲物也，即是甲物自身之主公。其在乙物也，即为乙物自身之主公。其在丙物也，即为丙物自身之主公。乃至遍在一切物也，则为一切物各各自身之主公。犹复须知，一切物各各自身之大生命，即是天地万物共有之大生命。易言之，一切物各各自身之主公，即是天地万物各各自身共有之主公。”[③]又说：“大我者，若通一切物而言，应说为一切物共有的。若克就每一物而言，

---

① 冯耀明，《当代新儒家的“超越内在”说》，《当代》第八十六期(4/1993)：92－105。
② 熊十力，《乾坤衍》，收入《体用论》(北京：中华书局，1994)：572。
③ 熊十力，《存斋随笔》，收入《体用论》(北京：中华书局，1994)：701－702。

又应说是每一物自有的。犹须注意，每一物自有的，即是一切物共有的。一切物共有的，即是每一物自有的。”[①]这“一即一切”或“一即多”之心性本体论，不是典型具有“神秘主义”[②]色彩的“泛灵论”或“大心主义”吗？

阳明虽与熊十力同样肯定“草木瓦石也有良知”，也许阳明学说另一方面也有对于“主观境界”的特殊意趣，故他没有考虑到“人能推，物不能推”的问题。但熊十力则非考虑不可，因为他的“大心主义”是夹杂着一种“形上进化论”的。他认为无机物、植物、动物以至人类之进化过程乃是干道（良知、心灵、生命或本体）潜运于坤质（质能、气质、形质或物质）之中而步步破险而出者。“如太始物质初凝，只是气体，所谓鸿蒙一气是也。及其发展而凝为液体，当是乾道主变，有以导之。”[③]如是，“宇宙之发展，由物质层而进于生命层，乃至心灵层，显然是生命、心灵一步一步战胜物质，而卓然显露出来。上极乎人类，飞跃而升，则生命、心灵之盛，庶几光焰万丈”。[④] 他认为这是万物之“自力主变”所致，[⑤]乃是“终必战胜者”[⑥]。然而，他没有注意到：如果物质不是“自力主变”之动力所在，则那唯一一个的宇宙大心或大生命既是独一无二的，也是大公无私的，何以体现在不齐的万物中会有不同的表现呢？何以有君子与小人之异，有人禽之别呢？如果良知不是纯私有的，（私有的是“小

① 熊十力，《存斋随笔》，收入《体用论》（北京：中华书局，1994）：720－721。
② 参阅冯耀明，《可说与不可说：一个东西形上学的比较》，收入《东西哲学比较论文集》（第二集）（台北：台湾中国文化大学出版部，1993）：203－221.
③ 熊十力，《存斋随笔》，收入《体用论》（北京：中华书局，1994）：745。
④ 熊十力，《明心篇》，收入《体用论》（北京：中华书局，1994）：269。
⑤ 熊十力，《十力语要》卷三（北京：中华书局，1996）：322－323；《乾坤衍》及《存斋随笔》分见《体用论》（北京：中华书局，1994）：584，747。
⑥ 熊十力，《明心篇》，收入《体用论》（北京：中华书局，1994）：269；及《存斋随笔》，收入《体用论》（北京：中华书局，1994）：703。

心”)而是既各有亦共具的,(共具的是“大心”)则此唯一的无私的大心显发在不齐万物之上的主动力量应该是相同的。正如熊十力自己说的:“心无偏系,如日大明,无亏无蔽,是谓圆神。”①因此,除非浮云(气质)蔽日(良知大心),否则日光之下无二照。换言之,除非是气质决定良知之是否得以显现,否则单凭那唯一的良知大心之“努力”是不足以说明“能推不能推”的问题。依此,虽然“无机物出现时,生命心灵之性,只是隐而未显,非本无也”,②但由于它们的“形体闭塞、粗笨”,为“形气所限”,③故虽有良知而不能显发为明智,不能使之进化而为万物之灵。这种包含“形上进化论”的“大心主义”不会陷入“气质命定论”吗?我看是绝不可能的。那唯一的宇宙本体既非为某物所私有,它便不可能有“私有的动力”,而只能有“公有的动力”。“公有的动力”不可能在不齐的万物之中各各赋予不同的力量,除非是“气质决定”之故。如是,真正使到同一日光之下产生或强或弱不同的光暗效果,主要不在日光本身,而在浮云的厚薄、清浊所致。

杨先生最后对“气质命定论”的响应,在某一意义上可说是言之成理的。但可惜的是,他所针对的“气质命定论”并非我所意谓的那一种。我所提出的“气质命定论”是以“大心主义”为前提的。但杨先生所屡言的道德实践之“自觉”“自力”可以“变化气质”,必须以“个体心灵”而非以“一即一切”的“宇宙大心”为前提。只此一差,我们之间便不可能有真正的对话。在“大心主义”的前提下,我看不出熊十力的“心灵”或“良知”可以是一种“自由意志”,也看不到有真正的“道德责任”的问题。熊

---

① 熊十力,《明心篇》,收入《体用论》(北京:中华书局,1994):186。

② 熊十力,《明心篇》,收入《体用论》(北京:中华书局,1994):166;熊十力,《乾坤衍》,收入《体用论》(北京:中华书局,1994):492-493。

③ 熊十力,《乾坤衍》,收入《体用论》(北京:中华书局,1994):496。

十力虽自谓在百死千难中体悟得此“圣学”，可惜这种“天人合一”的“圣学”与我们真实的生活世界距离得太远了。我们只有“离乡别井”，才有望进入熊十力的“理想世界”。

第十三章　冯友兰的新理学与超越分析

第一节　"儒学"定位与方法问题

继先秦儒学与宋明儒学之后，儒学应该如何发展呢？冯友兰的想法不是"照着讲"旧儒学，而是"接着讲"新理学。然而，冯友兰吸收了西方哲学中的一些概念和方法之后，他所创造出来的一套新理学是不是一种新儒学呢？对于这个问题，一些内地学者和一些海外学者之间有很不相同的说法。我不想介入此一争论，但我认为：当"儒学"一概念尚未厘清，以及继承与发展的判准未被共同确认之前，这样的争论往往只是名词之争，并无多大的理论意义。

要区分"儒学"与"非儒学"，通常有广狭二种不同的判分方法。如果这里有两套理论，它们探讨的问题相同，例如都是有关个人道德修养及社会政治伦理的问题；它们处理问题的进路亦类似，例如都是要对人性问题作反省，认为个人道德修养与社会政治之改造有密切的，甚至是本末的关系；以及有一些基本概念，例如，"仁""义""礼""忠""恕""诚""敬""信"及"孝"等，在它们（理论）之间是有家族相似性（family resemblance）的，则我们大概可以说：由于它们都满足了上述的实质性条件，因此都可以纳入“儒学”的怀抱中。如果两套理论中有一套符合上述实质性的规定，另一套不具备这些条件，即使用上类似的词汇，则我们可以判定：后者并非“儒学”。这种对“儒学”与“非儒学”的判分，乃是广义的判分，而且也是一种较为可行的判分。

狭义的判分是要强调“真儒学”与“伪(儒)学”之不同，或“儒学正宗”与“儒学歧出”之分别。这种判分往往是从一种“继承”与“发展”的观点出发，而作成的一种“判教”工作。例如有人认为孟子才能真正继承孔子的精神与学脉，荀子所发展的乃是歧出。又如有人认为宋明理学才能继承往圣之绝学，而汉代儒学则是先秦儒学之倒退或叛离。这种内部的判教往往是靠主张者所立的特殊判准作出来的。但问题是如果合理的判准不止一套，彼此都是一致而且具有相当的说明效力，清理门户便不是一件容易的事。尤有甚者，要依某一判准来判定什么是不被容许的“本质之不同”与可被容许的“发展之不同”，其间并无清晰可辨之界线。更何况我们也找不到一种不受诠释者语言“新响”或“污染”的，赤裸裸地摆在那里的“本质”。

我不希望上述的说法会带给读者一个印象，以为我主张荀子比孟子更能发扬孔学，或汉代儒学比宋明理学更能继承道统。我完全没有这种意思。我只是认为：孟子发展孔子的仁学而加以心性论化，荀子发展孔子的礼学而加以社会工程化，相对于孔子仁、礼并重的思想，在这两个不同的发展之间，实难言哪一个“在本质上”更符合孔学，哪一个“在本质上”又是歧出。当然，如果我们不从一种本质论的观点看问题，主要依据孟子理论本身而言其为儒学的一个合理的发展，从而与荀子理论本身做比较，这是毫无问题的。此外，汉儒把天、道神学化和玄学化，无疑与淡化有意志之天的孔孟儒学有距离。但宋明儒学把天、道本体宇宙论化，更有进入“草木瓦石也是良知”的神秘主义中去，显然也与孔孟儒学不言宇宙生化，及强调良知为“人禽之辨”的论旨相去甚远。因此，我不认为从本质论的观点出发，可能在“真儒学”与“伪(儒)学”之间划出一条明晰的界线。从理论内容之一致与理论说明效力之强弱以判定理论之优劣与高下是可以的，从而分别出“成功的儒学”与“失败的儒学”(或“不太成功的儒学”)，也是可行的。但这已经不是“真伪之辨”了！

根据以上的分析，在“儒学”的定位上，冯友兰该站在哪里呢？我个人认为：从广义的判分上说，冯友兰的新理学应该可以被纳入儒学的范围之中。即使有人认为他要“靠边站”，我认为他也是站在儒学的范围之内的。至于从狭义的判分上说，我不认为在他的“接着讲”和别人的“接着讲”(如熊十力的“接着讲”)之间，可以“在本质上”比较谁更符合孔孟儒学之“真绪”。这样的比较是没有多大理论意义的。不过，也许有人会说，除了理论上的条件之外，必须加上实践上的条件，即必须在行为上做儒家的道德修养工夫，在儒学上有生命的承担与精神的体悟，才能算是货真价实的“真儒学”。由于冯友兰的行为表现不具备这些实践上的条件，因此可以判定他的新理学是“伪(儒)学”。我个人认为：这种说法如果成立的话，势必要付出极大的代价。即是说这世上可能没有多少套货真价实的“真儒学”了！因为我们如何能根据某一标准客观判定某人的行为表现具备这些实践上的条件，从而有生命的承担与精神的体悟？再者，即使我们愿意付出此一代价，所谓“真儒学”也只不过是名词之争而已。换言之，我们可以容许“儒学”一词有两种用法：一种只要符合理论上的条件；另一种则要加上实践上的条件。依此规定，冯友兰虽然不能投入第二种意义的“真儒学”的怀抱中，他仍然可以在第一种意义的“儒学”的范围内屹立不倒。

在“儒学”定位的问题上，大陆学者与海外学者的意见是分歧的：前者多认为冯友兰的新理学乃是“现代新儒学”的一种；而后者多以为新理学乃披上汉服的新实在论，只能站在“当代新儒学”的严墙之外。然而，在方法问题上，海外学者几乎没有对内地学者的意见提出异议。有不少内地学者认为：冯友兰的新理学乃是运用逻辑分析方法来重建儒家形上学的一项成果。例如郑家栋在其所著书中即列冯友兰为“现代新儒学”中的“逻辑分析”派。① 殷鼎更明显：“冯认为，这种新思维方式是传统中国文化及哲学中所欠缺的。即理性的，逻辑的思辨，由‘新理学’哲学体系所代表的‘逻辑分析’法，正是要弥补这种缺失。”②及“冯运用的‘逻辑分析’方法为中国哲学传统中所未有，正是这样新的逻辑分析方法，才使冯友兰所承认的宋明理学，有了一个新的逻辑结构。”③更具体说：“从这四个形式命题中，冯友兰运用逻辑分析，推理出四个主要的形而上学观念——‘理’‘气’‘道体’‘大全’。”④田文军和胡军都认为：除了所谓“负的方法”之外，冯友兰建造新理学体系所用的“正的方法”，即“逻辑分析方法”。⑤ 而李泽厚认为“与熊（十力），梁（漱溟）的直观的总体把握方式有根本的区别”，“冯以其现代西方哲学方法论和逻辑学的训练，通过严谨的逐步推理，构造出一个纯形式纯逻辑的框架体系”。⑥ 这些说法对不对呢？冯友兰从“实际”（经验对象的知识）出发，通过他所谓的“形式底释义”，或“逻辑分析的方法”，真能分析出或推论出“纯真际”（非经验对象的知识或超越对象的知识）来吗？⑦ 如果单凭

---

① 见郑家栋，《本体与方法：从熊十力到牟宗三》（沈阳：辽宁大学出版社，1992）。
② 殷鼎，《冯友兰》（台北：东大图书公司，1991）：57。
③ 殷鼎，《冯友兰》（台北：东大图书公司，1991）：81。
④ 殷鼎，《冯友兰》（台北：东大图书公司，1991）：79。
⑤ 田文军，《冯友兰与新理学》（台北：远流出版公司，1990）：235；胡军，《冯友兰重建形上学之方法》，《求是学刊》（1993年第4期）：18。
⑥ 李泽厚，《中国现代思想史论》（北京：东方出版社，1987）：294。
⑦ 此说可参考冯友兰，《新知言》，《三松堂全集》第五卷（郑州：河南人民出版社，1986）：223。

逻辑分析的方法，就可以从“实际”的殊相（particulars）中分析或推论出“纯真际”的“共相”（universals）来，唯名论者（nominalists）岂不是应该老早就要向实在论者（realists）俯首称臣，而西方上千年的哲学史上的此一永无休止的争论，岂不是被冯友兰彻底解决了吗?

本章的目的，主要是要分析冯友兰在其新理学中所使用的方法，看看他用的是不是“逻辑分析的方法”，还是其他方法。其次，本章亦要检讨他在新理学体系中的“不可言说”或“不可思议”的论旨，看看此一形上学论旨能否成立。

第二节　逻辑分析与超越分析

什么叫作“逻辑分析”的方法呢? 我想至少有两种意思：一种是有关语句的逻辑结构的分析；另一种是有关语句与语句之间的逻辑论证的分析。就第一种“逻辑分析”来说，罗素对确定描述辞（definite descriptions）的分析便是典型的例子。依照罗素的看法，下列的两个含有确定描述辞“现任法国国王”的语句：

（1）现任法国国王是秃头的。

（2）现任法国国王不是秃头的。

都是有认知意义（cognitive meaning）的语句，亦即都是有真假可言的语句。但是，如果我们把确定描述辞当作指涉个体事物的个体语词（individual terms），并依照传统逻辑的观点把个体语词在逻辑结构上型构为逻辑的个体常项（individual constants）（a，b，c，...），则上述二句可以型构为下列二式：

(1_A) Ga

(2_A) ～Ga

其中“a”代表“现任法国国王”，“G”代表“是秃头的”，“～G”代表“不是秃头的”。由于(1_A)与(2_A)是互相矛盾的(mutually contradictory)两个语句，二者既不能同为真，亦不能同为假；因此，当(1_A)所表示的(1)为真时，(2_A)所表示的(2)必为假；当(1_A)为假时，(2_A)必为真。反之亦然。然而问题是：由于现在法国已取消帝制，“现任法国国王”乃是一个没有指涉对象的空词。因此，对一个不存在的对象说“它是秃头的”或“它不是秃头的”，都似乎难以判定其真假值。如果(1_A)不是真句，让我们假定它是假句，则与它互相矛盾的(2_A)便应该是真句。但是，(2_A)是真句吗？显然不是。“现任法国国王”既无指涉对象，“现任法国国王不是秃头的”又怎能成为真句呢？若我们假定(2_A)是假句，则与它互相矛盾的(1_A)岂非成为真句？然而，(1_A)之不可能被视为真句，和(2_A)之不可能被现为真句的理由是相同的。这一困境是否表示(1_A)所表示的(1)和(2_A)所表示的(2)都是没有真假可言的语句，因而是没有认知意义的语句呢？

罗素认为：(1)和(2)无疑都是有认知意义的语句，亦即都是有真假可言的。上述的困境并非表示(1)和(2)不是有认知意义的语句，而是由于对(1)和(2)的逻辑结构之传统分析有问题。他认为语句(1)所要表达的内容包括下面三个语句所要表达的：

(I) 至少有一个现任法国国王。

(II) 至多有一个现任法国国王。

(III) 任何现任法国国王是秃头的。

如果要语句(1)的逻辑结构反映这三个语句的逻辑结构，他认为把“现任法国国王”型构为逻辑个体常项(a, b, c, ...)是不对的，而应该以逻辑谓词(logical predicates)(F, G, H, ...)来表示。因此，(1)可型构为：

(1_B) $(\exists x)\{[Fx \& (\forall x)(Fx \rightarrow x=y)] \& Gx\}$

而语句(2)须分析为：

(2_B) $(\exists x)\{[Fx \& (\forall x)(Fx \rightarrow x=y)] \& \sim Gx\}$

经过这样的分析，可见(2_B)所表示的(2)之否定词“不是”在(2_B)的型构中是一个“语词否定”(term-negation)项目，而不是像(2_A)那样置放在全句之前的“语句否定”(sentence-negation)项目。因此，尽管(1_A)与(2_A)是互相矛盾的，因而是不能同为假句的；但(1_B)与(2_B)却非互相矛盾的，且可以是同为假句的。(即 mutually contrary but not mutually contradictory)事实上，由于我们现在找不到一个东西是“现任法国国王”所描述的，亦即找不到一个个体满足“Fx” 所规定的条件；因此，(1_B)与(2_B)都是假句。既然经过这种逻辑分析之后的(1)与(2)都是假句，它们便都是有真假可言的，亦即都是有认知意义的语句；而上述的困境亦可以解除。

不管罗素对含有确定描述辞的语句之分析对不对，这无疑是一种典型的逻辑分析的方法，亦即是对语句的逻辑结构作分析的方法。第二种的“逻辑分析”，亦即对语句与语句之间的逻辑论证的分析，必须在第一种“逻辑分析”完成后才能进行。以《公孙龙子・白马论》为例，公孙龙的论敌认为：“以马之有色为非马，天下非有无色之马，天下无马，可乎?”这是以“马之有色为非马”和“天下非有无色之马”为前提,会推出“天下无马”一结论来。但由于事实上“天下有马”,“天下无马”是不可接受的,故可以归谬法或反证法反证“以马之有色为非马”这“以”的假定是不成立的。依照第一种“逻辑分析”,第一个前提“马之有色为非马”,可型构为:“$(\forall x)(Cx \to \sim Hx)$”;第二个前提“天下非有无色之马”,可型构为:“$(\forall x)\sim(Hx \& \sim Cx)$”;第三个前提是事实上肯定的“天下有马”,可型构为:“$(\exists x)Hx$”;而不可被接受的结论是“天下无马”,可型构为:“$\sim(\exists x)Hx$”;用归谬法以反证前提一不成立,亦即其否定句的“并非马之有色为非马”才成立,此最后结论可型构为:“$\sim(\forall x)(Cx \to \sim Hx)$”。第一种“逻辑分析”完成后,我们依照第二种“逻辑分析”,可将上述对确的论证(valid argument)建构如下:

[1] 1. $(\forall x)(Cx \to \sim Hx)$ A(假设)

[2] 2. $(\forall x)\sim(Hx \& \sim Cx)$ A(假设)

[3] 3. $(\exists x)Hx$ A(假设)

[1] 4. $(Ca \to \sim Ha)$ 1, UE(取消全称量化号)

[2] 5. $\sim(Ha \& \sim Ca)$ 2, UE(取消全称量化号)

[2] 6. $(Ha \to Ca)$ 5, Definition(依定义)

[7] 7. Ha A(假设)

[2,7] 8. Ca 6,7, MP(断离律)

[1,2,7] 9. $\sim Ha$ 4,8, MP(断离律)

[1,2,7] 10. $(Ha \& \sim Ha)$ 7,9, Conjunction(合取规则)

[1,2] 11. $\sim Ha$ 10, RAA(归谬法)

[1,2] 12. $(\forall x)\sim Hx$ 11, UI(引入全称量化号)

[1,2] 13. $\sim(\exists x)Hx$ 12, Definition(依定义)

[1,2,3]　14. $[(\exists x)Hx \& \sim(\exists x)Hx]$

3,13, Conjunction（合取规则）

[2,3]　15. $\sim(\forall x)(Cx \rightarrow \sim Hx)$　14, RAA（归谬法）

依照上述的分析，可见公孙龙的论敌所做的逻辑论证是对确的。但这个论证中的“马”和“色”概念都不可以型构为“个体常项”（a, b, c, ...），而只能型构为“逻辑谓词”（H, C, ...），否则整个论证便不成立。相反，公孙龙主张“白马非马”，其论证必须把“白马”和“马”概念型构为“个体常项”，而不可以型构为“逻辑谓词”，否则其论证便不是对确的。例如他说：“求马，黄、黑马皆可致；求白马，黄、黑马不可致。使白马，乃马也，是所求一也；所求一者，白者不异马也。所求不异，如黄、黑马有可有不可，何也？……白马之非马，审矣。”此一论证可简化为：

前提(1)：使白马乃马也，则所求一也。

前提(2)：所求不一。

前提(3)：白马非马。

其论证形式可建构如下：

[1]　1. $[(a=b) \rightarrow (Fa \leftrightarrow Fb)]$ Theorem（莱布尼兹律之个例）

[2]　2. $\sim(Fa \leftrightarrow Fb)$　A（假设）

[1,2]　3. $\sim(a=b)$　1,2, MT（逆断离律）

这也是一个对确的论证形式，因而未型构前之论证是对确的。以上便是两种“逻辑分析”方法配合运用的典型例子；其中第二种方法，亦即是对语句与语句之间的逻辑分析的方法，更是“逻辑分析”方法中最重要的部分。与此不同的，在传统西方哲学中有所谓“超越分析”(transcendental analysis)或“超越论证”(transcendental argument)的方法。这是一种怎样的方法呢？它和“逻辑分析”的方法有何不同呢？

罗伯特·诺齐克(Robert Nozick)有这样的说法，他说：“哲学说明和超越论证二者都开始于一个被接受的‘语句’p，而去寻找一些用来说明使 p 产生的假设 q。然而，一个超越论证是要寻找作为 p 之先在条件的 q，亦即没有它 p 便不能为真。借此，它要证明 q 是真的，而那正是超越论证之目的；q 必须是真的，因为 p 是真的，而且除非 q 是真的，否则 p 不能为真。一个超越论证以问题‘p 如何可能？’开始，但由于它的目标是要证明某些东西，它必须找出一个(语句)q，它不仅说明 p 之可能性(作为 p 的一组充分条件之部分)，更是 p 的必要条件。”①这种“超越论证”或“超越分析”的逻辑形式可以被理解或型构为：“$p \vdash (p \rightarrow q)$”或“$p, (p \rightarrow q) \vdash q$”。如果是前者，这种论证无疑是不对确的，所以应该不是它的逻辑形式。如果是后者，它显然是对确的，(因为它的形式是“断离律”)但却不一定是真确的(sound)，即结论及前提不一定全是真句。而“超越论证”之所以为“超越”，通常是由于语句 q 是一个非分析的先验语句或 q 中有语词指涉超越元目(transcendental entities)。正因为此一“超越”的限制，如果语句 p 是一个经验语句或 p 中没有语词指涉超越元目，则($p \rightarrow q$)便不是真句，而 q 之真假亦不能判定。“超越论证”可以说是加上上述“超越”限制的一种特殊的演绎论证，与纯形式分析的“逻辑论证”不太一样。后者可以容许有真确的论证实例，但前者由于“超越”的限制，便不可能产生真确的论证实例。换言之，经由

① Robert Nozick, *Philosophical Explanations* (Cambridge, Mass.: Harvard University Press, 1981): 15.

“超越论证”是不能保证 q 为真的或保证 q 是合法的假定的。

“超越论证”或“超越分析”的方法在康德的批判哲学中最常使用。例如他先肯定我们的经验(知识),然后问:“经验(知识)如何可能?”从而推论或分析出一些使经验(知识)成为可能之先验概念(a priori concepts)及原则来。但问题是经验(知识)中如果并无先验成分,委实不可能分析出作为它的先在或必要条件之先验概念及原则来。如果其中有先验成分,即使某些先验概念及原则可以被分析出来,却使此“超越论证”成为多余(trivial)论证:“含有某些先验成分的所谓‘经验’(知识),必须假定某些(相关的)先验概念及原则。”此一两难似乎是不能避免的。又如为了说明“道德如何可能?”,康德认为使道德可能的自由意志必须被预先假定;为了说明“德福一致”,也必须设定上帝之存在作为先在条件。这些都是典型的“超越论证”或“超越分析”。就“道德如何可能?”的问题来说,如果“道德”只能被界定为康德意义的“自律道德”,没有自由意志,自律道德当然不可能。换言之,在“自律道德”被肯定的前提下,“自由意志”必须被肯定。然而,事实上有没有“自律道德”的行为,仍然是可以商榷的问题。因此,尽管(p→q)是多余地真(trivially true),但由于 p 之真假未能确定,因而 q 之真假亦不能确定。

基于以上的分析,我认为“超越论证”或“超越分析”的方法在哲学理论的建构上并不可靠。经由这种方法,也许康德可以用他的知识理论来说明“康德意义的经验(知识)”,可以用他的道德哲学来说明“康德意义的自律道德”,但却不是其他意义的“经验”与“道德”。

第三节　新理学中四个命题的分析

在冯友兰的新理学中,有四个主要的概念,“就是理、气、道体、及大全”。他认为“这四个都是我们所谓形式底观念”，“是没有积极底内容底，是四个空底观念”。而“在新理学形上学的系统中，有四组主要底命题。这四组主要底命题，都是形式命题。四个形式底观念，就是从四组形式底命题出来底”。[①] 这四组命题分别是：

> 第一组主要命题是：凡事物必都是什么事物，是什么事物，必都是某种事物。有某种事物，必有某种事物之所以为某种事物者。借用旧日中国哲学家的话说：“有物必有则。”
>
> 第二组主要命题是：事物必都存在。存在底事物必都能存在。能存在底事物必都有其所有以能存在者。借用中国旧日哲学家的话说：“有理必有气。”
>
> 第三组主要命题是：存在是流行。凡存在都是事物的存在。事物的存在，是其气实现某理或某某理的流行。实际的存在是无极实现太极的流行。总所有底流行，谓之道体。一切流行涵蕴动。一切流行所涵蕴底动，谓之乾元。借用中国旧日哲学家的话说：“无极而太极。”又曰：“乾道变化，各正性命。”
>
> 第四组主要命题是：总一切底有，谓之大全。大全就是一切底有。借用中国旧日哲学家的话说：“一即一切，一切即一。”[②]

冯友兰认为：“以上四组命题，都是分析命题，亦可说是形式命题。此四组形式命题，予人以四个形式底观念，即理之观念、气之观念、道体之观念、大全之观念。”“理及气是人对于事物作理智底分析，所得底观

① 冯友兰，《新原道》（台北：商务印书馆，1967）：114。
② 冯友兰，《新原道》（台北：商务印书馆，1967）：114－118。

念。道体及大全是人对于事物作理智底总括，所得底观念。"这"都是用形式主义底方法得来底。所以完全是形式底观念，其中并没有积极底成分"。"无积极底成分者，对于实际，无所肯定。"[①]这种"形式主义底方法"，他也称作"逻辑分析法"。[②] 更具体说："从'有某种事物'这句话演绎出《新理学》的全部观念或概念……仅仅是'有某种事物'这句话的逻辑蕴涵。"[③]既然这些概念及命题之间的关系是"逻辑涵蕴"(logical implication)的关系，也就无怪乎大陆学者众口同声地认为新理学所用的方法是"逻辑分析法"了。然而，冯友兰在新理学中"辨名析理"的方法真的是"逻辑分析法"吗?

冯友兰认为："哲学始于分析，解释经验，换言之，即分析解释经验中之实际底事物。由分析实际底事物而知实际。由知实际而知真际。"[④]但严格言之，他从"实际"(或"经验中的事物")出发，分析出"纯真际"(或"超验的事物")来，不可能是一种纯粹的逻辑分析，并不是他自己所一再强调的"形式底释义"，[⑤]而是一种包含有形上预设的超越分析。

就第一组命题来说，最重要的命题是："有某种事物，必有某种事物之所以为某种事物者。"亦即"有物必有则(理)"。冯友兰认为："山之所以为山或水之所以为水，不是这座山或这条水所独有。因为别底山亦有山之所以为山，别底水亦有水之所以为水。别底山与这座山不同，但均有山之所以为山。别底水与这条水不同，但均有水之所以为水。一切山所共有之山之所以为山，或一切水所共有之水所以为水。新理学中称之山之理或水之理。有山则有山之理。有水则有水之理。有某种

① 冯友兰，《新原道》(台北：商务印书馆，1967)：119－120。
② 冯友兰，《新知言》(1946)(台湾翻印本)：9－10，67。
③ 冯友兰，《中国哲学简史》(北京：北京大学出版社，1985)：385。
④ 冯友兰，《新理学》(1938)(台湾翻印本)：12。
⑤ 冯友兰，《新知言》，《三松堂全集》第五卷(郑州：河南人民出版社，1986)：223。

事物，则有某种事物之理。”[①]这种“有 A，必有 B”，或“有 A，则有 B”之关系，他认为是“涵蕴”的关系。[②] 而具有此“涵蕴”关系之命题，乃一个“分析命题”。

我认为这既不是一个“分析命题”，也不是一个真的语句。说这不是一个“分析真句”，亦即表示语句中的“涵蕴”关系不成立，或句中的“必”字“必”不出来。理由何在呢？理由在于冯友兰上述的所谓“分析”是“偷换概念”得来的。依照他上述的分析，“山之所以是山而不是非山，必因山有山之所以为山”。[③] 但“山有山之所以为山”和“有山则(必)有山之所以为山”[或“有山则(必)有山之理”]是两个绝然不同的语句，不能由前者滑转为后者。前者是要说“山具有山之所以为山之性质”，是要表示山具有的性质；后者则是要说“有山”一句涵蕴“有山之所以为山”(或“有山之理”)一句，或断言有山是有山之所以为山(或：有山之理)之充分条件是必然的。前者的逻辑结构是：① $(\forall x)(Fx \rightarrow Gx)$；(“F” 代表“山”概念，“G” 代表“山之所以为山”之性质。)后者的逻辑形式并不是：② $\Box[(\exists x)Fx \rightarrow (Ex)Gx]$，而是：③ $\Box[(\exists x)Fx \rightarrow (\exists x)(x=a)]$。[由于逻辑谓词“G” 代表具体事物所具有的一种性质(property)，而不是抽象的共相”(universal)；故“山之理”作为一种共相只能以个体常项“a”来代表。]依此，① 虽然可以推论或分析出$[(\exists x)Fx \rightarrow (Ex)Gx]$来，但却推论或分析不出②来，除非①改为$\Box(\forall x)(Fx \rightarrow Gx)$。换言之，除非①是一分析真句或必然真句，否则②是推不出来的。更何况②并不是“有山则(必)有山之所以为山”或“有山则(必)有山之理”的正确型构形式。把“山之所以为山”之具体事物中的

---

① 冯友兰，《新原道》(台北：商务印书馆，1967)：114。
② 冯友兰，《新原道》(台北：商务印书馆，1967)：114－115。
③ 冯友兰，《新原道》(台北：商务印书馆，1967)：114。

性质滑转为“山之所以为山”之抽离于具体事物之上的共相，无疑是“偷换概念”的做法。

如果我们用新理学中的用语来表示，上述的具体物中的性质是“性”，而抽离于具体事物之上的共相是“理”。用冯友兰在《公孙龙子》中的例子来说，“性”是具体事物中的“物指”，而“理”是超离于具体事物之上的“指”。① 冯友兰认为：“事物对于理，可依照之，而不能有之。理对于事物，可规定之，而不能在之。”②但由于“凡依照某所以然之理而成为某种物之某，即实现某理，即有某性。理之实现于物者为性”。③ 故理虽不能内在于物中，但性却可内在于物中。冯友兰说：“某种事物之所以为某种事物者，可以无某种事物而有。”④亦即可以有某理而无某物。但“凡可称为一事物之性者，均是与此事物之有而俱有”。⑤ 亦即以性为内具于物中而有的。因此，由“山有山之所以为山(的性质)”，是推论或分析不出“有山则有山之所以为山(之理)”或“有山必有山之理”来的。如是，即使前者为真，后者却不一定为真；即使前者为分析命题，后者也不一定是分析命题。唯名论(nominalism)反对实在论(realism)的一个主要理由，亦在于此。

为了要证明“有物必有则(理)”是一分析命题，殷鼎依据冯友兰之说加以发挥，认为“冯友兰选择一个分析命题——‘有某种事物’，并由此演绎出四个主要逻辑命题及整个体系”。⑥ 就第一组命题来说，殷鼎认为“‘有某种事物，必有某种事物之所以为某种事物者’，均是分析命

---

① 冯友兰，《新理学》(1938)(台湾翻印本)：41。
② 冯友兰，《新理学》(1938)(台湾翻印本)：57。
③ 冯友兰，《新理学》(1938)(台湾翻印本)：41。
④ 冯友兰，《新原道》(台北：商务印书馆，1967)：115。
⑤ 冯友兰，《新理学》(1938)(台湾翻印本)：141。
⑥ 殷鼎，《冯友兰》(台北：东大图书公司，1991)：73－74。

题。承认某物，就承认了某物的存在，承认了某物的存在，从逻辑上便要追寻使事物之所以成为某物者”。[①] 然而，此一“逻辑追寻记”的故事是否真实的呢？让我们先来看看他的前提——“有某种事物”——是不是一个分析命题。他依据康德对“分析命题”的界定，认为“‘某物存在’或‘有某物’，这句话的主语‘某物’已经隐含着谓语‘存在’的意思，因为，当我们说‘某物’时，已经包含了它在过去，或者现在存在的意思。若我们否定这个分析命题，就会出现逻辑上的自相矛盾。这是因为它的主语‘某物’本身就包含着‘存在’，说一个已存在的某物是不存在，本身就是逻辑上的自相矛盾。”[②]此说似乎言之成理，其实大谬不然。如果“某物”已包含“存在”的意思，“某物”与“存在的某物”岂非同义？又或“存在的某物”中“存在的”修饰语是多余的(冗词)？我们知道，“存在的某物是不存在的”是一矛盾句，但“某物是不存在的”并非一矛盾句。因此，“存在的某物存在”与“某物存在”并非同为分析真句。事实上，后者乃是一综合命题，其真或假须由事实判定。我们不能从“某物存在”(There is something)中的“某物”界定出“存在”来，因为我们不能从 X 的定义中推出 X 的存在。一个更根本的理由是：“存在并不是任何事物的性质”(Existence is not a property of anything)[③]因此，自 G. E.摩尔以来，分析哲学家都公认“存在”并不是一个逻辑谓词，而是一个量化词[(∃x)]而已。以为由“某物”可以分析出“存在”来，无疑是一个“存在”的神话，“某物”的怪胎！尤有甚者，即使我们勉强承认“有物”是分析真句，但由之而推出来的“有则”是分析真句吗？如果不是，岂非表示

---

① 殷鼎，《冯友兰》(台北：东大图书公司，1991)：75。

② 殷鼎，《冯友兰》(台北：东大图书公司，1991)：74。

③ John Hospers, *An Introduction to Philosophical Analysis*, 2nd edition (Cliffs, New Jersey: Prentice-Hall, 1967): 428.

这不是逻辑分析?

其实后来冯友兰也发现此一困难,故接受沈有鼎的建议,把"有某种事物,必有某种事物之所以为某种事物者"改为"某种事物是某种事物,必有某种事物之所以为某种事物者",[①]并认为新理学中四组主要命题即使不全是分析命题,也"几乎是""重复叙述底"(恒真句的tautological)。其中对实际所作的"唯一底肯定"——"事物存在",虽不一定是分析真句,也是"近乎是确实底"。[②] 此一修改对新理学的"维修"有没有帮助呢? 我看帮助也不大。首先,"几乎是重复叙述底"即含有"不是重复叙述底"之意。正如我们说某人的扮相"几乎是女人",即含有"不是女人"之意。换言之,新理学中的命题主要都是综合命题(synthetic proposition),"几乎是"而并不是分析命题(analytic proposition),不是必然真句(necessarily true sentence),不是重复叙述句(tautological statement)(一般译为"恒真句")。如是,各命题中的"必"字都是"必"不出来的。其次,冯友兰认为对"事物存在"之肯定是"近乎是确实底",因为"某些事物不存在,是可能底。但任何事物不存在,至少在我们作了这个肯定以后,是不可能底。……肯定有事物存在底这个肯定,也是某种事物。你如否认这个肯定,你的否认,也是一种事物。从这一方面着思,(这也是一个事物)我们可见,任何事物不存在,至少在我们作了这个肯定以后,是不可能底"。[③] 冯友兰这里使用的论证是有问题的。即使"任何事物不存在,至少在我们作了这个肯定以后,是不可能底",但"任何事物不存在,我们不作这个肯定,(因为根本连我也没有)是可能底"。换言之,任何事物都不存在是可能的,即使

① 冯友兰,《新知言》(1946)(台湾翻印本):60。
② 冯友兰,《新知言》(1946)(台湾翻印本):58-59。
③ 冯友兰,《新知言》(1946)(台湾翻印本):59。

没有人，也没有任何会思考和使用语言的生物去肯定它。没有思考或用语言去肯定此一可能性，并不含蕴此一可能性可被否定。正如我们不能说语言不存在，因为一说，语言便是存在的了。但“我们不能说语言不存在”一句并不涵蕴“语言存在”一语；因为语言不存在而我们没有语言可用来说此事态乃是可能的。此外，我们用后设语言来说这种可能性，其立足点是此一可能世界（即现实世界），尽管在此一可能世界中这种可能性没有发生，我们仍然可以合法地在此一立足点上说这种可能性会在另一可能世界（即非现实世界）中发生。因此，我们不能以此一可能世界之事实去否定另一可能世界之事态发生之可能性，否则任何在此一可能世界中之事实都是必然的，亦即都是其他可能世界中之事实。这种“跨世界”的论证是不能成立的。

如果我们用“有某方物，必有某方物之所以为某方物之理”为例，也可以说明冯友兰在新理学中所运用的是“超越分析”，而不是“逻辑分析”。如果这例句中的“理”表示“理由”或“原因”，我们似乎不能说这是一句假的语句，因为任何物似乎都有其存在的理由或原因，一般所谓“所以然”是也。但问题是：冯友兰心目中的“理”或“所以然”并非泛指一般意义的“理由”或“原因”，而是“共相”。对“某方物”来说，它的“所以然”是“方理”或“方共相”。依此，这例句应依冯友兰的意思改为：“有某方物，必有某方物之所以为某方物之‘方理’”。如是，这便不是一个分析真句，由句中的前件是逻辑地分析不出后件来的。要从“圆底物”分析出“圆之理”，只能用“超越分析”的方法。换言之，从“有圆底物”分析出“有圆之理”，其间必须加上“必有圆之理，始可有圆之性；有有圆之性，始可有圆底物”①作为前提，亦即要预先假定“理”对于“性”，及“性”

① 冯友兰，《新知言》（1946）（台湾翻印本）：48。

对于“物”之间在实现上有“必要条件”之关系。由于此“必要条件”有传递性，故上述的附加前提可简化为“有圆之理，始可有圆底物”，其逻辑形式是“(p→q)”。(“p” 代表“有圆底物”，“q” 代表“有圆之理”。)且由于“q” 中含有“超越元目”(“圆之理”或“圆共相”)，故此论证乃是“超越论证”。然而，一如我们在上节所说的，由于我们不一定接受“有圆之理是有圆底物之必要条件”，亦即“(p→q)” 不一定是真句；故此，“有圆之理”也不一定是真句，亦即“q” 有可能是假的。总之，“有圆底物”是分析不出“有圆(之)理”来的。除非把“有圆底物”偷偷地滑转为“有实现圆(之)理的圆底物”，否则“有圆(之)理”是推不出来的。

以上是对第一组命题的剖析。就第二组命题来说，最重要的命题是：“能存在底事物必都有其所有以能存在者。”但这并不与“有理必有气”同义，而应表示为“能有物必有其气”。我们要特别注意命题中的“其所有”三字，这是表示“气为物所有的”。其中“气”与“物”的关系和“理”与“物”的关系是不同的；因为“理不能为物所有”，而“只能为物所依照”。在探讨这命题是不是分析真句，及是不是逻辑分析的结果之前，让我们先看看“气”是什么意思。在新理学中，“气”又叫作“真元之气”或“绝对底料”。冯友兰说：“今试随便取一物，用思将其所有之性，一一分析，又试用思将其所有之性，一一抽去。其所余不能抽去者，即其绝对底料。”①照常理说，把一物所有之性质抽离而去，即不复是一物，抽离后亦无任何东西剩下。但冯友兰反对此说，他认为抽去一切物中依照理而有之性，应该还有东西剩下来的，否则单凭形而上的众理又如何能形成形而下的物呢？必须有某些东西依照众理，才能形成具体事物。所以他说：“若无绝对底料，则无以说明何以实际底物之能成为

① 冯友兰，《新知言》(1946)(台湾翻印本)：63。

实际。若专靠所以然之理,不能有实际,上文已说。朱子说:‘理无气则无挂搭处’,即说此义。”①此处所谓“若无……,则无以说明……”,其逻辑结构是:“(~ q → ~ p)”,与“(p → q)”性逻辑地等值(logically equivalent),亦即表示“q 是 p 之必要条件”。换言之,冯友兰必须附加上“绝对底料是能有物之必要条件”这“超越的假定”,才能从“能有物”分析出“物有其气”来。然而,我们是不必接受此一“超越的假定”。因为所谓“将一物所有之性一一抽去”,“其所余不能抽去者”之“绝对底料”,即是西方哲学中所谓“托体”(substratum),即使不是唯名论者,一般实在论者也不必接受此一“超越的假定”。西方哲学中对“托体”假定之有力批评很多,这种不必赘言了。

所谓“能存在底事物必都有其所有以能存在者”或“能有物必有其气”,都不是分析命题,也不一定是真的语句。我们从句中的前件逻辑地分析不出后件,所以它不是分析命题。把“其所有以能存在者”理解为超越实际之“绝对底料”,依照奥卡姆剃刀定律的简单性原则,这是一个不必要的假定,是可以删去的;因此,上述的语句也不一定是真的。为了论证方便起见,即使我们暂不理会这些语句是否为分析真句,冯友兰对“物”“理”及“气”三者的关系之说法也有不可克服的困难。例如他说:“气又至少必依照动之理。我们于上文说,气之依照理者,即成为实际底事物,依照某理,即成为某种实际底事物。‘依照’是一事,亦即是一动。故气于依照任何理之先,必须依照动之理,然后方能动而有‘依照’之事。否则气若不动,即不能有‘依照’之事。”②既然气要依照动之理,才能去依照某理(如,圆理)而成为实际底事物,气在未依照动之理之前,是否需要先依照动之理而后才能依照动之理呢?换言之,“依照

① 冯友兰,《新知言》(1946)(台湾翻印本):64。
② 冯友兰,《新知言》(1946)(台湾翻印本):83。

动之理"一语是自我指涉的(self-referred)。如是,可以产生无穷后退的问题,即在未依照动之理而后去依照动之理之前,必须先依照动之理……其实冯友兰也看到此一困难,所以他认为"先""后"不是指事实上时间的观念,而是表示逻辑上含蕴的关系。他说:"因此我们不能问:气于未依照动之理之先,应是未动,未动何以能依照动之理?又怎能依照'存在'之理?在事实上,气自无始以来,本来即依照存在之理而存在,依照动之理而动。"[①]并认为"绝对底料"是"本来即有"。[②] 这里却引出一个极大的困难,即如果"绝对底料"是"本来即有",而且它"自无始以来,本来即依照存在之理而存在,依照动之理而动",那么在实质上是没有"未动"及"未存在"之前的"潜存之气"的。如是"将一物所有之性一一抽去,其所余不能抽去者"便不是"无(任何)性"[③]的"托体"——"绝对底料",而是"自无始以来,本来即依照存在之理而存在,依照动之理而动"的"气"。此种"气"是具有"依照存在之理"的"存在之性"及"依照动之理"的"动之性"的。换言之,"无性底料"在新理学的"存有承诺"(ontological commitment)中是不存在的(或不潜在的)。要假定这样的一种"无性底料"作为"生物之具",以与"理"之为"生物之本"而建构起来的形上学体系,其地基是极不稳固的。在新理学中,"气"不可能是"无性底料";而各种不同的"气质"及"气质结构"从何而来,冯友兰也是没有交代的。

以上是对第二组命题之剖析。就第三组及第四组命题来说,都不是从"有某种事物"这一前提分析出来的,不管是"逻辑分析"或"超越分析",还是冯友兰所谓"理智底总括"。究其实,不过是对"道体"与"大全"两个总名作

① 冯友兰,《新知言》(1946)(台湾翻印本):84。
② 冯友兰,《新知言》(1946)(台湾翻印本):113-114。
③ 冯友兰,《新原道》(台北:商务印书馆,1967):28。

出定义而已。第三组命题以"存在是一流行",而"总所有底流行,谓之道体"。"道体"又可称为"大用流行"或"大化流行"。第四组命题以"大全"为"总一切底有",包括实际中底一切,及纯真际中底一切。[亦即包括真际中底一切,不管是真而且实的(即实际底有)或真而不实的(即纯真际底有)。]"大全"又可称为"宇宙"或"天"。"道体"这个总名"是从一切事物之动底方面说",而"大全"这个总名"是从一切事物之静底方面说"。① 就这两个总名的定义来说,如果定义是一种分析命题,②也许我们可以承认第三组及第四组命题为分析命题。然而,这两组命题并不是从"有某种事物","有物必有则",或"能有物必有其气"推论或分析出来的。它们都是定义上的约定,并非由实际中分析出来的,不管这是"逻辑分析"还是"超越分析"。

综合上述的分析,我们可以说:冯友兰在新理学中所用的方法并非"逻辑分析",主要用的是"超越分析"而已。不少内地学者认为他属于"现代新儒家"中的"逻辑分析派",并认为他在方法上主要是受逻辑实证论(logical positivism)的影响,无疑是极大的误会。他的形上学趣味极浓的"分析",与逻辑实论的"分析",可谓南辕北辙。

第四节 不可言说的论旨

在冯友兰的新理学系统中,尤其是第三组和第四组命题中所界定的"道体"与"大全"的观念,有极浓厚的神秘主义色彩,并不是从实际的事物逻辑地分析出来的。

---

① 冯友兰,《新原道》(台北:商务印书馆,1967):95。

② 此处我们暂不理会奎因对"分析"与"综合"区分之批评。对于定义是否为一种分析命题,他是极表怀疑的。其说可参阅 W. V. Quine, "Two Dogmas of Empiricism," in *From a Logical Point of View* (Cambridge, MA: Harvard University Press, 1953)。

依照冯友兰的说法："只有物理才是可言说，可思议底。理才真正是言说思议的对象。严格地说，具体底事物，亦是不可言说，不可思议底。它只是可感觉底。"[①]除了具体事物之外，另外还有三种不可言说及不可思议的东西，即气（或真元之气）、道体（或大用流行）及大全（或宇宙）。冯友兰之区分[②]可表列如下：

(1) 理：可言说及可思议的；是抽象的，但超乎形象，不可感觉。

(2) 具体事物：不可言说及不可思议的；但是具体的，可感觉的。

(3) 气：不可言说及不可思议的；但既非抽象也非具体的，超乎形象的，不可感觉的。

(4) 道体：不可言说及不可思议的；但是具体的，超乎形象的，不可感觉的。

(5) 大全：不可言说及不可思议的；但既非抽象也非具体的，超乎形象的，不可感觉的。

至于"思议"与"言说"的意思，他粗略地界定为："我们对一件事物，若有所思议，即是对之作判断，若对之有所言说，则即是对之作命题；对之作判断或命题，即是将此事物作为主词，而将其所有之性，提出一个或数个，以为客词。"[③]依此，似乎没有理由把具体事物视作不可思议及不可言说的。但由于冯氏认为："事物对于理，可依照之，而不能有之。理对于事物，可规定之，而不能在之。"[④]依照理而在物中之性毕竟不是抽象的理（共相）本身，既然唯一可思议及可言说之对象是理本身，故严

① 冯友兰，《新原道》（台北：商务印书馆，1967）：104－105。

② 冯友兰，《新知言》（1946）（台湾翻印本）：98；冯友兰，《新原道》（台北：商务印书馆，1967）：29。

③ 冯友兰，《新理学》，《三松堂全集》第四卷（郑州：河南人民出版社，1986）：48。

④ 冯友兰，《新理学》（1938）（台湾翻印本）：57。

格言之，具体事物是不可思议及不可言说的。所以冯友兰说："譬如我们说'这是桌子'，'这'是感官所能及，乃感觉之对象，而桌子乃是感官所不能及的，我们感官只能及'这'或'这个桌子'，但不能及桌子。桌子乃是理智之对象，我们只能'思'之。"[①]由于"这"或"这个桌子"所代表的具体事物不是"桌子"这理（共相）本身，而"桌子"这理（共相）是唯一可"思"及可"说"之对象，故具体事物可有"这"之私名，而无表示理（共相）之通名以指涉之，因而是"不可思议"及"不可言说"的。如是，上述粗略界说中以"客词"表示之"性"应改为"理"，才能断言"具体事物是不可思议及不可言说的"。然而，由于"性"乃"依照理而实现于物中者"，"性"与"理"关系密切，故冯友兰虽认为"严格言之，具体事物是不可思议及不可言说的"，但宽松言之，它"不是有名"，却"可以有名"，[②]以"通名"表示。事实上，在语言层面上，表示具体事物中的具体性质之"通名"，和表示此物所依照之理（共相）之"通名"是一样的。英文也许有时以"white" 与"whiteness" 区别，但中文则是一律用"白"字来表示"白性"与"白理"的。因此，具体事物是否可以被言说及思议，在新理学中是有宽与紧两种说法的。不过，即使我们接受紧的说法，所谓"具体事物是不可思议及不可言说的"，和说"具体事物之观念不能化约为理（共相）之观念"或"殊相不能界定为共相"，实无太大的差别，而这种"不可言说"及"不可思议"的论旨只是建基在"言说"及"思议"范围之特殊的规定之上，是没有太多哲学的趣味可言的！

气为什么是不可言说及不可思议的呢？依照冯友兰的说法，因为气是绝对底料，"无一切性"，"故不对之作任何判断，说任何命题，亦即

---

① 冯友兰，《说思辨》，《三松堂学术文集》（北京：北京大学出版社，1984）：301。
② 冯友兰，《新原道》（台北：商务印书馆，1967）：104－105。

不能对之有任何思议，任何名状，任何言说”[①]，“不能用任何形容辞来形容它，不能说它是什么”。[②] 不过我们要注意，这里的“命题”“形容辞”及上述的“客词”，似非指一般意义的“命题”“形容辞”及“客词”，而是指“描述理或性之语词”及以之为“客词”而形成的“命题”，否则气、道体及大全均是可言说的。假使我们接受这种说法，所谓“气是不可思议及不可言说的”，和说“无一切性底料之观念不能化约为性或理之观念”或“殊相中的托体不能界定为共相”，也无太大的分别。换言之，这种“不可思议”及“不可言说”的论旨只是一种特殊规定下的多余真理(truism)，并无太多值得理论反思之处。此外，依据我们上节的分析，气或真元之气是不可能无一切性的，它至少要具有“存在之性”及“动之性”，而且是“自无始以来”“本来即有”的。如是，气和具体事物一样，在一种宽松的意义上，也是可被思议及可被言说的。

作为不可言说及不可思议的另外两种事物——道体与大全，似乎较能引起大家的哲学兴趣。具体事物与气之所以在“严格意义”上不可言说及不可思议，是因为它们不等于或不具有理(共相)，而理(共相)是唯一可被言说及思议之对象。与此不同的，道体与大全都关涉或包含有理(共相)的成分在内。它们之所以不可言说及不可思议，照冯友兰的说法，是因为“宇宙(按：即大全)是所有底有的全，道体是一切流行的全。但这两个全都是不可思议，不可言说底。若对于这两个全有思议或言说，则此思议或言说，即是一有，一流行。此有，此流行，不包括于共所思议或所言说或全之内。所以其所思议或所言说底全，即不是全，不是宇宙或道体。”[③]此论证可展示如下：(按：以下仅以“大全是不

① 冯友兰，《新理学》(1938)(台湾翻印本)：64－65。
② 冯友兰，《新原道》(台北：商务印书馆，1967)：29。
③ 冯友兰，《新原道》《三松堂全集》第五卷(郑州：河南人民出版社，1986)：41－42。

可言说的”为例。)

(1) 大全是可言说的。

(2) 如果大全是可言说的,则(所说的)大全不是大全。

(3) (所说的)大全不是大全。

(4) 大全是不可言说的。

此论证可型构如下:

[1]	1. Sa	A(假设)
[2]	2. [Sa→～(a=a)]	Definition(依“大全”之定义)
[1,2]	3. ～(a=a)	1,2, MP(断离律)
[2]	4. ～Sa	3, RAA(归谬法)

这个归谬的论证虽然是对确的,[①]却须假定冯友兰所规定的“大全”概念是界定好的,可以用来指涉一个整体的东西。这个假定是否成立,我们稍后再作讨论。毫无疑问地,这个论证显示“大全是可言说的”一语是自我否定的。不过,我们必须注意,反过来说,“大全是不可言说的”一语其实也是自我否定的。我们的论证可陈示如下:

(1) 大全是不可言说的。

(2) 大全是不可言说的,若且唯若它具有某种性质。

---

① 要使这个论证更清晰地表达,可以加上以下两个前提:
(2a) [Sa→～(b∋a)]
[如果大全是可言说的,则对大全之言说一事不包含在大全之中。]
(2b) [～(b∋a)→～(a=a)]
[如果对大全之言说一事不包含在大全之中,则(所说的)大全不是大全。]
而原来的前提(2)可由(1)(2a)及(2b)三个前提推论出来。

(3) 如果大全具有某种性质，则大全是可言说的。

(4) 大全是可言说的。

此论证可型构如下：

[1]	1. $\sim Sa$	A(假设)
[2]	2. $[\sim Sa \leftrightarrow (\exists P)Pa]$	Definition(依“不可言说”之定义)
[3]	3. $[(\exists P)Pa \rightarrow Sa]$	Definition(依“可言说”之定义)
[1,2,3,]	4. S_a	1,2,3，MP(断离律)

这个论证无疑也是对确的，但问题是：(2)和(3)是不是可被接受的前提呢？要接受(3)似乎没有太大的问题，因为依照冯友兰的规定，①任何东西(包括大全)如果具有某种性，便是可被言说及思议的对象。但(2)有没有问题呢？我看也没有什么问题，因为我们如果不能正面地知道大全至少有某种性质，我们除了不可能说它是“可言说的”之外，也不可能说它是“不可言说的”。换言之，我们根本不知道它是什么或不是什么，也不能断言它是一个存在或存有的整体；对一个不知道是什么或不是什么，即不能断言是否有这样的一个整体，说它是“可言说的”与“不可言说的”，都是没有意义的说法。我们说某一东西“不是什么”，是建基于我们已知道它是(另一种)“是什么”的东西。如果根本没有某一东西，说它“不是什么”便是无的放矢。对“大全”而言，亦复如是。除非大全是一个可建构地形成的整体，否则它是不可能以“可言说的”或“不可言说的”谓词来形容的。然而，如果它是一个可建构地形成

① 冯友兰，《新理学》，《三松堂全集》第四卷(郑州：河南人民出版社，1986)：48。

的整体，例如像自然数那样，它为了满足“可建构性”(constructability)之要求，便必须是具有某种非否定性的性质之东西，它因之而也是可被言说的对象。因此，我们认为(2)也是成立的，而“大全是不可言说的”一语也是自我否定的。

如果“大全是可言说的”一语是自我否定的，而它的否定句“大全是不可言说的”也是自我否定的，则这里便产生了一个有关大全的吊诡或诡辞。① 同样地，对于“大全是可思议的”，“道体是可思议的”，及“道体是可言说的”，都会分别产生类似的吊诡或诡辞。冯友兰视“大全”为“总一切的有”，由于对大全之言(或思)亦是一有，而对大全之言之言(或之思之思)亦是一有，自此以往，巧历而不能得。这种多重性(multiplicity)之积聚，正是神学上所追求的无边(unbound)或无极(unlimited)之“绝对无穷”(absolute infinity)，与数学中由有限的部分以可建构的或能行的程序而建构起来的“数学无穷”观念极不相同。正如集合论的开创者之一的康托尔(Georg Cantor)所指出的，这种多重性之积聚的假定会引出矛盾或诡辞来。因此，不可能把这种多重性之积聚设想成一个整体或一个已完成的东西。所谓“所有可思的东西之总体”，便是这种多重性之积聚，康托尔认为这是根本不可能构成一个总体的。② 对于大全及道体而言，它们也不是可建构地完成的整体或总体，对之作“可言说的”与“不可言说的”断言，或“不思议的”与“不可思议的”论述，都会导出诡辞来。冯友兰只看到有关大全或道体的诡辞中的一面，(A ⊢ ～A)，而看不到它的另一面(～A ⊢ A)，所以便误以为

① 若由“A ⊢ ～A” 及“A ⊢ A”，可得“A ⊢(A&～A)”；并由“～A ⊢ A” 及“～A ⊢ ～A”，又可得“～A ⊢(A&～A)”；则“A” 是一个诡辞。

② Georg Cantor, “Letter to Dedekind,” in *From Frege to Gödel: A Source Book in Mathematical Logic*, edited by Jean van Heijenoort (Cambridge, Mass. and London: Harvard University Press, 1967): 114.

"大全是不可言说的"或"大全是不可思议的"是最后的结论。他不知道,此种诡辞之产生适足以表明"大全"及"道体"并不是可建构地完成的整体或总体之概念,只是他由其超越论证之玄想而虚拟出来的观念而已。

其实,如果我们不预先假定大全或道体是一个真正可建构成的整体或总体,或一个真正已完成的事物,我们便不应以个体常项(individual constant)"a"来代表大全或道体,而该以确定描述辞(definite description)(如"F"或"G"等)来表示。依此,上述由"大全是可言说的"推导出"大全是不可言说的"之论证,便不必型构为上述的方式,(Sa ⊢ ～Sa)而可以陈示为下列各项:

(P_1) 有一个最大的无限整体(即大全)是可言说的。

(P_2) 每一可言说的东西都是在能(说)所(说)对待之中的东西。

(P_3) 每一在能(说)所(说)对待之中的东西都不是最大的无限整体(即大全)。

(C) 没有一个最大的无限整体(即大全)是可言说的。

此论证之详细步骤可型构如下:["G"表大全,"S"表可言说,"O"表能(说)所(说)之对待。]

[1]	1. $(\exists x)\{[Gx\&(\forall y)(Gy\rightarrow y=x)]\&Sx\}$	A(假设)
[2]	2. $(\forall_x)(Sx\rightarrow Ox)$	A(假设)
[3]	3. $(\forall_x)(Ox\rightarrow\sim Gx)$	A(假设)
[1]	4. $\{[Gb\&(\forall y)(Gy\rightarrow y=b)]\&Sb\}$	1, EE(取消特称量化号)

[1]	5. Sb	4，Simplification（简化原则）
[2]	6. $(Sb \rightarrow Ob)$	2，UE（取消全称量化号）
[1,2]	7. Ob	5,6，MP（断离律）
[3]	8. $(Ob \rightarrow \sim Gb)$	3，UE（取消全称量化号）
[1,2,3]	9. $\sim Gb$	7,8，MP（断离律）
[1]	10. $[Gb \& (\forall y)(Gy \rightarrow y = b)]$	4，Simplification（简化原则）
[1]	11. Gb	10，Simplification（简化原则）
[1,2,3]	12. $(Gb \& \sim Gb)$	9,11，Conjunction（合取原则）
[2,3]	13. $\sim (\exists x)\{[Gx \& (\forall y)(Gy \rightarrow y = x)] \& Sx\}$	12，RAA（归谬法）

在这个论证里，由于前提（2）与（3）[即（P_2）与（P_3）]是可接受的，[因为“对大全之言说”“不包括于所言说底大全之内”，预设“能（说）所（说）之对待”。]经由归谬法便可得（1）[即（P_1）]之否定句（13）[即（C）]。这个把“大全”观念用确定描述辞来表示的论证，与上述把“大全”观念用个体常项来表示的论证之最大不同处，是前者不必像后者那样假定大全之存在。对后者而言，它必须先肯定了大全之存在，才能说大全这个东西是“可言说的”或“不可言说的”。但前者却可以容许这样的一个解释模型，即没有任何个体 x 满足 G（即没有任何个体满足“大全”所规定的条件或性质），而不管有没有 x 满足 S（即不管有没有个体是可言说的）的一个可能世界。因此，这个论证在大全不存在（或没有东西满足“大全”观念所规定的条件或性质）的情况下，仍然是一个可被接受的论证。而这个论证并不是在证明“有大全存在而不可言说”，而是在证明“没有满足‘大全’观念所规定的条件之东西存在，而它又是可言说

的”。如是，说“大全是可言说的”，和说“大全是不可言说的”，都可以是假句，即“$(\exists x)\{[Gx \& (\forall y)(Gy \rightarrow y=x)] \& Sx\}$”和“$(\exists x)\{[Gx \& (\forall y)(Gy \rightarrow y=x)] \& \sim Sx\}$”都是假句。而冯友兰的“不可言说”及“不可思议”的论旨，在此一解释之下便不能成立了。

第十四章　形上与形下之间：徐复观与新儒家

新儒家的仁者是判教式的包容者
新儒家的智者是思辨式的玄想者
新儒家的勇者是传承式的忠信者
——一个徘徊于新儒学门外的观察者言

第一节　新儒家内部的合与分：共同理想下的不同进路

任何一个思想文化传统或信仰系统之出现、没落以及重现都有其时代性或历史性的问题，牵涉教统内部的问题以及教统外部的因素。它的起落变化固不能纯从内部的思想因素得到完备的解答，亦不能单从外部的环境因素获取圆满的说明，而必须就内外之互动才能找到比较合理的答案。

当代新儒学在20世纪之出现也有它的时代性或历史性的问题：它何以会在“五四”之后发生？它在五四新文化运动的氛围下以什么姿态出现？它在此一历史处境下扮演什么角色？它运用了一些什么精神

资源及思想依据来发挥其作用与影响力？它所追寻的理想是否可以响应时代的问题及克服对立的思潮？……要解答这些问题，可以从不同的角度去探究，可以从不同的层面来分析。本文以下各节并非要彻底回答这些问题，而是通过徐复观与其他当代新儒家（如熊十力、唐君毅及牟宗三）的互动，以突显当代新儒家面对内外的四重紧张关系中之一，[①]即就新儒家内部的紧张性，作为一理论分析的线索，以探究此一思想文化传统的历史处境和思想境况，庶几可以作为上述大问题解答的一个小指引。

面向西方文化的挑战而使传统文化主流的儒学作自我反省、批判，从而调整、革汰，以及与西方文化接头、融摄，乃是刻不容缓之事，这也是儒学得以有新的发展之一大契机。于此，在肯定传统学术文化的价值之诸士之中，乃有欲摄取西方学术上具有普遍意义的概念和思想作为接通中西文化的桥梁，做究天人之际的哲学工作；亦有从典籍材料与历史事实中探寻传统文化之轨迹与真相，做通古今之变的思想史工作。他们欲以新的语言、新的概念对儒学内部做更细密的诠释、考察，以及做更审慎的融通淘汰的工作，这便是当代新儒家的急切任务。熊十力、梁漱溟、唐君毅、牟宗三及徐复观诸先生之所以被称为“新儒家”，便是在此一意义下确立的。

第一代的新儒家（熊、梁）与第二代的新儒家（唐、牟、徐）都有共同或类似的理想，亟欲在西风压倒东风的文化氛围下有所突破，以掘井及

---

① 当代新儒家面对内外的四重紧张性包括：① 他们与系外反传统的、西化派的自由主义者（如胡适等）之间的紧张性；② 他们与准系内接着讲而非照着讲的新理学主张者（如冯友兰等）之间的紧张性；③ 他们系内两代之间及同代之间的紧张性（如熊与唐、牟、徐之间的分歧及唐、牟、徐之间的矛盾）；④ 他们个别思想内部的紧张性（如以宋明思想解读孔、孟儒学之落差，以德国唯心论融通儒、道、佛思想之困障，及一方面强调直觉体证另一方面却在绝大部分的著作中以形上思辨立说之间的不协）。

泉的不懈努力去挖掘传统文化的精神资源，由返本以开新，从而期望可使传统文化经过脱胎换骨之后得以重振，进入现代化的舞台，并对世界文化作出贡献。表面看来，他们是坐在同一条船上，拥有同一颗心，给人以患难与共、同心同德的印象。但实际上，他们之间既有思想方法上之严重分歧，亦有思想内容上之矛盾冲突，更有如何使理想落实于社会文化的实践问题之重大差距。此一紧张性，一直于有意无意之间被掩盖着。徐复观与唐、牟之间的明合与暗分，乃是其中被隐没的紧张性之一。以下，我们即就此隐没的紧张性而予以客观的剖析。

第二节　社会通气与向上贯通之异：自我限制中之多元与主体确立下之判分

作为一个新儒家的代表人物，徐复观由其忧患意识而开展出他的强烈的历史文化意识，并试图由此历史文化意识而衍发出儒学内部的真精神。他一再强调"正常即伟大"的观念，紧握着儒家寻常伦理的内部性格，并一再在其生命与学术上彰显儒家的批判精神，扭转一般人所误解的奴顺的儒家形象。他在学术文化上不断努力探索，企图在中西文化之间找一通路，建立一种人文的自由主义，为未来的中国及世界创造新机。他在思想史上的工作，熔义理与考据于一炉，给儒学以及其他传统文化的研究开创了一个新的路向。这些都是徐先生作为一个新时代的儒家实践者的实质贡献，其实也正是他所说的"圣贤志业之所存"。

相对于徐复观所强调的"上达"必须由"下学"之进路，与他在同道上的当代新儒家如唐君毅与牟宗三，却有不同的想法。他们认为：必须先立其"大本"，才有可能"由本而之末"，做出"返本以开新"的事功。因此，当徐复观提出"与社会通气"作为社会文化实践的策略时，特别是牟宗三即表示强烈的不满。在20世纪50年代初期，分别作为新传统主义的《民主评论》的大旗手徐复观，与作为自由主义的《自由中国》的主将殷海光，虽然思想理路不同，但在发展自由民主的共同目标下，都有意互相合作。[①] 对于徐与殷的"和而不同"之共事，牟很不以为然。他在致唐君毅的信中曾表示说：[②]

> 吾人之宗旨很少能接近者，即有，亦几无一能积极地肯定者。一个反思想、反理想的时代，很难提醒他们的眼目。为《民主评论》写文的那些人，如殷海光、戴杜衡辈，皆相隔如万重山。兆熊兄当能言之，弟对此事亦无所谓。此本由佛观（复观）所联络发起。他可以肯定这几个观念，但他所联络的人又大都是相隔太远者。他纠合在一起，直是一团吵杂。弟居于此，不能不随之参与。要者，现在当恢复《学原》及《理想与文化》，或尽力办学校。学会本身，可听之。

对于西化味特浓而思想尖锐的殷海光，牟宗三特别讨厌。他认为"福生（海光）为人惹人厌"（"牟致唐书信"，No.6，1950年6月13日）。其中一个原因极可能是殷海光并不认同他以传统书院式的先立"宗旨"以为社会文化实践之本的理念，而主张多元开放的精神。此可由他向唐君毅诉苦的信中见到一斑。他说（"牟致唐书信"，No.8，1950年

① 当徐复观在《民主评论》上发表《中国的治道》一文后，殷海光随即在《自由中国》上以《治乱的关键》一文作出回应，大加赞赏这是"不平凡的人之不平凡的作品"。可见二人的思想进路虽不同，却有惺惺相惜的契合之处。殷文收录在我所编的港版《学术与政治之间》（香港：南山书屋，1976）之中。现行台北的《新版学术与政治之间》基本上是依照港版重排的。

② 黎汉基整理：《唐君毅书信档案：牟宗三部分》，No.3，1949年12月19日（以下简称"牟致唐书信"）。

7月23日)：

去年弄“人文学会”，无声无臭而终。只因列了五条宗旨，遭戴杜衡、殷福生、黄绍祖等人反对，以为是专制，便作罢。此次，戴在酒食前，又提及不能预定宗旨。这些人之无知无识又如此，而他(徐复观)必捧之若宝贝。东拉西扯，凑在一起，充班底，便以为是作事。其精神，全是陪奉。弟有了经验，凡遇此类事，皆无可无不可，这便是分际。要稿子，即给一篇，因为他那些活动都是无把柄的事。有了钱，能出杂志，我们帮他写点文字，已是最好的了。他始终尚未走出事业的精神，无法多说。他也是不能大量接受观念的人，浅尝辄止。沛然莫之能御，固非凡人所能至……丕介第一卷结束语中有云：“谁以为曲高和寡，谁就是一意孤行的独裁者。”这是很漂亮的句子。但我们并没有以为所写的东西是曲高和寡，所以才锲而不舍(舍)，反复申说不已，而他们却首先以为太高了、太迂远了。他知道社会上自有明眼的人，可是他们自己却首先近视了。这就是不能放手。以自己之浅尝限住事理之发展，以自己之卑陋限住广大之社会。这些人念兹在兹，不忘适应社会，而终于敲不出开广大社会之门。知几其神，察事变，顺时势，非智者不能。岂今之适应社会者所能企及？浮浅愚蠢无观念上之反应(即无智)，无过于今日。明明是大时代症结所在，却偏以为隔时代太远。《民主评论》之有今日社会上所估价之地位与风格，全在我们(唐、牟)给它写的那几篇所谓迂远的文字，岂在那些一道同风之杂碎乎？社会上于此着眼，他们全个忘记，岂非不智之甚？……一线之长，一隙之明，吾人决所乐同。与人为善，期于共悟，故亦多所含忍。

最后说到“一线之长，一隙之明，吾人决所乐同。与人为善，期于共悟，故亦多所含忍”。这看来好像是为了顾全大局而不得不“忍辱负重”！但大局之所以弄得如此纷乱、破碎，他认为原因在于主事者的徐复观之不能“向上提撕”，反而“向下落去”之颠倒。故他表示“佛观亦只是颠倒冲动，毫无用处”（“牟致唐书信”，No.10，1950年8月17日）。他甚至认为“此人器小，不能勤恳以赴”。这是因为在牟心目中徐是不懂由太极、人极而至皇极的“转进之理路”。他说（“牟致唐书信”，No.16，1951年9月13日）：

> 夫太极、人极，古人讲说如此其备，中华民族惟赖此延续其生命，而由此转皇极，如此其迫切，问题如此其显明，不肯了解古人，不能切实了解西方，认真找出此中转进之理路，此亦不思之过也。

一方面，徐复观并不同意殷海光及《自由中国》阵营的人以传统儒家的理念与现代自由民主的思想制度相违背，但他与后者皆认同自由、民主、多元的社会文化有其独立的自主性，并不附属于任何有绝对意义的理想主义或意识形态之下。另一方面，他也不同意用熊十力的“体用”“直通”或牟宗三的“转进”“曲通”的“返本以开新”的模式来发展中国的现代化，虽然他作为一个农民的儿子在感情上与唐、牟一样肯定西方现代化的移植必须根植于中国固有文化的土壤之中。在此欲两面兼善而不得的困境下，原本两面的人都可接受他，如今却不免形成两面受敌的苦况：殷作为外部盟友由对他称赞而改为对他攻以明枪；而牟作为内部同志却由视之为同门同道而转为对他施以暗箭。此所以牟在致唐的信中不断予以谴责，他说（“牟致唐书信”，No.21，1953年1月9日）：

盖佛观近来心境很不平正，受俗见影响很深，他要想向民主、个人、多元、现实路上走，故常露出不满以往《民评》之意。对于吾人之文，常绕圈子旁敲侧击，不是说文章难读，一般人不愿看，就是说太不修饰文字。吾人并不反对自由民主，亦不反对个性与多（元），但自由民主不只落于政治上，亦有文化上的意义，个性与多（元）亦然。惟死于政治上的自由民主，死于个（性）与多（元）的，则必反对吾人向上贯通，此不可解。吾人向来不辩，只是照常说理，不期佛观亦把不住，他想要自己立一个门户，另有个说法，实则皆内部有夹杂作怪。义理未通，浪藉自傲，将来很难预料。

又说（“牟致唐书信”，No.27，1953 年 12 月 11 日）：

上月底他（劳思光）来台北，曾与佛观兄辩兄论自由一文，佛观总是随世俯仰（应世）意味多，树立有守意味少，故其评判是非，常随时间效用说。他在《文评》一文此间振动力甚大。他又要随胡（适）谈自由民主了，不愿谈文化了，又落下来了。

对于自由的理念，徐复观与殷海光都在不同程度上认同张佛泉以自由为人权清单的说法。徐亦顺此脉络与唐、牟有过一场有关道德（精神）自由与政治自由之间的关系为主从抑为平列之激辩（见下节）。牟宗三对此说极表不满。他说（“牟致唐书信”，No.29，1954 年 1 月 28 日）：

萨特利、杜威、罗素之说，吾兄言之甚是。盖亦由他们的学术传统，始终对人性无善解。故自由亦终于只落在政治上找安实处。而张佛泉且说自由即权利，人且谓其为惟一之佳作，人心之陋，不可说！不可说！

又说（“牟致唐书信”，No.40，1955年6月1日）：

> 殷则只是“才小心诡，心地不平和”，完全失掉读书人之单纯。……只从去年《自由中国》论到政治自由与道德自由时，他拉上了张佛泉，要撑门户……偏又有个徐复观要出来和他们争，正是得其所哉！

对唐君毅、牟宗三言，道德主体的自由才是根本，如果本不立，政治自由之末便无法开出来。[①] 这是本末层次分别的问题。殷、张这些外部的人不懂固不足惜，连内部同门的徐竟也“随波逐流”，不免令牟气极难平。他因此向唐谴责徐之不是云（“牟致唐书信”，No.33，1954年9月7日）：

> 此辈人太自大，太不向上，太不知层次与分寸，何可顾及？人之立言，岂不愿无人愿？但这个“人”是有范围的，若在这个风气下，则正不须他们懂。虽圣贤立教，亦不能人人懂，故佛观兄所说者，弟皆不予理会，因向他说难懂的那些人，我知其皆亡国大夫也。（孟子说中道而立，能者从之。佛观不给他们以呵斥，却回来向下拖，此岂有志之士哉？）

最后，牟只好以道德的高位以明其“不得于友而退”之志，乃云（“牟

① 牟宗三在其著作中一贯主张“辩证开出说”，故不可能收弃其所谓“大本”。

致唐书信”，No.32，1954 年 8 月 13 日）：

> 常在此直是过藏于密，藉此纯悟，不知何以恬戏至此，诚所谓“天地闭，贤人隐”。……觉佛观兄夹杂不纯之义愤与刺激，实无益而有害。

徐复观与牟宗三之矛盾亦在徐致唐的书信中表白出来。相对于牟以徐为“夹杂不纯”，徐则以牟为“高傲怠慢”。徐希望以深入浅出的文字与社会大众沟通，亦即欲透过与社会通气的方式来传播《民主评论》的理念，以发挥最大的影响力；但牟却不以为是，认为学道者应虚心来问，自己却不必趁热闹去迎合社会。对此，徐失望地说：①

> 前胡适之先生在台北讲学，观觉杜威哲学在整个哲学中之地位，及胡适所讲者在杜威整个哲学中之地位，皆有可批判者，故欲宗三兄针对此写一文章。但宗三兄来信，大加教训，大意谓：① 不可赶热闹。② 社会看不懂的地方，应该来问云云。其实，这完全是先生对在教室对学生的态度，不是智识分子对社会负责的态度。以我们关系之深，怎样都可以，但与社会通气则难。

又云（“徐致唐书信”，No.12，1953 年 4 月 19 日）：

> 近数月来，凡弟所接触之读者，对宗三兄之文章无不摇头（在卅九年，宗三兄很有一批读者，现在都失掉了）。昨日先后来了四

① 黎汉基整理：《唐君毅书信档案：徐复观部分》，No.9，1953 年 3 月 16 日（以下简称“徐致唐书信”）。

个朋友谈天，有人提到宗三兄的文章，即不约而同地说不敢领教，弟为此所费之口舌，不知凡几，使精神感觉痛苦。致此之由，一为理境，一为习气，一为慢心。今日欲将吾人之理想与社会通气，此中须有一番苦心，须费一番力气。

由此可见，徐与牟当时同在台湾，并曾一度在东海大学共事，面对面的争执看来是不少的。其实徐与唐之分歧亦不可视为不多，只是由于唐在香港与钱穆等人办新亚书院，有一海之隔，加上唐之为人温厚，故徐唐之间之争论往往以较为婉转客气的语调进行。实质上彼此皆坚守己见，不易互相妥协也。

第三节　学术与政治之间的分际：返本开新之曲通与修己治人之分立

表面看来，强调与社会通气和坚持向上贯通似乎是社会文化实践的不同策略而已；但实质而言，彼此主张的背后实有极不相同的理念。这乃是有关学术与政治之间的分际或分位之问题。徐复观并不认为中国文化所注重的仁性比西方文化所擅长的知性在人性上居于更高的层位，也并不认为道德比知识在价值上更为重要。他认为儒家重视人之所以为人之特质，乃是如何成就人生之起点，并不是终成。因此，与牟宗三所深信的德福可以一致的圆善论大异其唱，他指出单只有德，绝不能保证得福，虽然我们可以福为德之圆满发展。道德若不守住此人生之起点意义，而泛滥到人生之终成意义上去，逾越其本位，必至自我否定之地。徐复观一再强调政、教要分立，修己与治人之标准要分开，其用意即在指出德性价值并非人性价值之全，而须予以适当的分位。但是，依徐的理解，唐、牟似乎并不认识学术思想与政治运作之间的相对的独立性和自主性。在徐致唐的信中，即一再表示其异议（“徐致唐书信”，No.15，1953 年 8 月 11 日）：

> 兄对宗教哲学，特有兴趣，此系由兄之特有气质而来，即所谓“性之所近”。兄认为宗教为西方文化之核心，亦只是个人兴趣之所专注，遂自然以所专注者为宇宙中心之看法。不如此，便不能深入；但亦因此而常不易客观也。……兄对民主政治之看法，始终隔阂一层。因为你总是要把各种问题，金字塔式堆上去，所以始终安放不平整。例如民主政治，固然一有赖于社会文化之多端发展；但社会文化之多端发展，亦有赖于民主政治之建立（这是互相的关系）。又如民主政治，固须以理性主义、理想主义为基础；然理性主义、理想主义，亦不仅赖民主政治而其可得一发展之保证，且亦可因民主政治而得一发展上之互相制限。民主政治作用之一，在于使政治与学术思想之间有隔离，不使任何思想主义，直线成为政治上之设施，不使任何思想主义直接成为一政治势力。凡直接成为政治势力之某一思想主义，必毒害其他思想主义，而成为理性杀人之事。

这明显是主张学术思想上的多元主义（pluralism），而反对以任何绝对理想性的理念作为民主政治之依据的基础主义（foundationalism）或基要主义（fundamentalism）。这也是明显地反对黑格尔模式（Hegelian model）的思想决定论，而主张学术与政治之互相补助与互相制衡。因此，徐复观不会同意以本末、体用、开出、发用之思或黑格尔观念对象化（Hegelian objectification of idea）的想法，而主张在民主架构下之多元开放。但牟的想法却与此相反，始终以基础主义的观点看问题。

在牟宗三的心目中，他的同门徐复观为与社会通气而在立本上夹杂不纯是一种颠倒，他的老师熊十力因缺乏自信而要迎合求容也是一大颠倒。此后，徐在《民主评论》上发表包括《学术与政治之间》等一系列的文章在知识分子间产生很大的震撼力，但牟却置若罔闻。这些文章的观点是十分明确的，例如他说：

我在"释论语民无信不立"一文（祖国周刊一一五号）中指出"孔孟乃至先秦儒家，在修己方面所提出的标准，亦即在学术上所立的标准，和在治人方面所提出的标准，亦即在政治上所立的标准，显然是不同的。修己的学术上的标准，总是将自然生命不断底向德性上提，决不在自然生命上立足，决不在自然生命的要求上安设价值。治人的政治上的标准，当然还是承认德性的标准；但这只是居于第二的地位，而必以人民的自然生命的要求居于第一的地位。治人的政治上的价值，首先是安设在人民的自然生命的要求之上；其他价值，必附丽于此一价值而始有其价值"（见该刊一一五号第八页）。①

又云：

民主政治的少数服从多数，只认为这不过是以数量来解决问题的明确办法；由多数所代表的意见的优势，不过是相对的，一时的；因此，是根据一定的程序可以改变的。民主政治下的少数者，并不是在真理前的屈服，也不是被多数者统治其思想，

① 徐复观，《新版学术与政治之间》（台北：学生书局，1985）：229。

> 更不是由将来的少数者的自己，来统一现时的少数的自己；而是以堂堂的反对者而存在；其思想要由多数者予以保障，并且现在的少数者要争取成为将来的多数者。民主政治，不是以多数者所代表的真理性为基础；所以少数服从多数，只是民主政治中的一个条件；不仅不是唯一的条件，而且也是与极权主义者所共同承认的条件。世界上也有造不出多数的极权统治，这乃是一种最低级的极权统治。民主政治的基础，是安放在可以经过和平的程序，自由地修改政治上的错误之上；因此，少数服从多数，只有和多数保障少数同时存在，才有其民主的意义；只有在多数与少数可以自由变动的情形之下，民主政治才是以其“运用的形式”来接近政治上比较绝对是非和绝对利害；这决不是由多数者的政治内容所能代表的（关于民主政治，是政治的形式，而不直接关涉到政治的具体内容的这一点，我曾在“中国政治问题的两个层次”一文中加以阐述）。①

于此，徐复观已充分意识到民主政治之关键之一在政治形式而非政治内容，亦即程序理性（procedural rationality）之重要性。与此相反的，唐君毅是从实质价值的理性出发，以自由权利必依托于“文化活动”为其价值。徐复观认为这种说法，对个人而言，固无不可。“然自由权利，乃就社会中各个人来说的。以社会中各个人的立场来争取自由权利，其本身即系一绝大之文化价值，而不须以另一文化活动为其价值。社会中各个人的自由，与一个人精神上，道德上之自由，乃属于两个方面，而不属于两个层次。”若“把两个方面的问题，看作两个层次的问题，无形中便使自

① 徐复观，《新版学术与政治之间》（台北：学生书局，1985）：243。

由权利因从属于另一层次而落空，这便容易发生流弊”。[1] 唐君毅以主从(subordination)而非平列(coordination)的关系来看待道德文化的价值与自由权利的价值之间的关系，认为民主政治背后须有一“积极的肯定的综摄性的提絜精神”为基础。[2] 他认为“为仁由己”之道德自由具涵盖性，其内涵正在肯定各种个人之自由，其间确可存有此一层次的关系。[3] 他和牟宗三一样，认为积极的工作乃在一“超越涵盖精神之树立”。[4] 而补西方民主政治之不足，须有“内在之开拓”而“有待于中国精神之注入”。[5] 这种德性的基础主义无疑与徐复观的平行观念背道而驰，也与以赛亚·伯林将精神上的“positive freedom”与政治上的“negative freedom”二分之观念相去极远。

此外，徐复观也曾借用“天命”或“天赋”的观念来说明此一平行关系。他说：

> 生民的具万理而无不善的命，同时也应该是在其生活上能有平等自由的命，亦即是政治上天赋人权之命，假定有前者而无后者，则不仅不能在抑压委顿之下，责人人从道德上去作圣贤；即使是圣贤自己，也应从抑压委顿中，翻转出来……但圣贤不仅不以抑压委顿期望之于他人，并且也不以抑压委顿的本身为道德；否则即

---

① 徐复观，《新版学术与政治之间》(台北：学生书局，1985)：273。

② 唐君毅，《学术思想之自由与民主政治：答徐复观先生》，《唐君毅全集》10 册(台北：学生书局，1990)：226－240。

③ 唐君毅，《致徐复观：1952 年 11 月 17 日》，《唐君毅全集》26 册(台北：学生书局，1990)：77。

④ 唐君毅，《致徐复观：1952 年 12 月 19 日》，《唐君毅全集》26 册(台北：学生书局，1990)：79－80。

⑤ 唐君毅，《致牟宗三：1954 年 8 月 9 日》，《唐君毅全集》26 册(台北：学生书局，1990)：157。

> 是奴隶的道德。……所以人格的完成，同时必须人权的树立。人格与人权，真正是相依为“命”而不可分离。从教化上立人格的命，同时从政治上立人权的命，这才是立性命之全，得性命之正，使前者有一真确的基础，使后者有一真实的内容，于是生民的命才算真正站立起来了。①

徐复观于此为“性命之全”赋以现代的意义，主要的目的乃在确立学术思想与政治运作之间的相对的独立性和互补性，而非要回返向上去贯通那形而上的天道性命之本体，这是彰彰明甚的。

第四节　形上理境之不同理解：超越内在的本体与向内超升的境界

徐复观与唐、牟之分歧，归根究底，乃在彼此对形上理境之不同理解。唐、牟认为宇宙间有一天道或实在的形上本体，此本体即心即性。用牟宗三的话说，便是肯定有一“天道性命相贯通”或“天道心性通而为一”的实在的形上理体，祂可以由人的无限心自己之“逆觉体证”而得。② 或用唐君毅的话说，此本体是“既超越又内在”的可以通过心灵之自我“感通”或“超越的反省”而得肯认。③ 但徐并不认同此一道德形上学的理念。他认为孔、孟儒家之精神“到宋儒已走样”。（“徐致唐书信”，No.7，1953 年 1 月 3 日）他强调“陆王之异同，实由儒释之异同而

① 徐复观，《新版学术与政治之间》(台北：学生书局 1985)：280。
② 牟宗三，《心体与性体》综论部(台北：正中书局，1968)第一册。
③ 唐君毅说：“此心性为个体中所具之超个体之原则，亦即宇宙本体之所在。”(《唐君毅致劳思光：1954 年 11 月 15 日》)见劳思光，《思光少作集：书简与杂记》(台北：时报文化出版，1987)：255。

来。性体圆融，然因入路之不同，结果自有消极与积极之别。阳明的事功来自天才的成分者多。陆系守儒家之真规模，根基结实而少流弊；王则易飘荡而失所守"（"徐致唐书信"，No.22，1954 年 11 月 9 日）。

此外，他对朱熹也有所批评，并关连到唐君毅的天道观。他说（"徐致唐书信"，No.30，1956 年 3 月 31 日）：

> 兄函论天道之诚，论天道，与朱元晦之意正合[与钱（穆）之意不合]。弟文中亦提出此点，而未加以发挥。兄疑只从内心释天，似不曾承认天德之客观的存在，与《中庸》末段未合。弟意天德必由人德而发现，发现后又成为客观上一最高之响往而欲与之合德，其关键总在人之自身。弟于此引艺术上之观照以为例。观照乃以客观之态度对客观之自身，然观照之后面，实有一艺术上主动的、创造的精神之跃动，否则亦无真正之观照可言矣。又如"天地位，万物育"一段，天地本无不位，万物本无不育；只因人之感性颠倒，而在各个人心中，始有天地不位，万物不育，怨天尤人之感。个人之性情得其正，创在个人心目中之天地万物，自各得其所。如此，方能有一切实之意义。故《中庸》必由人心向外推，始可得一确实之根据耳。

这是以观照意义之创造性来说明所谓天道，似是以天道为主观境界中所型构的对象，而非如周敦颐所理解的形上本体。因此，他反对唐顺周敦颐的想法将《中庸》中的"诚"形上化和实体化。[①] 他说（"徐致唐

① 唐君毅认为"万物欲生之性与圣人发育万物之性遂为一诚之贯彻充周，此正如佛家中之圆教。"（《致徐复观：1955 年 11 月 20 日》）"此自命中即见性之有一内在的超越的根源，直与吾生之存在而俱始俱终。"（《致徐复观：1956 年 3 月 25 日》）见唐君毅，《唐君毅全集》26 册（台北：学生书局，1990）：100，103。

书信”,No.51,1962年7月15日):

> 兄以立诚之教,为终教之意,此乃受因莲(濂)溪《通书》之影响。《通书》之思想实驳杂(在两年以前,弟之看法不如此),如谓“诚,五常之本,百行之源也”,诚与五常,如何可以分本末?又谓“果而确,无难焉,故曰,一日克己复礼,天下归仁焉”,是仁即是诚,亦见其不能分本末也。大约周子系“诚”字解作形而上的本体,与“无极而太极”同位。明道便不如此。

徐复观的确是“只从内心释天”,因为他相信中国文化是“心的文化”:一切从人心出发,而非从形上本体出发。他说:

> 中国文化所说的心,指的是人的生理构造中的一部分而言,即指的是五官百骸中的一部分;在心的这一部分所发生的作用,认定为人生价值的根源所在。也像认定耳与目,是能听声辨色的根源一样。孟子以耳目为“小体”,因其作用小;说心是“大体”,因其作用大;但不论作用的大或小,其都为人身生理构造的一部分则一。可以把生理构造的这一部分说成西方唯心论的心吗?西方唯心论的心,指的是人身上生理构造的一部分吗?所以把中国文化中的心,牵附到唯物方面去,还有点影子;因为生理本是物,心的作用正是生理中某一部分的作用。牵附到唯心方面去,便连一点影子也没有了。还须要附带说一说的,易传中有几句容易发生误解的话:“形而上者谓之道,形而下者谓之器”,这里所说的道,指的是天道,“形”在战国中期指的是人的身体,即指人而言;器是指为人所用的器物。这两句话的意思是说在人之上者为天道,在人之下的是器

> 物；这是以人为中心所分的上下。而人的心则在人体之中。假如按照原来的意思把话说完全，便应添一句，“形而中者谓之心”。所以心的文化，心的哲学，只能称为“形而中学”，而不应讲成形而上学。
>
> 现代科学的发展，并不足以否定中国的心的文化。因为，问题不在于这种作用到底是心还是大脑，而是在于人的生理中，究竟有没有中国文化中所说的这种作用，亦即是有没有孟子所说的恻隐、羞恶、是非、辞让等作用。如果在生命之中，没有这种作用，则无话可说；如果我们确能体认出有恻隐之心、是非之心、羞恶之心、辞让之心，则证明在我们身上总有一处具有这种作用。正如有些人认为现代的心理学不能证明文学中的心灵活动；但在心理实验操作中不能证明这种心灵活动，这是心理学自身的问题。关键在人的生命中是否有这种心灵的活动。如果在人自身中体认出有这种作用，则中国的心的文化，乃是具体的存在，这与信仰或由思辨所建立的某种形而上的东西，完全属于不同的性格。①

说“问题不在于这种作用到底是心还是大脑，而是在于人的生理中，究竟有没有中国文化中所说的这种作用，亦即是有没有孟子所说的恻隐、羞恶、是非、辞让等作用”。在这里，徐复观明显地将恻隐等心灵活动或作用到底归属于一非物理的精神实体或一物理的大脑活动之问题，作了一种现象学的悬置（phenomenological epoché），而不采取自然主义（naturalism）或超越主义（transcendentalism）的观点来对这些活动或作用作根源性的本体论论述。另一方面，他也强调这些活动或作用

① 徐复观，《中国思想史论集》（台北：学生书局，1988）：243。

是“生理中某一部分的作用”，而与牟宗三以四端非气非感性而为理或“超越的情”之说大异其趣。

无论就“形而上”“形而下”或“形而中”而言，徐复观似乎只就形体、形状之形着的意义言，没有本体(noumena)与现象(phenomena)或物自身(thing-in-itself)与表象(appearance)这种本体论上之两域的预设。换言之，他只相信只有一个存在的界域，虽然他认为其中有些作用不是直接形着于感觉之中的。因此，他不可能采取道德形上学的进路去证成道德文化的价值。他说：

> 人生的价值，主要表现于道德、宗教、艺术、认知等活动之中。中国文化，主要表现在道德方面。但在很长的时间中，对道德的价值根源，正如其他民族一样，以为是在神、天。到孔子才体认到道德根源乃在自己的生命之中，故孔子说：“仁远乎哉？我欲仁，斯仁至矣。”又说：“为仁由己。”这些话都表明价值根源不在天，不在神，亦不是形而上的，否则不能这样“现成”。但孔子并未说出是在生命的那一部分，亦即未点明是“心”。孔子所说的心，仍是一般意义的“心”。
>
> 《中庸》首句说：“天命之谓性。”这可说是一个形而上的命题。但是，此形而上的命题有一个特点，即是当下落实在人的身上而成为人的本质(性)。性是在人的生命内在生根的。因此，《中庸》并不重视天的问题而仅重“性”的问题。到孟子才明确指出道德之根源乃是人的心，“仁义礼智根于心”。孟子这句话，是中庸文化在长期摸索中的结论。这不是逻辑推理所推出的结论而是“内在经验”的陈述。这句话说出来以后，使夹杂、混沌的生命，顿然发生一种照明的作用而使每一人都有一个方向，有一个主宰，成为人生的基

本立足点。以后，程明道、陆象山、王阳明等都是从这一路发展下来的。①

这是从思想史的角度（下节即有专论）去说明周初之“天命”观念如何由根源于外在的帝、天，转向至孔子的“现成”的生命之中，再转进至《中庸》内在的“性”，及进而再转化为孟子的“心”。这是儒家思想在历史发展中由孔子发动的一个典范转移（paradigm shift）的历程，徐复观称之为“哥白尼式转向”（Copernican turn），而不是牟宗三所相信的由“生命的遥契”而成“前后相呼应”的所谓“道统”。牟宗三的“三统”说和“自我坎陷”说，及唐君毅的“心通九境”说，是不可能为徐所接受的。

从思想史的角度出发，徐复观甚至可以指出形上本体之虚位化的发展过程。他说：

> 更深一层来看，心为何是道德、艺术、认知的根源？这涉及许多一直到现在还无法解答的问题。古人对这种无法解答的问题，常以形而上学的命题来作交待。孟子说：“此天之所与我者。”程伊川说：“良能良知，皆无所由，乃出于天。”这都是把心的问题转到形而上方面去。一个问题追到最后不能解答时，近代学者往往就建立一种基本假设，古人便往往把它挂在形而上学上。但程明道说“只心便是天”，这便在由工夫所得的内在经验中，把虚悬的形上命题，落实到自己的生命之内。“只心便是天”，是他真正体验的工夫到家，然后才敢说的。②

---

① 徐复观，《中国思想史论集》（台北：学生书局，1988）：245。
② 徐复观，《中国思想史论集》（台北：学生书局，1988）：247 - 248。

又云：

> 心之善端扩充一分，即潜伏之性显现一分，所以尽心才可以知性。性在其“莫之致而至”的这一点上，感到它是由超越的天所命的；所以知道了所受以生之性，即知道性之所自来的天。落实下来说，心的作用是无限的，所以他（孟子）说“万物皆备于我”（《尽心上》）。因此，心的扩充也是无限的。“尽心”，不是心有时而尽，只是表示心德向超时空的无限中的扩充、伸展。而所谓性，所谓天，即心展现在此无限的精神境界之中所拟议出的名称。①

从《论语》的全般语言看，徐复观认为孔子所把握的，“只是在人现实生命中所蕴藏的道德根苗的实体；天乃由此实体的充实所投射出去的虚位。”②而由孟子下来至程明道的发展，更把这虚位的天消化于心之内。③ 他认为这是孔子对天命之转化而作出的哥白尼的回转。④ 因此，他认为所谓“天命”“只是解脱一切生理束缚，一直沉潜到底时所显出的不知其然而然的一颗不容自己之心。此时之心，因其解脱了一切生理的，后天的束缚，而只感觉其为一先天的存在，亦即系突破了后天各种樊篱的一种普遍的存在，中庸便以传统的‘天’的名称称之。并且这不仅是一种存在，而已必然是片刻不停地发生作用的存在，中庸便以传统的‘天命’的名称称之。此是由一个人‘慎独’的‘独’所转出来的；

① 徐复观，《中国人性论史》先秦篇（台中：“中央”书局，1963）：180－181。
② 徐复观，《两汉思想史》卷二（台北：学生书局，1976）：75－76。
③ 徐复观，《中国思想史论集续编》（台北：时报文化出版，1985）：591。
④ 徐复观，《中国思想史论集续编》（台北：时报文化出版，1985）：384－389。

其境界极于'无声无臭';中庸与西方一般由知性的思辨所推衍上去的形而上学不同。"[①]这乃是"基于心的生命构造而来的内地倾向所生出来的"。如果说这是一种形而上学,徐复观认为这绝对不是思辨的形上学,而毋宁是类似威廉·狄尔泰(Wihelm Dilthey)所说的精神的形而上学。

对于天人的问题,徐复观也有其"超越"的论述,但他所说的"超越"的意义明显地不是本体宇宙论的。换言之,他所说的"超越"并不是"ontic transcendence",而是"mental transcendence"。这是指人通过修养工夫而使心灵自我转化升进,而不是指终极本体在现象界之上的"ontological status"(不管这本体是超越外在的还是既超越又内在的)。所以,徐复观清晰地说:[②]

> 孔子实际是以仁为人生而即有,先天所有的人性,而仁的特质又是不断地突破生理的限制,作无限地超越,超越自己生理欲望的限制。从先天所有而又无限超越的地方来讲,则以仁为内容的人性,实同于传统所说的天道、天命。

因此,由道德实践而成就心灵自我转化之超升,并非存有论的超越。这是"self transcendence or transformation in terms of moral practice",绝非"ontic transcendence in terms of metaphysical speculation"。

质实而言,对徐复观来说,天人合一只不过是一种主观境界而

---

① 徐复观,《中国思想史论集》(台北:学生书局,1988):81;徐复观,《新版学术与政治之间》(台北:学生书局,1985):407-408。

② 徐复观,《中国人性论史·先秦篇》(台中:"中央"书局,1963):98-99。

已。他认为:"所谓天人合一,只是心的二重性格(经验性与超经验性)的合一。除此以外,决无所谓天人合一。"①所以,他对性与天道的贯通合一之说法与牟宗三、唐君毅以及熊十力之说法相去甚远。他说:②

> 但在孔子,则天是从自己的性中转出来;天的要求,成为主体之性的要求;所以孔子才能说"我欲仁,斯仁至矣"这类的话。对仁作决定的是我而不是"天"。对于孔子而言,仁以外无所谓天道。他的"天生德于予"的信心,实乃建立于"我欲仁,斯仁至矣"之上。性与天道的贯通合一,实际是仁在自我实现中所达到的一种境界;而"我欲仁,斯仁至矣"的仁,必须是出于人的性,而非出于天。否则"我"便没有这样大的决定力量。

此外,他更强调根于血气心知而不限于血气心知的人性之无限性,乃是必须经由下学才能上达的精神境界。他说:③

> 性与天命的连结,即是在血气心知的具体地性里面,体认出它有超越血气心知的性质。这是在具体生命中所开辟出的内在地人格世界的无限性地显现。要通过下学而上达,才能体认得到的;所以在下学阶段的人,"不可得而闻"。

因此,面对牟宗三、唐君毅的道德形上学之说法,徐复观皆明确地

---

① 徐复观,《新版学术与政治之间》(台北:学生书局,1985):452。
② 徐复观,《中国人性论史·先秦篇》(台中:"中央"书局,1963):99。
③ 徐复观,《中国人性论史·先秦篇》(台中:"中央"书局,1963):88。

表示异议。他指出:“友人牟宗三先生,着有《朱子苦参中和之经过》一文,疏解得很精密。但我认为朱子所说的中和,与《中庸上》的原义,并不相应……”①并说:

> 而且诚的观念,是由忠信发展而来;说到诚,同时即扣紧了为仁求仁的工夫。不如此了解诚,则诚容易被认为是一种形而上的本体,诚的功用,也将只是由形而上的本体所推演下来的;于是说来说去,将只是西方形而上学的思辨性质,与《中庸》《孟子》的内容,不论从文字上,或思想上,都不能相应的。②

又说:

> 而中国的超经验,则是由反躬实践,向内沉潜中透出,其立足点不是概念而是自己的真实而具体的心。体是超经验界,用是经验界;性是超经验界,情是经验界。心的本身,便同时具备着经验与超经验的两重性格……这与思辨性的形而上学,有本质的不同。所以拿西方的形而上学来理解儒家的思想,尤其是混上黑格尔的东西,是冒着很大的危险,增加两方的混乱,无半毫是处。③

这明白地表示徐与唐的混有黑格尔意味的道德形上学、牟的混有康德色彩的道德形上学所走的是截然不同的道路。

---

① 徐复观,《中国人性论史·先秦篇》(台中:“中央”书局,1963):128。
② 徐复观,《中国人性论史·先秦篇》(台中:“中央”书局,1963):150。
③ 徐复观,《新版学术与政治之间》(台北:学生书局,1985):450。

第五节　治学方法进路之分歧：超越论证之思辨与历史文本之分析

唐君毅曾在《民主评论》(1952 年 5 月 1 日)上发表《如何了解儒家精神在思想界之地位》一文，徐复观即表示对文中两点不甚赞成，认为"此乃关系于兄之根本治学态度者。"他说("徐致唐书信"，No.4，1952 年 4 月 22 日)：

> 一、兄心目中之自由民主，实与戴杜衡诸先生之以虚无主义为民主者实同。戴从此点从而歌颂之，兄从此点而无形中加以贬损之。实则人文之设施，只有在自由民主下才有其可能。而欧洲 18 世纪之民主启蒙运动(实系一社会性之理想运动)，其底子实亦出于社会人文要求。欧洲近代文化之发展，实与此一点为不可分。而老子实系一虚无主义，仅有其近似民主之一面而已。康德在《什么是启蒙运动》(1784)[此文成于第(一)批判(1781)书之后]一文中，一面指出启蒙运动即知性运动，一面强调自由解放之重要。故弟决不愿将民主精神与儒家对立，而实亦非对立也。二、兄认为只要树立一理想，爱好此理想，现实即可听命，因而不爱谈现实，此系受西方形而上学之影响，并非儒家精神。儒家是站在现在以通过去未来，从现实中通理想的，所以他本身是一道德实践的性格。今日只有能容许大家谈现实，国家、文化才有前途；故吾人必争取自由民主。还有，弟所留心者，须使今日一般人在精神上有所依恃，故今日最迫切者为大家生活相关之万人文化，而书斋文化亦须落实下来。儒家本身实系一生活体验之文化，因而实系一万人与共

之文化。有许多纯理论的东西，有可以落得下来者，亦有落不下来者，即所谓观念的游戏。

于此，徐一方面指出唐未能从思想史角度去理解自由民主之为知性的社会性运动；另一方面指出他也忽略儒家之实践性须从现实以通过去之理想及未来之目标，徒立理想而不考虑落实问题，认为“只要树立一理想，爱好此理想，现实即可听命，因而不爱谈现实，此系受西方形而上学之影响”，会引至“intellectual play”。此即涉及思想史与形上思辨的不同进路。

对徐复观来说，如不扣紧历史文献，徒以形上思辨附加于信仰，便不能客观了解古人，甚至会将自己的观念想象强加之于古人。此即所谓“强读”(reading in)或“过读”(over-interpretation)。有关此一治学态度的问题，他直接表示如下(“徐致唐书信”，No.5，1952年5月17日)：

兄以缜密湛深之思，为中国文化争学术地位，此诚不世之功。(兄之态度，为兄所爱者皆望中国有，凡中国有者皆可爱。此诚仁人之用心，然社会不易接受。)然以石崇斗富之心，含摄太完备，不能割爱。(兄在内容与文字上之毛病，似为不能割爱。)故兄之最紧要的意思，常苦于不能凸出，须待读者之自己体会。今日实少此种读者。且兄本“方以智”是工力，尽量推演，举而加之古人，常不易得疏通之效。

弟常与宗三兄谈：“若我有你和君毅兄那样的学问，我相信可以发生比你和他更大的影响。”惜乎我还在门外徘徊，而兄与宗三过去又尝失之一宫墙险峻也。友人信云：“你把唐君毅先生写的滞涩的、枯燥的题目，写成了火一样的充满热情的檄文，读了以后，的

> 确很使我感动。"即就文字技术而论，兄亦高出弟百倍，弟非不知之。然兄文之所以不易为社会了触，盖太求精密而不能割爱，而中国文字之组织本不易表达精密之思考也。

唐之所以"不能割爱"，其中一个原因是他喜欢建立一无所不包的大系统，一若对他治学有极大影响的华严教义和黑格尔的体系，从而可对宇宙人生各方面作判教式的安立。其实宇宙人生各方面既有和谐亦有冲突，既有相干亦有不相干，实不可能以一形上的本体或本心观念贯通其间，或作融通淘汰、开权显实式的判教与安立。① 对徐而言，这是基于玄思之强加而不是客观而具批判性的判断。

从历史文献去考究，徐复观认为在中国"几千年历史中，不能件件事都好，尤其是某一事开始时的用意，不能保证到后来也好。"而唐君毅却"把自己的德量推之于天、地，不能说这是宗教，(非人文性的)宗教总是启示性的。"故他认为唐之意见"只能说是出于个人的感情"("徐致唐书信"，No.6，1952 年 5 月 23 日)。若更坦白说，这可以说是出于形上的思辨。徐复观指出"中国历史文化中形而上学并未发达"，故他劝说唐放弃形上观点，改以文化观点撰文讨论宗教的问题。("徐致唐书信"，No.13，1953 年 5 月 18 日)此外，他认为唐在战争的论题上"曲折为黑格尔作宽解，弟实不敢苟同也。黑格尔之《理性与现实及历史》，以全面的肯定，实际是取消了理性，取消了道德。理性与道德，以在现实中有所对而表现。无对，乃现象以上境界。"("徐致唐书信"，No.16，1953 年 8 月 22 日)

对"五十而知天命"之解释，徐复观认为唐君毅的形上说法与刘宝

---

① 有关唐君毅"心通九境"之判教式之大系统在理论上之困难，可参冯耀明，《超越内在的迷思：从分析哲学观点看当代新儒学》(香港：香港中文大学出版社，2003)：第二章。

楠同失之太泛。他强调“中国文化性格总是要求由外向内收敛之之倾向，由宇宙论转向人性论之倾向，甚为明显。”故他说（“徐致唐书信”，No.35，1957 年 12 月 11 日）：

> 孔子之“知天命”，实系由外落实向内，再由内超出之大转折点。由外向内的落实，至孟子之性善说，始真归根到底。孟子由尽心知性知天，内在而超越之意更显。从思想史的立场看，及文献的立场看，弟目前不能同意兄之看法也。

从思想史的角度去探究，显示古代中国的天命观念乃是由外转内，并由内向而立超越之观照境界。从文本上作思想史的探究而非从哲理上作超越的玄思，当可看出其中思想的曲折发展，而不会构思出一种遥契式的道统贯通其间。徐复观乃总括：

> 中国文化的发展性格，是从上向下落，从外向内收的性格。由下落以后而再向上升起以言天命，此天命实乃道德所达到的境界，实即道德自身之无限性。由内收以后而再向外扩充以言天下国家，此天下国家乃道德实践之对象，实即道德自身之客观性、构造性。从人格神的天命，到法则性的天命；由法则性的天命向人身上凝集而为人之性；由人之性而落实于人之心，由人心之善，以言性善；这是中国古代文化经过长期曲折、发展，所得出的总结论。
>
> 我的看法，对于中国文化的研究，主要应当归结到思想史的研究。但一直到现在为止，还没有产生过一部像样点的综合性的著作。这一方面固然是因为分工研究的工作做得不够；但最主要的

还是方法与态度的问题。[①]

对于熊十力的《新唯识论》,徐复观认为他的《明心》一章之不够充实,“这正说明他由宇宙论以落向人性论,在根本处有一缺憾。在他们(似包括唐、牟),都认为这两方面的东西是紧密相连,实际则不仅是一种推想,且亦实无此必要。我们治思想史的人,应把这种不必要的夹杂,纠结,加以澄清,将宇宙论的部分交还科学,将道德论的部分交还本心,一复孔门之旧。”[②]除了用其近似奥卡姆剃刀的“徐氏剃刀”以去除不必要的形上预设之外,他又指出如何了解古人的思想,他说:

> 我们过去,常有借古人几句话来讲自己的哲学思想的,一直到熊十力先生的体大思精的新唯识论,还未脱此窠臼。所以他曾告诉我:“文字借自古人,内容则是出自我自己的创造。”所以新唯识论只能视为熊先生个人的哲学,不能当作中国哲学思想史的典据。但在今日,我主张个人的哲学思想,和研究古人的哲学思想史,应完全分开。可以用自己的哲学思想去衡断古人的哲学思想;但万不可将古人的思想,涂上自己的哲学。
>
> 可是,上述的简单要求,并不容易达到。我们了解古人,仅能凭借古人直接留下来的文字。朱元晦读书的精细,及态度的客观,只要看过“朱子读书法”的人,便不能不加以承认。但当他费最大精力注释《孟子》时,对《孟子》中言心言性的地方,几乎无不颠倒;因为他自己有一套理气的哲学横在胸中,不知不觉的便用了上去。这里便遇着一个难题,没有哲学修养,如何能了解古人的哲学思

① 徐复观,《中国人性论史·先秦篇》(台中:“中央”书局,1963):163-164。
② 徐复观,《新版学术与政治之间》(台北:学生书局,1985):451-452。

> 想？有了哲学修养，便会形成自己的哲学，便容易把自己的哲学与古人的思想作某种程度的换位。在这种地方，就要求治中国哲学思想史的人，有由省察而来的自制力，对古人的思想，只能在文字的把握上立基。①

我在二十多年前讨论《公孙龙子》的一篇论文②之结尾曾引用徐复观以下的一段警诫的话：

> 我常常想，自己的头脑好比是一把刀；西方哲人的著作好比是一块砥石。我们要拿在西方的砥石上磨快了的刀来分解我国思想史的材料，顺着材料中的条理来构成系统；但并不要搭上西方某种哲学的架子来安排我们的材料。我们与西方的比较研究，是两种不同的剧场，两种不同的演出相互间的比较研究，而不是我们穿上西方舞台的服装，用上他们的道具的比较研究。我们中国哲学思想有无世界的意义，有无现代的价值，是要深入到现代世界实际所遭遇到的各种问题中去加以衡量的，而不是要在西方的哲学著作中去加以衡量。面对时代的巨变，西方炫学式的，与现实游离得太远的哲学思想，正受着严重的考验。我们"简易"的哲学思想，是要求从生命、生活中深透进去，作重新地发现，是否要假借西方炫学式的哲学架子以自重，我非常怀疑。我们在能与西方相通的地方，可以证人心之所同；我们与西方相异的地方，或可以补西方文化之所缺。这也和我们要吸收西方所有，而为我们所没有的，以补我们之所缺，是同样的道理。做学问，只能求之于自己学术良心之所

---

① 徐复观，《中国思想史论集续编》(台北：时报文化出版，1985)：21－22。
② 冯耀明，《公孙龙是唯名论者吗？》，《鹅湖月刊》，105期(3/1984)：1－15。

> 安，而不必先问西方人的能否接受；因为接受不接受，是西方人的事情。孔子说："古之学者为己（为了充实自己），今之学者为人（做给他人看）。"今人治学的精神状态，"为人"的成分太多了。[①]

当时牟宗三先生看到拙作后，曾在课堂上告诉我此段文字乃是针对他的观点。我相信这极可能是事实。

徐复观认为到了宋明儒者，多注重在个人道德上用心，于是从"生"的观点去看人生的儒家人文精神，至宋明儒而加深，但也至宋明儒而变狭。[②] 此一"变狭"的趋向，至熊、唐、牟而大盛。所以他说："从宋儒周敦颐的太极图说起到熊师十力的新唯识论止，凡是以阴阳的间架所讲的一套形而上学，有学术史的意义，但与孔子思想的性格是无关的。"[③]并谓：

> 即使非常爱护中国文化，对中国文化用功很勤，所得很精的哲学家，有如熊师十力，以及唐君毅先生，却是反其道而行，要从具体生命、行为、层层向上推，推到形而上的天命天道处立足，以为不如此，便立足不稳。没有想到，形而上的东西，一套一套的有如走马灯，在思想史上，从来没有稳过。熊、唐两先生对中国文化都有贡献，尤其是唐先生有的地方更为深切，但他们因为把中国文化发展方向弄颠倒了，对孔子毕竟隔了一层，所以熊先生很少谈到论语，唐先生……对论语的课，是由他一位学生代授。[④]

---

① 徐复观，《中国思想史论集》，代序（台北：学生书局，1988）：2。

② 徐复观，《新版学术与政治之间》（台北：学生书局，1985）：171。其实，由"生"的存在观点走向"生生"的形上观点不只变狭，而且也变异，而与孔孟精神相去渐远。

③ 徐复观，《中国思想史论集续编》（台北：时报文化出版，1985）：432。

④ 徐复观，《中国思想史论集续编》（台北：时报文化出版，1985）：432－433。

这种“以为不如此，便立足不稳”而要“层层向上推”的方法，正是拙作中一再提及的属于形上思辨的“超越论证”(transcendental argument)或“超越推述”(transcendental deduction)的方法。这是一种有超越元目预设的方法，而不是一种客观而可靠的方法。①

徐复观强调要从思想史的方法去探究古代中国的思想与文化，而非透过形上的思辨，才不会流而离本，才能尽量避免将自己的思想强加之于古人。但是，他的思想史的方法是否与胡适及其追随者所谓属于“科学方法”的思想史方法无异呢？我认为徐并不太认同胡适和傅斯年那种只追求语源用法和历史外缘之思想史研究，亦即并不太认同那种近似清代考据但却冠以“科学”之名的所谓史语分析的方法。例如他说：

> 五四运动以来，时贤特强调治学的方法，即所谓科学方法，这是一个好现象。历史上，凡是文化的开山人物，总多少在方法上有所贡献。不过，凭空的谈方法，结果会流为几句空洞口号。方法的研究者同研究对象所提出的要求，及研究对象向研究者所呈现的答复，综合在一起的一种处理过程。所以真正的方法，是与被研究的对象不可分的。今人所谈的科学方法，应用到文史方面，实际还未跳出清人考据的范围一步，其不足以治思想史，集中已有专文讨论。②

对于其实际进行思想史研究的心路历程，徐复观有很扼要的描述：

---

① 冯耀明，《超越内在的迷思》(香港：香港中文大学出版社，2003)。我将“transcendental argument”分为两种：一种有形上预设，另一种则没有。可参阅 Yiu-ming Fung, “Davidson's Charity in the Context of Chinese Philosophy,” *Davidson's Philosophy and Chinese Philosophy: Constructive Engagement*, edited by Bo Mou (Leiden: Brill Academic Publishers, 2006): 117 - 162。

② 徐复观，《中国思想史论集》(台北：学生书局，1988)：1 - 2。

西方的思想家,是以思辨为主;思辨的本身,必形成一逻辑的结构。中国的思想家,系出自内外生活的体验,因而具体性多于抽象性。但生活体验经过了反省与提炼而将其说出时,也常会澄汰其冲突矛盾的成分,而显出一种合于逻辑的结构。这也可以说是"事实真理"与"理论真理"的一致点,接合点。但这种结构,在中国的思想家中,都是以潜伏的状态而存在。因此,把中国思想家的这种潜伏着的结构,如实地显现出来,这便是今日研究思想史者的任务;也是较之研究西方思想史更为困难的任务。我在写《象山学述》一文时,先是按着象山的各种观念、问题,而将其从全集的各种材料中抽了出来;这便要把材料的原有单元(如书札、杂文、语录等)加以拆散。再以各观念,各问题为中心点,重新加以结合,以找出对他所提出的每一观念,每一问题的比较完全的了解。更进一步把各观念,各问题加以排列,求出它们相互间的关连及其所处的层次与方位,因而发现他是由那一基点或中心点(宗旨)所展开的思想结构(或称为体系)。这种材料的拆散与结合,及在再结合中所作的细心考虑比较,都是很笨的工夫,此后我所写的与思想史有关的文章,都是以这种笨工夫为基底。当然,在这种笨工夫中,还要加上一种"解释"的工作。作何解释,一定会比原文献上的范围说得较宽,较深,因而常常把原文献可能含有,但不曾明白说出来的,也把他说了出来。不如此,便不能尽到解释的责任。所以有人曾批评我:"你的解释,恐怕是自己的思想而不是古人的思想。最好是只叙述而不解释。"这种话,或许有一点道理。但正如卡西尔(Ernst Cassirer)所说:"哲学上过去的事实,伟大思想家的学说与体系,不作解释便无意味。"并且没有一点解释的纯叙述,事实上是不可能的。对古人的、古典的思想,常是通过某一解释者的时代经验,某一解释者的个性思想,而只能发现其全内涵中的某一面，某一部分；所以任何人的解释，不能说是完全，也不能说没有错误。但所谓解释，首先是从原文献中抽象出来的。某种解释提出了以后，依然要回到原文献中去接受考验；即是对于一条一条的原文献，在一个共同概念之下，要做到与字句的文义相符。这中间，不仅是经过了研究者舍象抽象的续密工作，且是经过很细密的处理材料的反复手续。①

徐复观所谓“事实真理”与“理论真理”经过材料与解释的往复沟通和参验而达至的一致点，即是历史文献上所显示的有关研究对象的理据与解释立义上符合逻辑的融贯性之义理之接合。如果用唐纳德·戴维森的宽容原则(principle of charity)来说明，这正好是这原则所含具的“coherence part” 和“correspondence part” 两部分。这明显与胡适等人的外缘的实证主义大异其趣。他描述自己的笨工夫之后，借用卡西尔的话指出解释工作之无可避免及解释后接受历史文献的往复考验。这除了符合戴维森在解释上的原则外，也显示徐复观的思想史(intellectual history)不是外缘的实证主义那种，而是既强调历史文献之依据亦注重义理之解释和分析，近乎以赛亚·伯林和阿拉斯代尔·麦金泰尔(Alasdair MacIntyre)的“history of ideas”。②

---

① 徐复观，《中国思想史论集》(台北：学生书局，1988)：2－3。我在1973—1974年间做徐先生的研究助理，协助香港中文大学中国文化研究所支持他的“两汉思想史”研究计划，见证他当时即以这些拆合的笨工夫进行研究。

② 如用诺贝尔奖得主的经济学家兼哲学家阿马蒂亚·森(Amartya Sen)的观点看，依照亚当·斯密(Adam Smith)以来遗失的传统观念，即使是客观经济事实的描述，也包含普特南所说的事实与价值的“entanglement”，或维维安·沃尔什(Vivian Walsh)所说的事实、约定与价值的“triple entanglement”。用森自己的话说：这是一种“rich description”。参阅 Amartya Sen, “Walsh on Sen after Putnam,” *Review of Political Economy*, Vol.17, No.1(January 2005)：107－113。

最后，借用朱熹“敬”的观念而引申至求知的活动中，徐复观细致地描述其治学的方法和态度，以见徐本人如何超越“形上良知的傲慢”与“史语实证的偏见”二端。他说：

> 敬是道德修养上的要求。但黄勉斋称朱元晦是“穷理以致其知，反躬以践其实；居敬者所以成始成终。谓致知不以敬，则昏惑纷扰，无以察义理之归；躬行不以敬，则怠惰放肆，无以致义理之实”（注七）。这段话便说明敬乃贯彻于道德活动，知识活动之中的共同精神状态。在求知的活动中，为什么需要这种精神状态？因为求知的最基本要求，首先是要对于研究对象做客观的认定，并且在研究过程中，应随着对象的转折而转折，以穷究其自身所含的构造。就研究思想史来说，首先是要很客观的承认此一思想，并当着手研究之际，是要先顺着前人的思想去思想，随着前人思想之展开而展开，才能真正了解他中间所含藏的问题，及其所经过的曲折。由此而提出怀疑、评判，才能与前人思想的本身相应。否则仅能算是一种猜度。这本是很寻常的事。但一般人在实际上所以作不到这一点，只是因为从各个人的主观成见中，浮出了一层薄雾，遮迷了自己的眼睛，以致看不清对象。或者把自己的主观成见，先涂在客观的对象上面；把自己主观成见的活动，当作客观对象的活动。这自然就任容易做出指鹿为马的研究结论。此种主观成见的根源，是因为有种人在自我的欣赏，陶醉中，把自己的分量，因感情的发酵而充分地涨大了。于是常常会在精神的酩酊状态下看问题，也在精神的酩酊状态中运用方法。所以稍为有一点声名地位的人，更易陷于这种状态而不自觉。敬是一个人的精神的凝敛与集中，可以把因发酵而涨大了的自我，回复到原有的分量。于是先前

> 中涨大了的自我而来的主观成见所结成的薄雾，也自然会随涨大部分的收缩而烟消云敛，以浮出自觉所研究的客观对象，使自己清明的智性，直接投射于客观对象之上；随工夫之积累，而深入到客观对象之中，即不言科学方法，也常能暗合于科学方法。①

这无疑是徐复观在百死千难的研究过程中所体证得到的东西。

结论：不得已的好辩者与不容已之真儒者

徐复观在学术、文化方面之努力，与其对政治、社会方面之关切，无不是基于他内心深处一股不容自已的忧患意识而生发出来的。他之所以要拿起笔来写文章，以至开罪了不少时人，逆抗着当时的潮流与势力，甚至使自己身陷困境而在所不惜，都不过是希望我们从他的文章中接触到大时代所浮出的若干片断面影，及听到一个身心都充满了乡土气的中国人在忧患中所发出的沉重的呼声。然而，在徐先生看来，"我国历史中，政治势力，才是最动人的东西；担当一个与现实政治势力经常处于危疑状态的人类责任，独来独往，这并不是讨便宜的勾当。因此，时代假定依然需要顾亭林、黄梨洲，这将是与人无竞，与世无争的一条人生道路"。②

徐先生这话看似矛盾：好像一方面由其忧患意识而生发出一股力量与现实政治势力及社会潮流作抗争；另一方面又以此抗争之精神可开展一与人无竞、与世无争的人生大道。其实这话并不矛盾。徐先生确信良知是中国文化的根源，是每个人所以成其为人的立足点；当任何

① 徐复观，《中国思想史论集》(台北：学生书局，1988)：5－6。
② 徐复观，《新版学术与政治之间》再版序(台北：学生书局，1985)：ix－x。

人在摆脱私利私见的一念之间，即可在自己生命内得到证明的最真实的存在。由此良知之扩充，便使忧深、情迫的忧患意识显发为一种道德的责任感，以至于如陆宣公所谓“不恤其他”而“上下与天地同流”的殉道精神。由此道德文化精神而勇往直前，根本容不下个人的利害得失，即使是有竞有争，也只是道德与不道德的抗争，理性与反理性的对反，对个人而言，这仍然够得上是争而无争的一条人生坦途。

徐先生写了许多“学术与政治之间”的文章，对他来说，实际上就是古圣先贤努力之所在。他认为中国古圣先贤，有如孔子、孟子，他们对当时君臣的谆谆告诫，实际就是他们的时论文章。所以他相信：凡是以自己的良心、理性，通过时代的具体问题，以呼唤时代的良心、理性的时论文章，这都是圣贤志业之所存，亦即国家命运之所系。作为一个现代的中国知识分子，他有一股强烈的无力感，以及由之而来的一股深切的挫折感。但在渺小中依然无法抑压住发自良心的呼吁，由其忧患意识而发为盛壮的历史文化精神，在此一精神底下，一方面贯彻他批判历史文化的任务，而另一方面却在批判之后重新认定传统文化的价值。他一再地强调：人格尊严的自觉，是解决中国政治问题的起点，也是解决中国文化问题的起点。一个忘本而数典诬祖的人，决无法真正地吸收西方文化从而革新自己的传统文化。因为，只有人格尊严的自觉，而不是向盛背衰的殖民心态，才能真切地面对文化的问题，为自己的社会文化作出贡献。

我们的总结是：徐先生是一个不得已的好辩者与不容已之真儒者。他并不认同判教式的安排包容与思辨式的形上玄想，他走的是一条与这些当代新儒家极不相同的道路。

第十五章　当代东亚儒学的主要课题与研究进路

第一节　当代儒学的兴起

在前现代中国，儒学不仅被视为一种伦理政治学说，这种学说构成中国文化的基本价值系统，体现为中国人心灵和行为上的某种生活态度，而且还被认为是一种意识形态，是国家社会政治体系的“软件”。显然，儒学是中国文化的主要构成成分之一，它维系了中国社会政治秩序稳定达两千年之久。然而，19 世纪西方文化以其洋枪大炮挑战中国文化与社会时，情况不再如此。正如许多研究中国历史的学者所描述的，1919 年五四运动的兴起是对西方文化冲击的主要回应，预示了现代中国的巨大变化。许多中国精英知识分子参加了这一运动，他们斥责中国传统文化，尤其是儒家，使得中国与包括日本在内的其他国家相比停滞落后。他们认为唯一的出路是追求现代化以拯救国家，而一个可能的方式就是引进现代西方社会的新型文化要素，如科学与民主。五四运动的领导人认为，要实现现代化就必须摒弃封建中国的过时文化，他们清除的主要目标之一或多或少就是被认同为前现代儒家的“孔家店”。因此，对五四运动的知识分子来说，儒家在某种意义上只不过是现代化的绊脚石，反传统乃必然的出路。

虽然想要推进儒家价值、捍卫其当代意义的传统主义者只是少数，他们在五四运动后没有太大的社会影响力，但是一些坚信儒学价值的学术领导者确曾尝试大力地反击反儒潮流。这群先锋人士之一是梁漱溟[艾恺(Guy Alitto)把他称为“最后一位儒家”]。[1] 梁漱溟的名著《东西文化及其哲学》[2]对“顶尖人物”胡适及其他五四运动领袖的反儒观点给予有力的反驳。正如陈荣捷(Wing-tsit Chan)所指出的，梁的这部著作“倡导儒家道德价值，在当代世界罕有地唤醒了中国人”。[3] 通过一方面比较传统中国世界观与印度世界观，另一方面比较中国世界观与西方世界观，梁的比较文化研究及其对反儒的响应为传统主义者发展其观点提供了一个坚实的平台。其后，另一位继梁漱溟于北京大学教学的学者熊十力写了一本关于儒家形上学的著作，因而把一些杰出的学者吸引到他的思路上来。在此书[4]中，熊十力通过一方面批评佛教唯识宗的理论前提，另一方面接受唯识宗的方法论及般若宗的思考方式，形成了儒学研究的一种新思路。依照西方哲学标准来看，他对儒学的形而上重建是精致而有趣的。在那些杰出的追随者中，熊的学生，包括唐君毅、牟宗三、徐复观，写出了许多在中国哲学和比较哲学领域扎实而优秀的研究著作。继而，1949 年后在港台发展了一个儒学研究的学派。这个学派建立在香港新亚书院的基础上，其后，于 1963 年合并到香港中文大学。后来，其影响波及台湾和大陆，引起国

---

① Guy Alitto, *The Last Confucian: Liang Shu-ming and the Chinese Dilemma of Modernity*, 2nd edition (Berkeley: University of California Press, 1986).

② 梁漱溟，《东西文化及其哲学》(上海：商务印书馆，1921)。

③ Wing-tsit Chan, *A Source Book in Chinese Philosophy* (Princeton: Princeton University Press, 1969): 743.

④ 熊十力，《破破新唯识论》(1933 年由北京大学出版部印行)。

际学术界的注视。在以往的50年中，这个学派的运动不仅被认为是一种闪耀的文化现象，而且被认为是当代中国学术的一项稀有的哲学成就。

20世纪70年代后期和80年代早期，在熊十力、牟宗三和唐君毅的影响下，一些港台学者和知识分子一起建立了一个学术团体。他们组织了关于儒学，尤其是有关这些儒学学者的思想的一系列研讨会和活动，因而吸引了学术界和大众的注意。在这一环境下，认同儒家信仰并与熊、牟和唐结盟的人开始把他们这一团体确定为"当代新儒学"或"新儒家"学派，与宋明新儒学（理学）相对应。20世纪70年代后期，也正是中国开始推行改革开放政策的时期。在这一新政策下，学术界的人逐渐从意识形态的思维中解放出来，寻求某种精神性的理想以取代旧有的意识形态。通过不断增加的内地、港、台及其他地区之间的学术交流，许多人对儒学研究的兴趣大增，这些当代儒家学者的思想成了研究的热点。1986年，内地的一些学者开始了一项广泛的历史、哲学研究项目，命名为"现代儒学"，作为一项为期十年的国家研究项目。与此同时，为了响应本地及西方自由主义者的挑战，以及合理化其威权式的民主理念，东南亚国家的一些政治领袖开始推行所谓"亚洲价值"，以针对西方的自由民主文明。他们认为，现代化理念是多元的，与东方的社团主义（communitarian）的精神相比，西方的自由民主文明太过个人主义，因而不是亚洲人民的选择。一些领导人、官员和学者也认为儒家价值更适合东亚人民，而且儒家价值被认为成功地支持了所谓的"亚洲资本主义"的兴起。与此同时，一些西方学者注意到日本和"亚洲四小龙"在20世纪70年代以来的经济奇迹，因而声称这些经济现象揭示了一种不同模式的资本主义现代化。他们认为，体现在日常生活中的儒家价值系统很可能是这些不同的亚洲社会所共有的一种公约因素

(commensurable factor),这一因素的作用与韦伯(Max Weber)所断言的新教伦理在资本主义兴起中所起的作用是相同的。

20世纪90年代,当代儒学的研究并不局限于以上所提到的学术界人物;另外一些有着与牟宗三和唐君毅相似的西方哲学方面良好训练的哲学家,例如冯友兰和贺麟,也被认为是这场学术文化运动的代表人物。① 钱穆,作为一位有影响力的历史学家和新亚书院的主要创办人之一,也被认为是一位当代儒家(或当代儒学家),虽然他的学生余英时曾撰文澄清钱在理解儒学和中国文化方面与牟和唐有着巨大区别。然而,过去的数十年中,在中国研究这一学术领域,当代儒学被认为是一股重要的思想潮流,它兴起于港台,延伸到中国大陆,扩展到包括新加坡、马来西亚、越南、韩国和日本在内的别的东亚社会,最终,经过杜维明和其他中国研究和比较宗教学领域学者的努力,在西方学术界也被广为注意,被认为是一种富有意义且令人感兴趣的有关哲学与文化思考的课题。

第二节　所谓"三期儒学"的理念

以沈有鼎的"中国文化和哲学的三期(发展)"理念为基础,20世纪60年代初牟宗三作了类似的"三期儒学"的区分。其后,杜维明追随其师牟宗三的思路把第二期儒学的范围扩展到包括整个东亚地区,并把第三期的范围扩展到所谓的"文化中国",包括当代东亚以外的地区。② 通过这种区分,这些学者似乎提供了一个有关中国

---

① 由于一方面牟宗三运用了德国唯心论的概念架构,追随王阳明的心学思路,而另一方面,冯友兰运用了新实在论的概念架构,追随朱熹的理学思路,在台湾和大陆有不少学者把他们的哲学分别称为"新心学"和"新理学"。

② Tu Wei-ming, "Confucianism," in Arvind Sharma (ed.), *Our Religion* (New York: Harper-Collins, 1993): 141 - 160.

思想历史的事实描述；然而，事实上，他们所提供的只不过是对中国思想历史事实的一个主观性的构想或哲学性的迎合。由于牟宗三及其追随者所作的区分是建立在一种选择性的思维上，这使他们能够包括张三而非李四作为“三期儒学”之一中的合格成员，并且把儒学发展的某些阶段排除在这种区分的范围之外。除了这种选择性思维之外，他们所作的区分也预设了某种“精神本质”或“道”可从第一期经由第二期而传到第三期。虽然我认为这种传承的理念只是一种预设，牟及其追随者却认为孟子对孔子的精神本质的传承是经过了他们的心灵或道德生命之间的某种呼应或贯通。他们认为第二期儒学的代表人物，如陆象山和王阳明，二者被牟宗三认为是孔孟的真正传人，也具有这种从其“精神父母”而来的心灵的或神秘的传承的意味。然而，这种思维并不建立在经验证据之上，并不能被客观地证实。如果我们不想认同牟和杜的道德加形上学的观点，而是把历史上的儒家理解为一个有内部类似性的家族(a family with internal resemblance)，很可能会规划出超过三期的儒学。在此，我的兴趣并不在儒学在中国和东亚的分期问题之上。我在下文要表明的是，儒学和中国哲学历史上的“道统”(道的正统的传承)观点及其本质主义的预设是根本错误的。

1958 年，一些在港台和美国的儒家学者，包括唐君毅、牟宗三、徐复观和张君劢，共同撰写了一份关于中国文化的声明，呼吁人们注意中西文化和哲学的本质区别，强调中国精神传统对现代世界，尤其是对中国的现代化的重要贡献。这就是著名的《为中国文化敬告世界人士宣言》。[①] 这项声明的主要观点之一就是：宋明理学(被定为儒学发展的第二期)，尤其是陆王学派，是古典儒学(被定为儒学发展的第一期)的

---

① 牟宗三、唐君毅、徐复观和张君劢，《为中国文化敬告世界人士宣言》，见《民主评论》第九卷第一期(1958)及《再生》，第一卷第一期(1958)。

真正传承，因为第二期主流中的儒家人物能够把握和发展表现在孔孟道德生命中的“精神本质”或“道”，而别的例如汉朝的那些儒家人物就不能有这样的把握和发展。这项声明还断言，由汉朝以来政治意识形态化了的儒学偏离了古典儒学的精神，因为政治化的儒学不能传承孔孟的“精神本质”或“道”。牟宗三在20世纪70年代以后发表的著作中更加详细地论证了这一“精神本质”的概念。他认为这一“精神本质”可以用一句口号来表述，即“天道性命相贯通”。类依这一口号的话最初出现在《中庸》，其后在陆象山和王阳明的著作中得到发挥。杜维明曾明确地表示：“所有重要的宋明理学家都接受这一观点，即：人性，作为支配性的原理，是由上天所赋予的，人性存在的理由可以被理解为要显现我们本性中所固有的天理。”与柏拉图的理型（Idea）和基督教的上帝相比，“天命决不能成为‘整个的他者’，相反，它内在于人之所以成为人的基本结构中：尽其心者，知其性也。知其性，则知天矣”。[①] 我认为，这是包括杜维明及其老师牟宗三在内的所谓“第三期”当代（新）儒家把儒学“终极实在”（天理）的理念描述为“超越内在”（transcendent immanence）或“内在超越”（immanent transcendence）的主要原因之一。“超越内在”是一具有神秘主义色彩的观念，与犹太基督教传统以及柏拉图形上学中的“超越外在”的观念有本质之异。对牟宗三和其他当代（新）儒家而言，这一观念不能由理性思维所把握，也不从属于逻辑分析，因为他们认为“超越内在”不是像西方哲学史上的许多形上学命题那样，是靠形上思辨得来的观念；它是一种智慧或真理，只能由某种智的直觉、非感性的或神秘的经验所把握。他们认为这种直觉或经验与理性思维根本不同，它只能由个人心智通过一条私有途径，通过长

① 杜维明，《道・学・政：论儒家知识分子》（新加坡：东亚哲学研究所，1983）：105－106。

期艰苦的道德修养，才可以获得这种直觉或经验的觉悟，从而进入这种超越领域并掌握其中的智能或真理。唐君毅借用黑格尔的观点把这种经验称为“绝对意识”(absolute consciousness)或“纯粹主体性”(pure subjectivity)，①而牟宗三则借用康德的观念称之为“智的直觉”(intellectual intuition)或“直觉理解”(intuitive understanding)。②

显然，这种观念类似于有关禅的体验或别的宗教传统中的神秘体验的观念。同样明显的是，这种观念不能被我们的感官经验证实或证伪，也不能被我们的逻辑思维证明其为是或为非。大多数儒学的思想史家，例如余英时及其同道，不接受这种观点。他们认为这种思想诉诸某种由超越和神秘感所界定的非经验的或绝对的心灵的权威。在他们看来，诉诸个人内在非感性体验作为达到“精神本质”的私有渠道就等同于犯了一个称作“良知的傲慢”之谬误。然而，牟宗三不接受这一批评。他认为史学家的外在进路无助于达到终极实在。他还断言，“精神本质”只能通过某种道德形上学的进路来掌握。这与西方思辨形上学绝然不同；正如其道德形上学所描述的那样，“精神本质”的智慧或真理只能通过智的直觉获得。因此，牟认为，这种非理性的智慧或超越的真理不可能为史学家的实证主义的心灵所把握。

我曾在别处讨论过当代(新)儒家超越观点的可能性及有效性，在此我不作重复。③ 但是，我想讨论以下一个问题，即历史上是否有所谓

---

① Tang Jun-yi, "Liu Tsung-chou's Doctrine of Moral Mind and Practice and His Critique of Wang Yang-ming," in Theodore de Bary et al. (eds.), *The Unfolding of Neo-Confucianism* (New York: Columbia University Press, 1975): 315.

② 牟宗三，《智的直觉与中国哲学》(台北：台湾商务印书馆，1971)。

③ Yiu-ming Fung, "Three Dogmas of New Confucianism: A Perspective of Analytic Philosophy," in Bo Mou (ed.), *Two Roads to Wisdom: Chinese and Analytic Philosophical Traditions* (Chicago and La Salle: Open Court Publishing Company, 2001): 245 - 266.

"精神本质"的东西贯串于"三期儒学"之中？在我看来，即使在古典和后世的儒家思想中没有客观认定的核心，孔子学说的某些成分一定为后世儒家所分享；他们之间可能有某种家族类似的关系。然而，我们知道，汉代儒家接受和发展了孔子之前和孔子本人关于天（天帝或超自然力量）和命（命运或天命）的宗教概念，而宋明儒家却置之于其概念系统的边缘地带。另一方面，宋明儒家接受某些借用自佛教和道教观念，并于其上建构起各种道德形上学，用以解释古典儒学的道德学说。但是，清代的儒家和语言训诂学家却认为这是对儒家原初学说的误解，偏离了孔子的传统。显然，声称有所谓"精神本质"的东西潜在地贯穿于所谓"三期儒学"之间并非历史事实。同样明显的是，声称所谓"精神本质"的所指对象普遍作用于世间万物也非理性事实。如同别的传统一样，在各个传统的历史"长河"中，并没有本质性的"点滴"。

孔子学说的主要观念，包括"仁""义""礼"及"忠恕"等，基本运用于伦理、社会和政治的范围中。这些观念的某些运用可能具有宗教含义和哲学意味；不过很清楚，孔子在《论语》中并没有明确讨论形上的问题。孔子学说大多关心人的行为和自我修养、社会规范和政治理想。虽然孔子本人在商周的宗教传统中受到良好的教育，因而并非反有神论者或不可知论者，但他似乎把传统的宗教伦理文化中的宗教成分置之一边，强调人的道德行为的自主性与合理性。① 如一些先秦历史领域的中国学者所指出的，"帝"或"天帝"（天上的皇帝）这个概念在商朝是用作地上政治权力起源的象征。它意味着地上王权的合法性来自天

① 至于一般儒学，尤其是古典儒学，是否为一种宗教这一问题，取决于我们如何定义"宗教"这个词。如果我们把它定义为一种关于外在人格神的学说，很清楚，这类宗教成分在孔孟思想中不占主导地位。如果我们用这个词指有关终极关怀的学说，或有关某种超越指涉的学说之对象，显然，中国历史上所有儒家思想中均或多或少涉及这样的宗教层面。

上的宗教权力。有时候，商代统治阶层的成员甚至视天帝为其祖宗神，他有绝对权力保护他们的子孙后代，支持他们的世俗政治事业。周朝的开国者试图消除这种合法性的影响，他们用“天”和“天道”这些词语分别取代“帝”和“天帝”，他们大声疾呼：“天道无亲，唯德是辅。”他们声称，周朝之所以可以取代商朝，是因为周朝的统治者秉德爱民，而商朝的统治者是暴君，因而天剥夺了他们的权力。孔子仍然接受这种用来合理化政治权力的具有道德取向的推断主调，但是减少了作为超自然力量的天的作用。在这方面，孔子思想中“仁”的概念的出现，表示他试图淡化“天”这一概念的政治功用，而用“仁”的概念作为建构和证立其有关社会政治秩序的理想之道德基础。如徐复观和牟宗三所讨论的，①在周朝后期(即春秋战国时期)，用天作为宗教基础去合理化政治权力已经行不通了，因为周朝初期所建立的封建制度的基础在后期已遭破坏，这时人们已不再承认传统政治文化的宗教伦理象征是有效的合理化工具。与天在政治文化作用中的宗教他律性相比，对孔子而言，诉诸道德实践和道德自主性看来是重建理想社会政治秩序的一种可行的选择。如一些古代中文经典所载，孔子主要关心的是整顿和重建周朝的社会政治秩序，但是他的社会政治论题却建立在其道德心理学、行动理论和德性伦理学之上。在此意义上，我们可以说，孔子是一位“道德人文主义者”，是儒学的真正奠基人。

宋明儒家虽然声称自己是孔孟的真正传人，他们却有着与孔孟不同的议题。当然，我们知道，孟子对人性的形上思考更感兴趣，而孔子却并不关心这一问题。并且，由于受阴阳学派和黄老道家的影响，《易传》的作者发展了一种具有道德取向的本体宇宙论，而《中庸》的作者建

---

① 徐复观，《中国人性论史·先秦篇》(台北：台湾商务印书馆，1975)第二章；牟宗三，《中国哲学的特质》(台北：兰台书局，1973)第三章及第六章。

立了一套道德形上学的粗略观念;但孔孟并没有这些观念。主要以这两部先秦后期或稍后的经典为基础,宋明儒家借用佛道的概念工具以重释先秦早期的文本,以此重建儒学。他们要在与宋明两代盛行的佛教和道教的对抗过程中做重建工作,攻击佛道为其敌人,希望把精英分子吸引回儒学中来。然而,吊诡的是,他们重建工作的架构基本上却是借用了其论敌的架构,虽然他们理论的大部分内容与之不同,甚至相反。例如,程(氏兄弟)朱(熹)的"理(超越的规律或原理)气(物质力量或生命力)"架构实际上是将佛教"理"的形式特点加上道教"气"的类似观念构成的混合体。很明显,周敦颐、张载和朱熹的"气宇宙论"的基本概念主要借鉴自道家及道教的观念,而朱熹"理一分殊"的架构只不过是一个来自华严宗思考模式的转换。此外,王阳明声称万物均有性(物的本质之性或理在物中的体现),且性心同一。因而,他的"心"概念指的乃是体现在世间万物中,甚至在无情物(即佛教徒所称的"草木瓦石")中的宇宙心灵。宋明儒家运用"气"和"阴阳""五行"可以从宇宙论的角度把世界描绘成一个有机循环的整体。此外,通过具有伦理及神秘含义的"理"概念,他们能够对这一有机整体加入道德形上学的意义。大致看来,我们可以说,从古典儒学到宋明儒学之间存在着一种典范的转换,或者说,前者的某些基本概念已不能与后者的相关概念做局部比较,虽然两者都使用相同类型的词语来表述这些概念。

如果上述论证是正确的,隐藏在"三期儒学"观念背后的本质主义的纲领就不可能得以坚持。毫无疑问,清朝的训诂学及日本的"古学"之兴起可以被看作对这种转换或偏离儒学原旨的反响。另一方面,作为一种文化现象,当代(新)儒学的兴起确实是对这种语言学转向的反动,是对来自西方的挑战的响应,或许是解决五四运动之后意义危机的一种办法。作为当代(新)儒学的重要人物,牟宗三认为儒学的复兴取决于中国人的“返本（本源或基础，即传统的精神本质）开新（新事物，即从西方文化而来的新成分）”。换言之，第三期儒学发展的前景取决于中国传统的“精神本质”和西方文化的现代要素的辩证混合。然而，如果所谓“精神本质”只存在于思辨中。这项“化学工程”又如何能够产生？

第三节　当代儒学的课题

不论古今，在中国或东亚其他地区，儒学不仅给人们提供道德教诲，而且，在提供文化建设或政治认同所需的精神理据上也发挥重要的作用。例如，正像许多现代中国思想史学家们所指出的，当代（新）儒学在港台及大陆的兴起是针对 1919 年五四运动后西化潮流的反向。面对西方文化的挑战，一些知识分子和学者仍然坚信中国传统文化及其价值可以转化为新文化中用以建立独立强国的充满生命力的核心要素，他们致力于揭示传统中的优秀文化要素或精神源泉。当代（新）儒学在港台和中国大陆的兴起就是在这一背景下所做的一项文化规划。虽然大部分当代（新）儒学的主要人物都学贯中西，在中国哲学和西方哲学方面都做了大量学术研究工作，但对他们来说，哲学研究本身并非目的；相反，他们主要关心的是：如何揭示被反传统主义者扫荡而去的精神源泉，如何重建中华文化，从而克服西方挑战带来的意义危机和文化危机。

我认为，当代（新）儒家的主要课题是如何面对西方的挑战，如何复兴和重建中华文化。20 世纪 30 年代，牟宗三的老师熊十力利用某些佛学架构的成分来重建《大学》“内圣外王”的古老命题。他把前者（内圣）重新表述为建立在某种本体宇宙论上的道德转化之终极目的，而后者则是在这种精神基础上的理性运用。这一目的所在的(精神本)“体”可以被理解为道德本心和超越实体;而“用”则包括科学、民主和其他文化成就,即西方的新事物,这些是道德本心的社会实践结果,或是超越实体的创造力通过人的活动在现象界的实现。在古典儒学时期,道德赋命与上天力量之间可被理解为具有某种因果联系,不论这一上天力量是作为一种天赋能力,还是作为神圣的要求。① 在宋明理学期间,道德赋命被认为与某种形上基础之间有某种神秘的联系。虽然思想史学界的一些学者指出,孔孟主要用“天”这一词指超自然力量,一些儒家哲学领域的其他学者跟从宋明理学的思路,认为孟子的本心和本性概念并非字面意义上的天的自然赋予,而是终极超越实体的形上显现。例如,一些儒学哲学家声称,“孟子并不认为人在现实生活中不为恶。他只是说,我们人人都有天赋禀性,这就是为什么说人之初性本善,而人性的巨大潜力可以通过充分发展人心中的原初四端得以实现。正如小宇宙与大宇宙、内在与超越是相互关联的一样,没有必要像基督教那样去寻找至上的超自然力量或超越的人格神上帝。”②显然,这种观点把“天人合一”与“内圣外王”的观念结合起来。换言之,后者被认为是旨在以个人道德完善为基础来建立社会政治秩序理想;而前者可以被理解为一种合理化的渠道,使得个人的道德完善从超越和创造性的实体中形上地显现出来。在此,他们似乎对古典儒学做了新解释,从而可以把社会和政治实践与自我修养联系起来,并为自我修养提供了一本体论的升进(ontological ascent)。

---

① 对孔孟而言,虽然道德赋命被理解为因果地关联到上天力量,但是当道德赋命被人们接受之后,只能由人自我决定其为应然的及由人自我证立其为合理的。

② Shu-hsien Liu, "An Integral Understanding of Knowledge and Value: A Confucian Perspective," in *Journal of Chinese Philosophy*, Vol. 30, No. 3&4 (September/December 2003): 391.

由于当代(新)儒家声称通过对往学的真正传承来揭示精神本质，似乎他们与宋明儒家在“内圣”观念上并无本质区别(虽然两者都与《大学》的原意不同)。但他们的“外王”观念却明显地与宋明儒家不同，因为新的“外王”包含科学、民主和经济成功作为要成就的目标。因而我们可以称此新功用为“新外王”。为解释这个新功用，牟宗三借用黑格尔“自我否定”(self-negation)的概念来描述(非经验的)超越心灵和(经验的)认知心灵之间的关系。他认为超越心灵与终极实在同一，是道德的基础，展现为理性的实践运用，但是它不能直接开启包括科学和民主在内的知识领域，而知识领域必须建立在理性的理论运用上。为开启知识领域，超越心灵必须进入“自我否定”的状态。此外，这种辩证思想也包含了从佛教唯识学派而来的成分，即“一心开二门”：本体的和现象的二界。显然，牟宗三不接受熊十力在“直通”(go-thorough)模式意义上的“体用”概念，而提出“辩证”(dialectical)模式以取代之。然而，牟仍然同意熊十力所主张的“体”是“用”的本质条件或形上基础的观点，换言之，如果没有道德转化和人的超越心灵的恢复，在中国就没有科学和民主的发展。在此，牟似乎是用黑格尔的思维模式把社会实践和文化实现看作精神实在的“客观化”(objectification)。但是这种形上思辨的蓝图并非现实世界的真实图绘；它不能带领人们走向现代化。当然，声称恢复和揭示丢失的精神传统可能有助于建立中国人的文化认同；但是，声称恢复和揭示并不确实等同于真正的恢复和揭示，因而不能真正导向道德转化的形上目的。再者，就立论退一步而言，如果我们接受“内圣”真正是“新外王”的本质条件或形上基础，我认为，当代(新)儒家仍然有回答不了的问题，即如果西方人并没有达到当代(新)儒家所提出的“内圣”目标，如何解释西方世界的科学和民主成就？牟和熊没有回答这个问题。我想他们也回答不了。

当代(新)儒家“返本开新”的观念意味着,如果中国人想要发展象征西方文明成就的新文化,他们必须从作为中华文化的根基之本心寻求精神力量。换言之,他们认为中国人不能仅仅通过从西方输入来发展包括科学成就、政治建构和经济成功在内的新文化;他们只能在中国的土壤上养育西方的花朵。我认为这样的信条在理论上并不可靠,但可能在实践上有其意义。从心理学上来说,强调以中华精神的本源作为文化发展的基础,可能是促使人们努力实现现代化的良善理由和心理动力;但是这并不能在理论上证实精神基础与文化建设之间有任何逻辑上的或因果上的联系。我认为这基本上是张之洞“中学为体,西学为用”观点的变种。此外,即使有些学者不同意当代(新)儒家的观点,但由于他们强调儒学价值在现代东亚经济成就中的正面作用,一如基督新教伦理在西方资本主义兴起中的积极作用一样,他们仍然或多或少具有这种“体用”的纲要性思维,而且可能还具有黑格尔式的“客观化”概念。这些学者不同意韦伯的比较文化观点:非西方文化不具有在资本主义兴起中起作用的新教伦理的功能相等物(functional equivalent);但是他们接受韦伯的另一观点,即精神元目(mental entities),诸如宗教观念或道德价值,具有激活或促进经济活动的模态力量(modal force)。我认为这些学者和当代(新)儒家其实犯了相同的谬误,即相信从观念(idea)到行为事件(behavioral event)之间有一种因果的“效验”(efficacy)的错误观点。因此,我认为当代(新)儒家的方案是失败的,而所谓儒家资本主义的说法也是徒劳无益的。

第四节 儒学与儒学研究的进路

对当代(新)儒家和宋明理学家而言,儒学不仅仅是儒学研究。[①] 他们认为儒家的终极教义是要寻求某种内在智慧和超越真理，这是客观研究和逻辑方法所不能理解的。他们强调，中西哲学有着本质不同，两者不能互相通约（incommensurable）。他们认为，理解这种智慧和真理就是去进入一个超越的领域，这一领域只能由智的直觉或神秘经验经过长期艰苦的道德实践和心智转化而达到。在此意义上，我们可以说他们神秘化了儒学和中国哲学，他们留给西方哲学家这样的印象：儒学和中国哲学不能被理解为一种哲学，因为它们基本上不能由理性思维来认识。

在我看来，与当代（新）儒家"良知的傲慢"（the pride of *liang-zhi*）相比，研究中国思想（包括儒学）的思想史学家和汉学家，诸如胡适及其追随者，确实有某种"历史心灵的偏见"（the prejudice of historical mind）。我们知道，胡适是现代中国五四新文化运动自由派的"教父"，他激烈地批评中国旧有文化，热情地拥抱西方的科学文明。虽然他着迷于科学，但他并未认识到他的"科学"观念比起西方思想家的想法来得更加激进和浪漫。19 世纪末至 20 世纪初，大多数的西方思想家仍然认为人文学与科学之间有着方法论上的界限，虽然他们中的一些人对人文学持有非常实证主义（positivism）的态度。然而，胡适对人文学采取了泛科学主义（pan-scientism）的进路，远离了西方人科学进路的正常目标。由于胡适在行政权力和学术权威方面都是"领导中的领导"，他对人文学所采取的历史学的加语言学的进路（historical cum

① 儒家与儒学学者之间的界限并不泾渭分明。基本上，大多数过去和现在的儒家热衷于发表自己关于儒学主要问题的观点，提出对儒学经典的解释。在此意义上，他们也是儒学学者。但是，现今大多数儒学学者受过西式的现代大学训练，他们可能没有像宋明理学家或当代（新）儒家那样的精神承诺或信仰。换言之，他们更热衷于用现代语言准确地理解儒家学说，做客观的研究；他们一定有使命去传承所谓孔子的道，但不一定有意向去恢复所谓儒学的精神传统。

philological approach)，伴随其浓厚的实证主义者的心态，主宰了华人社会的中国研究半个世纪之久，对西方的汉学研究也有重大影响。这种倾向或偏见不仅使得胡适在发表了失败的中国哲学史著作第一卷之后，停止了第二卷的续写，[①]而且也把他推进了“非哲学化”(de-philosophizing)的死胡同。不幸的是，在这种倾向或偏见的基础上，胡适及其追随者建立了汉学研究的强大潮流；从其泛科学主义的定义上看，他们似乎拒绝了任何其他进路，尤其是哲学的进路，来进行中国研究。虽然他们声称自己的进路是智性取向的，建立在客观证据的基础上，运用科学的方法，可是他们几乎全不知道，证据是有理论负荷的(theory-laden)，而哲学分析更是不能被社会历史的解释所取代的。他们认为，对中国思想的扎实研究不应该是对非经验问题或超越问题的智性游戏，所有问题都应该在经验基础上得以探究。换言之，唯一有意义的研究是在历史脉络中去界定和讨论问题，然后研究其社会政治意义。如果这一点是正确的，所有非历史的和非语言学的中国思想研究，尤其是那些具有形上学含义的研究，都是无意义的；基于同样理由，所有西方形上学的研究，诸如柏拉图的形而上学和康德的超验哲学，也都是无意义的。我认为这种倾向或偏见是由于胡适及其追随者忽视了以下两个问题之间的区别：某一思想如何在历史境况下产生和运作，以及某一思想如何在哲学理论中得到证立和理解。这可能是劳思光批评胡适中国哲学史著作的原因之一：“这是一项没有哲学的历史学和语言学研究。”[②]胡适对《公孙龙子》和《墨经》的研究也表明，虽然他努力解决语言训诂学问题，但却不能进入逻辑和语言哲学的领域，而这一领域的问题明确地构成了此二家的“正餐中的主菜”。他的无知导致了没有

① 胡适，《中国哲学史大纲》(第一卷)(上海：商务印书馆，1919)。
② 劳思光，《新编中国哲学史》(台北：三民书局，1982)：1－2。

哲学的中国思想研究,因而给中国哲学,尤其是儒学的研究带来了危害。一方面,当代(新)儒家神秘化了哲学,可是另一方面,像胡适及其追随者那样的汉学史家却虚无化了哲学。这敌对的双方走向两个极端,却殊途同归,两者都导致这样的结果:他们给了西方哲学家一种印象,认为儒学和中国思想不能被理解为哲学。

在这两个极端之间,有一种研究中国哲学和儒学的进路可以完全被西方哲学家理解为哲学的进路,这就是冯友兰所采用的进路。冯把他的方法明确定义为"逻辑分析",几乎所有中外学者都同意这一点。显然,冯关于中国哲学史的著作在方法论上类似于西方观念史领域中的著作,因为,除了历史学的解释,他在书中用概念和逻辑分析处理哲学问题。[①] 然而,他在别的著作中对宋明理学的分析及对儒学新体系(新理学)的建构看似用了逻辑分析的方法,实际上却不是。例如,他断言,建立其新的儒家形上学的目的是对人类经验进行逻辑分析。在他看来,从经验的前提到形上的结论是有逻辑关联的,如从前提"有山"到结论"有山之所以为山",或从"有方"到"有方之所以为方",都有逻辑关联。一般来说,此即以从前提"有某物"到结论"有某物之所以为某物"之间有一种逻辑关联。以此看似逻辑的关系为基础,他断言,这个"有某物之所以为某物"者乃是一种"理",可以被理解为某物之所以存在的形上基础。换言之,我们经验所证实的某山的存在预设了山之理的存在;没有后者,前者不可能存在。[②] 就我所知,几乎所有中国的学者都同意这种看似逻辑的分析,他们认为这是把西方逻辑方法运用到儒学

---

① Fung Yu-lan, *A History of Chinese Philosophy*, 2 volumes, translated by Derk Bodde (Princeton: Princeton University Press, 1952).

② Fung Yu-lan, *A New Treatise on the Methodology of Metaphysics* (Beijing: Foreign Languages Press, 1997): Chapter 6.

和中国哲学研究中的成功一例。然而，冯的预设并不受非实在论者的欢迎，他们不承认现象物的存在形而上地建立在某种超越物的基础上。我认为，冯所做的并非逻辑分析，而是一种建立在某种超越论证(transcendental argument)上的分析。在此，我们可以得出结论，冯的进路并不是逻辑的，而是形上的。

胡适和他的追随者抱怨当代(新)儒家的进路是神秘的和非经验的。但是，当代(新)儒家回答说，儒学的启悟并不是理性的可认知的，而且内在智慧和超越真理只能通过长期艰苦的道德实践和精神转化，从非感性的直觉或超越的经验中获得。然而，他们认为，理论分析作为初步理解和进入超越领域的方便策略还是有帮助的。事实上，虽然当代(新)儒家经常声称其终极关怀不是从理性上可分析的，但其著作的百分之九十以上却是理论性的。虽然他们有时谈论非感性的直觉和超越体验，但他们却不得不用西方形而上学的概念来分析和解释那些“不可分析的”(unanalyzable)东西。例如，唐君毅自己亦提到用来解释“绝对意识”或“纯粹意识”概念的“超越反省法”基本上与笛卡儿或康德的“超越推述”(transcendental deduction)是类同的。虽然牟宗三强调良知并不是什么假设的东西，正如冯友兰所声称的那样，而是一个“自我呈现”的实体，但牟亦只能通过类似于他所说的康德有关“实践必然(需)性”的“超越推述”，来表示道德如何可能须预设“自我呈现”的实体。正如我在别处所讨论的，牟的“超越体证”与“内在体证”的观念并不能被理解为任何直觉，只能是某种超越推述。① 其实，牟与唐求助于非感性直觉或超越经验与别的宗教传统求助于第一人称权威的私有经验并无本质之异，而且他们的理论建构主要也是以“超越论证”为基础。

---

① 冯耀明，《超越内在的迷思：从分析哲学观点看当代新儒学》(香港：香港中文大学出版社，2003)：第六章。

因此，我们可以得出结论：他们的儒学研究进路仍属于西方意义的形上思辨范畴。如果这点是正确的，我还可以得出另一结论：虽然冯友兰声称他的方法是逻辑的和概念性的，而牟和唐强调他们的方法是非分析的和直觉的，其实他们双方都是思辨哲学家，双方的形上理论都未能恰切地被用来理解古典儒学。

与中国宋明理学家和当代（新）儒家超越主义的内在进路相比，日本儒学家的进路或多或少是外在的，具有反超越主义的特色。我们知道，自伊藤仁斋与荻生徂徕以来，日本儒学的主流研究发展成为对孔子原初思想的探讨，即有关"圣人真言"的"古学"。他们认为，宋明儒学与佛教唯心论思想相混，偏离了孔子的实践教义。一方面他们想解构宋明儒家的诠释，尤其是朱熹的超越解释，另一方面要回到孔子原本的真正学说。例如，宋明理学家主张可以通过人的心智达到对圣人原初要旨的解释，这在荻生徂徕看来只不过是一种轻慢，暴露了他们对经典的大不敬。他强调指出，"礼仪是外在的和复杂的，存在于人的自身之外，需要长年累月的艰苦研修"，而且，"礼仪不是起源于个人或心智，如程朱学派的学者们所说的那样，而是由圣人和先王在上天的要求下创造出来，保存在经典中的"。① 伊藤仁斋不同意朱熹关于超越的道与物质（或生命）的力（即气）之间的二元论，他指出，"驱动阴阳的是理（即道）"，而"阴阳是物质力量"。② 他与荻生徂徕都反对这种超越主义及与之相关的二元论。一般而言，对中国理学家来说，其传承于古典儒学

① Samuel Hideo Yamashita, "Nature and Artifice in the Writings of Ogyū Sorai (1666 - 1728), in Peter Nosco (ed.), *Confucianism and Tokugawa Culture* (Princeton: Princeton University Press, 1984): 147.

② Samuel Hideo Yamashita, "Nature and Artifice in the Writings of Ogyū Sorai (1666 - 1728), in Peter Nosco, (ed.), *Confucianism and Tokugawa Culture* (Princeton: Princeton University Press, 1984): 149.

的价值可构成一种内在的(和超越的)驱动力,指导和规范外在行为;而对日本儒家来说,他们从先王和孔子的教义学到的价值只不过是适当地把各种行为安排在一种良好的秩序中。然而,日本儒学的实践特色及反超越倾向不仅仅是客观研究的结果;它们基本上来源及根植于日本本土文化。正如一些研究日本文化的专家所指出的,与中国理学家相比,"日本儒学家却全都拒绝朱熹关于终极实在的主要观念,朱熹认为终极实在是抽象的,非物质的,永恒不变的,独立于物质的气及个体事物之外。如果日本儒学或是一般而言的日本哲学中有什么特别日本化的东西的话,无疑就是这种对当下的、内在的、感性的、变化的、物质的和自然主义的东西的偏好,及与之相关的对任何纯理智的、超越的、抽象的、非物质的、永恒的和非人间的东西的怀疑和缺乏同情,等等。的确,纵观日本历史,不论何时,每当日本人接受外来文化时,尽管有着对别种文化的广泛借鉴,但他们只接受及解释与这种倾向相吻合的部分。他们从未放弃任何自己的文化,他们只是利用新的外来文化来巩固及更合理地证立其独特的日本方式"。①

在此,有两点需要提出来澄清。第一点,中国文化总是要被调整来适应日本人的情感与需要,其实对宋明理学也不例外。此点含蕴着,由于这种情感与需要,某些日本学者的观点有可能是建立在对中文文本的误解之上。第二点,德川儒家的反超越主义的观点与其"古学"是一致的,而"古学"在某方面乃是客观的研究。这就意味着,某些日本学者的观点亦有可能是扎实地建立在中文文本的基础上。因此,我认为,在其对儒学的文化重构与客观诠释之间存在一种内在张力。例如,荻生徂徕关于孔子一般学说的观点,就其所做的非形上的诠释而言是正确

---

① H. Gene Blocker and Christopher L. Starling, *Japanese Philosophy* (Albany: State University of New York Press, 2001): 71.

的。但是,他对孔子"先王之道"的理解是不准确的,因为,道德心理学的一些相关概念不能只用外在行为的概念来解释。然而,这种外在的进路与日本文化的主流是相一致的。这是日本德川及其后儒学的特点。

与宋明儒家一样,大多数当代(新)儒学的第一代代表人物运用佛教的概念架构来建构其理论。然而,由于第二代的主要人物受过良好的西方哲学训练,他们常常借用西方唯心论者如康德和黑格尔的观念来重建儒家古典学说。例如,冯友兰对新理学的建立离不开柏拉图的"理念"观;而牟宗三对儒学的道德形上学阐述也离不开康德"现象与物自身"的区分。与这种哲学的或形上的进路相比,日本儒学的进路自伊藤仁斋与荻生徂徕以来基本上是语言学的和历史学的。不过,其研究是与日本的社会政治处境而非中国的文化背景相关联的。

当今儒学的学者没有像上述儒家那样全心的信仰承诺,通常视儒学为一项客观研究。在华人地区和北美的儒学研究主流都是思想史研究,其次是比较宗教和比较哲学研究。前者所用的不是哲学的进路,当然这一潮流的学者从历史的角度出发,对理解儒学不无贡献。例如,狄培理(Wm. Theodore de Bary)、史华慈(Benjamin Schwartz)、张灏及余英时都是采取这一进路的杰出学者。人所众知,1964 年狄培理和陈荣捷一起开始建立哥伦比亚大学新儒学论坛,继而,组织了一项这一领域的研究出版计划。① 他与同仁置儒学于全球视野之中,

① 由狄培理编辑的四本论文集相继在这一计划下出版,它们是: Wm. Theodore de Bary (ed.), *Self and Society in Ming Thought* (New York: Columbia University Press, 1970), *The Unfolding of Neo-Confucianism* (New York: Columbia University Press, 1975), *Principle and Practicality: Essays in Neo-Confucianism and Practical Learning* (New York: Columbia University Press, 1979, and *Yuan Thought: Chinese Thought and Religion Under the Mongols* (New York: Columbia University Press, 1982)。

为西方读者提供了对前现代中华文明的儒学核心的系统理解。他们对儒学的同情理解有助于揭示被列文森(Joseph Levenson)和胡适等学者所忽视的儒学的现代相关性及其生命力。比较来看,狄培理较强调儒学的人文方面,而史华慈则强调儒学的宗教层面。史华慈借助卡尔·雅斯贝尔斯(Karl Jaspers)"轴心时代"(Achsenzeit/Axial Age)的理念把孔子的思想阐发为一种古代中国"超越的突破"(breakthrough of transcendence),而狄培理与西方传统中的圣经预言相比较,探讨儒家传统中的先知性维度。在讨论现代中国知识分子对西方挑战的响应时,张灏极其清晰地勾画出这一时期意义危机的历史图画。另一方面,余英时回到前现代中国,把一些儒学的主要人物置于相关的社会政治背景下,揭示他们所要传达的真正信息。他对朱熹思想的宏大研究计划似乎为进行中国研究尤其是儒学研究的思想史学家提供了个案研究的典范。

相对于思想史的进路,另一进路则是比较性的,近期似逐渐被儒学领域的学者欢迎。这种进路的一些代表人物,如郝大维和安乐哲,①对儒学提出崭新的诠释,声称其诠释可反映古代中国哲学的某些特性——某些"中国性"(Chineseness)的成分。他们认为古典儒家视世界为一个带有美感的有机整体;在孔子的思想中没有超越承诺与二元论。他们相信古代中国的思维方式是过程性(process)的而非分析性的。在他们解释之下的古典儒家思想似乎与后现代的反逻各斯中心主义(anti-logocentrism)、反笛卡儿二元论(anti-Descartes's dualism)、反表象主义(anti-representationalism)和罗蒂的新实用主义(neo-pragmatism)相一致。然而,他们所提供的似乎是一种过度诠释

① David Hall and Roger Ames, *Think through Confucius* (Albany: State University of New York Press, 1987).

和脱离文本的论述。与郝大维和安乐哲的比较哲学观相比，所谓的“波士顿儒家”的南乐山（Robert Neville）和白诗朗（John Berthrong）的观点乃是比较宗教学的。虽然他们彼此有所不同，但双方都有兴趣用怀特海（A. N. Whitehead）过程本体论及实用主义的概念工具来诠释儒家文本和解释儒学问题。我认为这两种方案都并不成功，至少不被大多数汉学家认同为对儒学的准确理解。如果当代（新）儒家的进路可以被称为是“使中国（和儒家）哲学神秘化”，而胡适等语言学家和史学家的进路可以被称为“使中国（和儒家）哲学虚无化”，那么，这种比较的进路可以被标示为“对中国（和儒家）哲学之误纂化”。

虽然最近出现了一些比较哲学研究，它们大都与英美主流哲学（即分析哲学）无关。[①] 芬格莱特对孔子的研究是极少数的例外。[②] 他的进路主要是建立在奥斯汀的语言行为理论（speech act theory）和赖尔的逻辑行为主义（logical behaviorism）之上。在我看来，他对孔子学说的解释是个“光荣的失败”，这解释之所以失败，是因为《论语》以及孔子前后文献中的一些心灵概念及有内外指向的概念，并不能如他所说的那样，可以被理解为倾向性的词语（dispositional terms）。他认为对孔子的语言作心灵的解释可被谴责为笛卡儿的二元论之误置，但事实上这种谴责不过是对“稻草人”的攻击。因为在古典或现代中文中具有心灵内容的文脉所预设的常识性的内外之分与笛卡儿的二元论并不等同。

---

① 此中代表有葛瑞汉（Angus Graham）、孟旦（Donald Munro）和倪德卫（David Nivison）等，他们都是有若干西方哲学背景的汉学家。虽然他们的观点并不与分析哲学完全一致，但他们确实对中国哲学尤其是儒学的研究作了重要的贡献。葛瑞汉对程氏兄弟的研究，孟旦关于儒家人性观的三部曲，以及倪德卫对儒家道德心理学的研究，都是汉学与哲学相结合的成功个例。

② Herbert Fingarette, *Confucius – The Secular as Sacred* (New York: Harper & Row, Publishers, Inc., 1972).

并且，众所周知，逻辑行为主义作为一种心灵理论在解释心理语言方面是行不通的，即使退一步而论，如果我们接受芬格莱特的解释，那结果将会是：孔子会无意识地用倾向性的词语去取代心灵性的概念，而孟子则有意地使用笛卡儿式的心灵概念以表述他的思想。如是，这种情形将会是非常怪异的。何况以仁与礼为同一物之二面，以及以仁为行为的倾向性或行为的向量（vector），都会使践仁被理解为行为的条件性反应，而失却自我决定、权衡及践行的意向动力之义。在另一方面，为什么我说芬格莱特的解释失败是一种光荣？这是因为他的研究是一个很好的尝试，提供了解释孔子学说的另一种选择，摆脱了形上心理学的樊笼，打开了中西伦理学和行动理论比较研究的新渠道。此外，柯雄文（A. S. Cua）和信广来（Kwong-loi Shun）的儒学研究是用分析的方法处理儒学和中国哲学中的伦理和道德心理学问题的成功案例。[①] 今天，这些杰出的学者不仅在北美，而且在中文学术界，在这一领域的影响似乎都在不断增加。近期，牟博（Bo Mou）、庄锦章（Kim-chong Chong）和冯耀明不仅在哲学理论的层面，而且在后设哲学（meta-philosophy）的层面，对儒学和中国哲学做了大量的比较研究。[②] 这些著作都有助于改变以中西哲学为不可比较或不可通约的偏见，会向建立中西哲学，尤其是儒学的共同论题之路迈进一步。

---

① A. S. Cua, *Ethical Argumentation: A Study in Hsun Tzu's [Xunzi's] Moral Epistemology* (Honolulu: University of Hawaii Press, 1985); Kwong-loi Shun, *Mencius and Early Chinese Thought* (Stanford: Stanford University Press, 1997).

② Kim-chong Chong, *Early Confucian Ethics* (Chicago & La Salle: Open Court Press, 2007), Bo Mou, (ed.), *Two Roads to Wisdoms — Chinese and Analytic Philosophical Traditions* (Chicago & La Salle: Open Court Publishing Company, 2001), Bo Mou, (ed.), *Comparative Approaches to Chinese Philosophy* (Aldershot: Ashgate Publishing Limited, 2003)及冯耀明，《超越内在的迷思：从分析哲学观点看当代新儒学》(香港：香港中文大学出版社，2003)。

第五节　韦伯式论旨与亚洲价值观

除了揭示内在的超越领域外，当代（新）儒家还必须处理外在世界的问题。前者他们称之为“内圣”，而后者则称之为“外王”。换言之，除了把自身修养成为具有在终极和超越领域中的道德体验的理想人格外，还必须打开由内到外的渠道，使得理想能在社会实践中得以实现。当代（新）儒家确实认为他们的理想不仅能在个人道德完善上发挥作用，而且能在创造良好的社会秩序方面发挥作用。

至于社会实践问题，当代（新）儒家接受了一些社会学家，如彼得·伯格（Peter Berger）和金耀基所提出的新韦伯式论旨（new Weberian thesis）的论述。① 按照这些社会学家的观点，韦伯说非西方世界没有引发现代资本主义的新教伦理的功能等同物（functional equivalent）这一观点是错误的。他们认为，第二次世界大战后发生在日本和亚洲四小龙的巨大经济成功现象可以被认为是韦伯观点的反例。然而，另一方面，他们认为，韦伯说宗教的（和道德的）价值与现代经济的成长相关则是正确的。他们声称，制度上的因素对解释这些东亚现象来说并非关键；儒家的价值（彼得·伯格描述为“大众化儒学”，金耀基描述为“工具性儒学”）对所有这些社会来说是共同的，是能够以良好的统计学上的证据来解释这些现象的文化因素。为了推进这个新韦伯式的论旨，一些学者声称儒学价值可以是现代化的积极组成成分。他们断言，这些价值不仅在经济增长中，而且在社会和政治建构中，起了重要的作用。一些学者和政治领导人（如新加坡和马来西亚的前总理）认为，所

① Peter Burger, *The Capitalist Revolution* (New York: Basic Books, 1986)及金耀基，《中国社会与文化》（香港：牛津大学出版社，1992）。

谓的“亚洲价值观”既与西方价值观不同，又是其外的另一选项，因为亚洲能够发展其独特的具有良好规模的现代化。这使我们想起杜维明等人所称的“多元化的现代性”概念。[①]

对于这种新韦伯式的论旨的倡导者是否混淆了韦伯“资本主义的兴起”与“资本主义的传播”这两个观念这一问题，我们可先置一边。显然，他们也没有在方法论上认真对待这一论旨。当代（新）儒家如牟宗三及其追随者认为，当人们达到“内圣”的目标后，内心就会有一股动力促使他们开出“新外王”的结果。主张这种新韦伯式的论旨的社会学家则认为，文化或伦理的因素在解释当代东亚经济现代化成就上远比制度性因素更有意义。然而，当代（新）儒家和这些社会学家双方都没有对儒学价值和理念中的精神内容与现代经济成就中的行为事件之间的关系提出令人信服的解释。在此，如何解释价值精神因素与物质行为结果之间的关系乃是一个方法论的难题。从超越的道德本心到形下的社会实践之间的“辩证转化”观念无疑只是当代（新）儒家的哲学思辨；他们并不能解释何以可能有这种神秘的转化。社会学家的“功能解释”也没有多少用处，因为它冻结了许多变量，以适应某些既定因素的解释。[②] 韦

---

① Tu Wei-ming, “Multiple Modernities: Implications of the Rise of ‘Confucian’ East Asia,” in Karl-Heinz Pohl and Anselm W. Muller(eds.), *Chinese Ethics in a Global Context: Moral Bases of Contemporary Societies* (Leiden: Brill, 2002): 55 - 77.

② 例如，彼得·伯格意识到这个问题很复杂，认为我们必须在方法论上很谨慎地处理这个问题，他指出：“文化、社会制度和特定政策是相互作用的变量，均无不变的决定性。”然而，他也声称：“如果有一种特殊的东亚世俗性，那么，儒家道德性，不论是作为因果性力量，还是作为理论上的合法者，都必须被认为是其中的重要一部分。”但是，他仍然用一些未经界定好的术语，如“促进因素”“动力”“影响”和“文化因素”来解释东亚地区的现代化过程。这一观点可以参考 Peter Berger, “Secularity: West and East,” in Cultural Identity and Modernization in Asian Countries, Proceedings of Kokugakuin University Centennial Symposium, Institute for Japanese Culture and Classics, Kokugakuin University (1983)。

伯知道许多“功能解释”“目的解释”和“意向解释”不是危险的，就是不相干的；他也知道，我们不能直接把“物理因果性”的概念运用到人文学上来，因为我们不能在物理科学领域之外保持同样的物理规律性。于是，他设计了一种非休谟式(Humean)的因果性概念，以运用到人文学上来。休谟的观点是，如果先前的物理事件 c 引起后来的物理事件 e，那么，类似的 c 事件也会引起类似的 e 事件。很显然，这种因果律不能用在含有心灵概念的领域中。韦伯的新因果概念并不是休谟式的，它没有相关的物理必然性的模态力量(modal power)；这种概念的模态力量却是建立在某种“反事实条件”(counter-factual condition)之上的。在此，他对非西方文化的比较研究为我们提供了一种作为反事实条件的“思想实验”(thought experiment)，用以证立为何这些文化不能具有包括资本主义兴起在内的西方现代性。这种反事实条件使得我们要解释的关系成为“因果地适切的”(causally adequate)关系。此外，如果这种关系可以在动机模式(motivational pattern)下得到合理的解释，这一关系也就“在意义层面上是适切的”(adequate on the level of meaning)。看来他把因果性的反事实模式与动机的合理化结合而成一个似可运用在人文学上的新概念。然而，就退一步立论而言，即使我们接受他的这一新概念，这一概念仍然不能应用到新教伦理与资本主义的关系上来。因为，在这一新概念下，需要解释的相关者应该是个别的行为事件，但韦伯论旨的相关项却是有关社会现实的理想类型(ideal types)或理论构项(theoretical constructs)。两者都是来自对事例的高层次的概念概括及建构，而这些事例是被理论家视为理想个例挑选出来做出诠释的。换言之，这些理想个例是从个别事件中概括和建构得来的普遍观念。因而，我们不清楚是在什么意义上这些抽象的元目(abstract entities)能够因果地联系在一起。韦伯有时用“选择的相似性”(elective affinity)一概念来表述这一关系。但是,“选择的相似性”绝不是一个具有因果效力或模态力量的概念,而且这个概念还会被谴责为引致副现象论(epiphenomenalism)。桑巴特(Werner Sombart)不同意韦伯的观点。他提出了另一资本主义的理想类型,认为新教伦理是人类利益的副产品,而其宗教的行为表现为依附或依赖于经济行为之上。虽然桑巴特也给出关于资本主义兴起的一种唯心论的解释,但他更加强调人类利益而非新教伦理的作用。他认为资本主义精神是与进取性和竞争性相关联的企业精神,可概括为精明计算、审慎商业规划和高效率方法的资产阶级精神的混合物。[①]在桑巴特看来,关键并非在具有新教伦理的人,而是犹太人体现了高度推崇市场取向的那些特性:自我主义、个人利益取向及抽象思维。

如果方法论的问题得不到解决,原有的韦伯论旨(Weber's thesis)或是我们上文提到的那些理论家所持有的新韦伯式论旨如何得以存活下来?[②] 至于当代东亚的经济成功现象,可能会有某些方面与儒家伦理或价值有关;但是,这种关系至多是一种合理化。因为,儒家伦理精神和东亚经济表现之间并没有法则性(nomological)的关系。当然,合理化在心理强化的意义上是有益的。但强化至多只是一种护证力,而非因果力。此类情形颇类似于这样的一个事例:即使某人有正确的方法去证明他或她何以能够游得飞快,以至可以拿到奥运

---

① Warwick Funnell, *Distortions in History, Accounting and the Paradox of Werner Sombart*, in R. Fleischman (ed.), Accounting History (Oxford: Pergamon Press, 2005).

② 我认为我们要小心,不要混淆了韦伯论旨与(新)韦伯式论旨的区别。韦伯论旨是韦伯本人的论旨,认为新教伦理是促使资本主义产生的独特因素,别的非西方文化不具有这种同样的因素。而韦伯式论旨一方面反对韦伯论旨中关于独特性方面的观点,另一方面认为某种工具性儒学可以被看作推动亚洲资本主义之新教伦理的功能相等物。

会游泳冠军,但很可能是基于赚钱或出名的行为模式促使他或她游得那样快。正如任何别的道德或宗教学说一样,儒学可以被用来以这种或那种方式去合理化或去证立社会现实。当然,我认为儒家学说在当今仍有其活力,因为它仍是一种可以令人感到生活是合理的和有意义的学说。

第六节 儒学研究的前景

作为一名受过西方分析哲学和汉学训练的哲学家,我必须承认,我并不认为西方哲学史上或中国哲学史上的任何观点和理论是绝对正确的。在我看来,一些观点和理论的某些论证并不令人信服,而另外一些观点和理论的论证却可能是有说服力的。然而,与这些不令人信服的观点和理论相关的某些问题却也许是有意义的,因为它们可能具有加深和拓宽人们的理性思维的力量。换言之,大多数的观点和理论虽然不能够彻底解决问题,但却可能以具有启发性的方式提出问题。这就是哲学尤其是儒学让人感兴趣的因由。在哲学上,我们最终可能没有太多像科学领域的客观性知识;然而,我们总有某些可作哲学思考的有意义的问题,这些问题有助于加强我们处理外在世界和内心世界的理性思维。

以哲学思考的理念为基础,在上述各章节中,我对古典和当代儒学研究作了批判性的讨论,希望读者不要误以为我不承认上述儒学家和儒学学者的学术文化贡献。我当然认为他们是儒学领域的重要人物,他们作出了重要贡献,他们提出的问题和解决问题的方式对我们进一步的思考(即哲学思考)都是很有启发性的。

至于儒学研究的未来,我认为至少有两条路可走。第一条是关于儒学与西方伦理学的比较哲学研究，包括比较道德心理学、行动理论和实践伦理学方面问题的异同，以及解决这些领域中的问题的方式的异同。第二条是关于儒学与西方宗教传统之间的比较宗教研究，包括比较终极关怀、超越与内在、世俗化及文化形成之功能等问题的异同，以及解决这些论题中的问题的方式的异同。当然，如何解释儒家经典是每一代人都要进行的工作。每一代人都不可避免地用自己的语言去塑造旧有的问题，都能够从儒家经典中的开放的、普遍的内容中发现真知卓见。① 我认为，生活在多元化和全球化的世界，开启东西比较研究的领域让人们互相学习，即便不是必要的也是极富启发性的。如果我们不想生活在亨廷顿(Samuel Huntington)所说的“文明的冲突”的世界中，我们就应该努力理解包容儒家和其他文化。

---

① 与其封闭和特殊的部分不同，儒学经典中开放和普遍的内容是不具文化局限性和社会局限性的理念和观点。例如，先秦时期“礼”的观念不能被理解为脱离于当时的社会政治现实。但“仁”的观念是关于人的德性和道德感，不受某一特定历史时期社会和政治体制的限制。虽然历史背景有助于理解某种概念的产生，但观念的普遍意义及其正当性可用我们的哲学语言加以理论化。